中国艺术收藏史

周文翰 著

商务印书馆
The Commercial Press

前　言

　　十多年前在新德里，在印度国家博物馆，突然看到一尊楼兰出土的泥塑佛头，刹那间有了时空穿越的感觉：这是英国考古探险家斯坦因带来的，一百年前他从印度出发，从中亚一直走到罗布泊的米兰、楼兰遗址，发掘出众多佛像、文书，大多运到了伦敦的大英博物馆，不料还有少部分留在了印度。而在两千年前，佛教从印度传入中国，烧香拜佛之俗落地生根，才有了那么多泥、木、金、铜各式佛像。

　　此前，我也曾前往罗布泊中踏访那些遗迹，倾颓的古老佛塔、干裂的胡杨木梁并不让我惊奇，印象深的反倒是寸草不生的荒漠中有座简陋的文物保护站，有守卫在那儿戒备盗墓者的觊觎，提醒偶然到来的好奇游客不可造次。

　　是什么让人们对古人留下的废墟、古物这样着迷，以至于要去冒险探究乃至偷盗？或许对斯坦因来说是成为这个研究领域独一无二的"发现者"，对盗墓贼来说是找到可以卖出高价的宝贝，对某个游客来说，是让自己和更古老、辉煌的历史时刻和伟大人物短暂共处、相连，或许还有其他经济、政治、研究、情感、社交等各种目的，每个人都有自己的理由。

　　幸运的是，斯坦因从中国带出来的文物绝大多数入藏公共博物馆，罗布泊后来出土的文物也保存在新疆各区县的博物馆，方便了我们与它们的接触。今天的人可以随便进入各地的博物馆、美术馆欣赏成千上万件藏品，在印度国家博物馆、大都会博物馆、大英博物馆、卢浮宫、故宫博物院等大型博物馆中可以参观来自不同文化、地区的众多文物艺术品。这是古代人无法想象的状况，以前的帝王、朝廷或者私人的藏品大都深藏秘阁，仅有极少数亲友、官员可以观赏，一般人无权旁观，超越权限去观看、记录甚至被视为犯罪。

　　在博物馆之外，世界各地的拍卖行、博览会、古玩店、画廊和在线平台每年交易数千亿收藏品，涉及高价、名人的收藏新闻常能引起千百万人的关注，因为它意味着权力、财富、文化潮流的改变和转移，又和人的占有欲、炫耀欲、自我肯定这些基本的心理需要有关，投射了个人和群体深切的自我认同和感情寄托，是社会生活中最令人着迷的现象之一。

哪些品类的物件可以成为收藏品？各类藏品在不同时代的文化潮流和市场交易中的位置高下、价格高低是由什么因素决定的？为什么齐白石、吴冠中的一件作品可以卖出上亿元的高价，要比同时代的绝大多数画作高出千百倍？这是收藏文化中最引人注目的部分。在漫长的收藏史上，掌握政治、经济、文化权力的不同个体、社群、阶层之间充满了种种戏剧性的观念冲突、利益交换乃至巧取豪夺、伪造欺诈、兵火相加。众多"个人品位"不断的分歧、对话、争斗、汇合，有时会形成某种"群体共识"和"主流品位"，以各种文字典籍、口头传播方式对之后的社会文化持续造成影响，塑造了后世收藏文化的种种特征。

人们珍视、保存、传递的文物艺术品是"经典文化"的重要部分，为博物馆、美术馆所保存和展示，得到各种书籍、媒体的记载和传播。收藏品的传承深刻影响着人们面对的"世界图景"：如若孔子的弟子们编定的《论语》简册在秦始皇焚书令和秦末战乱中全部毁灭，儒家在后世中国社会还能具有那样巨大的影响吗？假如王羲之的所有书法作品在南北朝的兵火中全部消失，后来的人能否根据文字记载想象它的模样和重要性？如果《清明上河图》没有流传下来，今天的人如何重构北宋的都市面貌？

可以说，每一件珍贵的收藏品都堪称一座文明的纪念碑，吸引着人们带着崇敬的目光前去瞻仰，而现在，我试图绕到纪念碑的背后、底下，看看它的基座的材质、纹理、成色，推敲一下它的建造和构成，看看它为何矗立在这里，又将如何影响后来者。

周文翰

目 录 CONTENTS

收藏的起源：认知和占有

第一章　原始社会：神的祭奠　　003

第二章　商周时期：国之重器　　011

第三章　秦汉时期：家天下的帝王享受　　022

品位的建立：艺术收藏兴起

第四章　魏晋南北朝：书画收藏的开始　　037

第五章　隋唐时期：对"古物"的迷恋　　049

收藏的正当化：文化收藏兴盛

第六章　宋代皇家收藏：宋徽宗的浩大收藏　　067

第七章　宋代民间收藏：金石学与第一次收藏高峰　　076

| 收藏家　米芾：痴迷法书的文人鉴藏家　　092

第八章　元代收藏：大都和杭州的分野　　098

| 收藏家　赵孟頫：书画家作为收藏家　　111

品位的扩张：财富和文化的交织

第九章　明代皇家收藏：实用主义的态度　　121

第十章　明代民间收藏：江南玩好之风最烈　　131

第十一章　收藏：作为一种生活方式和时髦　　149

| 收藏家　项元汴：古代最大的私人书画收藏家　　161

第十二章　清代皇家收藏：乾隆皇帝的"好大求全"　　167

第十三章　清代民间收藏：收藏和金石研究的高峰　　186
| 收藏家　端方：清朝最后一位收藏家　　215

近现代之变：政府之力和市场之利

第十四章　民国时期：制度和文化环境之变　　225
第十五章　民国藏家：大交换时代的京沪风云　　236
| 收藏家　庞元济：20世纪最大的中国书画收藏家　　252
第十六章　中国文物艺术品流向全球　　259
| 经纪人　卢芹斋：一身多任的古董经纪巨头　　297
| 收藏家　福开森：收藏家、经纪人、传教士的混合　　304
第十七章　1949年之后：新制度和文化环境　　310
第十八章　1949年之后：海外市场和收藏家　　323
第十九章　特殊时期的收藏家和"市场"　　336
第二十章　特殊时期的"文物商品"内销和出口　　353

当代的扩张：收藏投资意识的觉醒

第二十一章　改革开放年代：大众收藏的崛起　　371
第二十二章　改革开放年代：拍卖的力量　　382
| 艺术家　吴冠中：市场中的艺术家　　400
第二十三章　收藏成为产业：经济和文化的新生态　　408
第二十四章　收藏家：新的身份，新的趋势　　423

后　记　　439

1

收藏的起源：认知和占有

　　"收藏"意味着有目的地进行收集、保存、整理、分类和传承，这实际上是一种"认知行为"：收藏主体是搜索、接收外来信息并给予分析、形成决策、付诸行动的运作过程。或许，那些上古部落中负责连通神人、主持祭祀仪式的巫师就是最早的"原始收藏家"，他们收集、制作、整理各种可用于巫术仪式的羽毛、权杖、器物，并小心保存，是那个时代各种新知识、新文化的发明者、传承者、传播者。

第一章
原始社会：神的祭奠

熊熊篝火前，聚落的巫师正在高高的土台上旋转、跳动。他手持一支雕刻有神秘符号的木杖，头戴鲜艳的鸟类羽毛制成的冠冕，念诵着模糊不清的咒语与他们心目中的神灵进行沟通。人们相信这样就可以借助神灵的力量医治病人的创伤、指示狩猎和迁徙的方向、决定对敌人的战争与和平。遭遇干旱、洪涝、瘟疫等灾祸时，巫师更是要全力祈福消灾，常常杀死牛、马、羊等动物甚至活人，用鲜血祭祀和取悦神灵。

部落民众为什么相信这些巫师？也许是他们习惯把巫师的祈求和之后随机发生的"好事"联系起来当作"因果关系"对待，也许因为巫师是那个时代掌握了最多知识的人，会从一系列现象进行某种或然率的推测从而大大提高预测的准确性，当然，他们肯定也善于利用心理暗示、仪式场景、华美饰物来影响人们的心智活动，让民众信赖乃至崇拜自己。

这些巫师是上古各种知识的发明者、传承者，他们也是最早的"原始收藏家"，致力收集、制作、整理和传承各种可用于巫术仪式的羽毛、权杖、器物，并小心保存。

一 收藏作为一种认知行为

"收藏"意味着有目的地进行收集、保存、分类、整理和传承，这实际上是一种"认知行为"：接收外来信息并给予分析、形成决策、付诸实施的运作过程。这种认知能力的形成要从现代人类的祖先智人演化出更为复杂的"认知行为"的那一刻说起：

数万年前的先民分散为一个个的小聚落，多不过数百人，少则几十人、十几人，只会简单的语言，会制作简陋的石器，依靠狩猎和采集勉强维生，每天忙忙碌碌所得仅能维持温饱而已。逐渐地，人们在互动和生产中形成了更抽象的思维能力，用图形、更复杂的口头语言和文化象征物等"表征符号"进行交流，从而形成越来越强的计算、规划意识和概念体系。使用"表征符号"对事物进行命名、分类、排列组合是人们抽象思考和表达能力的跃升，更因为群体间的协同进化，使整个社群和人类的抽象认知和社会组织能力不断复杂化和体系化，人们彼此之间以及和自然环境的关系都有了巨大的改变。

1993年，考古学家在南非开普敦以东300公里的布隆伯斯洞穴（Blombos Cave）发现了两块约7.5万年以前的赭石，长约6厘米的石块上有纵横交错的"X"形刻痕，可以看作一种规则的几何图案，可谓最早的岩刻，这是人们开始进行符号认知的一个有力证据[1]。这里还出土了40多颗小小的织纹螺壳，每个贝壳中央都有小小的镂洞，用树皮纤维、绳子之类串起来就可以作为项链、手链佩戴。这些贝壳上面残留着赭石颜料的痕迹。

这个洞穴中还出土了贝壳容器、赭石颜料混合物等工具和材料，考古学家推测这里的人将收集来的赭石在岩石上摩擦粉碎后放入鲍鱼壳，与研碎的木炭、动物骨头及某种液体等混合，用骨头棒搅拌就可以得到这种混合颜料。另有科学家发现以色列斯虎尔遗址出土的约8至10万年前的两个织纹螺贝壳上也有人工破开的小孔，可能被当时的人当作饰物佩戴[2]。这些都是人类进行抽象思考和符号表达的证据，他们开始有了吃喝拉撒这些生物性本能之外的社会行为和表达，有意识地收集、制作、应用各种颜料和物品来装饰自己的身体、居住环境或者表达所见所闻所想。

收集消耗性的果实、猎物这些实用之物仅仅是"生存本能"，而制

1　Christopher S. Henshilwood *et al.*, Emergence of Modern Human Behavior: Middle Stone Age Engravings from South Africa, *Science*, 295 (5558), 2002.
2　Marian Vanhaeren, Francesco d'Errico, Chris Stringer, Sarah L. James, Jonathan A. Todd, Henk K. Mienis, Middle Paleolithic Shell Beads in Palestine and Algeria, *Science*, 312 (5781), 2006.

南非布隆伯斯洞穴出土的 75000 年前的岩画和岩刻，Getty Images

作、收集和保存镂空的贝壳、岩刻石块是人类文化的独有特征，可以说是"收藏行为"产生的源头。人们为什么要佩戴海螺壳这样的装饰品？或许可以借用达尔文研究动物进化的理论来进行类比，他认为动物的鸣叫、跳舞、色彩、羽毛都有吸引异性的功能，这些能力与特征越是突出，与异性交配的机会就越多，能繁衍的子女也就越多，而其雄性后代又必然继承到父亲的行为特征，于是，"性选择"导致了雄孔雀有修长、绚丽的尾巴[3]。有余力收集、制作、佩戴这些贝壳珠饰的人，或许也是以此炫耀他的强壮、智慧或者美丽，吸引异性的关注或者标志自身在部落中是巫师或者长老。佩戴、使用各种饰品或许是巫师等部落首领与神灵沟通、塑造权威形象的"手段"，并在之后演变出一系列等级制的礼仪规范和制度。

上述语言、图形、文化象征物等"表征符号"体系的发展使得人类的社会组织能力和认知行为日益复杂，人类的社会组织不再像之前完全基于动物性的生存和繁殖需求，更多是在认知指导下进行有目的的活动，众多小聚落因为获取食物、巫术祭祀、战争等因素联合、吞并，出现了大群体聚居的生活方式，合作制造更多更复杂的工具、住所，社会组织内部等级制和分工也进一步发展，为了装饰、巫术祭祀、经济生产等目的进行的收集、保存行为也越来越多，规模越来越大。

---

3 ［美］海伦娜·克罗宁：《蚂蚁与孔雀，耀眼羽毛背后的性选择之争》，杨玉龄 译，上海：上海科技出版社，2000 年，第 155—156 页。

大约 10000 年前到 5000 年前，东亚大陆各地的不同聚落陆续进入定居农业或半定居农业阶段，人们在农业生产中强化了储藏粮食和种子的意识，所谓"春生、夏长、秋收、冬藏"，就是古人从农业生产中总结出来的知识。农耕所得的谷物可以长期储存、保管和有规划地使用，保证了部落的稳定发展和财富的持续积累，使得人口逐渐增多，种植、战争、祭祀的规模也不断扩大：一方面小聚落变成大聚落，部落内部组织运行所需的"管理"和"协作"越来越重要，社会成员有了更多分层和分工，等级制出现，掌管巫术仪式的"巫"和掌管武装的首领两者地位越来越重要乃至成为统治者；另一方面各个聚落之间竞争和交往增多，部落、部落联盟互相之间的战争、贸易、结盟、进贡关系更为普遍，涉及各种实用物资和文化象征物的交换和处理，比如，传说大禹划分各个部落的居处边界也就是"九州"之后，要求各地部落缴纳"贡"和"赋"给中央的部落联盟首领，"贡"指本地的土特产，"赋"则是货贝等通行的财物[4]。

二 巫师和酋长们的"身外之物"

约 30000 年前至 5000 年前，东亚大陆散布着许多部落，部落的核心人物往往是可以"通神"的巫师和强壮的战士首领，社会的运转、内部矛盾的调节、对外的战争和平等常靠巫师在巫术仪式上获得的"神的旨意"来解决。巫师为了与神灵沟通而装扮自己，常常收集、保存各种羽毛、贝壳、石头以及人造的仪式用品，他们是最早研究、分类乃至制作这些"身外之物"的人，是那个时代各种知识的发明者、总结者、传播者，可以说是那个时候的知识权力的掌握者。

用于祭祀和装饰的器物制作逐渐变得发达起来，约 30000 年前北京山顶洞人已制作穿孔的兽牙、海蚶壳、小石珠、小石坠、鱼骨、刻沟的骨管、磨刻的鹿角等，山西朔县出土了峙峪人 28000 年前刻划的兽骨片和钻孔的磨制扁圆石墨片，河北兴隆发现了 12000 年前人刻划染色的鹿角残

4　顾颉刚、刘起釪 著：《尚书校释译论》，北京：中华书局，2005 年，第 568—569 页。

段，内蒙古雅布赖山和甘肃嘉峪关发现了约10000年前的红色手形岩画，河南贾湖遗址中出土了约8000年前的骨笛，内蒙古兴隆洼文化遗址出土了约8000年前的石雕女神像，辽宁牛河梁遗址女神庙出土了5000年前的壁画残片，陶寺遗址出土了距今约4000年的铜铃。

东亚上古时代的许多部落尤其重视对颜色、纹理、形状独特的玉石及玉石器的收集、保存和制作，如内蒙古敖汉旗兴隆洼遗址出土了公元前6200年至公元前5000年的玉玦、匕形器等闪石玉器100多件，是迄今所知中国出土的年代最早的玉器，对这个部落来说这可能是沟通鬼神、取悦祖先的重要中介工具。这种重视玉器和相关祭祀仪式的文化观念后来传播到东部、东南部很多部落，东北部的红山文化、海岱的大汶口文化、长江中下游的良渚文化、石家河文化等都特别重视各种祭祀使用的玉石礼器的制作、保存。

在距今5500年至4500年前，东亚"文明化进程发展到了一个关键时期"[5]，北方草原、黄河流域、长江流域都出现了控制众多聚落、按等级制分配资源的酋邦，掌握祭祀权的巫师和掌握武装力量的军事头目日益占据各种资源分配链条的顶端，他们开始掌握远远超出自己个人、家庭实际生存必需的物资，拥有众多的玉器、陶器、饰物等，即有了所谓的"家族财富"。

如浙江良渚文化遗址有面积达290万平方米的城址以及近郊的大面积农田、水利设施等，可以容纳约25000人生活，其中贵族墓地、瑶山祭坛中出土了上万件玉石器，其中多座"大墓"出土的随葬玉器都多达上百件，而附近的小型墓葬中几乎没有玉器，只有少量陶器甚至没有随葬品，显然是部落中下层民众的归宿。良渚"大墓"的主人应该都是掌握通神权力的巫师乃至兼有神权和武士首领身份的"巫王"，陪葬品大部分都是宗教祭祀相关的玉璧、玉琮等礼器。参考记录周代礼仪制度的《周礼·大宗伯》"以青璧礼天，以黄琮礼地"的说法，可见这些玉器是巫师祭祀、下葬时候礼拜、通神的工具。这些"大墓"的主人能够以如此多的玉器陪

---

[5] 李伯谦：《中国古代文明演进的两种模式——红山、良渚、仰韶大墓随葬玉器观察随想》，《文物》，2009年第3期，第47页。

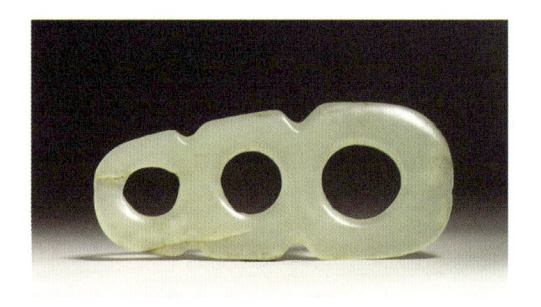

三连璧，长8.62cm，松黑地区出土，约公元前5000—公元前3500年，台北"故宫博物院"

玉琮，高47.2cm，上端宽约7.7cm，下端宽6.8cm，孔径约4.2cm，良渚文化晚期（约公元前2500—公元前2200年），台北"故宫博物院"

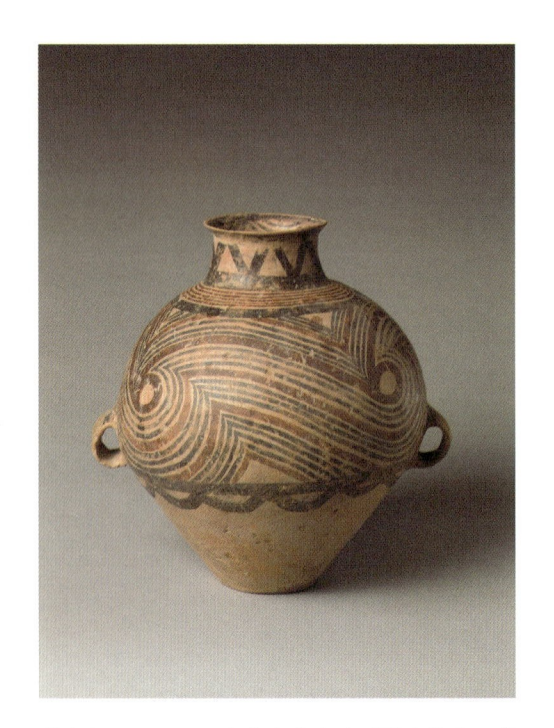

彩陶壶，34cm，马家窑文化半山时期（约公元前2650—公元前2350年），C. Charlotte 和 John C. Weber 捐赠，大都会博物馆

葬，说明这些玉器已经是为他们所在的家族所有或者控制，他们生前和死后都可以占有这些玉器。

在以河南、山西、陕西为中心的黄河中游地区，玉石文化发展的历史脉络与东北、东南等地不同。河南省舞阳县贾湖遗址中出土过距今约八九千年的绿松石、萤石质地的三角形、方形穿孔饰物和有孔圆形珠子、串珠等80多件。其中绝大多数都是在重要人物的墓葬中发现的小型人体佩戴饰物，只有极少数出自祭祀坑[6]。同时期附近区域的古代遗址中很少出土玉石制品，似乎说明这里的大部分部落也缺乏用玉石制品祭祀的风气。一直到6000年至4000年前，可能受到东方重视玉器和宗教祭祀作用的部落的影响，加上部落、部落联盟规模扩大进而对祭祀、结盟礼仪的重视和权力、财富的分化，河南陕县的庙底沟遗址、山西襄汾县的陶寺文化遗址的重要人物墓葬或祭祀场所中出土了较多用于礼仪的环、钺、刀、璋等玉石器物。其中距今约4000年前的陶寺文化遗址的城址中有专门的石器加工场，距今约3750年至3500年前的河南偃师二里头遗址的大型宫城南侧有围墙环绕的青铜和绿松石制作作坊，说明在尧舜禹时代部落联盟首领开始直接控制这类高级祭祀、装饰用品的制作。

之后的商周王室都拥有数量众多的玉石器，有专门的玉石器工坊为他们制作各类器物，王室为了优质的玉石原料不惜发动战争以控制玉石之路上的关键节点。从那时起对玉的重视和收集、收藏就成了中国收藏文化的重要特点，一直到清代，玉器都受到皇室和权贵阶层的重视，并在明清时普及到一般地主、商人、文士阶层中，成为一种常见的配饰和收藏品。

6　田广林、翟超：《黄河中上游地区玉器的起源与早期发展》，《辽宁师范大学学报（社会科学版）》，2014（4），第576—581页。

鹰纹圭，30.5×7.2cm，山东龙山文化晚期（约公元前2300—公元前2000年），台北"故宫博物院"

这件玉器显示了中国古代收藏文化中最有趣的一面：许多收藏家顽强地想要在藏品之上留下自己的印记，尤其是要强的乾隆皇帝，他不仅在书画上留下众多题跋和印章，还让工匠在这件数千年前的玉器上雕刻上自己的印章"古稀天子"和题诗，在诗歌中他猜测这是商周时候的物品，还反思了自己"好古"的癖好，以先贤召公训诫的"不矜细行，终累大德"自省。这件距今4000多年的龙山文化玉器在周代被称为"圭"，在祭祀或者朝拜时贵族将它的刃部朝上捧握，上面雕刻的鹰可能是这个部落信奉的神灵或图腾，中段的两面有浅浮雕的纹路，在当时还加配了木座，摆放在乾隆居住、办公、休闲的书房等地方。

第二章
商周时期：国之重器

相传第一个中原王权"夏"的开创者大禹曾命工匠用"九州"——各地的部落方国——上贡的铜炼铸出"九鼎"，象征着天下共主的权威，以后被夏、商、周三代王室递传珍藏，奉为国宝，在王室重大典礼上才会用于祭祀和展示。

春秋战国时期各国争霸，新的势力自然觊觎"九鼎"这一王权的象征。《左传》记载春秋五霸之一的楚庄王曾经"问鼎中原"：公元前606年，他率领楚国军队北上讨伐戎人，顺势将大军驻扎到洛水南岸展示实力，这里距离各诸侯国名义上尊为共主的周王的都邑洛阳很近。周定王派大夫王孙满前去慰劳楚国君臣，楚庄王客套一番后询问周王保存的"九鼎"的大小、轻重，夸耀说把楚国士兵所持兵戈上的钩尖收集起来也足够铸造"九鼎"。机智的王孙满反驳他说，天子的权威"在德不在鼎"，"周德虽衰，天命未改。鼎之轻重，未可问也"[7]。"天命"是否依旧眷顾周王值得怀疑，可当时晋、齐等诸侯的实力还非常强大，楚庄王自觉无力取周而代之，踌躇一番后还是退兵回南方了。

过了三百多年，战国后期强大起来的秦国不仅仅"问鼎"，而是"定鼎中原"。公元前256年秦国攻伐赵国、韩国时，东方各国打着周王的旗号联合抗秦，秦昭王乘机进军周王都邑，周赧王只好开城投降。秦昭王命人把周王室所藏"九鼎"迁移到咸阳，传说在运送过程中"九鼎"掉落在黄河中，后来秦始皇派人多次打捞也没有寻得踪影。

---

7 ［日］竹添光鸿：《左传会笺》，沈阳：辽海出版社，2008年，第209页。

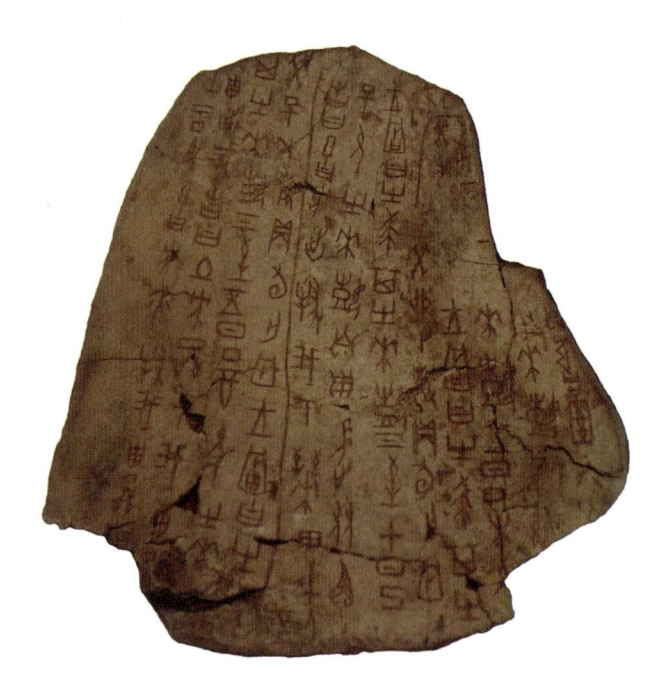

卜骨，商王武丁时期，传河南安阳出土，中国国家博物馆

亚鼎，青铜，高 20.5cm，商代晚期或西周早期，台北"故宫博物院"

"九鼎迁秦"常被看作国祚迁移的象征，也可解读为周王室收藏的宝器、典籍被收归秦王室，这是中国历史上一次重要的大规模收藏品转移事件。

一　商代的王室收藏和巫史文化

掌握了一定政治、经济资源的人才有余力聚拢、保管收藏品，所以早期的大规模收藏都是掌握权力的王侯贵族所为。商周时期各地大大小小的贵族无不拥有青铜器、玉器等礼器和实用器物藏品，尤其是王室为了治理国家、彰显权威、游乐享受等不同目的，建立了对历朝器物、典籍文献的保护、收藏、管理制度，之后一直传承下来。

殷商王室的宗庙、府库承担了收藏重要典籍、器物的功能。殷商文化有浓厚的宗教色彩，他们敬鬼神、重祭祀、爱占卜，王室为祖先修建的宗庙作为祭祀之所保存了各种青铜礼器、玉器等，同时也是王室举行占卜仪式、保存占卜文献的地方。商王和方国诸侯凡祭祀、战争、田猎、旅行、疾病、风雨都要占卜凶吉。因为龟甲材料稀少，一般只用于重要的祭祀活动的占卜。除了本地出产的龟甲，殷商王室还致力于从南方、西方的部落中获得贡物，《逸周书》中说伊尹为汤制定四方贡献王室的制度，其中规定正南方各国要给商王进献"珠玑""玳瑁"和象齿，正西方向各国要进献"龙角""神龟"，其中"玳瑁""神龟"可能分别指海龟和陆龟的龟甲。

殷代后期负责占卜和解释卜象的职责分别由"巫""史"负责，"巫"负责举行祭祀仪式和烧灼特制的龟甲、兽骨，"史"负责根据裂纹的形状和以前的案例判断、解释吉凶，然后在上面刻画文字记录占卜结果以便日后加以验证，这些甲骨文是中国最古老的文字，刻有文字的龟甲则是中国最早的典籍。"史"在解释卜象时往往需要参考过去的占卜记录，也就承担了记录、收集、保管、整理、研究、宣读相关文献档案的职能，是朝廷中最博学、最熟悉历史情况的人，后来演化为后世掌管文书、记录时事、著述镜鉴的"史官"一职。可以说，"史"这个官职从商代开始就承担了收集、管理官方文献的职责,并在后世分化出了更多职能和分工。

"巫"和"史"在宗庙占卜完毕后将刻有卜辞的甲骨就近藏于宗庙内的地下穴窖"龟室"之中,可谓商王的"王家档案馆"或"王家图书馆"。1936年在殷墟发现的YH127考古坑即是一处储藏王室占卜档案的地穴,出土了多达1.7万余片甲骨。有学者推测除了占卜的甲骨,商可能还有木制的简牍一类文献,《尚书·多士篇》中有"惟殷先人,有册有典"的记载,甲骨文中"册"字的形状是一捆用两道绳编连起来的木简,"典"为上下结构,象征着把"册"摆放在"几"上,可能是用来记录、传播《汤诰》《盘庚》那类文诰的,只是简牍易腐朽未能传世而已。

就财富的占有而言,之前新石器时代的良渚遗址单个大墓出土的玉器最多两三百件,而且多为中小件,而商代贵族对礼器、实用器具的占有进一步扩大,如著名的"妇好墓"共出土青铜器、玉器、宝石器、象牙器、骨器、蚌器等不同质地的文物多达1928件(组),其中包括青铜器468件,以礼器和武器为主,玉饰宝石等装饰品420多件,用于佩戴和观赏,可见当时伴随着祭祀仪式而发展出来的装饰品数量、款式不断增加的趋势,并越来越成为女性佩戴装饰的私人占有物,可以说是最初形态的奢侈品消费和收藏。妇好是商朝晚期国王武丁的配偶,应该为与商人同盟的邦国贵族之女,生前曾主持祭祀、从事征战,地位显赫。1976年进行考古挖掘的妇好墓是殷墟科学发掘以来发现的唯一保存完整的商代王室成员墓葬,南北长5.6米,东西宽4米,深7.5米,从中出土的大量随葬品显示出商人对于宗教祭祀的格外重视和当时手工业、贸易的发达,其中出土的贝壳大多数是南海常见的货贝,还有1件阿文绶贝、2件脉红螺,反映商王朝与东海、南海海域有商贸或外交联系,墓地出土的玉器似乎有部分是来自新疆的青玉(多为透闪石),或许说明当时通过草原之路中原的各个部落、古国与西域已经有多年的贸易关系[8]。

---

8 中国社会科学院考古研究所:《殷墟妇好墓》,北京:文物出版社,1980年。

二 周代的王室、诸侯收藏

周代王室拥有四方进贡和战争所得的各地宝物，西周《尚书·顾命》记载周康王即位时曾陈列虞、夏、商、周遗留的宝器：西侧放置赤刀、大训、弘璧、琬琰，东侧放置大玉、夷玉、天球、河图，西房安置胤之舞衣、大贝、鼖鼓，东房放置兑之戈、和之弓、垂之竹矢等[9]。据《周礼》记载，这类国家重器、典籍档案系由专设的官员"天府"管理和保存，存放地点是王室宗庙。西周无叀鼎和善父山鼎记载当时周王室宗庙中还设有"图室"，可能保存着先王先公的图像用于祭祀和悼念，也可能用于保存地图之类具有军事战略意义的档案。西周初年王室也绘制和保存用于战争的军事地图和用于土田划定的方国疆域地图，如"武王、成王伐商图""东国图"等[10]。将最重要的国家重器、地图典籍藏于宗庙，等于向祖神报备、祈求保佑、以示郑重。

周代宗庙重器的来源有五个：一是收集前朝府库所来，可以说是战利品，如周王室收藏展示的上述虞、夏、商的宝器中有些就是战争中夺得的；二是各地方国诸侯进献的贡赋，王室设有官员"大府""内府"掌管进贡之物；三是周部族的自制物品，如上述各种祖先图像、地图档案等；四是王室掌握的青铜器、玉器生产作坊制作的有重要价值、意义的器物，周代重视礼法，王室所用玉器的生产、使用规模巨大，王室专设有主管金玉、兵器、礼乐之器收藏管理的"玉府"，主管玉器收藏和使用场合安排的"典瑞"等多个部门分别掌管玉器的生产、制作、保存、使用等各个环节；五是和其他部族贸易交换所得。

1976年考古工作者在陕西岐山县周原早周宗庙遗址中发掘出约17000余片卜甲和卜骨，除了周人自己的占卜龟甲，还包括部分殷商王室的晚期

---

9 ［清］阮元 校刻：《十三经注疏》（清嘉庆刊本）之《尚书正义》卷十八顾命，北京：中华书局，2009年，第508页。
10 王晖：《从西周金文看西周宗庙"图室"与早期军事地图及方国疆域图》，《陕西师范大学学报：哲学社会科学版》，2012（1），第31—38页。

宗周钟，青铜，高 65.6cm，西周晚期（公元前 9 世纪中叶—公元前 771 年），台北"故宫博物院"

青铜夔蝉纹青铜禁和酒器一套，青铜，西周，1901 年陕西凤翔宝鸡县斗鸡台出土，大都会博物馆

  包括禁一，觯四，卣二（一带座），盉一，觚一，斝一，尊一，爵一，角一，勺一，共 14 件青铜器。西周文献记载放置酒器的器座有禁（有足）、棜（无足）两种，分别是大夫和士在正式场合使用的。1901 年陕西宝鸡斗鸡台出土了西周时期带棜禁的酒器一套。其中棜禁长宽高为 89.9cm、46.4cm、18.1cm，前后两面、左右两侧都有长方孔，四周有夔纹装饰。端方得到这套青铜器后极为重视，曾经拍照并记录在所著《陶斋吉金录》（1908 年）中。1924 年端方后人将这套酒器 13 件和 1 件妣己觯、6 件青铜杓一起托福开森（John Calvin Ferguson，1866—1945 年）卖给纽约大都会博物馆。

卜辞。对商王室龟甲为何千里迢迢落户陕西的周人宗庙，学术界有两种猜测：或者如《吕氏春秋·先识》记载，是纣王昏乱时期管理商朝典籍档案的官员"内史"向挚带着商王室档案典籍投奔新主时带来的；或者是武王伐纣后把大量甲骨、青铜器等作为战利品带回宗庙告慰周人祖先和归入王家"龟室"。这可以说是中国历史上出现的第一次王室收藏转移事件。

各地封国的公侯也模拟王室建立了自己的宗庙收藏、王室典籍、日用收藏等。陕西宝鸡、河南三门峡、湖北随州等地出土的西周公侯大墓证明当时的王、公、侯积藏有数量巨大的青铜器、玉器、实用器物等。如1990年河南省三门峡市会兴村发掘的虢仲大墓出土的文物多达3600多件（套），其中仅玉器就有724件，青铜礼乐器就达120多件，是中国目前出土级别最高、保留最完整的西周时期的诸侯大墓。出土器物上铭文表明这座墓的主人叫虢仲，是位于三门峡的虢国的第一代国君，并入王京担任周厉王的执政卿士，辅佐周厉王征伐淮夷多年。他死后以诸侯规格最高的九鼎八簋形式安葬，其中包括一套八件甬钟，一套八件纽钟，是目前中国考古发掘出土的年代最早的两套编钟，把八件编钟和编磬成对使用，显示他是仅次于周王的诸侯。周厉王可以说是导致周王室衰败的关键角色，王室为了战争、享受，横征暴敛，引发民众怨愤，周厉王不知悔改，还下令监控民众言论，王京内的民众见面不敢随便说话，只能以目相视，造就了"道路以目"这个成语。结果公元前841年民众暴动，把周厉王赶出了王京，在诸侯、民众心目中周王室的权威大为折损。

战国时代实力强大的诸侯的积藏更为丰盛。湖北随州出土的战国曾侯乙墓、陕西凤翔县秦公一号大墓、河北平山县战国中山国君墓群的考古发掘显示当时王侯墓室往往会有数千件文物出土。如1978年挖掘的曾侯乙墓共出土随葬品多达15000多件。其中一套65件的编钟是迄今发现的最完整最大的一套青铜编钟。战国时代，诸侯收藏典籍档案之处为"盟府"或"故府"，保存王侯的典章文献，有专人负责管理。

春秋战国时各地诸侯的典藏和档案毕竟没有周王室那样悠久和完备，不免有闹笑话的时候，比如《左传》记载周景王十八年（公元前527年）晋侯派太史籍谈出使周朝，周景王问他为何没有带贡物来，籍谈竟然回答说晋国从未接受过周王赏赐，也没有贡物可献。周景王指出晋国从其始祖唐叔开始就屡受王室赏赐。籍谈甚至不知道自己的姓氏来源，周景王说这是因为他的九世祖负责管理晋国的典籍，才以"籍"为姓氏，周王因此感叹其"数典而忘其祖"[11]。

三　老子和孔子的不同历史走向

周人早期承袭殷商文化，"卜人""筮人"负责用龟甲或蓍草占卜吉凶，"史"负责保存文献、解释卦象、备询疑难。不过周人比商人更注重现实中的礼法，典章制度更为细化，《周礼·春官》记载周王室设有"大史""小史"[12]，"大史"是国王的咨询顾问，负责策命典礼、规诫王事、记录时事、保管文书，"小史"为"大史"的助理官员。此外还有"内史"掌管书写王命、出使诸侯，"外史"负责重要典籍管理，"御史"负责掌管图书，又称柱下史、征藏史。

传说老子就曾当过周王的"柱下史"，掌管保存王室书籍的"藏室"。在这里他一方面可以阅读历朝典籍文献，另一方面可以接触王朝大小事务，所以他的著作从史官的天道观演绎而来，主张"圣人"应该知天顺道，无为而治，颇有为君主出谋划策之意。

与老子这位官方图书馆馆长、官方知识分子的身份不同，孔子则是最早的民间知识分子、历史学家。据说他曾前往周王的"藏室"参阅文献，自己也非常注重对图书文献的收集保存。孔子曾想考证夏、殷的历史，可是夏人之后杞国、殷人之后宋国都没留存多少文献资料可资参考，让孔子感慨不已。由于战火变乱、建筑毁弃、人事更替等因素，关于商朝的传世文献资料到春秋时代大多已湮灭散失，反倒是民国以来的现代考古学家和学者通过对地下埋藏文物的考古挖掘对商代的社会经济文化有更为详尽、综合的认知。

11　[日]竹添光鸿：《左传会笺》昭二第二十三杜氏尽十七年，沈阳：辽海出版社，2008年，第475页。

12　[清]孙诒让 撰：《周礼正义》春官宗伯第三上叙官，北京：中华书局，2013年，第1286—1288页。

孔子和其他"诸子百家"兴起的私人讲学活动打破了官学对教育的垄断，让更多民间知识分子、中下阶层得以成为识典籍、通历史、懂礼仪的"士"，其中一部分成为诸侯的官员或者贵族的家臣，另一部分则成为在各国奔走求职的"游士"。此时各国分立争雄，君主着力招揽各地的"游士"为自己出谋划策，这也进一步刺激了各种学术思想的传播以及民间文人学者对图书典籍的收藏、研究、阐发。

四 春秋战国时代的新变化

春秋战国时期，周王室权威大为衰落，礼崩乐坏，各国的武力争雄、尔虞我诈成为时代特色。这一时期与收藏有关的文化现象也具有新的时代特色。

首先是民间藏书逐渐发展。商代、西周的甲骨文、青铜器、简牍典籍等都属于王公贵族所有，可是春秋战国时代的败落贵族、民间学者和"游士"等需要利用简牍学习、教学、研究，出现了民间藏书行为，如《庄子·天下》提到战国学者惠施有"简书五车"，在当时来说算是惊人的收藏了。《韩非子·喻老》有"智者不藏书"的说法，反而可以说明当时文士已有藏书的风气。

其次是财富转移和贿赂成为常事。春秋战国时候诸侯攻城略地、贵族之间你争我夺，出现了较为频繁的财富转移现象，战争中获胜一方夺取对方城池、府邸后，也会把金钱财宝、典籍器物据为己有。按照周礼，王、侯、大夫等不同阶层有不同的正式礼节和进贡、馈赠形式，可春秋战国时期凸显实力政治，为了国家、家族、个人利益，春秋时候出现了中小国家向大国王室贵族行贿、中小国家向大国的执政卿大夫行贿、个人和家族向王侯权贵行贿的现象。到战国更是普遍出现用贿赂作为政治军事战略手段的现象，如秦始皇攻打齐国之前曾向齐国宰相后胜馈赠大量黄金、玉器，后者积极制造亲秦舆论，导致齐国战备不修。各国诸侯、贵族、权臣拥有的众多财富珍宝随着国内外政治、军事斗争的胜败流转，为胜利者占有或瓜分，这也成为后世中国收藏文化中的常见现象。

第三是出现了以绘画为职业的"画客"。西周时期周王的宫室墙壁、仪式服装、礼仪用具和实用器具上面都有各种图绘，《周礼·冬官考工记》提到服务王室的工匠种类及人数包括"攻木之工七，攻金之工六，攻皮之工五，设色之工五"[13]，五位"设色之工"分别是在玉石墙面器物上刻画形象的画工、给绢帛织物施彩的缋、染羽毛的钟工等，可见当时有对工匠的分类和管理，这些工匠很可能是世代相继为王室效劳的仆从或平民。战国时代有了新变化，在终生服务王侯的工匠之外，还出现了游走各地的"画客"，《韩非子·外储说左上》提到"客有为周君画荚者""客有为齐王画者"[14]，说明与韩非子这样四处游说为君主出谋划策的"游士""门客"类似，当时已经有了怀揣绘画之技游走四方求职求财的"画客"，这可以说是职业画家的源头。

第四，当时已经有出售各种珍宝器物的集市。西周初年周公曾经把"盗器为奸"（偷盗礼仪器物）定为不可赦免的重罪，《礼记》等规定金璧玉璋、宗庙之器、贵族服装车架不得在集市出售，反面也说明一般的玉佩、耳饰等珠宝玉器之类应该在集市上有买卖。如《左传》记载晋国掌权的六卿之一韩宣子出使到郑国首都时发现有个商人那里有一只玉环可以和自己家的玉环配成一对，他打算向郑定公求取这只玉环。郑国执政大臣子产认为不合礼仪拒绝了，韩宣子又私下去找商人打算买下这只玉环，商人说这需要提前告知子产才能交易，子产劝韩宣子说郑国开国君主与商人共同来到这里开辟国土，相互盟誓彼此忠诚，不强买强卖商人的东西。如今韩宣子以使节之尊去找商人买东西，难免让郑国君臣和商人为难。如果韩宣子一定要强买商人的宝物，一方面会让商人觉得不公，造成郑国内部不和，另一方面也会让郑国人对大国晋国失去尊重。好在韩宣子也懂得大道理，决定不再购求那只玉环。这则故事揭示郑国的首都有买卖玉环这类贵重东西的集市或者商人，而韩宣子两次试图得到这只玉环，可以说是一种有意的收藏行为，或许他的目的仅仅是为了自己保有这一对美丽的玉环，或许他打算配对以后赠送给公侯、盟友、亲友。

---

13 ［清］阮元 校刻：《十三经注疏》冬官考工记第六（清嘉庆刊本），北京：中华书局，2009年，第1959页。

14 ［清］王先慎 撰：《韩非子集解》外储说左上第三十二，北京：中华书局，1998年，第270页。

龙纹玉佩，玉雕，9.2×5.8×0.5cm，东周（公元前 8 世纪至公元前 3 世纪），台北"故宫博物院"

第五，因为王侯大夫死后往往以众多玉器、青铜器等随葬，战国末期出现了有组织盗掘"名丘大墓"的行为[15]，所得器物钱财或许就是通过上述集市销售或者成批卖给权贵富豪，以后这成了中国各朝代屡禁不止的现象。

---

15 ［秦］吕不韦 编，许维遹 集释：《吕氏春秋集释》卷十孟冬纪第十安死，北京：中华书局，2009年，第 226 页。

第三章
秦汉时期：家天下的帝王享受

每一个好大喜功、乐于享受的皇帝都是收藏爱好者。

秦始皇是这一传统的开创者。公元前230年至公元前221年他先后攻灭韩、赵、魏、楚、燕、齐，建立了中国历史上第一个中央集权帝国——秦朝。一统天下的秦王自称"始皇帝"，为凸显地位神圣，秦始皇自称"朕"，皇帝的命令叫"制""诏"，皇帝使用的大印称为"玺"。大一统的皇帝专制天下，积聚了最为庞大的财富，拥有众多宫室山林、金银珠宝、图书典籍和美女宫娥。他在首都的皇宫中把齐、楚、燕等王室的藏品汇聚一堂，可能还有异域的波斯或希腊工匠在这里参与铸造重达几十吨的巨大铜人像以及惟妙惟肖的大雁、天鹅等青铜水禽，用来装饰皇宫和他的墓地[16]。

骊山北麓的秦始皇陵宝藏至今引人遐想万千。这座陵墓从秦王登基起开始修建，前后历时39年，高峰期每年用工70万人。陵寝有内外两重夯土城垣，象征着都城的皇城和宫城。陵冢位于内城南部，史传内部建有各式微缩宫殿，以水银为河流湖海，满布各种珍奇宝物，可以说是秦始皇带入地下的"皇家收藏博物馆"。秦始皇陵四周分布着大量形制不同、内涵各异的陪葬坑和墓葬，已经发掘出来的3座兵马俑坑内有8000多件陶俑和陶马、4万多件青铜兵器，由此可以想象整个秦始皇陵寝的规模之巨、耗费之多和当时百姓的负担之重，难怪民众要揭竿而起，秦朝传承不到二

---

[16] 段清波：《从秦始皇陵考古看中西文化交流（二）》，《西北大学学报（哲学社会科学版）》，2015年，45(2)，第8—13页。

秦始皇兵马俑及俑坑照片，中国国家博物馆

世便灭亡了。

与秦始皇在史书上常常扮演的负面角色相比，同样"穷兵黩武"的汉武帝受到的责难要少得多。他是中国历史上最有好奇心的皇帝之一，他出于游猎、军事、长寿、炫耀等目的进行了一系列带有收藏性质的行为。迷信的汉武帝对出土的古物格外重视，元狩六年（公元前117年）汾水出土一件青铜器"宝鼎"，他随即下令从下一年开始改年号为"元鼎"以纪祥瑞。

汉武帝大力扩建的皇家宫苑上林苑地跨长安、咸宁、周至、户县、蓝田五县县境，纵横300里，有灞、产、泾、渭、沣、滈、涝、潏八水出入其中。其中三十六苑、三十六观的众多宫室园林、仙馆楼阁中收集展示了各种奇珍异宝、南北树木。这里栽种了各地进献的名果异树2000余种，仅梨树就有紫梨、青梨、芳梨、大谷梨、金叶梨、耐寒的瀚海梨、东海的东王梨等，还有西域的石榴、葡萄，南方的荔枝、柑橘等，还养育各种珍禽异兽。春秋两季汉武帝会率领"千骑万乘"前来打猎。这可以说是对各种动植物资源的特殊收藏，目的在于游猎、练兵、赏玩以及炫耀。汉武帝耗费许多财力追求长生不老，他听从方士的建议在建章前殿西北修建了高达五十丈的"神明台"，上面供奉"铜仙人舒掌捧铜盘玉杯"的雕像，道士们说将铜仙人盘中的雨露混合玉石粉末喝了可以长寿成仙。可惜这并没有什么效用，他在70岁的时候还是死了，他信任的大臣霍光下令以大量金钱财物和鸟、兽、牛、马、虎、豹等生禽共190种祭品陪葬[17]，希望皇帝能在幽冥世界继续观赏他的众多积藏。

一 秦朝皇家收藏：秦始皇的地下博物馆

秦朝的皇家收藏可以分成三部分：一部分是秦国王室历代收藏的青铜器、玉器等；一部分是攻伐夺取的西周王室、东周王室和战国诸侯的宫室器物、典籍图册；一部分则是秦始皇、秦二世时期宫廷收集、制作的新藏品。

---

17 ［汉］班固 撰，［唐］颜师古 注：《汉书》卷七十二王贡两龚鲍传第四十二，北京：中华书局，1962年，第3071页。

秦朝官制中"少府"掌管山海池泽之税和官府手工业制造以供应皇室，掌修建宫室的"将作少府"的部分职责也和皇家用品的制造、储藏有关。秦朝的官方藏书由内廷与外朝分别管理，御史掌管内廷所藏图籍秘书、律令，主要供皇帝阅览；丞相府掌管郡县图籍、户籍、计簿等；史官掌管各国史籍、盟书；"掌通古今"的"博士"负责《诗》《书》及民间诸子百家各派著作的收藏和管理。

为了控制民众的思想，秦孝公在商鞅的建议下发布"挟书者族"的律令，规定只有皇帝和相关主管官员可以搜罗保存图书，严厉禁止民间藏书，谁敢私下藏书要杀全族，这堪称历史上最为反动的法令之一。公元前213年，丞相李斯向秦始皇进言说文人学者在民间议论朝政法令是"非主以为名，异趣以为高，率群下以造谤"[18]，于是秦始皇下令销毁除秦国官方史书以外的所有六国史书和私藏于民间的《诗》《书》、诸子百家著作，规定老百姓只能保留医药、卜筮、种树这样的实用书籍，其他必须交到官府去焚毁，如有人三十天内不将藏书交到官府，就要被在脸上刺字发配到边疆的军队服役四年，白天站岗守城，夜晚修筑长城。

秦始皇规定只有主管图籍的官员"博士"可以在皇宫、朝廷保存《诗》《书》及诸子百家等书简，可惜秦朝的皇家藏书和朝廷藏书命运悲惨，项羽进入咸阳时火烧秦皇宫，足足烧了三个月，不知道多少先秦文献化为灰烬，堪称古代典籍的大灾难。好在之前刘邦的手下萧何已经派人取走律令、图书等典籍，让部分藏品逃过一劫。

二　汉代皇家收藏

秦始皇大修长城、宫室、陵墓导致民众疲敝，人心不满，最终天下大乱，这对新建立的西汉皇室是个重要的警示，因此汉高祖、文帝、景帝三朝休养生息，轻徭薄赋，积累了巨大财富，为之后汉武帝的大兴征伐、博取中外器物奠定了基础。

18　[汉]司马迁：《史记》卷八十七李斯列传第二十七，北京：中华书局，1982年，第2546页。

博山炉，高 26.8cm，汉代（公元前 206—公元 220 年），台北"故宫博物院"

博局纹镜，青铜，直径 14cm，西汉末东汉初，台北"故宫博物院"

1. 典籍文献收藏

公元前202年刘邦率军夺取秦都咸阳后，其他将领纷纷抢夺金帛财物。唯有萧何抢先到秦朝的丞相和御史府邸收集律令、图书等官府档案，因此得以知晓天下的山川地形、人口分布、赋税来源等信息，这对之后刘邦打天下、治天下帮助巨大。鉴于档案图书对推行统治至关重要，担任丞相的萧何主持皇家宫室修建工程时，在未央宫前殿北面修了天禄阁与石渠阁，天禄阁收藏国家重要档案典籍，石渠阁收藏图书，两阁东西相对而立，堪称当时的皇家档案馆和皇家图书馆。至今西安还保留有天禄阁夯土台遗址，面积748平方米，残高7米，并出土过镌刻着"天禄阁"的汉代瓦当。

西汉初沿袭秦代不准民间藏书的禁令，汉惠帝时为收集图书废除"挟书之律"，"大收篇籍，广开献书之路"，汉武帝更是积极地收集整理书籍，命令丞相公孙弘等"建藏书之策，置写书之官"[19]，秦末散佚的许多图书再次汇集到了首都的皇宫和朝廷，有权参阅这些图书的太史令司马迁就是参考众多史籍写出了垂名后世的巨著《史记》。

河平三年（公元前26年）汉成帝命陈农为使者到各地征集图书，集中到长安的书籍共有596家、13269卷，藏于天禄阁与石渠阁，此时藏书"外则有太常、太史、博士之藏，内则有延阁、广内、秘室之府"，规模为西汉之最。汉成帝还命光禄大夫刘向等官员负责分类整理和校勘上述藏书，撰成皇室藏书目录提要《别录》20卷。刘向死后，汉哀帝令其子刘歆子承父业，把皇家藏书加以校勘、分类、编目后写成定本，编成皇家藏书总目录《七略》7卷，除辑略外，另分六艺略、诸子略、诗赋略、兵书略、术数略、方技略六大部（大类）、三十八种（小类）、六百三十四家，著录图书13397卷、图45卷，开创了中国古代的图书分类方法。

西汉末期王莽篡位革新失败后烽烟四起，赤眉军攻入长安曾大肆抢掠和火烧未央宫，天禄阁和石渠阁的珍藏也不知所终。在战乱后建立东汉的开国皇帝刘秀喜好经术，极力搜讨图书。他建都洛阳后把从长安运来

---

19 ［汉］班固：《汉书》卷三十艺文志第十，北京：中华书局，1962年，第1701页。

的 2000 册书简文档全部存放在兰台，并建东观和仁寿阁存放新书。兰台在西汉是宫内收藏与御史职位相关的诏令文书的藏书之处，东汉沿袭此制度，但扩大收藏范围并新设兰台令史，著名的史学家班固就曾担任兰台令史，受诏撰史。东汉还开创了收藏外国图书的先河，公元 1 世纪汉明帝曾派人到天竺求取佛经，用白马驮回，遂在洛阳雍门西建立白马寺，将佛经四十二章藏在兰台、石室。汉明帝时还在洛阳南宫修造东观作为宫廷中贮藏档案典籍、编目典籍、学术研讨的重要场所。自章帝、和帝之后，东观超越其他台阁，成为东汉最重要的官府藏书机构[20]。王充《论衡》记载汉章帝首开货币征书的先例，曾下诏征集亡佚图书，付给献书人奖金。

东汉末年军阀战乱，占据首都的军阀董卓挟持汉献帝从洛阳迁都长安时将洛阳夷为废墟，兰台、东观所藏典籍图书大半散失，只有七十多车书西运长安，在路上又损毁了一半。三国时期曹魏建国之初，曹丕下令收集散落遗失的典籍保存在兰台、石室等处，恐怕收藏规模已经远远无法和东汉全盛时相比。

汉代皇家和朝廷对于古籍图书收藏的重视树立了榜样和先例，并形成了可资继承和参考的制度，这以后历朝历代的皇帝、朝廷和各级官员都格外重视图书典籍的收藏，这也是中国古代收藏文化的一大特点。古人推崇图书收藏，因为在古代图书稀少、保存不易，掌握更多的图书意味着某种知识乃至权力上的垄断，对于国家来说有助于政教治理，对家族和个人来说利于科考学习、诗文创作和著书立说。

图书收藏在中国古代收藏文化中占有重要地位，长期以来人们主要出于实用目的而进行收藏。到明清时代才出现了为了艺术审美目的进行的图书收藏——珍稀版本、印制精美的版本被视为更具有收藏价值。

2. 其他收藏和财富

除了典籍文献，汉代皇室还有其他大量积藏。可以从短暂登基称帝 27

---

[20] 向怡泓、王云庆：《从兰台东观谈东汉时期皇家藏书机构的特点》，《新世纪图书馆》，2015(1)，第 77—80 页。

玉图章，高 2.8cm，宽 2.3cm，汉代（公元前 206—公元 220 年），台北"故宫博物院"

天的海昏侯刘贺墓的陪葬品推测当时皇帝、王侯等权贵富豪的藏品类型，大约可以分为五类：一类是货币性财物，如此墓出土的金器 475 件、铜钱近 200 万枚都为此类；一类是礼仪器物，如编钟、编磬、印玺等，部分还是商周古器，如西周提梁卣、战国时期的缶等；一类是图书典籍，其中有数千竹简木牍，包括《论语》《史记》《医经》《孝经》《医书》《日书》等书简和历史上最早的孔子画像屏风；一类是娱乐器物，如围棋盘等；一类是香料、珠宝首饰等奢侈品；一类是实用器具如陶器、漆器、木器家具以及模拟各种实用器具的明器。

皇帝的藏品规模无疑要比王侯更多，比如黄金方面，皇室掌管的工坊出产一部分，还有来自税赋和进贡的所得，如西汉的酎金制要求有封地的侯和王按照封地的大小和人口数量，每年八月来宗庙祭祀时给皇帝献上黄金。

汉朝法律把盗窃皇家宗庙、陵园、宫殿视为重罪，到了北齐更是成为所谓"大逆"的死罪，为历朝所沿袭。

三 绘画和书法成为收藏的前提：对形式、风格的初步关注

汉代时绘画还属于实用装饰技术，这种"实用"主要表现在两方面：一是作为宫室、寺观、墓室的装饰图样；二是大多数题材发挥着道德劝诫、沟通鬼神、祈求长生等"实用目的"。此时绘画的题材、画家的来源都有所扩展，对绘画风格、技巧的高下也有了初步的关注和区分。

当时画家的出身背景有三类：

第一类是宫廷画工，据《后汉书·百官志三》记载，汉代宫廷沿袭秦制设"少府"管理皇宫装饰事宜，下属有"黄门署长、画室署长、玉堂署长各一人"，由太监担任。西汉初宫廷内已经设置了画家绘画的处所"画室"，《汉书》记载汉武帝曾命"黄门画者"绘制《周公负成王朝诸侯图》赏赐霍光，勉励他要尽心竭力辅佐自己年幼的儿子治理天下，后来霍光听说政敌在新继位不久的汉昭帝面前攻击自己，曾在皇宫的画室中暂时躲避。"画室"的设置和管理可谓后世宫廷设置画院的滥觞。当时的宫廷画工被称为"黄门画者"或"尚方画工"，如西汉元帝时的杜陵人毛延寿、安陵人陈敞、新丰人刘白、洛阳人龚宽、下杜人阳望、长安人樊育等，东汉明帝时的刘旦、杨鲁等都见于史籍记载，这些记录说明绘画这门技艺受到皇帝、权贵的重视并开始获得相对独立的地位。当时画作多绘制在固定的墙壁、屏风、帷幔等载体上，不过也出现了可移动的绢帛画，如上述《周公负成王朝诸侯图》可能就是绢帛画或者可以移动的屏风画。适合人们日常携带和欣赏把玩的绘画载体的出现是日后绘画收藏兴起的重要前提。

第二类是民间画师，汉代各地众多墓室壁画、帛画、木刻画、木简画等以及兼有绘画和雕刻特点的画像石、画像砖等多是这些民间画师所作，说明当时各地已经普遍存在以绘画为业的手工艺人。

第三类是士人画家，张彦远的《历代名画记》记载东汉士人蔡邕、张衡、刘褒善画，可以说是有较高社会地位、文化修养的士人阶层开始参与绘画创作的发端。汉灵帝曾让蔡邕在宫殿墙壁上描绘曾斩杀项羽的赤泉侯杨喜家族五代将相的图像，并让他作赞文书写在旁边，当时人们称呼蔡邕这一画、书、文俱佳的创作为"三美"，可见人们对于绘画、书法技法及风格有了初步的审美欣赏之风。

当时绘画的内容主要是古圣先贤、神怪佛道、生活场景等几类。官方画工常常绘制古圣先贤形象图解经史、宣教官民，最著名的是甘露三年（公元前51年）汉宣帝令人绘制霍光、苏武等十一名功臣图像于麒麟阁以示纪念和表扬，史称"麒麟阁十一臣"。东汉明帝也曾追思前世功臣，命人在南宫云台图画"二十八将"。州郡各地以画像旌表名臣义士，不乏其事，《后汉书》中蔡邕、陈纪、胡广诸传都有相关的记载。而神怪佛道、生活场景绘画则常在汉代墓葬中出土，可以想象这也是当时比较主流的绘画主题，在皇家宫殿、富贵人家宅邸、佛道寺观中常见。

书法在东汉后期章帝、灵帝、献帝时受到重视，士人阶层开始从记录、传递信息等实用角度之外欣赏文字书写的艺术性和风格特点，出现了以书法知名的士大夫，如以杜度、崔瑗、张芝为代表的草书家，以蔡邕为代表的隶书家，书法开始成为士人能够抒发情感、表现个性的艺术方式，并有了初步的收藏行为。这和当时"尺牍""辞赋"的流行有关，上层人士广泛用书写文字的简册、绢帛等传达命令、互通消息、传情达意，在"写对"之外对"写好"也有了讲究。

另外，汉灵帝时曾征召擅长书写、辞赋、尺牍等技艺的下层文士到京城鸿都门附近宦官主管的机构"鸿都门学"中交流学习，著名者如师宜官等学成之后被派任到朝廷和州郡担任官员。皇帝、宦官设立这一机构的目的和出自这里的人才受到主流官员、儒士的非议，可就书法艺术的发展而言，数百擅长书写的人才汇聚京城极大促进了创作交流以及对各种书写风格的研究、欣赏。

擅长"八分"字体的书法家师宜官"大则一字径丈，小乃方寸千言"[21]，在当时颇为有名，已经有人收藏他的作品。据说嗜酒的他有时不

---

21 [唐]房玄龄 等撰：《晋书》卷三十六列传第六，北京：中华书局，1974年，第1064页。

拿钱就去酒馆，在墙壁上表演写字，引起众人围观，他向围观者讨要到足够的买酒钱以后就把墙壁上的字毁坏，似乎是不愿让酒店据为己有。当时他书写文告需要在木板上刻字，印刷完成后他会把字板焚毁，不愿别人拿去收藏或者模仿学习。另一位著名书法家梁鹄据说曾请师宜官喝酒，趁他喝醉后偷得字板学习其书法，后来也以工书著称，曾在曹操的官署中负责文书书写。曹操认为他的书法胜过师宜官，将他的作品悬挂在布帐或钉在墙壁上欣赏。可见他的书法作品也已为时人收藏，到晋代还有人保有他的手迹。

从征战四方的曹操欣赏书法作品的行为可以看出，这一时期绢帛、纸张等适合携带的轻便载体的初步流行对于书法、绘画收藏的兴起有重大意义，极大方便了人们购藏、赠送、欣赏、分配这些藏品。

四　其他收藏品：玉石、金银、漆器等器物

从河北省满城县西汉中山靖王刘胜及其妻的窦绾墓、湖南长沙马王堆汉墓、山东长清县济北王墓、广州南越王墓、南昌的西汉初海昏侯刘贺墓等可以想见西汉王侯积聚的财富之多。如刘胜是汉景帝刘启之子，他和妻子的两座墓地中出土了随葬品6000多件，以陶器数量最多，铜器次之，还有铁器、金银器、玉石器、漆器和纺织品等类。特别重要的是第一次发现了两件完整的"金缕玉衣"和镶玉漆棺，可见当时人对玉石与神鬼的信仰之深[22]。

以玉衣作殓装的制度可上溯到东周时代的"缀玉面罩"和缀玉片的礼服。根据已知的考古材料，形制完备的玉衣出现在西汉文帝、景帝之际，皇帝和王侯等以玉衣作为殓服是汉武帝时开始盛行的。至东汉时期，玉衣已经明确分为金缕、银缕、铜缕3个等级，确立了分级使用的制度。到曹魏黄初三年（222年），魏文帝曹丕鉴于盗墓现象严重，下令废除玉衣制度以后才算告一段落。"金缕玉衣"的存在说明对某类财产、藏品的重视取决于特定时代人们的文化观念和对于它们的"实际功用"和"精神功

22　汪莱茵：《西汉中山靖王刘胜的金缕玉衣》，《故宫博物院院刊》，1980（2），第94—95页。

用"的认知。

皇帝、王侯、高官以外，一些世家大族也收藏祖先使用的器物，其中最著名的是曲阜的孔氏家族。汉武帝时司马迁曾经到曲阜参观，看到了孔氏家庙中保存的古代"车服礼器"。

绿釉陶狗，陶器，26.7×11.4×24.1cm，东汉，Stanley Herzman 捐赠，大都会博物馆

这些墓葬器物对当时的人来说是"实用"器物，并不当作收藏品，但是20世纪初它们成了欧美和中国收藏家、博物馆追求的藏品。

2

品位的建立：艺术收藏兴起

　　士人、名流、文人思考宇宙玄虚，体味山川人文，标榜风流姿态，对于诗文、书法、绘画、园林、山水的欣赏也形成了新的文化潮流，文艺不再服务于礼教、附丽于宗教，书法和绘画不再是仅服务于政治、宗教、道德目的的实用技能，有了相对独立的地位和评价标准，成为文化阶层创作、欣赏、研讨、购藏的对象。在政教、祭祀、实用功用之外，出现了从个人兴趣、审美愉悦、学术研究等目的出发进行的收藏行为。欣赏者、收藏者可以通过书画藏品表达情感、观点，拥有文化艺术品成为品位和身份的象征。

第四章
魏晋南北朝：书画收藏的开始

王羲之为何是唐宋以来最具知名度的书法家？不仅仅因为他的字写得风格突出、功底深厚，还因为他的家族、亲友、追捧者和收藏者富有影响力，多种因素合力造成的文化潮流恰好把他推上了书法艺术史和收藏史的浪头。

汉魏之间，钟繇是当时最受重视的书法家，以法度严谨的风格著称。东晋初庾翼、郗愔也以书法知名，王羲之（303—361年）这位后起之秀名声大振，时人认为他可以和钟繇、张芝比肩，是几位"一流书法家"中的一个，并没有至高无上的地位。

东晋到唐代的文化史、收藏史的因缘际会让王羲之成为了人人皆知的"书圣"。他出身东晋前期最为重要的门阀世家王氏家族，在权势和文化风尚上都具有标杆作用，这一身份背景也是他的书法受到重视的一大因素。王羲之这样的高门大族子弟并不是靠出仕为官、道德文章出名，而是靠书法作品获得如此高的文化地位，这是一个标志性的象征：艺术家、艺术作品获得了相对独立的地位和极大的关注，也有了更为发达的市场交易，出现更多的收藏行为。

王羲之、王献之父子生前的书迹已为时人有目的地收藏，如东晋末年篡权称帝的桓玄在失败后曾将所藏的王羲之作品全部投入江中，可见当时权贵已经收藏王羲之书法。时人羊欣认为他的草隶作品"古今莫二"[1]，不

---

[1] 王僧虔：《条疏古来能书人名启》，[清]严可均 编：《全上古三代秦汉三国六朝文》全齐文卷八，北京：中华书局，1958年，第5671页。

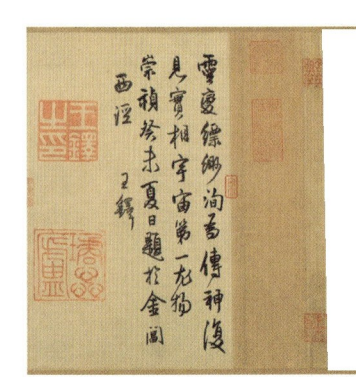

顾恺之《洛神赋图卷》，绢本设色，宋代摹本，故宫博物院

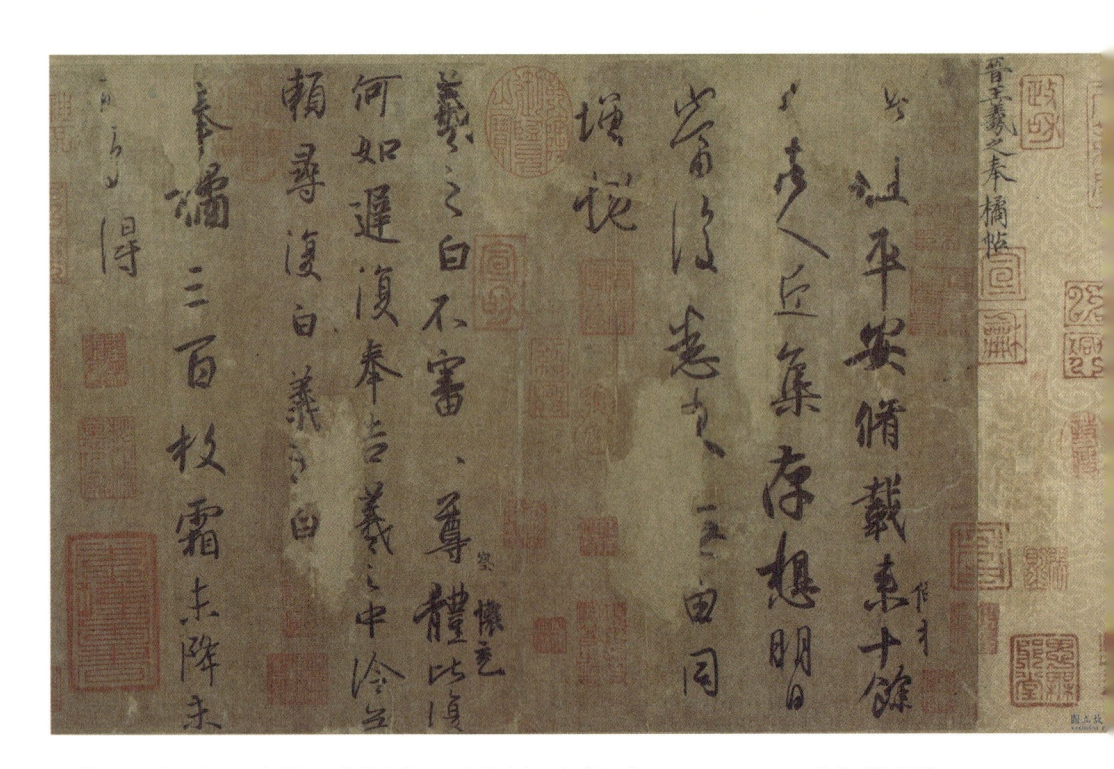

王羲之"平安、何如、奉橘"三帖卷（唐人双钩摹本），纸本行书，24.7×47.3cm，台北"故宫博物院"

三帖裱于一纸之上，前四行是为平安帖，次三行为何如帖，最末二行为奉橘帖，是给亲友赠送橘子并附上此信说"奉橘三百枚，霜未降，未可多得"。王羲之所写慰问酬对的尺牍在生前已经被人收藏，可见时人的重视。南朝喜好收藏王羲之信札的帝王权贵、文人僧侣常将其零散尺牍裱背成一定长度的手卷。这一书迹可能是隋唐时人以双钩廓填临摹所成。

过此时王献之"妍美"的风格似乎更为流行,海内学书之人多习献之,虞龢的《论书表》就最为推崇王献之。这也刺激了南朝宋明帝、齐高帝宠信的大臣、书法家刘休反其道行之,大力提倡王羲之的风格。

梁武帝萧衍是第一个大力推崇王羲之书法的皇帝,收藏了大量王羲之书迹,他认为王羲之的水准高于王献之,同时他和陶弘景都认为钟繇超越王羲之,是排名第一的书法家。后来是唐太宗才把王羲之推到举世无双的地位,给予最高的评价。

一　文化观念的更新

这一时期收藏领域有两个引人瞩目的变化:一是士族文人的艺术观念发生改变,在政治性道德宣教目的之外,人们开始从愉悦欣赏的角度看待艺术创作,东晋以来士人登山观水、披奇览胜成为风尚,画家也开始模山范水,出现山水画创作,士人之间评论书法、绘画时常常强调其给人带来的审美感受,这与现当代人对绘画功能的认知十分相似;二是士人作为书法、绘画的创作者、欣赏者、收藏者出现,开始有书画收藏和市场交易的记录。

魏晋南北朝是中国士人文化观念转变的一大关键时期,汉武帝"独尊儒术"以来最有影响力的儒家伦理教化在汉末魏晋的战乱中受到冲击,佛教、道家的思想得到新的发扬和传播,士人、文人思考宇宙玄虚,体味山川人文,标榜风流姿态,对于诗文、书法、绘画、园林、山水的欣赏也形成了新的文化潮流，文艺不再是仅服务于政治、宗教、道德的实用技能，更是士人对自我情感和观点的表达，开辟了所谓"文学的自觉时代"[2]。

最显著的是文学的地位得到全面提升，汉代士人教育以学习儒家经史为主流，以出仕效劳国家、发扬礼教道德为正统。魏晋时代观念发生变化，曹魏皇帝创作大量诗歌文章，曹丕把在汉代视为小道的辞赋提升到"经国之大业，不朽之盛事"[3]的地位，认为文章可以表达自我、发扬情感、评论社会、引导风气。在以博学多才为好尚的时代氛围中，除了文学，书法、绘画也获得重视，成为世族子弟、文人学者文化修养的选项之一，相关作品成为他们创作、欣赏、研讨乃至购藏的对象。

这一时期的收藏行为的重大变化是，在政治教化、祭祀典礼、装饰所需和占有金银财宝的目的之外，出现了从个人兴趣、审美愉悦、学术研究等目的出发进行的收藏行为，书法、绘画的创作、欣赏、收藏、研究有了自己独立的地位和评价标准，所以这一时期出现了记录、研究、比较古今名画、书迹的著作。如齐高帝萧道成的《名画集》，南朝梁武帝萧衍的《昭公录》，齐梁之间画家谢赫所撰《古画品录》，南朝梁孙畅之的《述画记》，南朝陈姚最的《续画品录》，南朝宋宗炳的《画山水序》、王微的《叙画》等都对绘画的源流、风格、高下问题进行论述，如宗炳提出山水画"畅神"之功，谢赫强调了绘画具有"明劝戒，著升沉，千载寂寥，披图可鉴"[4]的道德镜鉴作用。这不仅对创作者有意义，无疑也可以移用来证明绘画收藏的意义。

值得注意的是，此时世家大族、名流雅士多"贵书贱画"，对绘画的推许、研究和评论不如对书法那样重视。在新旧观念转变过程中，冲突也时有表现，如北齐颜之推《颜氏家训·杂志》记载吴县寒门士人顾士端父子擅长丹青，为官后时不时被梁元帝指派与画师一起绘制作品，让他们感

---

2 鲁迅：《魏晋风度及文章于药及酒之关系》，《北新》半月刊 1927 年 11 月 16 日第二卷第二号。
3 ［魏］曹丕：《典论·论文》，《中国历代文论选》（第一册），上海：上海古籍出版社，1984 年，第 158 页。
4 谢赫：《古画品录》，［清］严可均 编：《全上古三代秦汉三国六朝文》全齐文卷二十五，北京：中华书局，1958 年，第 5861 页。

觉受到羞辱，不想让子孙再学此艺[5]。可见官宦不愿与职业画工、画师同列，耻于为权力、金钱所迫从事绘画，这也成为日后文人卖画的一大心理障碍。似乎是为了与擅长绘制帝王圣贤、佛道人物为主的职业画师相区别，部分士人画家强调绘画是为了修养心性、消愁释愤，并在山水园林审美大兴的背景下开始创作以山水为主的绘画，据说东晋的戴逵、顾恺之就曾涉及山水画创作。南朝刘宋之际，与诗歌中的山水诗相伴随，出现了王微、宗炳等创作的山水画作。

当然就儒家正统观念来说，在礼、乐、射、御、书、数等贵族君子学习的"六艺"中没有绘画的位置，绘画是底层的工匠娴熟的低贱技艺而已，所以它在各种文化类型的"等级体制"中地位低于经史、文学、音乐和书法。晋代张勃在《吴录》中把绘画和相人、星象、风水、算术、围棋、占梦并称。《颜氏家训·杂艺》依次论述书法、绘画、射、卜筮、算术、医方、琴、博弈、投壶、弹棋等，将书法和绘画与民间杂耍并列。到宋代，绘画、书法的创作、研究和收藏的地位才显著上升。

二　收藏者的新变化：收藏者的时间意识和高下意识

在观念转变的同时，士人、文人作为书法、绘画作品的创作者、欣赏者、收藏者出现，他们有关欣赏、收藏的文字书写和社交关系对此后的收藏文化发展有极大的影响。

创作方面，王羲之、王献之父子等世家大族子弟以书法闻名，绘画方面也出现了众多士人画家，如顾恺之就是江南本地世族出身，他在建康瓦官寺所绘维摩诘像能吸引谢安等人的观赏赞叹，可见当时绘画、赏画的风气。有学者统计，《历代名画记》记载的魏晋南北朝画家有88位，其中绝大多数都是士人出身，他们多担任官员，博学多才，绘画为其兴趣之一。另有一小部分画家是与士人有类似文化审美意识的帝王、隐士，如曹魏少帝曹髦、晋明帝司马绍、梁元帝萧绎，隐士谢岩、曹龙、丁远、杨

---

[5] ［北朝］颜之推 撰 王利器 集解：《颜氏家训集解》，上海：上海古籍出版社，第518页。

惠，戴逵及其子戴勃、戴颙等人。出生宫廷或民间的画工只有吴之曹不兴，宋之顾景秀、陆探微等数人以及十多位僧道画家[6]。其实就数量而言，当时更多的画者是官府管理的"百工"、庶民出身的民间画师，但是这些底层画工难以获得士人出身的画家那样的关注度和传播性，也少有人收藏他们的作品，大多只能默默无闻。可以说南北朝开始绘画变为士人主导，有关绘画的文字记录、评论和著述也因此增多，收藏文化也就顺理成章地铺展开来。

就书画的收藏者、赞助人而言，皇室依旧是一大力量，新出现了佛寺、道观这样的艺术赞助机构。佛教和道教受到皇帝、士人和普通民众的信奉，众多寺观兴造石窟、庙宇、雕像，雇用工匠雕琢绘制寺塔、壁画、雕像和卷轴画。顾恺之为瓦官寺绘制壁画，戴逵造无量寿佛木像，张僧繇在一乘寺画壁画等，都是如此。为了传教方便和节省空间，魏晋南北朝的宗教绘画逐渐脱离建筑物与雕刻，演变为单幅的纸、绢卷轴画。纸、绢材质的卷轴画便于保存、携带、传阅，这种载体变成主流无疑对后来的创作、收藏都有重要的影响，极利于作品收藏和流传。六朝佛道盛行时，僧人、道士经常自行或者雇人抄写经书，一些僧人、道士还以书法创作知名。不同的收藏群体也对艺术创作的题材产生了影响，魏晋南北朝时期上层统治者对绘画的主流认知承袭两汉时期"图像之设，以昭劝戒"的"鉴戒"观念，以圣贤人物画为主流，神佛鬼怪、生活场景两类题材为辅。后来出现了士人、文人欣赏的宗炳等人的山水画，齐梁时候皇帝、权贵爱好奢华享受，流行香艳的宫体诗，出现了"丽服靓妆""赋彩鲜丽，观者悦情"的美人图之类的题材。

更重要的是，士人开始成为书法、绘画艺术的收藏者并开始建立相应的收藏文化，出现了收藏品的交易行为。从王羲之题字帮助老妇卖竹扇的传说可以看出收藏之风的发展，又如前燕文官崔潜为其兄写的诔文手稿就被人保存流传，一百多年后被人在北魏都城（山西平城）书肆买书的时候购得，可见当时的收藏之风。

对收藏意识、文化的形成影响重大的是这一时期的士人、文人有了强

---

6 李修建：《论六朝时期的绘画观》，《内蒙古大学艺术学院学报》，2014 年 3 期，第 56—61 页。

大同云冈石窟，北魏

上图：赫连子悦和邑义五百余人造像碑，石灰岩雕刻，东魏（533—543 年），大都会博物馆

下图：彩绘石雕佛头像（南响堂山石窟），石灰岩雕刻，39.4×25.4×30.5cm，北齐（565—575 年），Albert Roothbert 夫妇捐赠，大都会博物馆

烈的时间意识和高下比较意识，可能是汉末魏晋南北朝的长期战乱让人们对生命的短暂、世事的无常有了更多的体味。这一时段的文人的历史感和时间意识格外强烈，常常在诗歌文章中对比古今，人们常常想象和推崇古代某个时期有道德的贤明君主治理着国家，那个时代秩序良好，民众富足，人人安居乐业。拥有古代的收藏品无疑可以满足人们和既往的美好时代、古圣先贤或者名手巨匠建立关联的渴望，这是一种让人的短暂生命变得丰富、永恒的方式。

另外，这个时代的人受到察举制品评人才的影响，也习惯对诗赋、绘画、书法的水准或者风格高下进行比较。这两种意识体现在当时的一系列著作中，比如南齐高帝萧道成以擅赏鉴者自居，挑选出自己喜欢的皇室收藏精华编辑为《名画集》，记载自陆探微以来古今"名手"四十二人三百四十八卷（件）作品，按优劣分为四十二等、二十七秩，对画作的分别等级有数十种之多，可见他的区分之细。此后南齐谢赫的《古画品录》等著作延续了这种高下品级的区分观念。这类著作常常推崇故去的"名手"的作品或者记载他们创作时的神奇传说，这对以后的收藏文化有着重要的影响，对于古人作品、名人作品的推崇一直延续到 21 世纪的收藏文化中。

需要注意的是，"古"在南北朝人的意识里泛指已经过去的前朝、前代、前人的时代，也就是说刚刚故去不久的艺术家也可以归类到"古"的名义下。这和 21 世纪的人认知的"古代""近代""现代""当代"的时代概念完全不同。

三　南朝皇室收藏的延续和损毁

南北朝时期北方战乱频繁且多为游牧半游牧部族建立的政权，文教不受重视，皇室收藏大多不成气候。较为突出的是北魏政权，帝后因为信奉佛教开凿了数个著名的石窟，对雕塑、壁画艺术有巨大助力，可以推测当时有相当数量的雕刻工匠、画师以此谋生，在宫廷中应该也有不少佛教相关的雕像、绘画藏品。

南朝因为政权变动常常以政变等低烈度的温和方式进行，皇室收藏

彩绘陶骆驼俑，陶器上色，24.8×24.1cm，北魏/北齐（6世纪中期至晚期），大都会博物馆

有一定的延续性，历经多个朝代基本保持不变，可难免在动荡中遭受重创。东晋的皇家收藏为宋、齐先后继承。南齐开国皇帝萧道成（427—482年）少年时在名儒雷次宗处接受教育，通习经史，雅号图书、书画收藏，颇以赏鉴自居，他接收刘宋皇家藏品后，选择其中的精品品评古今名画技工优劣，编成《名画集》。后来政权更迭，上述收藏的很大部分或许为南梁开创者萧衍（464—549年）所有。梁武帝萧衍善画花鸟走兽，通音律，好书法，最著名的行径是公元520年后信奉佛教，几次脱下帝袍换上僧衣到佛寺"出家"，群臣不得不先后三次捐巨资给佛寺赎回这位"皇帝菩萨"。在他的赞助下京城出现五百余所佛寺，僧尼有十余万，很多佛院寺

塔的壁画都是张僧繇等名手所画。当时梁武帝诸子多出镇外州，梁武帝命张僧繇前往各州郡去画诸子之像，悬于居室之中，梁武帝见图如见其子，思念顿减。

梁武帝是历史上第一个大力推崇王羲之书法成就的帝王，带动了第一波学习"大王"书法的风潮。梁武帝撰有《观钟繇书法十二意》《草书状》《答陶隐居论书》《古今书人优劣评》等有关书法的文章著作。在《答陶隐居论书》中他批评了颇有王羲之赝品乱人耳目、影响王书声誉的状况，可见当时已有为了盈利而伪造名人书法作品的现象。当时内府秘藏的王羲之书迹已杂有赝品，梁武帝曾对前朝流传下来的王羲之父子书法进行整理鉴定，选出他认为的真品78帙767卷。

萧衍的儿子、梁元帝萧绎（508—554年）以著述宏富见称，也是一位丹青好手。他在位仅三年，内府收藏的书画精品盛极一时。可惜后来遭遇皇位争夺战，对手引西魏军围困江陵，萧绎在江陵城破之前命人将皇室所藏名画法书及典籍十四万卷点火焚烧，这位占有欲极强的皇帝宁愿让收藏品跟随自己一起毁灭，也不愿意让敌人一窥究竟。这一把火可谓王羲之书迹和南朝书画典籍的一大劫难。

四　其他收藏品

除了书籍档案、绘画、书法作品，当时皇室还收藏其他珍稀宝物。如《晋书·五行志》记载西晋惠帝元康五年（公元295年）皇宫中存放武器的武库发生一场大火，焚毁了众多皇室藏品。武库是西汉初创设的收藏兵器的机构和处所，派有重兵把守。这次武库起火后，负责守卫的张华生怕有人趁乱抢夺武库中的兵器军械造反，下令看守的士兵先不要救火而在外围防备有人闯入抢夺军器，待发现没有叛乱的迹象再救火时整个武库收藏已遭焚毁，"累代异宝，王莽头，孔子屐，汉高祖断白蛇剑及二百万人器械，一时荡尽"[7]。

7　[唐]房玄龄 等撰：《晋书》卷二十七志第十七五行上，北京：中华书局，1974年，第805页。

所谓"累代异宝"应该就是历朝流传的各种珍玩宝物，包括孔子的屐、汉高祖的剑这样的前代圣贤遗物。让后世颇为好奇的是汉晋皇室还收藏谋朝篡位者王莽的头颅。据《汉书·王莽传》记载，公元23年秋绿林军冲进长安时，商人杜吴杀死王莽，军人分裂王莽尸体，将头颅献给更始帝刘玄。他下令将其悬挂在宛城街市展览，后来战乱中王莽头颅不知所踪。从《晋书》记载可知或是东汉开创者刘秀得到了王莽的头颅，让人收藏在武库中作为后世子孙的警戒或进行某种巫术镇压。

在民间，也出现了中国最早的青铜器、古钱币收藏家、研究者乃至碑刻研究者，南朝宋梁时代的著名文人、曾任南郡太守的刘之遴好古爱奇，在荆州的家里蓄藏有从先秦到东汉的古器物上百件。他曾进献古器四种给东宫太子，包括秦容成侯适楚之岁造的金银错镂古樽二枚，汉武帝元封二年龟兹国进献的澡罐一口，汉哀帝建平二年造的镂铜鸱夷榼二枚，汉献帝初平二年造的澡盘一枚[8]。可惜并没有更多有关这些器物的文章或者流转记录，估计也是毁于后来的战乱中了。另有学者虞荔著有《鼎录》，收汉景帝至王羲之时期的铜器共七十二件。古钱收藏方面，萧梁时顾烜著有《钱谱》，并提及之前已经有刘氏《钱志》一书，另外还有《隋书·经籍志》记载的齐梁时期刘潜所著《泉图记》一书，可惜两书都已经失传。在碑刻方面，晋代将作大匠陈勰辑碑刻之文为《杂碑》22卷、《碑文》15卷，梁元帝萧绎编有《碑英》120卷，谢庄编有《碑集》10卷，无名氏著有《石经》若干卷，均已失传。

8　[唐]姚思廉 撰：《梁书》卷四十列传第三十四刘之遴，北京：中华书局，1973年，第573页。

第五章
隋唐时期：对"古物"的迷恋

《兰亭序》也许是目前最为中国人所熟知的古代书法名作，但在收藏史上它却是一个充满争议的谜团，体现出中国收藏文化史最吸引人的一面：皇帝、官员、僧人、书生、史学家都在权力、知识、阴谋的网络中追求那些最具有文化声望的作品，因此发生了许多出人意料的故事。

李世民是狂热的王羲之书法爱好者，恰好他还是一位皇帝，他可以借助权力放大自己的观点，在官方撰修《晋书》时他破例亲自为王羲之撰写"御评"，一方面给予王羲之"精研篆素，尽善尽美"的最高评价，另一方面则贬低当时广泛流行的王献之书风，"观其字势疏瘦，如隆冬之枯树；览其笔踪拘束，若严家之饿隶。其枯树也，虽槎枿而无屈伸；其饿隶也，则羁嬴而不放纵。兼斯二者，固翰墨之病欤"！[9] 有皇帝的大力推崇，宗室、高官乃至文人写行书自然以学王羲之为风尚。

贞观六年（632年），唐太宗下令整理御府收藏的钟繇、王羲之等名家法书，得1510卷。后继续不遗余力重金购藏王羲之书法，"由是人间古本，纷然毕进。帝令魏少师、虞永兴、褚河南等定其真伪。右军之迹，凡得真行二百九十纸，装为七十卷；草书二千纸，装为八十卷。小王及张芝等亦各随多少，勒为卷帙，以'贞观'字为印印缝及卷之首尾"[10]。皇帝、贵族、高官的追捧让王羲之书法的价格变得高昂起来，出现了以他

9　[唐]李世民：《王羲之传赞》，载[唐]房玄龄 等撰：《晋书》，北京：中华书局，1974年，第2093页。

10　[唐]裴孝源：《贞观公私画史序》，载[清]董诰 等编：《全唐文》卷一百五十九，北京：中华书局，1983年，第1629页。

书充作王书的现象乃至专门的伪造者，如李怀琳、谢道士都是有名的作伪者。

唐太宗对王羲之作品的追求还派生出有关的传说，唐玄宗时的文人何延之在小说中记述说贞观年间唐太宗听说王羲之所写《兰亭序》在和尚辩才手中，于是三次召见想让对方主动献宝，可惜辩才诡称这份书帖在隋末动乱中散失了。于是宰相房玄龄向皇帝推荐监察御史萧翼以智取之。萧翼乔装成潦倒书生去寺庙与辩才交往，故意展示自己收藏的一些王羲之法帖激起辩才的好胜心，他出示了常年悬于屋梁上保存的《兰亭》真迹，萧翼偷偷摸摸私取此帖回到长安复命。唐太宗对此帖欣赏不已，命令赵模、韩道政、冯承素、诸葛贞等四人各临摹数本以赐皇太子、诸王、近臣，后来还用《兰亭序》等王羲之书法原作陪葬昭陵。这是唐代中期文人编撰的传奇小说，实际上围绕《兰亭序》发生的故事远比上述小说更为扑朔迷离。

东晋穆帝永和九年（公元353年）三月初三，孙绰、谢安、王羲之等四十一位有道教信仰的名士在山阴（今浙江绍兴）的兰亭进行消灾求福的"修禊"聚会，一边欣赏山水之美，一边饮酒赋诗，并让擅长书法的王羲之撰写此次集会的序文。大约一百年后刘义庆的《世说新语》提及王羲之的这篇序文时称之为《兰亭集序》，刘义庆之后几十年的南朝人刘孝标注

南宋摹本《萧翼赚兰亭图》，绢本设色，27.4×64.7cm，南宋，台北"故宫博物院"

释《世说新语》时称之为《临河序》并记载了全文178字:"永和九年,岁在癸丑,暮春之初,会于会稽山阴之兰亭,修禊事也。群贤毕至,少长咸集。此地有崇山峻岭,茂林修竹。又有清流激湍,映带左右。引以为流觞曲水,列坐其次。是日也,天朗气清,惠风和畅,娱目骋怀,信可乐也。虽无丝竹管弦之盛,一觞一咏,亦足以畅叙幽情矣。故列序时人,录其所述。右将军司马太原孙丞公等二十六人诗赋如左,前余姚令会稽谢胜等十五人不能赋诗,罚酒各三斗。"[11]

问题是,现在博物馆中所藏的所谓唐摹本《兰亭序》却有324个字。这一明显的差异让后人怀疑唐太宗所见的所谓《兰亭序》很可能是伪托之作,理由主要有三条:一是现存《兰亭序》文字数量比《世说新语》注释的早期《临河序》版本增加了几乎一倍,多出来的文字所言也与王羲之一贯的思想有所不同,况且在诸多名流高官的诗赋之前也不适合他个人无端大发议论;二是书体亦和出土的东晋王氏墓志不同,传为冯承素摹本的结体了无章草痕迹,如"茂"之连带、"殊"之竖钩等均显示了行书痕迹,与传世王书区别较大,疑为隋唐人伪托;三是王羲之的很多书法作品在南朝梁代就成为皇室内府珍藏,有参与皇室文物鉴赏的满骞、徐僧权、沈炽文、朱异等人的署记,之后还经过隋朝皇室收藏,又增加了江总、姚察等人的署记,现藏于辽宁省博物馆的王献之《廿九日帖》,王羲之《新月帖》、"平安、何如、奉橘"三帖上就有满骞、姚怀珍、唐怀充、姚察、徐僧权等人的署记,说明这些墨迹在唐以前曾经被梁、隋内府收藏过。而今天所传的各种版本的《兰亭集序》却没有上述梁、隋鉴藏印记,可见是唐代才进入内府的作品,之前并没有清晰的流传过程。

因此,宋代就有人质疑《兰亭序》的真伪,清代民国以来更有众多怀疑者认为《兰亭序》很可能是唐初的伪冒之作[12]。更有人大胆猜测,隋唐之际会稽永兴寺的僧人智永、智果以临摹王羲之书法著称,无论是因为受

---

11 [南朝宋]刘义庆 著,[南朝梁]刘孝标 注,余嘉锡 笺疏,周祖谟、余淑宜、周士琦 整理:《世说新语笺疏》卷下之上企羡第十六注一,北京:中华书局,2007年。
12 陈雅飞:《中国大陆〈兰亭序〉真伪论辩回顾》,《浙江大学学报(人文社会科学版)》,2004(5),第102—110页。

冯承素摹《兰亭序》，纸本行书，24.5×69.9cm，唐代，故宫博物院

到官员的求索压力，还是为了获取皇帝赏赐的经济动力，这些僧人或周围的其他人士都有可能将一件托名王羲之的"前朝赝品"乃至"自创赝品"献给皇帝。唐太宗死后，他的儿子唐高宗以一系列书法作品陪葬父亲。唐末战乱中唐太宗的陵墓在后梁开平二年（908年）为温韬盗掘，陪葬的一些书法作品再次面世，可唐太宗珍视的这件《兰亭序》的"原件"是否陪葬、是否被盗却了无消息，似乎消失在历史的迷雾中。

《兰亭序》"原件"在唐末已经失去踪影，现在人们看到的都是唐太宗让大臣所作的临摹本。如弘文馆榻书官冯承素摹本因其卷引首处钤有宋高宗御府"神龙"二字的左半小印，后世又称为"神龙本"；虞世南临本因卷中有元天历内府藏印，亦称"天历本"；褚遂良临本因卷后有米芾题诗，亦称"米芾诗题本"，上述三件摹本现都藏于北京故宫博物院；欧阳询临本于北宋宣和年间勾勒上石，因于北宋庆历年间发现于河北定武而得名"定武本"，原石久佚仅有拓本传世，现藏台北"故宫博物院"。

一 隋唐皇家收藏：皇家收藏的第一次高潮

公元589年隋朝灭陈，结束了长期的南北分裂局面。隋代继承的北周

官府藏书不过 15000 卷，隋文帝因此下诏征求遗书和借书抄录，加上灭陈朝后接收的江南图籍，藏书总数达 3 万余卷。喜好文学的隋炀帝杨广更是倡导大肆抄书，在东都洛阳观文殿东西厢建造房屋藏书，另辟内道场收藏道教、佛教著作并编写目录。西京长安嘉则殿藏书共计 37 万卷，是前所未有的官府藏书最高纪录。后炀帝令除去重复、杂乱版本，将御本 37000 余卷纳于东都修文殿收藏。之后还下令改国子寺为国子监，成为此后历朝延续的古代最高学府与藏书管理机构。自此，在皇室内府藏书和中央官府藏书机构之外确立了以国子监藏书为主体的中央官学藏书体系，延续 1300 余年[13]。

书画收藏方面，隋炀帝于东都洛阳观文殿后建妙楷台和宝迹台分别收藏法书、古画，这是历史上皇家首次专门设置书画艺术收藏库。除以书画艺术藏品为秘玩，隋炀帝平时也按个人嗜好命画家作画，如《隋书》记载大业八年（612 年）三月他见到两只"高丈余、皓身朱足"的大鸟，就让宫廷中的画工即景写生画下来，并撰文刻石歌颂此事[14]。隋末大乱，大业

《步辇图》卷，绢本设色，38.5×129cm，阎立本，唐代，故宫博物院

《步辇图》以贞观十五年（641 年）吐蕃首领松赞干布与文成公主联姻的历史事件为题材，描绘唐太宗接见来迎娶文成公主的吐蕃使臣禄东赞的情景。图卷右半是在宫女簇拥下坐在步辇中的唐太宗，左侧三人前为典礼官，中为禄东赞，后为通译者。此图一说为宋摹本。

13　吴晞：《我国古代的官学藏书》，《中国图书馆学报》，1991 年，17(4)，第 24 页。
14　[唐]魏徵 令狐德棻 撰：《隋书》卷四帝纪第四炀帝下，北京：中华书局，1973 年，第 82 页。

十一年（615年）炀帝携大批官藏图书及珍贵文物逃向江都，途中多有损毁，两年后大将宇文化及发动兵变攻入禁宫，江都所藏图籍文物焚毁殆尽，这是古代皇室收藏品的又一大劫。

唐代建立后设立西京秘书省和东都秘书省二处掌管国家图籍，收储官府藏书。武德五年（622年）高祖李渊平王世充后，命令兵士将隋东都洛阳嘉则殿之图籍和古迹运回长安，可惜部分隋藏品在运输途中沉没在黄河中。

唐太宗贞观年间至唐玄宗开元年间是唐代皇家收藏的极盛时期，内府的图书、艺术品收藏机构主要有秘书监、弘文殿、弘文馆等，其中弘文殿藏有书籍十余万卷。唐太宗命人将内府所藏法书名画重加装裱，让起居郎褚遂良、校书郎王知敬监领装裱并进行鉴识。据唐裴孝源《贞观公私画史》记载，贞观十三年（639年）统计内府所藏名画："二百三十卷是隋室官（库），十三卷是左仆射萧瑀进，二十卷杨素家得，三卷许善心进，十卷高平县行书佐张氏所献，四卷褚安福进，近十八卷先在秘府，亦无所得人名"，并分析说其中有二十三卷"恐非晋宋人真迹"，可能是当时一般画师的作品，后人伪托前代名人之作而已[15]。唐太宗还经常将真迹摹本赏赐同样喜欢书法的大臣，如贞观十三年，皇帝命冯承素摹写王右军真迹《乐毅论》多件，分别赐给长孙无忌、房玄龄、高士廉、侯君集、魏徵、杨师道等六人。

唐代书法家辈出的一大背景是，作为书法家和书法爱好者，唐太宗在国家制度层面鼓励和倡导。贞观年间在宫城内设立弘文馆鉴藏书法作品和招收官员子弟学习书法，教师是著名的书法家虞世南、欧阳询等，皇帝听政之隙也常常来此品赏法书名画。贞观二年，朝廷将书学设为国子监"六学"之一，国子监有书学博士，科举有"书科"，着力培养、选拔善于书法的人才，另外朝廷的多个部门都颇为重视官员的书法技能，如翰林院设侍书学士，吏部以书选员，这都是以科举、官位激励士人、文人、官员重视书法创作，可以说自唐代开始书法就成了文士参加科举的必备技能。

15　裴孝源：《贞观公私画史序》，[清]董诰 等编：《全唐文》卷一百五十九，北京：中华书局，1983年。

其后，唐高宗、武则天、唐玄宗三任皇帝也颇重视书画收藏。唐高宗李治擅书法，大臣许敬宗曾经吹捧唐高宗为"古今书圣"，这要比王羲之被尊为"书圣"还要早很多年。唐高宗曾派使者前往西域到康国、吐火罗等国搜集书画等，以便了解其风俗。这类收集异国资料的行为可能带有军事目的。武则天也工书法、爱收藏，她曾征求王羲之的作品，王氏家族后人王方庆在朝为官，不得不献上历代祖先的书法十篇，其中包括十一世祖王导、十世从祖王羲之、九世从祖王献之等人的书法各一件。武则天大概不好意思把人家祖先的遗物都收归皇家，命令宫内书法高手双钩填墨摹写以后，将原件赐还王方庆。武则天还曾命张易之将内府所藏书画重加装裱。据说张易之乘机用伪作替换了部分真品，说明民间已经颇有书画作伪之风。

唐玄宗李隆基工诗善书，留意典籍书画收藏。即位之初曾派大臣整理内府所藏历代书迹，更换装裱，刻"开元"二字收藏印为标记。他还多次派出采访图画使到民间寻访书画，为了获得赏赐官爵、财物，不少人献上家藏。他还曾在内廷设置翰林院"延文章之事，下至僧、道、书、画、琴、棋、术数之工皆处之，谓之待诏"，授予技艺高超的书画家"内廷供奉""内教博士"之类官职。另外，他还曾让人在句容县设置"官坊"铸造仿古青铜器，这里的作坊一直运行到南唐后主时期，出产的器物后世称之为"唐局铸"。

可惜唐玄宗后期边镇将领安禄山、史思明相继叛乱，在"安史之乱"中长安、洛阳先后陷落，皇家内府的收藏大多散失。平定叛乱以后唐肃宗发现皇宫所剩王羲之真迹仅有28卷，因此颁布悬赏令让民间进献书画，派出使者去各地查访搜求。由于他赏赐甚厚，进呈内府的书画作品真真假假，掺杂了一些赝伪作品。唐宪宗也是一位爱好书画的人，曾经派人去寻访民间书画，给献上书画藏品的人授予官职或者赏赐钱物，如潘淑善就因为有所进献获得龙兴县尉之官。

可惜，保存在长安、洛阳两处皇宫中的王羲之、王献之等人的书画作品和众多器物经历了安史之乱、唐末黄巢之乱和唐末五代的军阀战乱，大部分都散失损毁。唐太宗带入陵墓的一批作品也遭盗掘，去向不明，因此现在流传的"二王"书迹多是唐宋摹帖而已。

二 民间书画收藏的兴起

在皇家带动下，唐代权贵富豪竞相收藏书画、古籍、古器物等，出现了以收藏著称的"蓄聚之家""图书之府"。在社会上，书画艺术品的流通和收藏都远比以前的时代活跃，初步形成了书画艺术的市场网络，艺术创作者、收藏者、中介人、鉴赏家等彼此互动推动了市场的进一步发展。

当时高端、中端、低端不同价位、档次的作品都有流通渠道，高端市场最受重视的是王羲之等人的书法名迹。张怀瓘《书估》中说钟繇、张芝作品的片言只字价值千金，还未必能买到真的。如钟绍京求购王羲之作品，"不惜大费，破产求书，计用数百万贯钱，惟市得右军行书五纸，不能致真书一字"。张彦远的《历代名画记》记载的"董伯仁、展子虔、郑法上、杨子华、孙尚子、阎立本、吴道玄屏风一片，值金二万，次者售一万五千。其杨契丹、田僧亮、郑法轮、乙僧、阎立德一扇值金一万"。[16]"二万金"指二万铜钱，以作者张彦远所在中晚唐的米价来计算，二万钱可买米约二十石，约相当于今天的白米1500多斤，在当时来说可以维持一个五口之家一两个月口粮。"二万金"也是当时在京的朝廷中下级官员的月俸，这一价格并不算特别夸张[17]。中低端市场如诗人杜甫在《夔州歌十绝句》中所记："忆昔咸阳都市合，山水之图张卖时。"绘画在街市张挂销售，而且卖的是山水画，说明此时首都市井已有卖画现象和欣赏风气[18]。

尤其值得注意的是，当时皇室权贵、佛寺道观等依旧是主要的收藏者，但是商人阶层已经开始介入艺术收藏。"安史之乱"未波及的江南和四川相对富足平安，那里曾流行西蜀的"川样美人"图画，荆南商贾纷纷购买用于装饰厅堂，带动了仕女画的发展和流行，表明商人阶层的购买力

---

16 张彦远：《历代名画记》卷二论名价品第，上海：上海人民美术出版社，1963年，第26页。
17 宋连弟：《从张彦远论名家品第看当时画家的生存境遇》，《艺术探索》，2008年10月第22卷第5期，第22、24页。
18 王元军：《唐代的书画买卖与市场》，《美术观察》，2004（3），第98—99页。

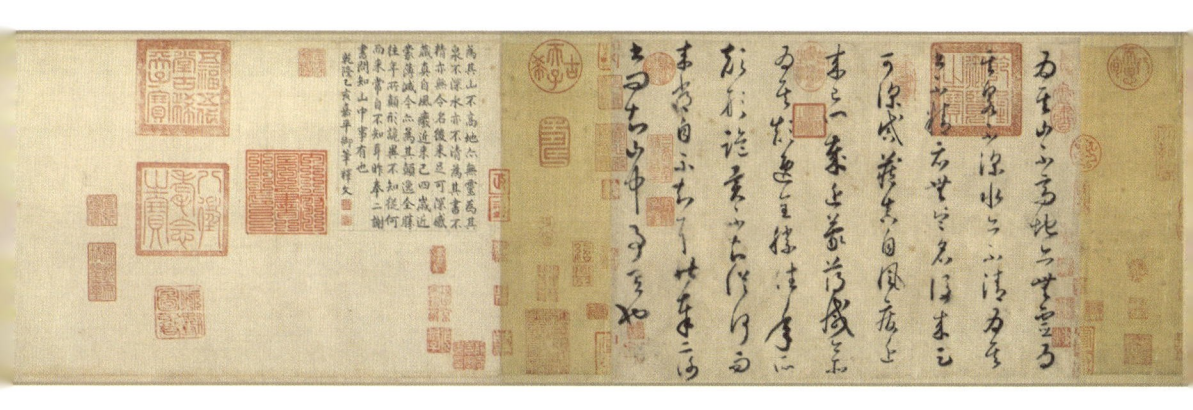

论书帖，纸本墨迹，草书，38.5×40.5cm，怀素，唐代，辽宁省博物馆

《簪花仕女图》卷，绢本设色，46×180cm，周昉，唐代，辽宁省博物馆

量已经颇为可观，他们的趣味类型也与皇家贵族、上层文人官僚有差异。另外艺术风尚和市场甚至跨越国界，如朱景玄的《唐朝名画录》记载周昉画的菩萨、仕女之类主题的画作非常著名，"衣裳劲简，彩色柔丽，菩萨端严，妙创水月之体"，曾经让来华的外国人也欣赏不已，贞元末年新罗国的人在江淮以高价收购他的作品数十卷带回新罗。

唐代时书画、图书交易中介人也在收藏中扮演重要角色。张彦远在《历代名画记·论鉴识收藏购求阅玩》中列举了多位"别识贩卖"或"别识图画"之人，如唐玄宗时期商人胡穆聿因为善于鉴别书法、古籍得以担任官职，辽东人王昌，括州人叶丰，长安人田颖，洛阳人杜福、刘翌，河内人齐光在当时都以贩卖书画作品著称，其中部分人还父子相继，长期游走在民间藏家与宫廷之间贩售各种书画名迹。

三　民间书画收藏家：张彦远家族的文化收藏

皇室权贵、官僚世家、佛教寺庙是唐代重要的书画创作赞助人和收藏家。隋唐皇帝多信仰佛教，大肆修造佛寺，雇请画师创作佛教题材壁画，画坛名家常常也是壁画高手，《历代名画记》就记录了隋朝画家展子虔、郑法士等人参与壁画绘制的事迹。西域的于阗国王曾将本国著名画家尉迟乙僧推荐到长安担任唐太宗的宿卫官，他为各处佛寺绘制了一系列具有异域风格的佛教壁画作品，受到很大关注。

唐代以书画收藏著称的有魏徵、李隆范、王方庆、李月、窦瓒、席异、潘履慎、蔡希寂、窦绍、滕升、陆曜、韩幹、晁温、崔曼倩、陈闳、薛邕、郭晖、李约均、萧祜、颜师古、归登、裴度、裴旻、李德裕、韩愈等世家和官僚，道士卢元卿等道僧名流，虞世南、褚遂良、窦蒙、窦臮等收藏家还以鉴赏家著称。

在武则天、唐玄宗之际的政治变动中许多藏品常常在不同的权贵高官藏家之间迁移，比如武则天时得宠的张易之爱好收藏，他在政治斗争中被杀以后其藏品被礼部尚书薛稷所得，薛稷后来也因为对太平公主反对唐玄宗的阴谋知情不报，被唐玄宗赐死，他的藏品被唐玄宗的弟弟岐王李隆范秘密所得，后来李隆范担心这件事暴露，竟然将所得藏品焚毁了事。李隆范爱好文艺，与诗人、画家、音乐家交好，杜甫在《江南逢李龟年》里回忆他当年就是在岐王的宅邸里听到李龟年的歌声。李隆范没有子嗣，他故去后藏品估计都归入皇帝的内府了。

唐代最为后人所知的收藏家是张彦远家族，多亏了张彦远这位鉴赏家兼作家写下《历代名画记》这一著作，让后世得以了解那个时代的绘画收藏概况和张氏家族令人惊叹的藏品。

张彦远的高祖张嘉贞、曾祖张延赏、祖父张弘靖分别担任过唐玄宗、德宗、宪宗的宰相，有"三相张家"之称，是唐代早中期典型的世家大族。从张嘉贞开始这一家族就不断积累图书、法书、绘画，成为知名的收藏大家。可是在张彦远少年时代他们家族的收藏已经四处星散。元和十三年（818年）张彦远3岁时，他的祖父张弘靖在镇守太原时得罪了监军的宦官魏弘简，后者向唐宪宗汇报张家富于收藏的情况，张家闻风不得不进奉一批重要收藏品给皇帝，包括钟繇、张芝、卫铄、索靖真迹各一卷，"二王"（王羲之、王献之）真迹各五卷，魏、晋、宋、齐、梁、陈、隋杂迹各一卷，顾恺之、陆探微、张僧繇、郑法士、田僧亮、杨契丹、董伯仁、展子虔等唐代名手画作三十卷以及《玄宗马射图》一幅。由此可知当时张家的收藏之富，这还仅仅是他们家族收藏的一部分而已。可惜长庆元年（821年）张弘靖出镇幽州时发生兵变，士兵冲入张弘靖的住处抢掠财物，他家的收藏大量失散。

即便如此，少年时代的张彦远仍然得以在家中观览残存的书画精品，在家庭熏陶之下他从小博学，有文辞，工书法，擅隶书，精于鉴别。虽然历任舒州刺史、左仆射补阙、祠部员外郎、大理寺卿等官职，但他似乎把主要兴趣倾注在搜集书画藏品并给予整理、装帧、欣赏、鉴识方面。从他撰著的《历代名画记》十卷、编录的《法书要录》十卷可以看出他是那个时代最有研究意识和鉴赏意识的收藏家，试图为那个时代的收藏和创作树立标准。或许，他还以重新收集、评点旧藏作为文化上复兴家族名声的方式之一。

他称那些爱好收藏书画的人为"好事者"，他以最高的标准定义自己心目中的收藏家。他们必须积蓄名家之作，有鉴别能力和欣赏格调，会装裱和分类研究，"有收藏而未能鉴识，鉴识而不善阅玩者，阅玩而不能装褫，装褫而殊亡铨次者"则是"好事者之病"。张彦远还竭力推崇绘画的意义，指出它有"成教化、助人伦、穷神变、测幽微，与六籍同工"的社会价值和永恒意义[19]，这无意中抬高了绘画收藏的意义，对后世的收藏文化有重要的影响。

---

19 张彦远：《论鉴识收藏购求阅玩》，[清]董诰 等编：《全唐文》卷七百九十，北京：中华书局，1983年，第8277—8278页。

四 对"古"的迷恋：古画、古器、古物意识和收藏文化

中晚唐的诗文中常能见到"古物""古器""古画""古书"，其中"古物"指称范围最广，指各类前朝前代的遗物，"古器"主要指先秦至秦汉南北朝的青铜器、玉器、铁器等，"古画"指各类前人画作，"古书"指前人各类书籍。

"古器"一词的源头可以追溯到西晋荀绰所撰《晋后略》，提到晋武帝司马炎让懂得音律的大臣荀勖制定祭祀大典的编钟音乐，他用青铜重新铸造了合适的标准定音器"律"，与征集来的周代"古器"——用玉石做的玉律——相符，敲击汉代的古铜钟可以发出清亮和谐的声响[20]。"古物"一词最早见于南北朝时的《世说新语》，当时指各种古旧物品，到唐代才广泛用来指称较为珍贵或重要的古旧用品、藏品[21]。

到了唐代"古器""古物""古画"成了史书、笔记小说、诗歌里比较常见的词汇。强调"古"突出了一种与既往历史的关联以及它们的稀有程度，也与中国传统文化的"慕古"倾向有关，儒士们相信尧舜禹的"三代之治"才是美好的黄金时代，那时候的器物展示了天子的德治和礼乐的隆盛。拥有"古器""古物"意味着与之前的辉煌时代、伟大圣贤有了某种关联，成了某种道德、品位、身份的象征。皇室、世家大族乃至一般文人都希望自己能或多或少拥有一两件古代器物。

如8世纪末9世纪初的唐代诗人张籍形容职位清闲的自己"每著新衣看药灶，多收古器在书楼"，这应该是他在元和十五年任秘书郎职位时所写。他当时正参与皇室书籍和古器物的管理。皇帝赐给臣子古器也意味着格外的荣宠，如唐文宗曾赐给即将到外地任官的大臣牛僧孺黄彝樽、龙

---

20 ［南朝宋］刘义庆 撰，［梁］刘孝标 注，杨勇 校笺：《世说新语校笺》，北京：中华书局，2006年，第631—632页。
21 刘毅：《"文物"的变迁》，《东南文化》，2016（1），第8页。

勺，在诏书中说"精金古器以比况君子，卿宜少留"[22]，就是以古铜器象征君子的德性。

另一位晚唐诗人朱庆馀在《寄刘少府》中写到文人收藏图书、古器的情况[23]：

> 唯爱图书兼古器，在官犹自未离贫。
> 更闻县去青山近，称与诗人作主人。

上述两位文官、文人都把"古器"和图书、书楼并列在一起，已经描绘了文人鉴赏古物或在书斋中以古物为装饰的生活方式。其他的高门大宅也有类似的情况，如唐末五代初诗人张蠙的七言诗《宴驸马宅》[24]描绘了某位驸马家的豪奢生活方式，其中"古物"与墙壁上的书法作品都已经成为当时权贵高官家居的装饰或者收藏品：

> 牙香禁乐镇相携，日日君恩降紫泥。
> 红药院深人半醉，绿杨门掩马频嘶。
> 座中古物多仙意，壁上新诗有御题。
> 别向庭芜真吟石，不教宫妓踏成蹊。

唐代一些藏书家也是古器物收藏家，如唐玄宗时期的官员韦述在家中收藏的书籍有二万卷，都经过自己校定，要比皇宫收藏整理得更严谨，另外还收藏了名人绘画、书法作品数百卷以及古碑、古器、药方等，可惜在"安史之乱"中这些收藏大都散失一空。唐代也有古钱币收藏家，如张说《钱本草》、封演《续钱谱》、张台《钱录》、薛元超《薛氏家藏钱谱》、姚元泽《钱谱》分别记载各类古钱币、当代钱币乃至外国传入的钱

22　[唐]杜牧 撰：《杜牧集系年校注》樊川文集卷第七唐故太子少师奇章郡开国公赠太尉牛公墓志铭，北京：中华书局，2008年，第703页。

23　[清]彭定求 等编：《全唐诗》卷五百十四，北京：中华书局，1960年，第5878页。

24　[清]彭定求 等编：《全唐诗》卷七百二，北京：中华书局，1960年，第8079页。

币，他们本身应该有相当数量的藏品，可惜这些书籍都已失传[25]。

唐代也出现了赏石之风，唐太宗的宫苑中布置有假山赏石，曾作《小山赋》歌咏这一景点，与汉武帝在宫苑中设置象征仙山的"三山"景观不同，唐太宗欣赏的是山石的形态以及与花木的关系。到了唐代中期，白居易、牛僧孺、李德裕等高官、名人纷纷在园林中布置赏石，如宰相李德裕的"平泉山庄"中收集布置了秦山石、灵璧石、太湖石、巫山石、罗浮石等各地奇石，对文人官员来说，收藏赏石不仅可以怡情悦性，也是自我标榜或联络同好的社交行为。

另外，唐代的皇室常常保存前代皇帝的遗物，世家大族、名人后代也将家族祖先、名人巨宦遗迹予以珍藏，如穆宗时韦端符在《卫公故物记》中记载长庆三年（823年）冬他在三原县见到唐初名将李靖后人保存的李靖用过的遗物如于阗玉带、素锦袍、靴袴、象笏、笔囊、椰杯等，以及唐太宗给李靖的书信二十通，唐太宗赐给李靖儿子的黄绫袍、绯绫裙、素锦袄等皇家服饰等。[26]韦端符在文中对唐太宗、李靖的君臣遇合感动不已，后来这些书信被李家进呈给皇帝，皇帝留下了原件，将复制件赏赐给李家。现代人从这些信件里或许可以解读出另外的信息，唐太宗让李靖的儿孙入宫陪伴皇子，一方面是拉近彼此的友好关系，可另一方面率领大军出征的将帅把妻子留在京城、皇宫，未尝没有"入宫为质"让彼此放心的意味，皇帝和将帅之间的关系常常在"一线之间"。

唐代人出于教化目的也留意对其他古迹的保护。如汉灵帝熹平四年（175年）起至光和六年（183年）止，东汉朝廷将官定版本的《周易》《尚书》《诗经》《礼记》《春秋公羊传》《论语》等六种经典由蔡邕用隶体书写刻于46座石碑上，立于首都洛阳的太学门外供太学生们抄录学习。这是中国第一部官定石刻经本，碑石均为长方形，约高1丈、宽4尺。碑顶以瓦屋覆盖，碑下有座。每碑双面刻文，经文自右向左直行书

---

25 王贵忱：《洪遵〈泉志〉的学术价值——兼谈古代钱币文献存佚情况》，《中国钱币》，2000（3），第9—10页。

26 韦端符：《卫公故物记》，载[清]董诰 等编：《全唐文》卷七百三十三，北京：中华书局，1983年，第7559页。

第五章 隋唐时期：对"古物"的迷恋　063

"熹平石经"残石，石刻，东汉熹平四年至光和六年（公元175—183年），中国国家博物馆

刻。这项由最高统治者钦定的文化工程一露面就轰动京师，前来观看和摹写的"车乘日千余辆，填塞街陌"[27]。可惜七年后，初平元年（190年）率兵进京的董卓挟汉献帝从洛阳迁都长安，临走之时火烧洛阳，太学和石经遭到损坏。到了南北朝的时候，北齐皇帝高澄命人将残存石碑从洛阳迁往邺都，结果在半路上部分石碑掉到河里，运到邺都的还不到一半。隋朝开皇年间，官府把石经从邺城运到西京长安保存，当地官员疏于管理，竟用石碑做柱子的基石。到唐贞观年间魏徵发现几块残存的石碑，仅能从拓片想象其原始规模。北朝、隋唐朝廷的保存行为说明当时的皇帝、朝廷、官员对儒家经典载体有保护意识，此时主要出于政治教化目的。

唐代法律在多个方面涉及了有关古物的犯罪惩处问题，如规定要以死刑严惩盗毁皇家宗庙、陵墓、宫殿、神庙和其中器物者，也规定不可损毁各类寺观庙宇中的神像、碑碣、石兽等，不得盗墓，否则都要判刑，也规定民众在自有的土地中发现"宿藏物"（地下埋藏物）属于自己，有人在他人所有的地下发现埋藏物，则发现者和土地所有人两者要平分，发现者隐瞒不报是犯罪，但如果地下的古器物"形制异者"（指有王权象征意义的鼎、钟之类），就必须全部送到官府，官府也会估值付给报酬。这以后也为历朝法律基本沿袭。[28]

---

27 ［南朝宋］范晔 撰，［唐］李贤 等注：《后汉书》卷六十下蔡邕列传第五十下，北京：中华书局，1965年，第1990页。

28 赵杰：《中国历代文物保护制度述略》，《考古与文物》，2003年第3期，第93页。

3

收藏的正当化：文化收藏兴盛

　　宋代是中国收藏史的一个关键转折时刻，这个时代士大夫的文化观念得到极大伸张，士大夫阶层兴起研讨"金石学"的风尚，让"收藏"从权贵富豪、世家大族的小众爱好发展成为文化阶层普遍接受、赞扬的行为，获得了毋庸置疑的文化正当性。人们开始全面阐述收藏的意义、品类、历史，出现了中国古代的第一次收藏高峰。与唐代相比，在主流的图书、书法、绘画收藏之外，新出现了对于金石、文房用具等的收藏和研究。金石收藏涉及青铜器、刻碑、碑拓、玉器的收藏和整理，而文房用具不仅包括纸、墨、笔、砚，青铜器、瓷器、玉器、家具摆饰也获得越来越重要的地位。

第六章
宋代皇家收藏：宋徽宗的浩大收藏

宋徽宗赵佶是中国历史上众多皇帝中"玩物而丧志"的负面典型：他的文弱和迷信，以及对园林、书画、茶艺的奢侈爱好常常成为被批判的理由。在被推上帝位之前，赵佶这位宗室王侯更像是个兴趣广泛、爱好享受的文人，他喜好书画创作和鉴赏，常与驸马都尉王诜、宗室赵令穰等有类似爱好的权贵、文人来往。即位以后，他的兴趣、欲望都被权力放大了千百倍，在位25年间，宋徽宗把皇室收藏的数量、品类都扩张到前所未有的程度。

首先，他不顾民间疾苦和外敌压境，为自己大肆搜求书画、青铜器、古琴、赏石，形成了规模空前的皇室收藏。信奉道教的宋真宗就喜好青铜器、灵芝、灵石之类的"祥瑞"，收集了不少这方面的藏品，同样信奉道教的宋徽宗更是登峰造极，极力网罗铜器古物。大观初年，宣和殿收藏大小青铜器仅500多件，到了政和年间则已达6000多件。书法方面他命人临摹二王书帖有3800多幅，颜真卿书法作品有800多幅[1]。他把众多书画珍品和古玩收藏在崇政殿、宣和殿，后又修建保和殿以及在其左右的稽古阁、博古阁，都用来储藏古玉、印玺、彝器、礼器、法书、图画等。

其次，他命侍臣编纂了《宣和书谱》《宣和画谱》《宣和博古图》等书籍图录记录皇室收藏。王黼奉命编写的《宣和博古图》记录了宋徽宗内府所藏品20类839件青铜器，囊括了宋代及以前出土和流传的各类古器物。《宣和书谱》录197名书法家小传和1344件作品，《宣和画谱》则

---

[1] ［宋］蔡绦 撰，惠民、沈锡麟 点校：《铁围山丛谈》，北京：中华书局，1983年，第78—80页。

聽琴圖

吟徵調商竈下桐
松間疑有入松風
仰窺低審含情客
以聽無絃一弄中
　　臣京譔題

《聽琴圖》，軸，絹本設色，147.2×51.3cm，北宋，故宮博物院

這可能是北宋畫院畫家描繪趙佶彈琴、臣僚聽琴的場景。松下彈琴者黃冠緇服作道士打扮，危坐石墩上雙手撫琴撥弄，左一人紗帽綠袍，拱手端坐傾聽，右一人紗帽紅袍，俯首側坐，一手反支石墩，一手持扇按膝，似乎陶醉在琴聲中若有所思。

分历代名画为道释、人物、宫室、番族、龙鱼、山水、畜兽、花鸟、墨竹、蔬果等十大类，记录了231名画家小传和6396件作品。

第三，他大兴土木修建皇家园林、宫观建筑，引发了搜罗奇木怪石的风潮。宋代皇帝对奇木怪石的搜集并非始于宋徽宗，宋真宗信奉道教祥瑞之说，大中祥符元年（1008年）开始花费七年修建盛大的玉清昭应宫。江淮官员派遣东南巧匠参与制造，曾进贡奇木怪石作为装饰。宋徽宗同样信奉道教，自称"教主道君皇帝""道君太上皇帝"，并以道教思想为指导营造华美宏大的皇家园林和各种道教洞天福地，如延福宫、宝真宫、龙德宫、九成宫和五岳观等道教宫观，光使用的赏石就有上万块之多。政和七年（1117年），一位道士对求子心切的宋徽宗说，将宫墙外东北部的地面增高必有多子之福。于是宋徽宗就命人耗时六年在那里堆成一座"万岁山"，按照道教八卦所列的艮方叠土数仞而成，故又名"艮岳"。艮岳占地方圆十余里，其间除营建许多亭台楼阁之外，还环列各种奇花异木、嶙峋美石，这些都是宋徽宗专门设立的苏杭应奉局在东南江浙一带搜罗所得。官员征用漕船和商船把各种花、石经水路千里迢迢运往京城，十船一组，称作一"纲"，这就是《水浒传》等小说、史书中所谓"花石纲"的由来。"花石纲"在这条水路上运行了20多年，两岸民众饱受征用、劳役之苦。

第四，他极为重视书院、画院，亲自参与和鼓励书画创作。他建设五岳观时曾征招数百画家创作神仙题材绘画，但是所画大多不入他法眼，于是就设立书院、画院培养书画专门人才，崇宁三年（1104年）又在国子监设立画学，使绘画成为科举考试的一部分，以招揽天下擅画人士。画学分为佛道、人物、山水、鸟兽、花竹、屋木六科，摘古人诗句作为考题，考生通过考试后按身份分为"士流"和"杂流"分别居住在不同的地方，加以培养和选拔，有成就可以入画院授予画学正、艺学、待诏、祗侯、供奉、画学生等名目的官职。为提高书画家待遇，宋徽宗下令允许书、画两院的人员和其他文官一样佩带代表身份、等级的金质或银质的鱼形装饰"鱼袋"，而在以前这是宋朝旧制禁止的。原来皇宫每天发给画工、木工的工钱叫做"食钱"，而宋徽宗把给书院、画院的画家的工钱改称为"俸直"，以示把他们当士大夫官员看待而不是一般工匠。

第五，宋徽宗自己也是书画创作者，他独创的瘦金体挺拔秀丽、飘逸

《祥龙石图》，绢本设色，53.8×127.5cm，赵佶，北宋，故宫博物院

晋郗超《远近帖》、晋王廙《廿四日帖》，35.8×43.6cm，北宋，台北"故宫博物院"

犀利，传世作品有《瘦金体千字文》《欲借风霜二诗帖》《夏日诗帖》《欧阳询张翰帖跋》等。他画押的绘画作品流传下来的多达19幅，后人推测少数几件是他的亲笔创作，如藏于美国纳尔逊艺术博物馆的《四禽图》、上海博物馆的《柳鸦图》、台北"故宫博物院"的《池塘秋晚图》等，而其他多被认为是画院中高手所绘，如《祥龙石图》《芙蓉锦鸡图》《听琴图》《雪江归棹图》（以上均藏于台北"故宫博物院"）及《瑞鹤图》（辽宁省博物馆藏）等。宋徽宗还命画院学生对前代名作进行临摹复制并亲自为书画题写标签，如现藏辽宁博物馆的《虢国夫人游春图》、美国波士顿博物馆的《捣练图》等或许就是当时临摹之作。除个人欣赏外，他还不时召开"品鉴会"，邀请王公大臣集体观赏历代名作，如邓椿《画继》记载宣和四年（1122年）三月，赵佶曾在内廷召集亲王、宰臣等观赏御府所藏图画。张择端歌颂太平盛世的《清明上河图》也是献给宋徽宗的作品，因此他是此画的第一位收藏者，用他著名的"瘦金体"书法亲笔在图上题写了"清明上河图"五个字。

可惜这位皇帝并没有得到他信奉的神灵的眷顾，靖康二年金兵南下围攻汴京，城内的粮食告急，他的儿子宋钦宗不得不命令杀死艮岳里的千百头鹿给卫兵吃。可笑的是，这时候兵部尚书孙傅还把希望放在自称会"六甲法"之类神奇法术的郭京身上，派他招收一帮游民装神弄鬼希图抵挡刀剑，金兵乘机分四路攻入城内，建成未到5年的艮岳毁于战火。徽、钦二帝连同后妃宫女、皇亲国戚、工匠艺伎等14000余人被俘北上，北宋王朝至此灭亡，身死异域的宋徽宗再也没有能看到他曾经拥有的繁华汴京、洞天福地和万千藏品。这一切让宋徽宗成了后世公认的皇帝中的失败者。

一 皇室收藏的来源

唐末黄巢起义军先后占领洛阳、长安，皇宫、朝廷、国子监等机构所藏书画图籍多损于兵火，唐昭宗被逼迁都洛阳时，搬运长安皇宫保存的18000卷藏书又折损大半，之后五代十国时期战乱频繁，文教衰落，等到赵匡胤建立宋朝，社会安定下来皇室收藏才逐渐恢复。正如欧阳修所言，宋代是"文治之朝"[2]，皇室重视文教，历代皇帝注重书画典籍收集保存，文官制度稳定，加上市民经济繁盛，文人阶层扩大，造就了中国搜求、研究、交易文物艺术品的第一个高峰。

宋代皇室无疑是书画、图书、金石之类藏品的最大收藏家，保存在秘阁之中的众多珍贵收藏主要来自以下方面：

接收前朝藏品：陈桥兵变后宋太祖登基，继承了后周皇室的收藏。之后灭西蜀、南唐更是所获甚多。安史之乱后四川相对安定，经济上有"扬一益二"的说法，是仅次于扬州的繁华之地，前蜀、后蜀皇室所有图书、书画和器物为数不少。统治江南的南唐末代皇帝李煜的内府收藏也颇有规模，以书画最有特色，这些都归并到宋朝的皇室收藏中。

购求民间藏品：宋太宗赵光义即位之初，就下令天下郡县搜访前贤墨迹图画，以苏大参镇守南唐旧都金陵，命其访求名贤墨迹，获得上千件藏品。除了命令地方官员注意搜集书画古籍，宋太宗还数次派专人到各地搜访藏品，如至道元年（995年）派内品监、秘阁三馆书籍裴愈到江南两浙诸州寻访图书，购求收集古书60余卷、名画45轴、古琴9张，王羲之、怀素等墨迹8本，皆藏于秘阁。宋太宗还曾派画院待诏高文进、黄居采到民间搜访书画，并让他们品评定出等次。除了把部分书画赏赐给大臣，其余大都成为宋代内府的收藏。

士大夫进献：各级官员和世家大族为了投帝王所好，纷纷进献书画作为觐见之阶。如宋太宗时镇国军节度使钱惟治献钟繇、王羲之、唐明皇墨迹七轴，秘书监钱昱献钟繇、王羲之墨迹八轴，荆湖转运使献东汉草书、韩干二马图，广东韶州官员献唐张九龄肖像及文集。书画收藏颇多的王贻正家族曾给宋太宗献画十五卷，太宗留下王羲之墨迹、晋朝名臣墨迹，王徽之书、唐阎立本《老子西行图》、薛稷《画鹤》等八卷，退还七卷。宋徽宗因为好青铜器收藏，导致宣和年间"士大夫家所藏三代秦汉遗物，无敢隐者，悉献于上"[3]。南宋周密《武林旧事》卷九记载绍兴二十年（1150年）十月宋高宗赵构临幸清河郡王张俊府第时，张俊除了宴会招待，还进

2　欧阳修：《免进五代史状》，载《欧阳修全集》，北京：中华书局，2001年，第1706页。
3　[宋]叶梦得：《避暑录话》，丛书集成初编，第2787册，北京：中华书局，1983年，第59页。

奉宝器、书画、匹帛等物若干，包括"古玉"17件、"时作玉"44件，可见当时权贵进献之风。

时人创作：宋代开国之初已设置宫廷画院，来自西蜀、南唐或中原的画家均汇聚画院。到徽宗赵佶时设立翰林书画院，宫廷画家所作多保留在宫内。皇室对帝王、大臣创作的作品也有所收藏。如宋真宗在景德元年（1004年）为纪念太宗而建的龙图阁中藏有太宗御书、御制文集及典籍图画宝瑞之物、皇室属籍世谱等，计有太宗御制诗墨迹375卷，文章92卷。

宫廷制作：宋朝注重礼仪，对于玉器等礼仪用品的使用、制作极为重视，宫廷宗正寺玉牒所、文思院上界和修内司等雇用工匠碾磨制作玉器，主要用于各种典礼、祭祀以及赏赐王公大臣。另外南宋高宗曾让宫廷画家苏汉臣作为"大宁厂臣"监督杭州铸铜名家姜氏铸造仿古青铜器，估计也是作为宫廷摆设或祭祀之用。

进贡和贸易：宋皇室也有属国或外国进贡、贸易所得的藏品。如当时出产美玉的于阗国就时常向宋室进贡玉器。熙宁五年日本僧人成寻法师抵达开封，向神宗进献银香炉、白琉璃、五香水晶、琥珀念珠等礼物。当然，这些海外礼物并不一定藏于秘阁，也有可能只是当做日用之物而已。

二　皇室书画收藏

宋代皇室贵族、士大夫文人欣赏书画古玩风气炽盛。开国皇帝宋太祖赵匡胤每吞并一地都会将当地宫廷画家及其宫廷收藏都带回汴京，他特别设立翰林图画院提倡绘画创作，先后在宫中建筑淳化、天章、龙图、宝文诸阁作为藏画之所。

皇室书画藏品最初和图书一起保存在宫城的三馆之一"史馆"中，后宋太宗赵光义新建三馆于崇文院，东廊置昭文书，南廊置集贤书，西廊置经史子集四部为史馆。端拱元年（988年）新建崇文院中堂保存最珍贵的古籍书画珍玩，后来淳化三年（992年）赐名"秘阁"。秘阁中收藏王羲之、王献之、庾亮、萧子云、唐太宗、唐明皇、颜真卿、欧阳询、柳公

宋朝高宗皇帝

徽宗子钦宗之弟讳构渡江在位三十六年起建炎元年丁未终绍兴三十二年壬午

《宋高宗半身像册》，74×116.4cm，南宋，台北"故宫博物院"

权、怀素、怀仁等人的书作和顾恺之、韩干、薛稷、戴嵩、李赞华、黄筌等的图画一百一十四轴。宋太宗在淳化三年（992年）命令翰林侍书王著把内府所藏的历代墨迹精华分为十卷，第一卷为历代帝王书，二、三、四卷为历代名臣书，第五卷是诸家古法帖，六、七、八卷为王羲之书，九、十卷为王献之书，共四百余件全部让工匠临摹刻写成石碑放置在皇宫淳化阁中，并将拓本赐给宗室、大臣欣赏收藏，这就是中国最早的书法丛帖《淳化阁法帖》，对宋朝及以后书坛影响深远，盛行多年。

之后宋仁宗、神宗、徽宗陆续搜访名迹充实内府收藏，尤其是宋徽宗赵佶对书画收藏有强烈兴趣，在他的努力下宋代皇室收藏达到前所未有的盛大规模。可惜不久之后金人攻陷开封城，北宋宫廷收藏的书画等宝物一部分被金人掳走，一部分流向民间，一部分毁于兵燹战火。

南宋建立后，高宗、光宗、宁宗在杭州重建了规模较小的皇室收藏，还曾派人到北方寻访流散民间的宋徽宗旧藏。宋宁宗庆元五年（1199年）杨王休在所作《宋中兴馆阁储藏图画记》中称宫廷收藏有顾恺之等大家的人物画139轴，董源、范宽等山水画139轴，边鸾、贯休等花鸟画310轴，再加上旧藏，共1000余轴。宫廷中收藏的古今法书名画装在珠漆匣中，每幅皆以鸾鹊绫褾，象牙轴为饰。

南宋皇帝常将宫内藏品赏赐给文武大臣和宗室亲贵表达笼络信任之意，如宋高宗初年曾赏赐乔潭《舞剑赋》、诸葛亮《屯田三事》、黄庭坚书法《骐骥》《蜀笺》《北物》《世旧》等宫中藏品给大将岳飞，可惜岳飞以武将身份留意翰墨、延揽文士，加上力主抗金，难免让宋高宗、秦桧之辈忌讳，后来他被冤杀，这些收藏也就四散了[4]。

---

4 ［宋］岳珂 编：《鄂国金佗稡编续编校注》卷九经进鄂王行实编年卷之六遗事，北京：中华书局，1989年，第801—802页。

第七章

宋代民间收藏：金石学与第一次收藏高峰

战国时代秦国宫廷在十个鼓形石上分别用大篆（籀文）刻四言诗一首，记述秦国君游猎，故又称"猎碣"。这十个石鼓原在天兴（今陕西宝鸡）三畤原，唐初被发现，贞元年间，文人官员郑余庆曾将其移至凤翔夫子庙保存。自唐代杜甫、韦应物、韩愈作诗称颂以后，始显于世。当时就有人拓印石鼓文作为书法、历史研究资料保存[5]。

宋代人对这些石鼓更为重视。司马光之父司马池搜得九个石鼓，移置到府学，皇祐年间（1049—1053年）向传师得到另外一个石鼓凑齐十个。金石学和书法研习兴盛的背景下这些石鼓受到皇室和士大夫官僚的极大关注，大观年间（1107—1110年）先是被迁至东京（今河南洛阳）辟雍保存，后进入内府保和殿稽古阁珍藏。皇帝不时让人拓写石鼓文赏赐大臣。当时刻石大多残损，北宋欧阳修记录了465个字，明代范氏"天一阁"所藏宋拓本仅有462字。靖康二年金人攻陷汴京后，把这十个石鼓押运到燕京（北京），放在国子学大成门内。1937年抗战爆发后，为了保护文物政府将石鼓运到四川保存，战争结束后再次运回北平，现藏故宫博物院，这时可辨认的文字只剩下200多个字。

到宋代有关石经的拓印版本成为书法家、收藏家们追求的珍贵艺术藏品，著名的三件宋拓本《先锋》《中权》《后劲》后落入明代无锡著名的巨富收藏家安国手中，他称其为可以"垂诸百世"的至宝。清代道光年间，安国后人分产时在家族藏书阁"天香阁"房梁上面发现了上述拓本，

---

5 杨宗兵：《石鼓制作缘由及年代新探》，《中国历史文物》，2004（4），第4—15页。

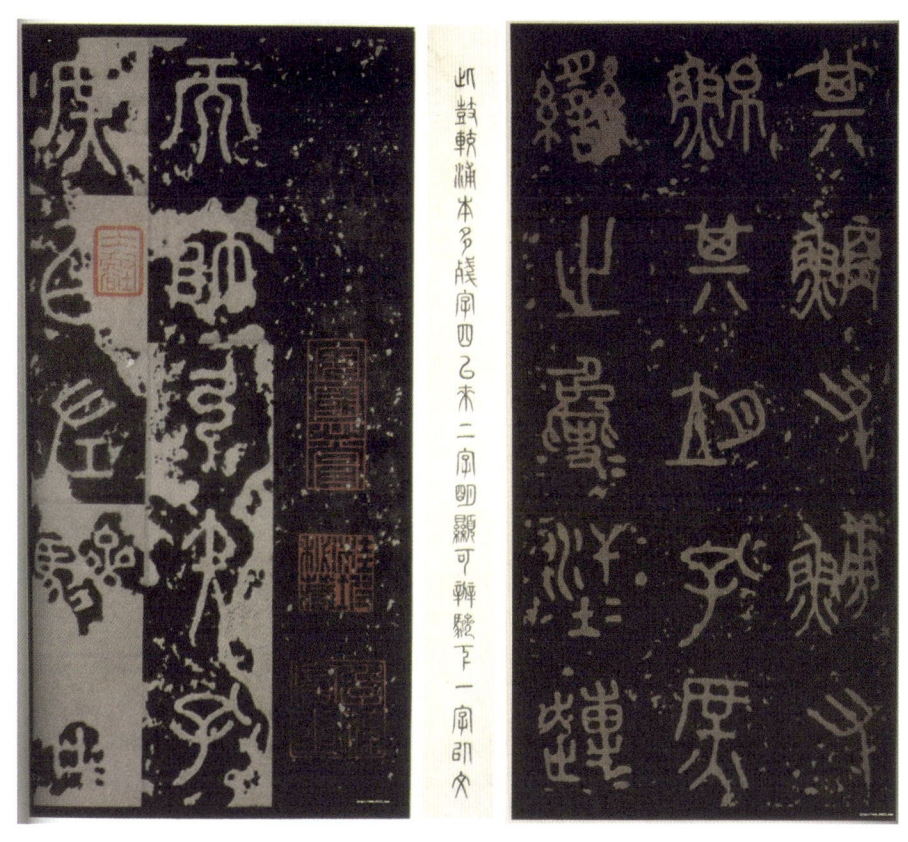

第七章 宋代民间收藏：金石学与第一次收藏高峰　077

《石鼓文》中权本（局部），纸本墨拓，每页 28×14.5cm，北宋，三井纪念美术馆

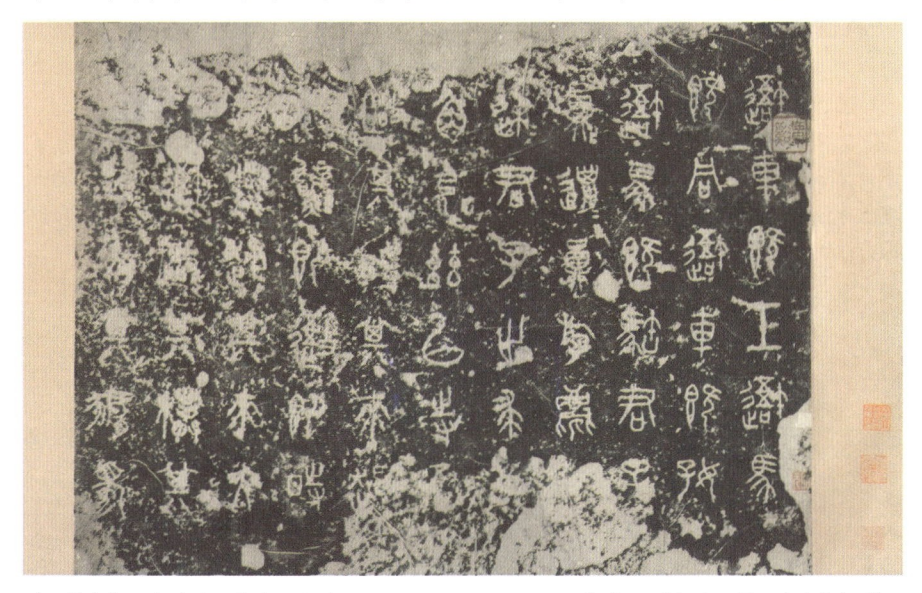

《石鼓文》明拓本（局部），纸本墨拓，419×653.4cm，明代（17世纪），翁万戈夫妇捐赠，大都会博物馆

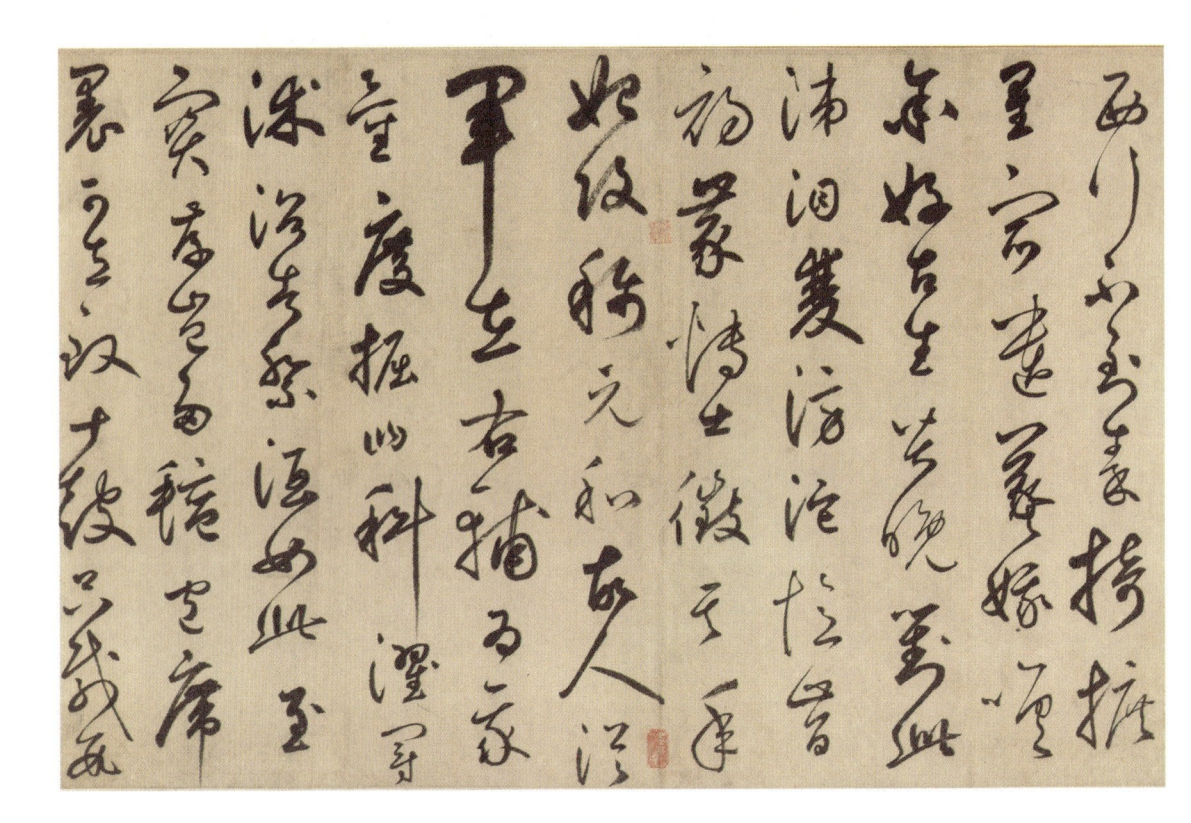

草书韩愈《石鼓歌》卷（局部），纸本墨迹，行书，45.7×1186.7cm，鲜于枢，元代（1301年），John M. Crawford 捐赠，大都会博物馆

　　战国时代的这一组石鼓在唐代贞观时期被发现后，引起书法家、文人研究探讨的兴趣，韦应物、韩愈都曾撰写《石鼓歌》，认为这是周宣王时期的刻石。宋代文人在考证石鼓来历之余，也开始从书法角度给予重视。韩愈所作的《石鼓歌》也成了后世书法家经常书写的文字内容，如元人鲜于枢、清人张照都有传世作品。释文为："（孔子）西行不到秦，掎摭星宿遗羲娥。嗟余好古生苦晚，对此涕泪双滂沱。忆昔初蒙博士征，其年始改称元和。故人从军在右辅，为我度量掘臼科。濯冠沐浴告祭酒，如此至宝存岂多。毡包席裹可立致，十鼓只载数（骆驼）。"

后转手给乡人沈梧、秦文锦，抗战之前售给日本三井财阀的代购人河井荃庐。石鼓文的拓本对清代书坛影响甚大，杨沂孙、吴昌硕等曾得益于石鼓文而形成自家篆书风格。

对石鼓和石鼓文的收藏、研究能得到皇室、士大夫阶层的普遍重视，从一个侧面说明宋代是中国收藏文化发展的关键时刻，在主流的图书、书法、绘画收藏之外，金石、文房用具的收藏大为兴盛，以古器证经史的"金石学"成为士大夫阶层的风尚，让"收藏"这一行为获得了毋庸置疑的文化正当性，带动了古代中国民间第一次收藏高峰的到来，士大夫阶层普遍开始介入收藏，并波及城镇消费经济的层面。在收藏的文化意义得到充分肯定的同时，收藏的品类大为扩张，收藏品的研究更加系统。

一　金石学的兴起和收藏范围的扩大

"金石"两字连称最早见于《墨子·兼爱》篇中的"镂于金石"之说，"金"主要指商周时期的铜器及其铭文，"石"指各种石刻。金石学萌芽于西汉，当时青铜器出土引起皇帝重视，视为祥瑞之物，如在汾水出土一尊大鼎之后汉武帝把自己的年号改为"元鼎"，这也引起了学者们的兴趣。在考订古籍文字、考释山川地理时不免涉及古器物的研究，如汉代的张敞曾考释过美阳（今陕西武功）发现的尸臣鼎，许慎所撰《说文解字》也收录有郡国山川出土的鼎彝上的"前代之古文"。针对古碑、石刻的研究在魏晋南北朝时也有零星成果，如晋代将作大匠陈勰、梁元帝等曾集录碑刻之文，北魏郦道元《水经注》一书对各地古代城址、陵墓、寺庙、碑碣及其他史迹曾进行考证记述。唐代士大夫对熹平石经、石鼓文等也从经学、历史层面有所记录研究。

到了宋代，金石学才成了蔚为大观的学问。它的兴起有两方面的因素，一方面和皇室、士大夫阶层的提倡和介入有关，另一方面则和宋代摹拓、印刷出版技术进步和书籍消费市场体系的形成有关，使得金石学的有关图文知识可以很快从上层、从首都扩展到各个主要城镇和文人阶层之中。

宋代的金石学发端可追溯到皇室对礼仪器具和古器物的重视。建隆三年（962年）宋太祖将聂崇义等研究、讨论确定的《三礼图》颁行全国府、州、县，并在首都的国子监讲堂的墙壁上绘画呈现。其中包含礼仪场合使用的车架、仪仗、服装、青铜和玉石器物的图像，让士子、文人开始广泛认知和重视古器物的研究和收藏，也带动了图文结合的书籍形式的流行。宋真宗喜好官员、民间贡献各种代表祥瑞的古器物，大兴皇室收藏青铜器之风，如咸平三年（1000年）乾州进献一件方形四足的古铜鼎，上刻古文21字，真宗命儒臣考证辨识，认为是"史信父甗"。他的儿子宋仁宗颇为重视礼乐制度，曾经召集大臣到皇宫太清楼欣赏古器物，命人研究释读上面的铭文，并将铭文拓本赏赐给臣子，还曾让臣下参照古代器物确定礼仪所用的乐器形制。另外他还擅长篆书，曾经刊刻篆书与楷书对照的石经，也经常用篆文为逝世功臣题写墓石碑额。这些重视古器物、古文字的行为对宋代金石学的兴起有重大影响，带动了士大夫学者收藏、研究古代金石器物和文字[6]。

自宋仁宗时开始，名儒大臣和民间文人学者中广泛流行金石收藏和研究之风，成为历史上金石学发展的第一个高峰期，诞生了一批对后世影响深远的金石学家和专著。1061年，集贤院学士刘敞出任永兴军路安抚使，辖区内长安等地古墓常出土古代铜器、铜镜等，他把搜集到的先秦鼎彝11件请工匠刻成图碑并拓印，于1063年撰成《先秦古器记》（失传），开两宋时期青铜器专书、图录的著录先河，对金石研究有开创之功。他最为珍视有铭文的青铜器，平生把玩，至死不忘，特地叮嘱后辈要用这些青铜器祭祀自己。

之后著名文人官员欧阳修也写出金石学的开创性著作《集古录》，收录了上千件金石器物，是现存最早的金石考古学专著。书中所录器物上自周穆王，下迄五代，内容极为广泛，将各种刻有文字的铜器、石碑等物纳入史料范围，且当做一种学问进行研究。欧阳修自述编纂《集古录》的目的是为了"可与史传正其阙谬，以传后学，庶益于多闻"，他还进一步提

---

6 史正浩:《宋仁宗对宋代金石学兴起的贡献》,《南京艺术学院学报（美术与设计版）》, 2013 (1), 第49—52页。

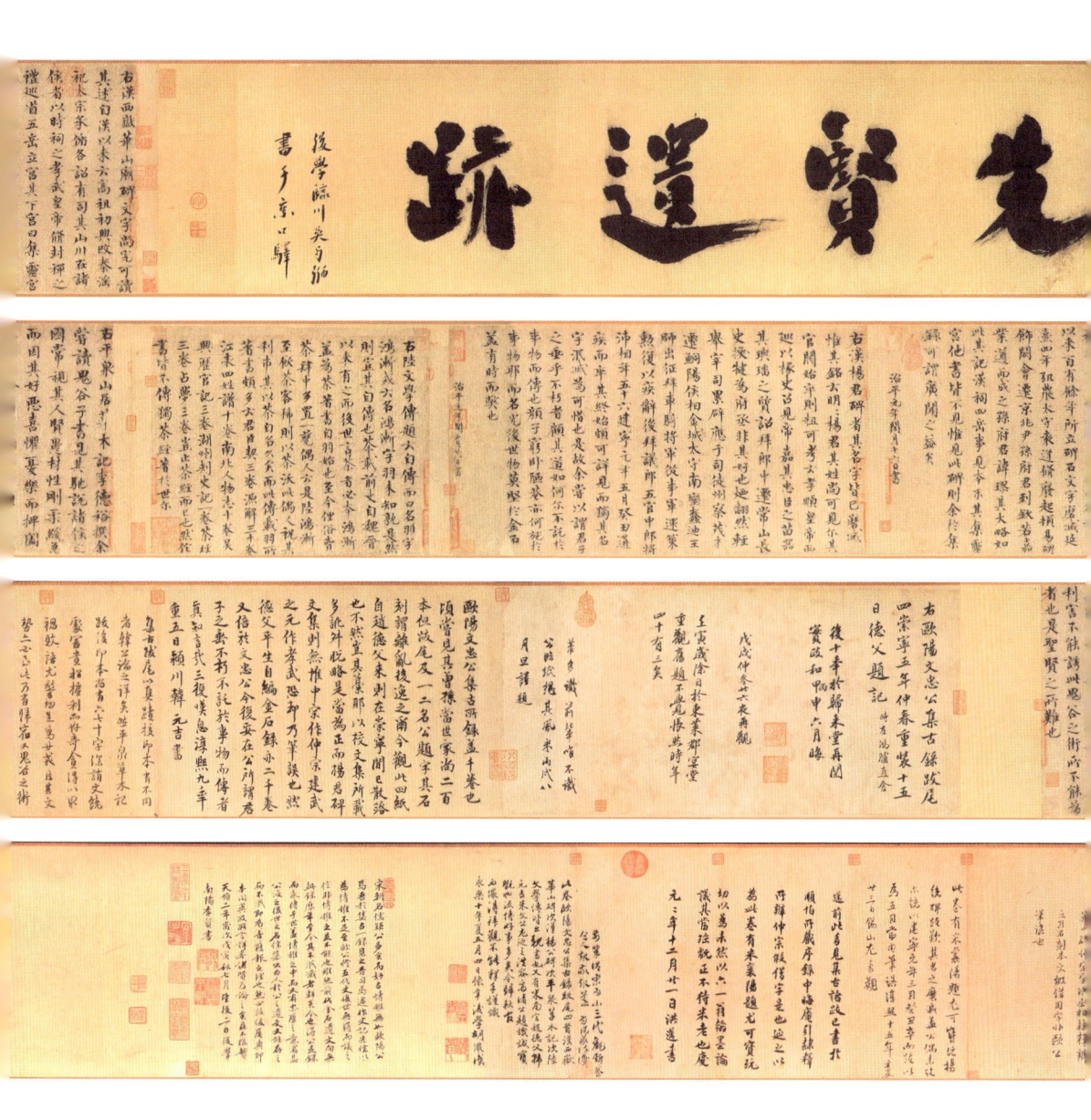

第七章 宋代民间收藏：金石学与第一次收藏高峰　081

欧阳修《集古录跋》，纸本墨笔，27.2×171.2cm，北宋（1064年），台北"故宫博物院"

欧阳修开北宋金石学研究风气，利用公职之便广泛观览公私收藏，收集历代金石拓片达千卷，将其中可正史学缺误的作品撷拾异同，辑成《集古录》十卷。

出要于时有益，"亦可为朝廷决疑议也"。欧阳修把金石学纳入到史学和关涉当时政治动向的"经学"之中，让金石学获得了文化上的正当性，而不仅仅只是从个人情趣出发的业余爱好。

文人士大夫并不满足于像欧阳修那样单纯以文字描述器物的铭文款识、器物形制、纹饰等，开始采用线描图像的手段忠实摹绘原物，各种"考古图""博古图"应运而生。著名的文人、画家李公麟元祐初年曾编纂五卷本《考古图》，另外还辑有一卷本《古器图》、一卷本《周鉴图》等金石图谱，可惜已经失传。在宫内兼职监管文物的学者吕大临1092年编纂出版《考古图》十卷，收录了当时秘阁、太常、宫廷和民间收藏的青铜器210件、玉器13件、石器1件，是中国流传下来的最早的系统性的古器物图录专著，其中也收录了李公麟的62件藏品。宋徽宗对金石学十分重视，下令王黼编纂《宣和博古图》，记录了皇室藏品凡20类，著录自商代至唐代的铜器839件，摹写形制，考订名物，集出土和流传铜器之大成，影响颇广。

北宋末年金兵入侵，战火纷乱，士大夫逃难时无法携带大型青铜器物，多有流散，南宋初朝廷还把许多青铜古器熔铸成钱币，器物来源大大减少，南宋金石学转向文字考证为主，金石学有所衰落。不过皇室和民间仍然有收藏、研究金石器物的行为，出现了赵明诚《金石图》、薛尚功《历代钟鼎彝器款识法帖》等著作。金石学家赵明诚年轻时就酷爱收藏金石，与李清照结婚后夫妻以金石器物的搜集、整理和研究为乐趣。经过二十年努力访求，收辑金石刻辞二千卷，包括所见夏、商、周到隋、唐、五代的钟鼎彝器铭文款识，以及碑铭、墓志等石刻文字，逐件鉴别考订后撰成《金石录》三十卷。前十卷共二千条，记述古代金石器物、碑刻、书画的目录；后二十卷收录这些器物的跋文，叙述器物出土的时间、地点、收藏者以及器物的内容，是当时所见金石文字的总录。靖康年间金兵南下，他们逃难期间赵明诚不幸患病身亡，早年搜集的金石资料尽遭散失，只有《金石录》手稿留存下来。李清照在临安（今浙江杭州）重新整理校定才得以出版。

在宋代，皇室、朝廷和民间力量的聚合，使得注重古物收集、整理、研究的金石学大为流行，同时印刷、摹拓技术的广泛应用，让书籍和图像的传播更为广泛和迅速。金石学、金石收藏成为文人士大夫的学术新潮和时尚风气，出现了把经史研究和收藏结合的趋势，出现了至少二十部金石文物研究著作，对以后的收藏文化有深远影响。

与这些著作相辅相成的是收藏的兴盛。皇室曾向民间征集古器，上至达官贵人下至普通百姓，都竭力搜求古物，形成社会风尚。北宋《考古图》、南宋《续考古图》等记载的北宋、南宋有姓名可考的青铜器藏家超过 60 位[7]，而不见著录者则应更多，寇准、文彦博、刘敞、苏轼、李公麟、欧阳修、吕大临、赵明诚等士大夫都是其中佼佼者。因为宋徽宗重视青铜器收藏，权贵富豪也纷纷跟从，导致一件古青铜器价格从数十万钱涨到上百万钱（上千贯），还引发了民间盗墓狂潮，"天下冢墓，破伐殆尽"[8]。《夷坚志》记载政和年间陕西转运使李朝孺、提举茶马程唐曾派人到凤翔挖掘传说中的比干墓。宋人叶梦得在《避暑录话》中说："好事者复争寻求，不较重贾，一器有值千缗者。利之所趋，人竞搜剔山泽，发掘冢墓，无所不至，往往数千载藏，一旦皆见，不可胜数矣。"[9]

文人士大夫是这一时期收藏和研究的主力，许多士大夫热衷赏古、鉴古、藏古、玩古，掀起对青铜器、碑拓、玉器、古籍、书画、文房器具的集藏热潮，收藏品类、范围空前扩大，相关学术研究大为发展。

金石学的兴起也让当时的朝野人士对古代石刻、遗物的搜集保护有了自觉意识。北宋元祐二年（1087 年）为保存唐开成石经、石台孝经始创西安碑林的前身，历金、元、明、清各代收集逐步扩大。各种方志和地理著作中，都对历代古遗址和古墓葬以及金石遗物开始有详细的记载。

二 金石学对收藏的肯定和发扬

从社会价值、审美愉悦等角度对收藏给予肯定，这在唐代的《历代名

7　夏超雄：《宋代金石学的主要贡献及其兴起的原因》，《北京大学学报》，1982(1)，第 67—77 页。
8　［宋］蔡绦 撰：《铁围山丛谈》卷四，北京：中华书局，1983 年，第 79—80 页。
9　［宋］叶梦得撰：《避暑录话》（下），《丛书集成初编》，第 2787 册，北京：中华书局，1983 年，第 59 页。

画记》等文献中已经有所表现,但是成为文化阶层普遍的共识则始自宋代的金石学研究和收藏热。一方面文人学者开始系统性地建立青铜器、古碑刻、玉器等金石器物的研究体系,涉及对古器物命名、分类、释读的原则,以及保存、布置的方法;另一方面,金石学兴盛也使得主流文人士大夫、皇家、朝廷普遍重视各类收藏,扩大了收藏的范围,出现了综合性的收藏研究著作,对收藏的理念和理论有所阐发,也开始注重藏品的流传过程和市场价值。

当时有关收藏的著作可分三类:

一类是综述性质的著作,如陈槱的《负暄野录》上卷论石刻,下卷论书法,旁及纸、墨、笔、砚等文房用品。赵希鹄的《洞天清录》包罗更广,将藏品种类细分为古琴、古砚、古钟鼎彝器、怪石、研屏、笔格、水滴、古翰墨、古今石刻、古画十种,他还提出收藏玩赏古物是饮食声色之外的另一种享受,是莫大的"清福"。此处"清福"似乎也和宋徽宗一样,有道家思想的影响,兼有阅玩颐养的实际需要和精神上的福报指向。

一类是专项研究某一品类藏品的著作,如绘画方面有刘道醇《五代名画补遗》《宋朝名画评》、郭若虚《图画见闻志》、陈思《书小史》、朱长文《墨池编》等,相比之前唐人裴孝源、张彦远的书画收藏著作,宋人对藏品的考据和鉴赏有了更深入的研究,而不仅仅概述作者源流。钱币收藏方面有金光袭《钱宝录》、李孝美《历代钱谱》、董逌《续钱谱》、陶岳《货泉录》等现已失传的钱谱著作以及佚名人所著《货泉沿革》、南宋初年洪遵的《泉志》等,不仅梳理钱币的历史,更据此考证史事。

另一类是文人士大夫所作的题画诗、为古物所作的铭记以及见于各种笔记小说中对于书画、金石的言谈称许。这些言论、文章的流行说明当时的士大夫阶层在"社会舆论"中广泛把古器物收藏、书画创作和鉴藏当作值得肯定的文化活动和社交行为,无疑对当时的收藏氛围和艺术市场的发展有重大影响。如名闻天下的苏轼广泛交游博雅之辈,李公麟、文同等同时代的画家都乐于请他在画上题写诗歌、跋文,给作品附加另一层意义和价值。李公麟画作的名声在宋代得到高度推崇,无疑和苏轼、黄庭坚等著名文人的诗文赞誉有关。苏轼在《书摩诘〈蓝田烟雨图〉》中提出"味摩诘之诗,诗中有画;观摩诘之画,画中有诗"一说,也带动了宋、元时代

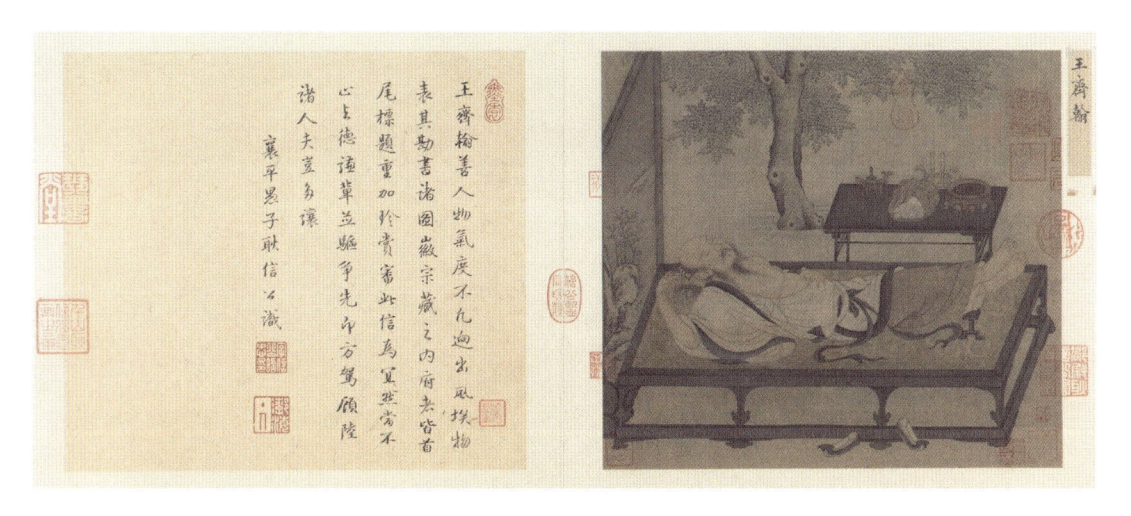

《槐阴消夏图》，册页，绢本设色，25×28.5cm，宋代，故宫博物院

这幅作品可能是描绘一位隐士在盛夏的绿槐浓阴下高卧的场景，头后侧的屏风上描绘的似乎是寒林雪景图，条案上罗列着香炉、蜡台、水洗之类文房用具，还包裹着几件书画手卷。体现出当时书画已经成为文人生活经常接触的一部分。

文人在画上题诗为文的风气，让鉴赏活动具有了更为丰富的文学支撑。

三　民间书画收藏的兴盛

宋代皇室提倡"文治"，皇族权贵、士大夫乃至民间富商皆好收藏。宋真宗有一次路过华山，望见莲花峰时想到隐士种放住在山中，急忙派人前去召见，种放称病不来。皇帝问使者见到了什么，使者回答说种放正在草亭中欣赏水牛图，真宗就对侍臣说"此高尚之士怡性之物也"，命把随自己出行的内府所藏40多卷画作全部拿去赏赐给种放[10]。可见当时上至皇帝、高官显贵到一般文人隐士上上下下颇有藏画、赏画的风气。

当时市场上流行的书画有四大类：一类是传世的古书画，价格最高，最为难得；一类是当代士大夫名人所书所画，如苏轼、李公麟等人所作；一类是宫廷画师作画，他们一些作品流出宫外或者是为了牟利特意私下出

10　[宋]郭若虚：《图画见闻志》卷六恩赐种放，石家庄：河北美术出版社，2011年，第376页。

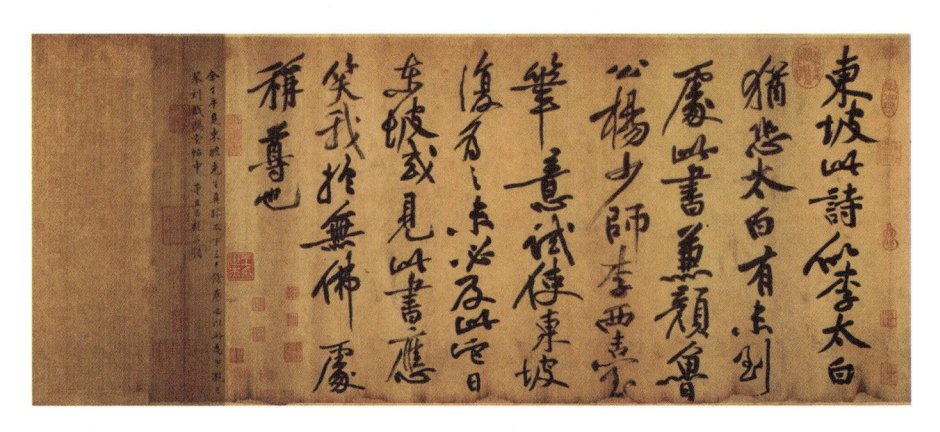

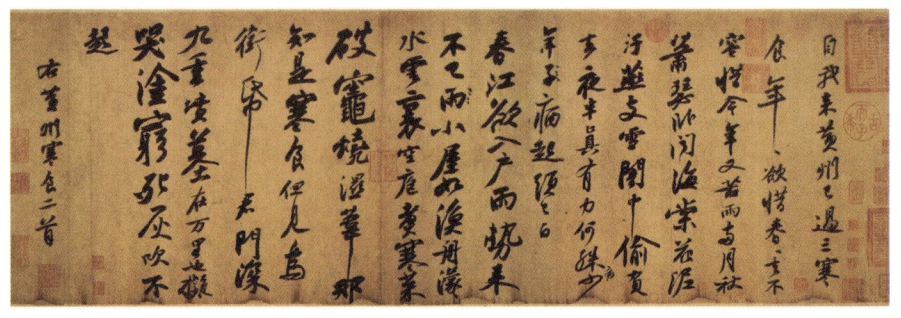

《黄州寒食诗帖》，纸本行书，34.2×18.9cm，苏轼，台北"故宫博物院"

苏东坡在世时名满天下，书法作品已经被当时人收藏。即使宋徽宗时严厉禁止苏轼诗文的传播出版，人们已然偷偷保存有关遗迹。《黄州寒食诗帖》在书法史上影响很大，被称为"天下第三行书"。黄庭坚在此诗后跋称："此书兼颜鲁公、杨少师、李西台笔意，使东坡复为之，未必及此。"

售；一类是民间画师所为，他们的作品主要出现在茶坊、酒店、熟食店乃至一般文人商人的家中，如宣州人包鼎家族世代以画虎著称，开封人刘宗道善于扇画，数百扇子能在一天内就销售一空。当时的扇子有团扇、细画绢扇、山水扇、梅竹扇面、花巧画扇等分类，是上至宫廷权贵，下到众多商人、文人都使用的家常用具。

因为对书画的需求增加，出现了"牙侩"这类经纪人介入书画交易的情况，他们在各地、各市场之间转售作品，有的人还开设店铺经营书法，一些酒楼也购买书画作品招徕客人。可作为例证的是金末元初诗人元好问记载朋友刘寿之曾在太原酒家买到挂在墙壁上的朱熹自书五言诗对联，元好问特地赋诗一首纪念此事[11]：

> 蜀山青翠楚山苍，爱玩除教宝绘堂。
> 且道中州谁具眼，晦庵诗挂酒家墙。

当时全国主要城镇中都既有固定的店铺出售货物，也有四方商户定期交易的集市。如北宋首都汴京（开封）相国寺每月举办五次集市，各地摊贩都携带货物前来交易，在大殿之后资圣门前的摊位主要卖书籍、玩好、图画等，吸引了不少收藏者来这里选购。米芾就是在这里以"八金"买到徐熙画的《桃二枝》，还有一次以"七百金"买得王维《雪图》一幅，为同行富弼的女婿借去不还，可以想见当时书画买卖及其价格情况。宋徽宗时东角楼街有凌晨就开始营业的集市，主要交易"衣物书画珍玩犀玉"，都亭驿附近有许多家卖"时行纸画"的店铺，南宋临安城内也有"纸画儿""陈家画团扇铺"以及制作销售屏风、画作的市肆。

由于书画市场颇为活跃，于是出现了追捧名家名作的现象，伪作赝品随之而起，号称"马必韩干，牛必戴嵩"，李成在当时画坛最为知名，伪托之作也最多。米芾曾说当时所见署名李成的绘画都为伪作。一些知名藏家、画家也牵涉其中，传说贵为皇帝驸马的王诜就曾用米芾临摹之作冒充原作出售牟利。

因为书画作伪兴盛，鉴定也重要起来，许多文人参与书画鉴藏，书画著录的范围和内容日趋扩大。如苏颂、苏轼、黄庭坚、秦观、晁补之、陆游、周必大、朱熹、陈传良、叶适、刘克庄、释惠洪等人文章中都有涉及鉴藏之事。大书法家苏轼颇精于书法鉴赏，他在参观皇室秘阁所藏的前贤墨迹时看到署名王献之的作品大多都是唐人临摹之作，认为唯有《鹅群》帖"似是献之真笔"[12]。

---

11 ［金］元好问 著，狄宝心 校注：《元好问诗编年校注》，北京：中华书局，2011年，第1719—1720页。
12 ［元］王恽：《王恽全集汇校》卷九十四《玉堂嘉话》卷之二，北京：中华书局，2013年，第3824—3840页。

两宋的重要书画、古物私人收藏家可分为宗室权贵收藏家和士大夫收藏家两类：前者如宗室赵仲爰、赵仲忽、赵仲仪、赵君发、赵令穰、赵令畤、赵与懃、赵孟坚，驸马王诜、杨镇等，以外戚身份登台进而成为宰辅执政的韩侂胄，贾似道，以及神宗时的宦官刘有方、徽宗时的宦官梁师成似乎也可归入这一类，他们或者因为家族财势，或者因为靠近皇权而有便利积蓄收藏品；后者中既有楚昭辅、王溥王贻正父子、苏易简家族、李玮、冯京、蔡京、丁谓、文彦博、周必大等高官，也有中下级官员乃至不出仕的文人、隐士、僧道，如米芾、李公麟、薛绍彭、邓椿、杨褒、刘季孙、邵必、石扬休、刘泾，南宋诗人陆游、李清照，理学家及书家朱熹、吴琚、岳珂、吴说、汪应辰、吕辩老，学人叶适、刘克庄，僧人惠洪等。

楚昭辅，字拱辰，官至枢密使。他在北宋朝廷进攻南唐的过程中负责调发军饷有功，皇帝要给他加官晋爵，他主动提出不要爵禄而希望能赏赐南唐皇宫内库所藏的部分书画，皇帝就赏赐他书法百卷，其中一些有李后主图篆乃至唐人题跋。楚昭辅死后，这批书画有所散佚，其孙楚泰在熙宁间（1068—1077年）官太常寺卿，再次购求，先后购得唐江都王李绪画、韩滉画以及王维《辋川图》等多件重要藏品。

苏易简家族中子孙四代均好收藏，米芾称之为"四世好事有精鉴，亦张彦远之比"。如唐代怀素的《自序帖》、五代巨然的山水、王羲之的《快雪时晴帖》《兰亭燕集序》、颜真卿的《乞米帖》、毕宏《山水》等均为其所藏，藏品上多钤有"佩六相印之裔""四代相印""许国后裔""墨豪""武乡之记"等印。

王诜出生世家，任左卫将军时娶英宗赵曙之女蜀国公主为妻，历任驸马都尉及定州观察使、利州防御使等。他精于鉴赏，家中修筑"宝绘堂"藏历代法书名画日夕观摩，广交苏轼、黄庭坚、米芾、秦观、李公麟等众多文人雅士"析奇赏异"，诗文唱和。李公麟曾画《西园雅集图》以纪胜，描绘苏东坡、苏辙、米芾、黄庭坚、秦观等十六人在王诜府中西园聚会的情景。另一位画家米芾也在他的作品中留下了类似的记叙。西园雅集，后来成为历代画家常见的一个创作题材。王诜能诗善画，《宣和画谱》著录御府藏有他所画的《幽谷春归图》《晴岚晓景图》《烟岚晴晓图》《烟江叠嶂图》等35件。传世作品有《渔村小雪图》卷，现藏故宫

《西园雅集》卷(局部),绢本设色,24.6×203cm,刘松年,南宋,台北"故宫博物院"

　　元祐二年(1087年)秋,驸马都尉王诜邀苏轼、苏辙、黄庭坚、秦观、陈师道、张耒、李之仪、晁补之、蔡天启、李公麟、米芾、蔡肇、郑靖老、王钦臣、刘泾以及僧圆通、道士陈碧虚等友人雅集,或题诗作画,或赏画吟诗。名画家李公麟绘《西园雅集图》留念。此后这一主题成了许多画家描绘的经典题材。如这件南宋画家刘松年的长卷描绘了当时人们在府邸花园中雅集品赏古玩、赋诗作画的场景,最右边的桌案边自右至左依次是李之仪、王诜、正在写字的苏轼、蔡天启。王诜因为和苏轼交好,后来也被贬谪。

博物院，另有《烟江叠嶂图》卷，现藏上海博物馆。

宋宗室子弟赵令畤因为与苏轼等人交好被宋徽宗、蔡京列入"元祐党籍"，不许为官，南宋时到临安待遇才有改善，袭封安定郡王，参与皇室宗族事物管理。他雅好文艺，颇为留心收藏，李鹰所著《画品》一书记载他收藏了梁元帝至李公麟二十二家二十五幅作品。另一位宗室子弟赵与懃家藏书画更多，《赵兰坡所藏书画目录》中记载有法书一百七十九卷，名画二百十三卷，如钟繇《贺捷表》、王羲之《快雪时晴帖》《洛神赋》、虞世南《孔子庙堂碑真迹》、孙过庭《书谱》、颜真卿《自书告身》、苏轼《赤壁赋》等都是赫赫名作，而这仅仅是他收藏的一部分。

南宋两位权相韩侂胄、贾似道都以外戚身份登上政治舞台，进而成为执政大臣，凭借权势聚敛了众多藏品，后来却又都被抄家，藏品全进入了内府。韩侂胄为北宋名臣韩琦五世孙，母为高宗吴皇后之妹，既是世家又是贵戚，他的家藏应该不少，到宋宁宗时长期执政，搜罗了更多藏品，曾将自己所藏的怀素《千字文》等法书摹刻为石，拓为《阅古堂帖》十卷。他在上朝途中被杨皇后等政敌暗杀后家藏全部收归内府所有，《阅古堂帖》也改名为《群玉堂帖》。韩侂胄重用向若水帮自己负责鉴别之事，后者乘机收罗了名画近千种，后来在子孙手里被迫献给权臣贾似道。

贾似道是南宋末年宋理宗、宋度宗两朝丞相，权倾朝野二十多年，他留心收藏，精于鉴赏，所建"多宝阁"中收藏大量古铜器、法书、名画、金玉珍宝，许多都是各级官员为了升官请托进献的礼品，就连皇族宗室赵孟坚也曾奉上唐人《马上娇》图。贾府门客所撰的《悦生所藏书画别录》说他"家藏名迹，多至千卷。其宣和、绍兴秘府故物，往往请乞得之"[13]，如宋理宗曾把内府所藏的117刻《兰亭序》赐予贾似道，贾似道收藏的《兰亭序》各种摹本、拓本多达8000余匣，他还委托婺源碑刻高手王用和花费三年刻成一套原大的《兰亭序》碑用于拓本，另外还将兰亭序字体缩小刻在一块灵璧石上供人拓印，由此而来的缩拓本后来号称"玉板兰亭"，成了著名的碑帖藏品。他还曾将喜欢的著名碑帖《宣示表》《淳化阁帖》等进行翻刻，都以精工著称。他收藏的绘画如《女史箴图》《游春图》《溪岸图》等都是如今大英博物馆、故宫博物院、大都会博物馆等著

13　丁傅靖 辑：《宋人轶事汇编》卷十八贾似道、廖莹中，北京：中华书局，2003 年，第 1017 页。

名博物馆的珍宝。可惜宋恭帝德祐元年（1275年）元兵沿江东进攻南宋，宋兵接连战败，贾似道遭撤职，被贬逐到福建漳州木棉庵，死于与其有仇的押送者之手。贾似道的所有古玩书画藏品均归入宋内府，三个多月后南宋投降，临安皇宫的藏品也被元军运往大都，成了元代皇帝的藏品。

四　其他品类的收藏

除了法书、绘画以外，当时的权贵富豪、文人学者也收藏其他古物。如南宋秘阁有"古器库"收藏古代器物，估计是以商周秦汉青铜器、玉器为主。宋仁宗时期金石学兴起，民间文人纷纷收藏古代器物并汇集器物铭识成谱。在古印章方面出现了杨克一编辑的《集古印谱》，王俅《啸堂集古录》中也记录了汉印三十多枚，南宋王厚之曾集合诸多收藏者的印谱辑成《汉晋印章图谱》，说明当时一些文人士大夫开始注意收藏和研究古印章。

赏石收藏方面，宋代文人墨客中颇为流行赏石，如著名画家李公麟也是当时著名的青铜器、玉器收藏家，他在元祐八年获得一件名人旧藏的"马台石"安置在自己的书斋中，苏轼看到后建议他请工匠雕琢为水池用来洗玉，苏轼还题写了"洗玉池铭"。在苏轼、宋徽宗等名士、权贵的推崇下，藏石之风盛行，到南宋时出现了杜绾《云林石谱》、范成大《太湖石志》、常懋《宣和石谱》、渔阳公《渔阳石谱》等赏石著作。

宋代文人也有收藏古琴之好。欧阳修、苏轼等文人士大夫倡导琴棋书画之类雅好。自己会抚琴，宋徽宗更是致力网罗古今名琴，在宣和殿设"百琴堂"收储。欧阳修《六一居士诗话》、苏东坡《东坡志林》等笔记杂著，赵希鹄之《洞天清录》、周密《云烟过眼录》等收藏著作，《琴苑要录》、陈旸《乐书》等音乐专书都有论及古琴收藏、辨别的议题。

宋代时兴的赏玩之物价格颇高，当时皇室权贵喜欢从金国控制的东北地区进口"北珠"，最大的珠子每颗价格高达二三百万钱，海外进口的香料"白笃褥"刚流行时每两的价格是二十万（即二百贯）。可以看出这些动辄价格数十贯、数百贯的高价珠宝、香料和古器物一样是权贵富豪阶层收藏、消费的奢侈品，它们的价格高低往往和一时的风尚有关。

收藏家 The Collector　米芾：痴迷法书的文人鉴藏家

米芾（1051—1107年）是中国文化史中最富有个性的书法家、鉴藏家之一。他痴迷于收藏的故事广为人知，人们往往记住了他那些传为美谈的怪癖行为，却忽略了他其实是那个时代最重要的私人收藏家之一，为此他必须精明地投入金钱和精力，"颠狂"仅仅是迷惑人的表面现象而已。

米芾祖籍山西太原，后迁居襄阳（今属湖北），长期居住润州（今江苏镇江市）。米芾五世祖米信是宋初勋臣。高祖、曾祖、父亲皆为武职官员，他父亲在濮州为官时曾经鉴赏"濮州李丞相家"所藏的王右军书法并盖章，可见他们家族已经熏染文教，有鉴藏风气。他的母亲阎氏在内廷服侍宋英宗的高皇后养育宋神宗，宋神宗即位后就让18岁的米芾到秘书省当从八品的校书郎，此后在长沙、杭州、雍丘等地任职，宋徽宗崇宁二年癸未（1103年）五十三岁时提升为太常博士、书学博士等职，徽宗崇宁五年丙戌（1106年）五十六岁任书画学博士，礼部员外郎（正六品）。

米芾自许甚高，可他并非像欧阳修、苏轼等士大夫那样是科举出仕，而是皇帝看关系直接提拔的侍臣，按惯例很难升至高品级的显要官位。他一些看似狂傲的举动可能与此背景有关。他早年与文章、书法著称于世的苏轼、黄庭坚等人交往，或有在文人士大夫中博取名誉的考虑，后来苏轼等人受到政敌乃至皇帝亲自出马打压后他就转而取悦同样爱好书法的蔡京等当朝权贵，以致后来被倪瓒等人称为"谄佞小人"。

于公于私，米芾一生都在和书画打交道。他的书法气势豪迈，沉着痛快，苏轼赞誉为"超逸入神"，堪与钟繇、王羲之父子相颉颃。在绘画方面似乎欠缺基本功训练，只能别出心裁，"信笔为之，多以烟云掩映树木，不取工细"，创造了所谓"米家山水"，颇受后世文人画家推崇。

米芾交游广泛，见多识广，精于鉴赏，酷好收藏的他日常起居经常是白天临习名帖，手不释笔，夜间收字画入竹箧，放在枕边才能安睡。生活窘困时虽"败屋僦居"，仍终日手玩书画为乐。他流传下来的一些书帖就常提及收藏有关的情况，比如东京国立博物馆所藏《叔晦帖》提及自己和叔晦友好，临别赠送"秘玩"的字画并题跋叫两姓子孙铭记这段交情。

他常常通过出售旧藏或者交换的方式取得更为重要的藏品，开始他的绘画、古籍收藏颇有成就，后来多用于置换法帖，在《画史》中自云："余家收古画最多，因好古帖，每自一幅至十幅以易帖。大抵一古帖，不论贵用及他犀玉琉璃宝玩，无虑十轴名画。"[14] 元丰五年（1082 年）以后米氏重点寻访晋人法帖，所获几件晋代"铭心绝品"包括谢安《八月五日帖》、王羲之《王略帖》、王献之《十二月帖》以及顾恺之《净名天女》、戴逵《观音》等绘画，因此还将书斋命名为"宝晋"，珍重之情显而易见。晋人的真迹在唐代已很罕见，米氏能获得上述稀有藏品大概所费不菲，比如他元祐二年曾用六幅张萱的画、两件徐浩的书法从石夷庚那里换到李邕的《多热要葛粉帖》。

当时文人士大夫间互相观摩、借阅、交换所藏书画颇成风气。哲宗元祐二年（1087 年）苏轼等十六人于王诜家的西园晏集，李公麟绘《西园雅集图》、米芾作《西园雅集图记》给予记录留念，这也成为后世画家创作的一大题材。米芾《书紫金砚事》中提及"苏子瞻携吾紫金砚去，嘱其子入棺"，可见当时文人好友之间互赠藏品的风气。后来他在路过黄州时拜望苏轼，苏轼酒后在纸上画了幅有两竹枝、一枯树、一怪石的画赠予米芾，这件作品后来被好友王诜借去不还，让米芾也无可奈何。

米芾嗜法书名迹成癖，宋人笔记中常有关于他的收藏趣事，如《石林燕语》记载："米芾诙谲好奇，在真州尝谒蔡太保攸于舟中，攸于收藏右军《王略帖》示之，芾惊叹，求以他画换易。攸意以为难，芾曰：'公若不见从，某不复生，即投此江死矣'。因大呼，据船舷欲坠，攸遽与之。" 他还曾在长沙道林寺诈借寺中所藏的唐代沈传师手书诗板，借而不还，扬帆逃遁。此外，他又惯以掉包借来的书画为能事，今藏北京故宫博物院的王献之名下《中秋帖》被清代乾隆皇帝视为"三希"之一，近代学者比对刻帖发现它是米芾曾收藏的王献之《十二月帖》的节临本，可能就是米氏自己临摹的。

米芾对于自己的鉴赏水平十分自负，曾自言所藏书画"无下品者"。

14　熊志庭、刘城淮、金五德 注：《宋人画论》，长沙：湖南美术出版社，2000 年，第 171 页。

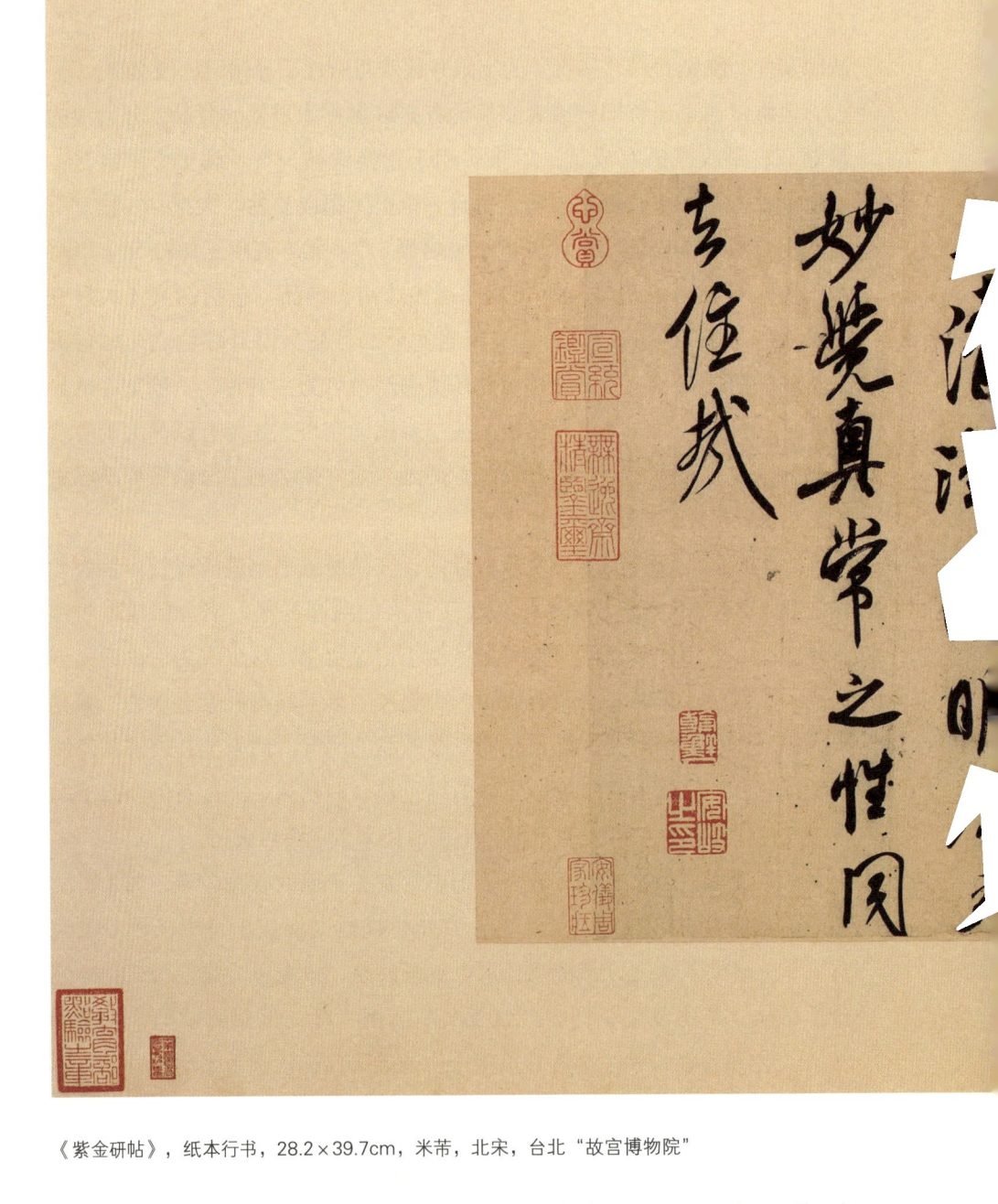

《紫金研帖》，纸本行书，28.2×39.7cm，米芾，北宋，台北"故宫博物院"

释文："苏子瞻携吾紫金研去。嘱其子入棺。吾今得之。不以敛。传世之物。岂可与清净圆明本来妙觉真常之性同去住哉。"此帖记录了米芾与苏轼交游的趣事：早年苏轼对后学米芾的书法称誉有加，两人时有诗文往还，1101年苏轼从贬谪之地回京途中拜访在真州（江苏仪征）的米芾，米芾拿出所藏谢安《八月五日帖》请苏轼题跋，离开时苏轼携走米芾所藏紫金砚。一个多月后，苏轼卒于常州，米芾闻讯追回砚石，希望它能传世。

宋米海嶽紫金研帖

蘇子瞻攜吾
紫金研去囑其子
入棺吾今得之不以

《米颠拜石图》,纸本设色,126.2×52.8cm,任伯年,清代(1882年),中国美术馆

米芾所写的杂记形式的《书史》《画史》二书记录了他曾收藏的部分书画目录，另外还记录他目睹的其他私人藏家的书画，并简评真伪优劣，兼及印章、纸绢、服饰、裱褙等，开后世书画著录新风，另有《宝章待访录》记录他目睹和所闻的重要作品目录。据研究，他收藏过的书画作品包括现藏北京故宫博物院的褚遂良临王羲之《兰亭序》卷、孙过庭草书《千字文第五本卷》（仿本），现藏台北"故宫博物院"的唐摹王羲之行楷书《快雪时晴帖》，现藏上海博物馆的草书《大道帖》等。

米芾也是赏石、砚台的收藏家。鉴石的四大要诀"瘦、秀、皱、透"就出自米芾之口，《梁溪漫志》记载米芾在安徽做官时听说濡须河边有一块奇形怪石，当时人以为是神仙之石，不敢妄动，米芾"相见恨晚"，立刻派人将其搬进自己的寓所，摆好供桌，献上供品，向怪石下拜，称之为兄，此事传出后由于有失官员体面，米芾被人弹劾而罢官，可他并不为此后悔，还曾画《拜石图》留念。

在米芾看来，他这种长期致力收藏，懂得其历史文化意蕴、可以分辨真伪好坏的"鉴赏家"与那些仅仅依靠富贵而快速获得大量藏品、意在夸耀财富、标榜风雅的"好事者"不同："赏鉴家谓其笃好，遍阅记录，又复心得，或能自画，故所收皆精品。近世人或有赀力，元非酷好，意作标韵，至假目于人，此谓之好事者。"这也成为后世文人士大夫收藏家常常引用的话，成为他们在收藏和文化品味上进行区分和标榜的经典说法。

第八章
元代收藏：大都和杭州的分野

起于北方草原的蒙古铁木真家族两代人一路向南、向西征服，建立了横跨亚欧大陆的蒙古汗国。其中统治东北亚的忽必烈于至元八年（1271年）改国号为"大元"，成为元朝首任皇帝。此后元朝征服南宋，统治了漠北、中原、江南的广大地区。然而他们并没有建立一套足够稳定有效的制度维持自己的统治，仅仅九十余年后就变乱丛生，至正二十八年（1368年）明军攻入大都，曾醉心书画的末代皇帝元顺帝败走漠北，永远失去了皇宫中的那些收藏。

元代皇室中最让今天的人遐想不已的收藏家是一位公主。孛儿只斤·祥哥剌吉是忽必烈早逝的太子真金的孙女，她的兄弟是两任皇帝元武宗、元仁宗。她嫁给蒙古弘吉剌部首领琱阿不剌，大德十一年（1307年）封为"皇妹鲁国大长公主"，赐永平路为分地。至大三年（1310年）丈夫去世后，祥哥剌吉没有随蒙古收继婚之习俗再嫁丈夫的弟弟，而是一直守节。1311年，元仁宗即位后封她为"皇姊鲁国大长公主"。后来娶了其女卜答失里为皇后的侄子元文宗继位后，加封其为"徽文懿福贞寿大长公主"。她多次受到丰厚赏赐，资财雄厚，超过元朝其他公主。

这位公主对汉文化有浓厚兴趣，嗜好收藏书画，与著名文人官员虞集、柳贯、朱德润等交往，对当时文艺、宗教、教育有所影响。她的藏品见于著录的就有61件，涉及宗教、山水、花鸟、墨竹、车马人物、鱼虫走兽等几个方面。书画中不少出自名家之手，如黄庭坚《松风阁诗》《定武兰亭》、宋徽宗《琼兰殿记》、柳公权《度人经卷》等，绘画有周昉《金星图》、巨然《山水》、萧照《江山图》、宋徽宗《梅雀图》、董源《溪

第八章 元代收藏：大都和杭州的分野　099

《元世祖出猎图》，绢本设色，82.9×104.1cm，刘贯道，元代（1208年），台北"故宫博物院"

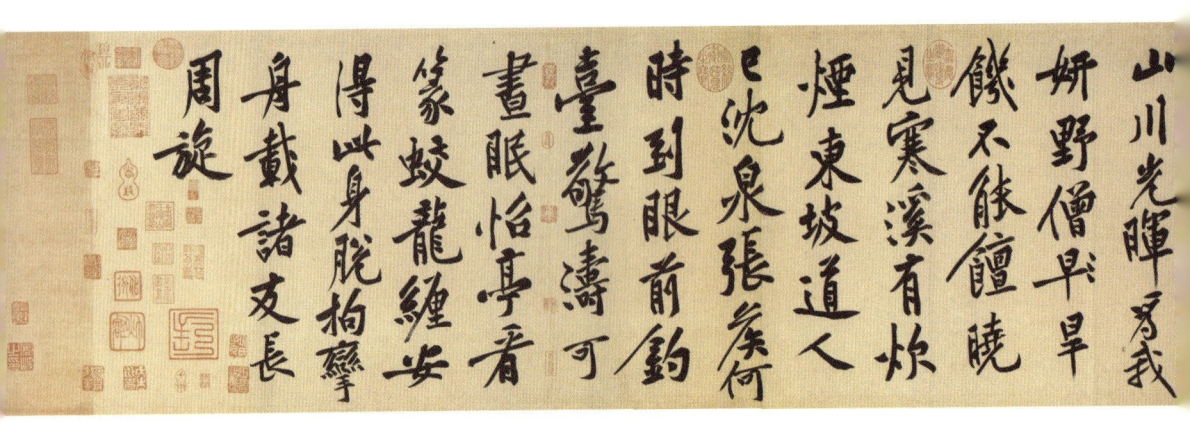

《自书松风阁诗卷》（不含题跋），纸本墨迹，32.8×219.2cm，黄庭坚，北宋，台北"故宫博物院"

山风雨图卷》、刘松年《猿猴献果图轴》、梁楷《王羲之书扇图》、钱选《白莲图卷》等。这些书画都盖有她的收藏印"皇姊图书"或"皇姊珍玩"[15]。

至治三年（1323年）三月，大长公主曾在南城的天国寺召集过一次历史性的雅集，在宴饮之后展示了自己所藏的部分书画精品，请爱好文艺的中书议事执政官、翰林学士们鉴赏、题跋，如李洞、张珪、王约、冯子振、袁桷等十多位就曾在黄庭坚《自书松风阁诗卷》后题跋，后来袁桷还专作《鲁国大长公主图画记》一文记录这次集会的盛况[16]。当时朝中文人学士常应邀为她的藏品题跋，如袁桷就曾奉命为40余件藏品题诗、跋目。

元代收藏最大的特点就是出现了大都（今北京）和临安（今杭州）两个收藏中心的分野[17]。政治中心首都因为有皇室和众多权贵高官、士子学者汇集，历来是图书、书画收藏的一大中心。可元代的一大变化是元代皇室和朝廷并不重视科举和儒学文士参政，所以政治上的首都并没有像之前的朝代一样发挥文化中心的强大吸纳和控制功能。反倒是江南地区因为自

---

15 李俊义：《元代大长公主祥哥剌吉及其书画收藏》，《北方文物》，2000（4），第70—76页。

16 ［元］袁桷：《鲁国大长公主图画记》，《袁桷集校注》卷四十五题跋，北京：中华书局，2012年，第1981—1982页。

17 黄朋：《元明清三代民间书画收藏史概略》，华人收藏家大会组委会 主编：《名家谈收藏》，上海：东方出版中心，2009年，第208页。

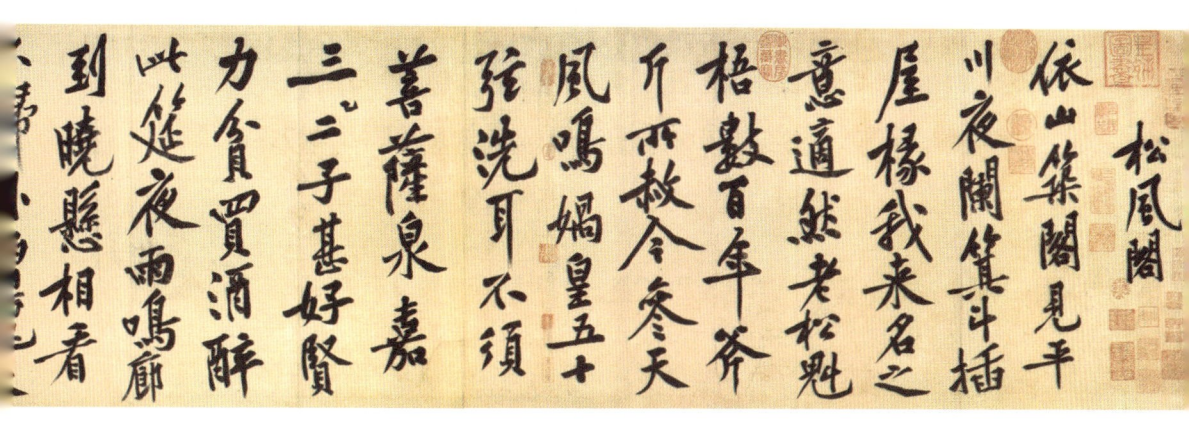

隋唐以来逐渐成为中国的经济重心，江浙经济富足、文教发达，古物和艺术收藏逐渐兴盛，在北京之外成为收藏、创作的中心区域。江南文人、富商阶层支持的江南文人画风有了长足发展，在明末还成为最受推崇的画风，对近代文化影响深远[18]。江浙一带的私人收藏世代交替，这里成为民间的书画鉴藏中心地区，也成为画家辈出的书画创作中心，并从此一直持续到明清以至民国时期，这显示了经济、文教的综合发展程度对收藏的影响越来越大。

同时，尽管南北收藏家因地域文化、经济政治背景的不同有趣味上的差异，可也彼此影响和交流，随着政治经济形势的改变，藏品也在南北之间、江南各个区域之间不断流转。

一 元代的皇家收藏

1233年，蒙古军队攻破金国的"南京"汴梁，掠取保存在这里的宋金皇室旧藏以归，极大地充实了元代图书库藏。1236年，行中书省事杨惟中随皇子库春攻击南宋，收集大批宋儒所著书籍8000余卷回到燕京（今北

---

18 汤哲明：《艺术市场两题》，华人收藏家大会组委会 主编：《名家谈收藏》，上海：东方出版中心，2009年，第118—119页。

京），建立"太极书院"保存研习，这是元代创立的第一所书院。不过灭金时，蒙古军队并未有计划地接收金朝内府的书画藏品，不少金灭北宋时掳去的徽宗内府珍品和金章宗明昌内府的藏品流散到民间。

元初忽必烈在至元九年（1272年）设立秘书监掌管"御览图籍、禁秘天文、历代法书名画"，并于宫廷中设典瑞院，收藏鼎、彝、古器、书画，设立辨验书画直长负责鉴别整理。元内府的最大一笔收藏来自南宋皇室：1276年，蒙古丞相伯颜率军进攻南宋，宋朝投降后伯颜入临安，遣人进入南宋皇宫"收宋国衮冕、圭璧、符玺及宫中图籍、宝玩、车辂、辇乘、卤簿、麾仗等物"，旋又命元秘书监焦友直搜括宋秘书省禁书、图籍乃至笔墨纸砚，后派郎中孟祺清点收集"宋太庙四祖殿、景灵宫礼乐器、册宝暨郊天仪仗，及秘书省、国子监、国史院、学士院、太常寺图书、祭器、乐器等物"[19]。当年7月，南宋皇室和朝廷的金玉宝物、牌印被押送到大都由太府监接收。10月，焦友直将所获临安经籍、图书、阴阳秘书全部押送大都，另有御史大夫玉昔帖木儿收括江南各郡图籍亦藏入秘府。但在此之前，由于南宋的国势衰微，已有内府秘书监宦官监守自盗、偷梁换柱等行为，致使一些内府藏品散佚到了民间，如南宋收藏家岳珂就曾从官府变卖的宦官财产中购得王洽《永嘉帖》、裴行俭《卫公帖》、洪元睿《集右军书真法师行业赞》、米芾《书简帖》的后四十帖、黄庭坚法书等内府藏品。

根据王恽《书画目录》记载，当年十二月南宋皇室内府收藏的图书、礼器等运抵大都后，忽必烈曾允许朝廷官员前去参观欣赏，他记录了自己看到的法书147件、名画81件，共228件，其中有王羲之、阎立本、顾恺之、吴道子、王维、李思训、黄筌、李公麟、苏轼、黄庭坚等历代书画名家的作品[20]。流传至今的法书有孙过庭《书谱》卷、怀素《自叙》卷、黄庭坚《廉颇蔺相如列传》卷等，名画有顾恺之《洛神赋图》、阎立本《历代帝王图》等。

元成宗曾命秘书监将所藏646轴书画手卷进行裱褙并请书法高手题写

19　[明]宋濂 等撰：《元史》卷九本纪第九世祖六，北京：中华书局，1976年，第179—180页。
20　[元]王恽 著：《王恽全集汇校》卷九十四玉堂嘉话卷之二，北京：中华书局，2013年，第3824—3840页。

第八章 元代收藏：大都和杭州的分野　　103

《消夏图》，绢本设色，29.3×71.2cm，刘贯道，纳尔逊－阿特金斯艺术博物馆

　　金末元初的北方画家刘贯道曾在元朝御衣局担任宫廷画家，在这幅画里他描绘了一位富贵的文士的消夏场景，身侧的四足小几上有盛放着水果的"冰盘"，身后的桌上的器物分为三类：一类是案头赏玩、装饰之物，如插着灵芝的长颈瓶、挂着小青铜编钟的乐器架，可见他也是一位雅好收藏之人；一类是喝茶所需的荷叶盖罐、汤瓶和一摞盏托；一类是文房用品，如辟雍砚、一包书卷或书画手卷。

签贴，延祐三年（1316年），元仁宗曾下旨让著名书法家赵孟頫给秘书监里无签贴的书画题签，可见这两位皇帝颇为重视书画收藏。在上述几位皇帝的努力下，元代宫廷的收藏有所增加，据延祐五年（1318年）统计，元代秘书监所属秘书库藏有书画二千单八轴，法书四百八十二轴，手卷三百九十九轴，图书更是多达数万册。

　　之后的元文宗图帖睦尔为元代最重视文艺的统治者之一。他喜诗文爱作画，在潜邸时曾亲自索纸画京都万岁山草稿，令宫廷侍臣画家进一步加工。他天历年间在秘书监外又设奎章阁用于闲居时谈经论道、赏画作书，在"奎章阁学士院"辖下设置"鉴书博士"负责书画鉴定，"群玉内司"负责宫中宝玩古物的短期陈列赏玩之事。他似乎还曾向官僚、民间征集过藏品，如柯九思曾把所藏《曹娥碑》墨迹进呈给皇帝，但是元文宗又赐还给他，并命虞集题记。元文宗还特授柯九思为奎章阁学士院鉴书博士，主管古器物、法书、名画鉴定。元顺帝时沿袭奎章阁旧制而设宣文阁，奎章阁藏品除部分赐予近臣外，大部分归宣文阁。

二　元代的民间收藏

元代私家收藏围绕南宋的旧都杭州和元代首府大都，形成了一南一北两大地域性网络。

1276年以临安为首都的南宋灭亡，形势逐渐平定后临安依然是江南的行政和文化重心，文人龚开、周密、仇远、邓文原等，书画名家鲜于枢、李息斋等，收藏家王芝、乔篑成等自四方汇集于西湖之畔，众多前朝遗民隐士、当朝文官常常雅集品鉴，形成了江南的文化交游网络和收藏网络。如大德二年（1298年）任江浙等处儒学提举的赵孟頫一行十四人聚于鲜于枢家，同赏郭忠恕《雪霁江行图》、王羲之《思想帖》等，赵孟頫在《思想帖》跋文中记录此事："大德二年二月廿三日，霍肃清臣、周密公谨、郭天锡右之、张伯淳师道、廉希贡端甫、马昫德昌、乔篑成仲山、杨肯堂子构、李衎仲宾、王芝子庆、赵孟頫子昂、邓文原善之集鲜于伯几池上，右之出右军《思想帖》真迹，有龙跳天门、虎卧凤阁之势，观者无不咨嗟叹赏神物之难遇也。"[21]

南宋遗老周密的《云烟过眼录》记录宋末元初江南地区的收藏家有乔篑成、焦敏中、鲜于枢、张受益、王子庆、王介石、张斯立、郭天锡等四十余家。其后收藏家汤允谟等人又记录了赵伯仁、祝祥、杨瑀、杨元诚、靳公子及元代后期的松江曹知白、无锡倪瓒、昆山顾阿瑛、嘉兴吴镇等世家文人、商人藏家[22]。

当时藏家之间、藏家和中介人之间进行文物艺术品的金钱交易或者藏

---

[21] 赵孟頫：《题右军思想帖真迹》，李修生 主编：《全元文》卷五九四赵孟頫四，南京：凤凰出版社，1998年，第98页。

[22] 黄朋：《元明清三代民间书画收藏史概略》，华人收藏家大会组委会 主编：《名家谈收藏》，上海：东方出版中心，2009年，第208—209页。

品置换似乎是常事，例如周密《志雅堂杂钞》记载乔仲山（乔篑成）曾经向友朋出售智永《真草千文》。另外交换、赠送、购买也是获得藏品的常见方式，如今藏于台北"故宫博物院"的颜真卿《祭侄季明文稿》在元代曾归张晏所有，他是辛丑年在江浙从鲜于枢那里得到此件藏品的，后者则是在至元癸未年以几种古书从东郓收藏家、庙学教授曹大本（字彦礼）那里交换所得。向当时书画家买画现象也颇为普遍，许多书画爱好者、收藏家都希望购藏赵孟頫、倪瓒这样的名家之作。

大都则是北方的古董书画交易中心。作为金、元两朝的都城，大都既有流散的前朝内府藏品，也有当朝流行的书画佳作，官僚文人荟萃，购藏力量充足，交易也颇为活跃。赵孟頫至元年间第一次到大都任官时，就曾努力搜罗古代书画名迹，获得宋代内府流散出的宋徽宗、宋高宗的亲笔书画或题跋。另一大收藏家鲜于枢在大都为官时，为皇家鉴定和搜集整理文物的同时，自己也致力于寻访购藏书画精品。

除了图书、书画外，青铜古器、古玉等金石收藏在元代也有所发展，朱德润《古玉图》为最早的一部古玉专著，著录过目古玉器39件。金石学方面出现了吾丘衍《周秦刻石释音》、潘昂霄《金石例》等研究著作。

三 元代的收藏家

元代的收藏家主要分布在以北京为中心的华北和以杭州为中心的江南两地。以北京为中心的收藏家主要是在朝为官的士大夫和皇室权贵，代表人物有郭天锡、集贤学士张晏、赵孟頫、鲜于枢、柯九思、高克恭以及大长公主孛儿只斤·祥哥剌吉，这些人常常彼此唱和乃至交换藏品。当然，也有个别人如收藏法书的郓城人曹大本，仅仅在地方担任儒学教授的低微职位，但是也和北京的收藏者保持关联。他曾将颜真卿《祭侄文稿》转手给鲜于枢。

以杭州为中心的江南藏家多是地方望族或者富商出身，代表人物有乔篑成、王子庆、菊坡赵氏、倪瓒、袁桷、庄肃、陆友、汤垕等。元代初期杭州藏家众多，晚期杭州北部太湖周边的松江、无锡、昆山以及南京等

《清閟阁墨竹图》，轴，纸本墨笔，132.8×58.5cm，柯九思，元代，故宫博物院

地的地主、富商、官僚重视文教、家资丰厚，出现了一批互有联系的收藏家，如松江大地主曹知白（1272—1355年）、昆山富商顾阿瑛、内台监察御史徐宪（无锡人）、苏州人姚子章等都以收藏著称，其他如元末明初的翰林学士危素（1303—1372年）虽然主要在北京、南京生活，但是和苏杭地区收藏家、画家有密切交往。江南收藏家常举办文人雅集，以吃住招待或者钱财礼物等形式交换获得书画家的作品，面对赞助人的索画要求，画家常常要快速完成作品，这可以说是元末"逸笔草草"类型的文人画兴起的一大经济动因。此时画家常在书画题跋中突出收藏者的身份或其优雅情志，或创作凸显赞助人情怀的雅集图、别号图等，显示了收藏活动对艺术创作的重大影响。

元代代表性的收藏家包括：

柯九思（1290—1343年），元代著名的书法家和收藏家。他出身于儒士家庭，泰定二年（1325年）游历金陵的时候经僧人推荐与怀王孛儿只斤·图帖睦尔相识。这位王子并没有想到自己能成为皇帝，他倾慕中原文化和书画艺术，广交江南文人，在他身边形成了一个具有相当影响力的文人交往圈。天历元年（1328年）经历了充满阴谋的一场政变后，孛儿只斤·图帖睦尔即位成为皇帝，他重视宫廷收藏的整理研究，天历元年十月封柯九思为从七品官职典瑞院都事，负责宫廷藏品的管理。

次年二月，元文宗设立奎章阁用于讨论经史诗文、鉴定书画真伪，任命柯九思担任奎章阁学士院参书文林郎。奎章阁的大部分珍品来自内府秘书监收藏。在"奎章阁学士院"下，还设立了"群玉内司"管理供御览或鉴辨过的图书秘玩古物，属内府秘书监收藏的一部分，需送回原收藏处。供职于奎章阁的诸臣多为当时著名文人，除了柯九思外，亦有书法家康里和书家兼画家揭溪斯、虞集等，他们常一起在奎章阁鉴赏历代书画名迹并书写题跋。其中经柯九思鉴定的元内府所藏法书达60余件，绘画有20多件，大都为唐、五代、北宋的名画，反而没有时间上更接近的南宋院体画，后世学者推测可能因为元代以赵孟頫追求古意的旨趣为主流，排斥近代画作。

天历三年（1330年）正月柯九思晋升为正五品的奎章阁鉴书博士，负责宫廷所藏金石书画的整理与鉴定。自从有了奎章阁后，文宗多在此流连

《张雨题倪瓒像》，绢本设色，28.2×60.9cm，元代，台北"故宫博物院"

画中的倪瓒是典型的文人收藏家，他家里的屏风上是元代风格山水画，桌子上陈列着古雅的香炉、笔搁之类文房用品。倪瓒和张雨是至交，互相推崇。倪瓒在《题张贞居书卷》称"贞居真人诗文、字画，皆为本朝道品第一"。张雨在题跋中推崇倪瓒"达生傲睨，玩世谐虐"，点出了他作画的习惯和喜欢洗手的洁癖。

《芦滩钓艇图》，纸本设色，31.1×53.8cm，吴镇，元代（1350年），John M. Crawford 捐赠，大都会博物馆

书画和处理政务，"几无一日而不御于斯"[23]。柯氏日受重用，皇帝先后将内府所藏王献之《鸭头丸》帖、李成《寒林采芝图》《文姬降胡图卷》等赐予柯九思，并赐牙章可以进出皇宫禁内。这引起其他朝臣的嫉妒，次年九月遭御史参劾，至顺三年（1332年）五月去职南下，退居吴下。

元统元年（1333年）到至元五年（1339年）七年间，柯九思寓居苏州胭脂桥一带，时常来往于无锡、宜兴、昆山、杭州，与友人顾阿瑛、张翥、杨维桢、于立、黄公望、倪瓒等谈诗论画，曾在昆山收藏家顾阿瑛的玉山草堂题写《题从子伦写生芍药于玉山佳处》《玉山书画楼口占》等诗作。至正三年（1343年）十月柯氏暴卒于苏州，年仅54岁，这或许和他服食道家丹药有关。

柯九思在大都时一边在皇宫整理内府藏品，一边自己购藏书法作品，"多蓄魏晋法书，至宋人书，殆百十函"[24]，如晋人小楷《曹娥碑》、林藻的《深慰帖》、苏轼的《天际乌云帖》、黄庭坚的《动静帖》和《荆州帖》、米芾的《拜中岳命诗卷》等。或许因为与道士熟识，他也接受了道家思想的影响甚至可能入教，特别重视与道教有关的书画作品收藏。至顺元年（1330年）得到《黄庭内景经》后遂以玉文名堂，此后又相继收藏《赵孟頫楷书黄庭经》、唐临《外景经》等，反映出他对收藏道家经卷书法的浓厚兴趣。

柯氏对王羲之的《兰亭序》情有独钟，曾获得《定武兰亭五字损本》，元文宗曾于天历三年（1330年）正月十二日命柯九思进呈，御览之后盖上"天历之宝"印章赐还。此件后为同朝为官的另一鉴藏家、书法家康里巎巎以董源的画换去。柯九思的部分藏品来自御赐，如元文宗赐给他宋朝内府所藏王献之《洛神赋十三行》，后来他又转手另一收藏家乔篑成。

顾阿瑛（1310—1369年），一名瑛，又名德辉，号金粟道人。作为昆山富豪，顾阿瑛以广延天下名士、豪爽好客著称于世。他的玉山草堂以其园池亭榭之盛、图史收藏之富冠绝一时，在江南生活的文士雅士杨维

23　虞集：《奎章阁记应制》，李修生 主编：《全元文》卷八三九虞集二六，南京：凤凰出版社，1998年，第437页。

24　虞集：《题蔡端明苏东坡墨迹后》，杨镰 主编：《全元诗》第二十六册虞集，北京：中华书局，2013年，第182页。

桢、倪瓒、王蒙、柯九思等都曾在玉山草堂赋诗赏画。顾阿瑛将各家于玉山雅集时的诗作汇编为《草堂雅集》，其中大量的题画诗证明了赏鉴书画是玉山雅集中的重要活动。张天英所作的《题玉山中所藏赵千里画金碧山水图》《题玉山中钱舜举画五柳庄图》等诗反映了顾阿瑛收藏之精。他的后人陆续卖出了不少家藏，如传为王维的《弈棋图》就是在明代后期卖出的。

元末著名的画家如吴镇（1280—1354年）、倪瓒（1301—1374年）也出身富豪家族，多有收藏。吴镇出自嘉兴魏塘海运世家，家资豪富，族人颇好书画收藏，如吴镇的叔父吴森与其三个儿子吴汉英、吴汉贤、吴汉杰都喜好书画，现北京故宫所藏宋扬无咎《四梅图》上就有吴镇及上述兄弟三人的收藏印。吴汉贤（字景良）曾任江浙行中书省属，其书斋"乐古堂"颇有古玩收藏。吴镇善书画，应该也有不少收藏品，现藏故宫博物院的唐代国诠《善见律》、宋代米友仁《潇湘图》等上也留有吴镇印鉴。吴镇家族与华亭邵氏、危素等都有交往，可见当时江南地域性的收藏交流网络。倪瓒也是无锡富豪家族子弟，年轻时生活极其优越，"平生无他好玩，惟嗜蓄古法书名画"，常花费重金购买藏品。

收藏家 The Collector 赵孟頫：书画家作为收藏家

赵孟頫（1254—1322年）是元代初年最为著名的文人、书画家，也是当时最为重要的收藏家之一。

赵孟頫是宋太祖赵匡胤十一世孙，祖上仕宋皆至高官，北宋灭亡后迁居吴兴（今浙江湖州）。父亲赵与訔官至南宋户部侍郎兼知临安府浙西安抚使。但赵孟頫十一岁时父亲便去世，家境每况愈下，自己在南宋仅做过小官，宋亡后在故乡闲居。至元二十三年（1286年），赵孟頫等十余人作为江南"遗逸"被推荐给元世祖忽必烈，初次入朝为官。元贞元年（1295年）借病乞归，在江南闲居四年，与鲜于枢、仇远、戴表元、邓文原等文人唱和。后在至大三年（1310年）被喜欢文艺书画的皇太子爱育黎拔力八达招入大都，历任清显职务，晚年名声显赫，为天下文人雅士推重。

与其同时代的著名书画家鲜于枢认为赵孟頫"篆隶正行颠草，俱为当代第一"，可见时人的推许。赵氏不仅是著名的书画家，同时也是出色的鉴藏家，他宦游南北、出入内廷，对钟鼎彝器、书法碑帖、古画砚印所见甚广，时人称他"鉴定古器物、名书画，望而知之，百不失一"[25]。他晚年名播海内，求书购画者门庭若市，名声显赫，经济富足，收藏上出手阔绰，延祐四年（1317年）曾以五十金购得宋人王居正之《纺车图》。

赵孟頫精于鉴别，敏于收藏，藏品来源主要有家藏、赠送、市购、交换等方式。

家藏：父亲赵与訔善诗文，富收藏，赵孟頫从少年时期就开始临习家藏历代书画名迹，打下了他后来兼善书画诗文和鉴藏的基础。

市购：大德元年（1297年），四十四岁的他在担任江南儒学提举时曾购藏宋人写本十帙，大德九年（1305年）在苏州得唐人国诠《善见律帖》一卷。赵孟頫晚年的时候书法、绘画价位均高，人称其"亦爱钱，写字必

---

25 李修生 主编：《全元文》卷一一〇三欧阳玄一五，南京：凤凰出版社，1998年，第649页。

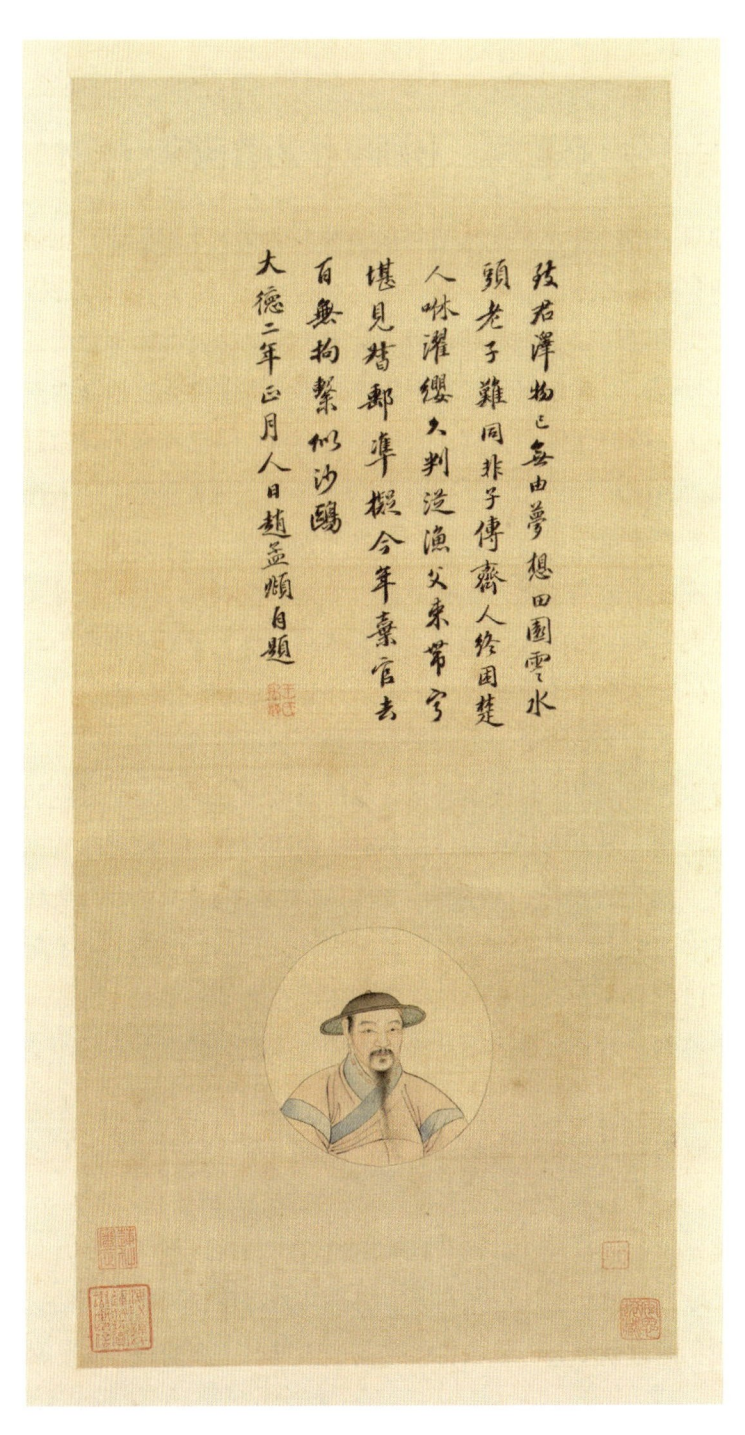

赵孟頫肖像（清代摹本），轴，绢本设色，63.8×30.8 cm，清代（19世纪），Robert Hatfield Ellsworth 捐赠，大都会博物馆

得钱，然后乐为之书"。如北京故宫博物院藏《致德辅近来吴门帖》提醒求书者"前发之《观音》已专人纳还，宅上至今不蒙遣还余钱，千万付下以应用"。富有的他经常去市场上购买艺术品。他曾记载"甲申岁五月，余书铺中得古帖三卷，第二、第五、第八"。至"明年五月又得七卷，多第八，缺第九。六月，以其多者加公权帖一卷，与钱塘康自修许易得第九卷，始为全书"。上文中称"得于书铺""与钱塘康自修许易得"[26]，可知部分藏品购自江南商贾或私人藏家，反映出当地有一定规模的书画市场和藏家、商人彼此交换、交易私藏的状况。

赠送和交换：赵孟頫交游广泛，师友之间馈赠亦是常事，有时他也以所藏字画、自创字画交换其他藏品。赵孟頫曾隐居天台，与在这里隐居的道士独孤淳朋结交。延祐五年（1318年）独孤淳朋送赵孟頫乘舟北上大都时，在南浔分别时将自己携带的"独孤本"《宋拓定武兰亭序》赠与他，这曾是宋代薛绍彭、贾似道的旧藏，赵孟頫"乞得"后兴奋不已，乘船北上途中不时展玩，一连写下十三条题跋。此件后来先后归柯九思等人递藏，乾隆年间遇火仅存残片，世称"火烧本兰亭"，民国时期被卖到日本，现藏日本东京国立博物馆。又如杨凝式《韭花帖》上，张晏在大德八年的题跋说这是商人从绍兴以高价购得，后为江南行台监察御史张斯立所得，回京后赠送给爱好收藏的御史中丞张晏，其上有赵孟頫私印五方，或许后来还曾以交换等方式归赵氏收藏。

赵孟頫先后收藏过王维《山水》、周昉《春宵秘戏图》、李成《看碑图》、李思训《摘瓜图》、董源《河伯娶妇图》、崔白《兔》、黄筌《唐诗故实》、徐熙《戴胜梨花》、苏东坡自书《后赤壁赋》以及历代摹本《兰亭序》、北宋《淳化阁帖》四卷等名迹，也曾应邀为流传至今的名作如唐韩滉《五牛图》、宋赵伯骕的《万松金阙图》卷（现藏于故宫博物院）、宋武宗元《朝元仙仗图》、古摹王羲之《快雪时晴帖》等作品鉴定题跋。

作为书画家、文坛领袖，他的收藏具有强烈的文人趣味，并强调那些

26　吕友者：《元代赵孟頫的书画鉴藏人生》，《荣宝斋》，2011年第9期，第23页。

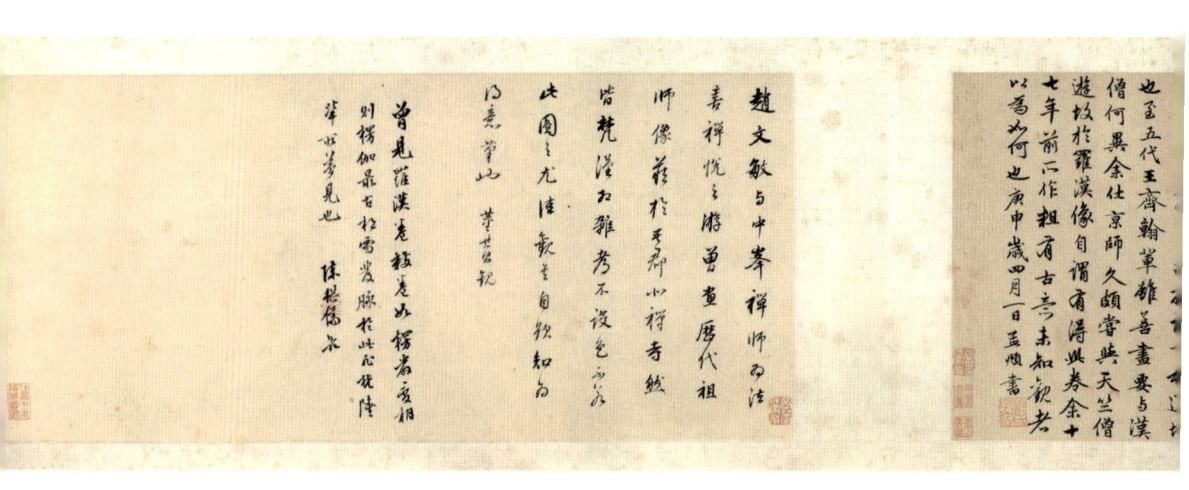

《红衣罗汉图》,纸本设色,26×52cm,赵孟頫,元代(1304年),辽宁省博物馆

《鹊华秋色图》,纸本设色,28.4×93.2cm,赵孟頫,元代(1295年),台北"故宫博物院"

第八章 元代收藏：大都和杭州的分野 115

赵松雪书《心经》，三开册页，纸本墨笔，每开 288×108cm，辽宁省博物馆

具有"古意"和含蓄低调的作品才具有文化上的重要性，这对后世的书画收藏品鉴也有重要影响。他的子孙、侄甥中涌现出多位书画家、收藏家，是元代江南最具代表性的文化世家。他的二儿子赵雍、三儿子赵奕、外甥王蒙等均擅书画。赵奕晚年定居吴中，好收藏，与昆山著名收藏家顾阿瑛友善，常在后者的玉山草堂与文人雅集，诗画唱和，但是在元末明初的战乱中赵家的收藏可能都散失殆尽了。

《赵孟頫写经换茶图》，纸本设色，21.10×77.20cm，仇英绘图、文徵明书法，明代（16世纪），克利夫兰美术馆

　　王羲之书写《黄庭经》换鹅、苏东坡以书迹换肉的故事为后世所知，元代也出现了赵孟頫写《般若心经》与友人中峰明本禅师换茶喝的雅事，明代的昆山收藏家周于舜曾获得赵孟頫写《心经》换茶的诗歌书法作品，但是不知其所写《心经》流落何处，于是请仇英依诗意作了此画，同时请文徵明在画卷后以小楷字书写《心经》以代赵孟頫原作。另一位著名收藏家王世懋后从周于舜家得到此卷，恰好与自己所藏赵孟頫《心经》凑成雅事。如此"聚合关联事物"可谓收藏的乐趣之一。

4

品位的扩张：财富和文化的交织

　　明代之前，以皇家的宫廷收藏和士大夫官宦阶层的收藏为主。明代中期以后，因为江南城镇商业经济的繁荣和图书出版的发展，收藏之风从世家大族、文人官僚、富豪巨商等上层人士延伸至"士农工商"中能识字、有资财的中等人家。是否有书画古玩收藏，是否会鉴赏成为衡量社会交际的手段和雅俗的标准，为此商人们也开始不惜重金争购藏品，这促进了艺术市场的进一步发展，艺术收藏出现新的特色。

第九章
明代皇家收藏：实用主义的态度

明朝开创者朱元璋以放牛娃、云游僧人的低微出身夺取天下，文化趣味与文人士大夫阶层截然不同，称帝以后并不十分重视书画艺术收藏和鉴赏，常常把皇宫收藏赏赐亲近之人。他似乎对书画并无仔细鉴赏的兴趣，内府书画上只有洪武初年官方管理机构"典礼纪察司印"以及"礼部评验书画关防"大印，可能是礼部从府库提出书画进行评验时所盖。他并没有自己的鉴赏印章，只在北宋画家李公麟所画《摹韦偃牧放图》上留过一段题跋，不像文人那样点评画作的风格、功力，而是回顾自己平定天下过程中马发挥的重要作用，并要大家居安思危重视牧马[1]。

朱元璋平定天下后大肆残害功臣文士，画家们难免也被波及。他称帝后曾征召画家到首都绘制历代功臣的图像，画家赵原因为"应对不称旨"被杀，另一位画家盛著因内府供奉在天界寺影壁画的"水母乘龙图"不合朱元璋心意也被公开处斩。据统计，在他治下获罪或被杀的画家至少有十六位。

从侄子手中夺得皇位的明成祖朱棣常与侍从之臣赏鉴古玩，官员滕用亨因为善鉴古器获得赏识，但明成祖似乎并不重视书画藏品，也没有个人的鉴赏印记。到了明代中期，宣德皇帝对书画艺术的兴趣超过祖父辈，他常在书画收藏和自己所做书画上盖"广运之宝""武英殿宝""宣德秘玩""御府图书""雍熙世人""格物致知"等印玺，其中"广运之宝"通用于宣德、成化、弘治三朝，宣德、成化年间，皇帝还曾数次派太监至民间采集珍异古玩，皇室收藏盛极一时。不过明代皇室没有出现像唐太宗

---

1 马顺平：《明太祖传世法书考》，《中国国家博物馆馆刊》，2013年第2期，第107页。

李世民、宋徽宗赵佶、清高宗弘历那样格外热衷收藏书画、古玩的皇帝，也没有在内府设立类似元代"奎章阁"那样的专门书画鉴藏机构。

一　皇室收藏的来去

明代皇室收藏在朱元璋时期草创，规模远不如前代，到宣宗、宪宗、孝宗三朝时内府收藏最为丰富，或可与元内府收藏相媲美。明代皇室收藏主要有四个来源：

一，接收前朝皇室收藏。初期主要来自接收的元内府书画收藏。洪武元年（1368年），朱元璋命令徐达为征虏大将军兴师北伐，于八月攻克大都（今北京），将元代皇宫奎章阁、崇文阁中的图籍、宝物及太常法服、祭器、仪象、版籍等运到南京，这构成了明代皇室收藏的主要部分。洪武二十八年（1395年），"典礼纪察司"归入司礼监，所藏书画交由司礼监管理，流传至今的钤有"典礼纪察司印"的宋元藏画目前仅89件，其中钤有元内府及皇姐图书印的书画作品不过18幅，可见当时接收的书画收藏数量颇为有限。另外两岸故宫珍藏的少量宋朝皇家御用柴、汝、官、哥、钧、定珍瓷或许也有部分是从大都接收而来，当时青花瓷多数是社会中、下阶层使用，因"俗甚"不为权贵所重。

二，查抄籍没大臣的家藏。明代中期开始皇帝常常查抄籍没大臣的财产，如嘉靖四十四年（1565年），首辅严嵩被抄家时大量书画进入内府，据统计共有墨刻法帖358册、古今名画3201卷册、宋版书6853部。另一位首辅张居正病逝后遭抄家、鞭尸，其藏品也充入内府，后来为掌库宦官盗售，爱好收藏的礼部左侍郎韩世能、嘉兴富豪项元汴等争相购买。其他如太监冯保、张诚、客用以及北京富商徐性善等先后被杀头抄家，财物、藏品收归皇室，以致民间议论纷纷，认为皇帝贪图财物才如此行事。

三，时人创作。明代并未明确设立类如宋代翰林图画院那样的创作机构，只以仁智殿行使画院职能。对画家也无规范的授职制度，供奉内廷的画家尚有散置于武英殿、文华殿等处的，随意授给待诏、中书舍人、内供

第九章 明代皇家收藏：实用主义的态度　　123

《明宣宗半身像》，册页，83.4×123.2cm，台北"故宫博物院"

《三阳开泰》，纸本设色，211.6×142.5cm，明宣宗朱瞻基，台北"故宫博物院"

奉甚至锦衣卫指挥、镇抚、营缮所丞之职。明成祖朱棣时，征天下名工于北京之奉天殿写真武神像，又于文华殿画汉文帝止辇受谏图、唐太宗纳魏徵十思疏图，这都是以图画为教化。朱棣还征召天下善书人，授给中书舍人官职，在武英殿、文华殿值班缮写诏令、典册、文书等。代表书家有沈度、沈粲兄弟，沈度被明成祖誉为"我朝王羲之"[2]，是当时最有名的书法家之一。宣德、成化、弘治诸朝先后征召画家林良、吕纪、吕文英、殷善、郭诩、王谔、郭文通、商喜、韩秀寔、张靖、边景昭、谢庭循、周文靖等侍奉内廷，堪称名家汇集的盛事。

四，向民间购求搜罗古玩珍异等。如宣德皇帝曾派出太监到全国各地搜罗"鸟兽花木与诸珍异之好"[3]，让民间议论纷纷。

明代皇帝的收藏态度充满实用主义，这表现在一边收纳藏品，一边也不断从宫中流出藏品，其途径包括：

一，赏赐宗藩、大臣。朱元璋时期曾赏赐大量皇室收藏给宗室，如晋王朱棡、鲁王朱檀、黔宁王沐英家族的收藏中都有不少是得自赏赐。明太祖第十子鲁王朱檀墓出土的宋人绢本《金画葵花蛱蝶图》纨扇、元人钱选《白莲图并自书诗》卷、宋人绢本《金碧山水》卷三幅绘画均钤"典礼纪察司印"印记，应该是朱元璋赏赐朱檀之物。另外，喜欢书画创作的明宣宗常常将御制书画赐给大臣。

二，"折俸"充当薪金。嘉靖、隆庆、万历朝由于对外战争等因素财政入不敷出，出现了以内府所藏书画充当俸禄分发的所谓"折俸"，这让许多内府珍藏书画流向民间，成为私人藏家追求的对象。如严嵩的藏品被抄家入宫后，在明穆宗初年以每卷轴"数缗"的折价发给武官作为"岁禄"[4]。武官们得到这些书画作品后售卖给古董商人、收藏家。此外为了筹集军饷，皇帝还曾把御藏铜器送往铸币厂"宝源局"熔化后铸币。

另外太监们的偷盗也导致了藏品的散失，如南京皇宫收藏的藏品在明代中后期曾被太监大肆偷盗，北京皇宫一部分藏品也去向成谜。如张择端

---

2 [明]焦竑 撰：《玉堂丛语》卷之七巧艺，北京：中华书局，1981年，第257页。
3 [明]陆容 撰：《菽园杂记》卷七，北京：中华书局，1985年，第81页。
4 [明]沈德符 撰：《万历野获编》卷八内阁"籍没古玩"条，北京：中华书局，1959年，第211页。

黄铜鎏金敏捷文殊菩萨像，19.1×12.1×8.9cm，明代永乐时期（1403—1424年），大都会博物馆

至少从信奉佛教的皇帝武则天开始，帝王就开始在皇宫中收集与佛教信仰、仪式有关的"七宝"、佛像、舍利等，明代的永乐皇帝朱棣，清代的雍正、乾隆等也热衷此事，这主要是从信仰、精神角度出发的供奉行为，到了近代人们才侧重从文化、美术、财富角度对待这些文物艺术品。

上图：五彩百鹿尊，瓷器，高34.6cm，口径20cm，底径16.3cm，明代万历年间（1573—1620年），台北"故宫博物院"

下图：青花梵文莲花式盘，瓷器，高5.9cm，口径19.2cm，底径5.6cm，明代万历年间（1573—1620年），台北"故宫博物院"

《清明上河图》曾落入太监冯保手中，不知道是皇帝赏赐还是他私下窃为己有，辗转流向宫外。

二　宗室、太监的收藏

明代紧紧依附皇权的宗亲勋贵、太监中颇多收藏爱好者，他们或者广有田庄地产，或者进行权钱交易，或者巧取豪夺，或者得到皇室赏赐，集聚了大量收藏品，其中著名的有：

晋王朱㭎家族：朱元璋第三子朱㭎学文于宋濂，学书于杜环，博雅好古，收藏甚富，据统计盖有"晋府图书""晋府书画之印""晋府奎章"等晋王鉴藏章的存世书画作品至少有33幅，其中郭熙《窠石平远图》等不少于15幅带有内府收藏的"司印"标识，可见来自内府，或许都是洪武十一年（1378年）朱元璋分封晋王时的赏赐。晋府子孙世有收藏，期间也有流散出售，其十世孙朱求佳于崇祯年间被治罪，藏品也全部散失。

朱希忠、朱希孝兄弟：朱希忠、希孝兄弟为怀远县（今属安徽）人，永乐时期成国公后裔。朱希忠在嘉靖十五年袭爵，朱希孝在隆庆年间曾获得太子太傅荣衔，算是皇室亲贵。他们因为收藏内府流出的书画珍品，号称"书画甲天下"。严嵩父子被抄家后书画收入皇家内府，皇室后来折价发给武官充当年俸，朱氏兄弟就从他们手里购藏，朱希忠所得最多，他的藏品都盖有"宝善堂"印记，如郭忠恕的《越王宫殿》就是先后归严嵩、内府、朱希忠收藏。传说朱希忠后来向万历时期掌权的大学士张居正赠送书画名迹，得封定襄王。

黔宁王沐英家族：沐英为朱元璋的养子，平定云南后沐家世代镇守云南，沐昂、沐斌、沐璘、沐诚、沐详、沐崑等均留心诗文书画，对收藏鉴赏也不陌生，尤其是沐璘在现今留存的许多沐氏收藏中钤盖了鉴藏印"黔宁王子子孙孙永保之"。沐氏家族的书画收藏主要分为三个部分：一是来自内府赏赐的名画珍玩，如李公麟《免胄图》、王振鹏《龙池竞渡图》、郭忠恕《摹辋川图》以及大批留有元代内府收藏印记的宋代团扇；二是沐家出资购藏的作品，如上述晋恭王朱㭎家族的部分收藏后来流入沐氏家族

《窠石平远图》，绢本墨笔，120.8×167.7cm，郭熙，北宋（1078年），故宫博物院

手中，同时盖有两个王府的收藏印；三是沐家收藏的当世画家的作品，如永乐朝内廷供奉画家王绂、石锐、戴进等与沐氏有所交往，有作品被收藏。但是沐家的收藏在明后期不断散失，如太监钱能就曾购藏许多沐家流出的书画珍品。

太监钱能、钱宁：成化至正德朝的太监钱能见宠于明宪宗，出镇云南为监守太监，好赏玩书画，在云南极力搜罗，曾花费7000多两银子购买黔宁王沐氏家藏，其中一些是皇家赏赐给沐家的。成化末年，钱能任南京守备太监时，与太监黄赐都好古物书画收藏，一同猖狂盗取内府书画，其中多为晋、唐、宋物。时人记录钱能曾和黄赐相约每五天一次各自抬一柜藏品在公堂展玩，"中有王右军亲笔字，王维雪景，韩滉题扇，惠崇斗牛，韩干马，黄筌醉锦卷，皆极天下之物。又有小李、大李金碧卷，董、范、臣然等卷，不以为异。苏汉臣、周昉对镜仕女，韩滉班姬题扇，李景高宗瑞应图，壶道文会，黄筌聚禽卷，阎立本锁谏卷，如牛腰书。如顾宠谏松卷、偃松轴，苏、黄、米、蔡各为卷者，不可胜计。挂轴若山水名翰，俱多晋、唐、宋物，元氏不暇论矣。皆神品之物，前后题识钤记具多"[5]。钱能如此炫耀展示，让南京的缙绅也大饱眼福，可见其收藏之富。钱能的义子钱宁通过曲事太监刘瑾而见宠于正德皇帝，后因勾结叛乱的宸濠一党而遭处死和抄没家产。据史料记载，当时在钱宁家抄出黄金十万五千两，银四百九十八两，其余珍珠宝贝不计其数。虽然史料并无记载钱宁所藏书画的数量，但从现存书画上钤有"钱氏素轩书画之记""素轩清玩珍宝""钱氏合缝鼎印"的印章可见钱宁的收藏颇多，可能多是从钱能那里继承所得。

黄赐、黄琳叔侄：黄赐是福建延平（今南平）人，一度曾是权势极大的司礼监太监，后来在太监之间的内斗中失败被派往南京任南都守备太监，他和钱能一样挟势私取南京皇宫中的内府书画。正德十二年（1517年）有太监在南京内库中发现有面墙壁虚空，拆开后发现藏有锦帛和阎立本《王会图》、王维《溪山积雪图》、苏汉臣《高宗瑞应图》三幅画"[6]，大概就是被黄赐和钱能私分了。后来，黄赐把自己的财产留给了侄子黄琳。黄琳曾任锦衣卫指挥，长居南京，以书画、图书收藏闻名江南，与当时的书画家、文人学士交好。明人周晖在其《金陵琐事》中记载他的富文堂所藏书画古玩"冠于东南"，其中包括王维《著色山水图》《伏生授书图》等多件唐宋绘画，让明代有名的藏书家和书画收藏家都瞠看了吐舌连叹"生平未见，生平未见"，可见黄琳藏品的稀有。传世的王维《伏生授经图》（传）（日本大阪美术馆藏）、宋代沈辽的《行书动止帖》（上海博物馆藏）、米芾的《草书九帖》《东坡笠屐图》（传）、李嵩的《寒林聚雁图》和蔡襄的《澄心堂帖》（台北"故宫博物院"藏）等名迹都曾是黄琳的收藏。

---

5 ［明］陈洪谟 撰：《治世余闻》下篇卷之二，北京：中华书局，1985年，第44页。
6 陈沂：《书所观苏汉臣瑞应图》，张进、侯雅文、董就雄 编：《王维资料汇编》六清代黄宗羲，北京：中华书局，2014年，第906页。

第十章
明代民间收藏：江南玩好之风最烈

徽州古董商人王越石是明末收藏圈中的争议人物。收藏家李日华、董其昌推许他的鉴赏功力，而张丑、王鉴认为他是"有才无行""诈伪百出"的恶劣商贾。画家王鉴在所作《梦境图》（现藏北京故宫博物院）上记述说，当年王越石拿着一幅号称是元人王蒙所作的《南村草堂图》赝品向自己的叔祖王士骐兜售。王鉴认为这是假货建议叔叔退货，而王越石狡猾地声称王鉴想自己获得这幅画才说它是假的，挑拨王鉴与王士骐两人的关系，中计的王士骐不仅没有退画，还把那张画当作宝贝格外珍视。多年以后王鉴精心绘制了这幅师法王蒙笔墨手法的《梦境图》并题长跋纪此事始末，以示自己清白[7]。

王越石不仅懂得口舌挑拨藏家竞争，还常常挖镶补画、添加名款、伪造名作、割裂原作分装出手等。这个古董商人在不同收藏家口中的"风评"显示了当时收藏市场中交织的买卖、人际关系的复杂性。为了一幅重要的收藏品、为了显示自己的鉴定眼光或收藏品味，收藏家、经纪人们会彼此攻击、争夺、议论不已。

王越石的主要客户是江南那些富有而爱好收藏的"著姓望族"，他们分布在长江以南的江苏、浙江和安徽南部经济发达的府郡州县[8]。明代之前，皇室亲贵和士大夫官宦阶层是最主要的收藏家，而明代的重大变化是，因为江南地区商业经济的繁荣，许多资财丰厚的商人也介入了收藏，

---

7 万君超：《明末清初的古董商人》，《收藏·拍卖》，2009（5），第38—43页。
8 吴仁安：《明清江南望族与社会经济文化》，上海：上海人民出版社，2001年。

导致艺术市场的进一步发展和扩大，艺术收藏出现了新的特色。是否有书画古玩收藏、是否会鉴赏成为衡量社会交际的手段和雅俗的标准，收藏之风从世家大族、文人官僚延伸到一般市民阶层中。

一　明代民间收藏之风

明代中晚期的收藏者人数之多、藏品之富远远超出宋代，堪称古代中国民间收藏发展的全盛阶段。明代江南收藏之风最烈，表现在收藏家数量大增、收藏范围扩大、收藏研究著作众多等方面。

明代收藏成了时尚行为，变得比之前的时代更为普及。这是因为由于科举的引导、儒学教育的扩展、出版业的发达，文人的观念、风尚可以迅速渗透入社会各阶层，对其他阶层有引导作用。当时收藏古玩、时玩不仅仅在官员、文人中流行，商人富户也纷纷购买书画作品用于装饰厅堂、书房乃至商业场所如酒楼、青楼，各阶层人士用藏品作为社交雅集、赠送交换，收藏风气向社会下层浸润，表明收藏已由原来士大夫阶层的喜好逐渐成为社会各界的时俗风尚，拥有巨资的商贾在收藏、饮食等奢侈品消费方面的影响力日增。

当时官僚、富商追求享受成风，沈德符在《万历野获编》中记述："嘉靖末年，海内宴安，士大夫富厚者，以治园亭、教歌舞之隙，间及古玩。如吴中吴文恪之孙，溧阳史尚宝之子，皆世藏珍秘，不假外索。延陵则嵇太史应科，云间则朱太史大韶，吾郡项太学锡山、安太学、华户部辈，不吝重赀收购，名播江南。南都则姚太守汝循、胡太史汝嘉，亦称好事……吾郡项氏，以高价钩之，间及王弇州兄弟，而吴越间浮慕者，皆起而称大赏鉴矣。近年董太史其昌最后起，名亦最重，人以法眼归之，箧笥之藏，为世所艳。山阴朱太常敬循，同时以好古知名，互购相轧。"[9]

明代中期以后民间收藏风行，从达官显宦、豪门富户到一般士子、商人、医生等都热心此事。上层如严嵩、韩逢禧、华夏、韩世能、项元汴、

9　[明]沈德符：《万历野获编》卷二十六玩具"好事家"条，北京：中华书局，1957年，第654页。

第十章 明代民间收藏：江南玩好之风最烈　133

《玩古图》，绢本设色，126.1×187cm，杜堇，明代，台北"故宫博物院"

品鉴古玩的绘画作品在明代后期明显增多，这是因为品鉴古玩在当时的江南和北京的中上阶层成了流行风尚。

陆完、王延喆、王世贞、董其昌、钱谦益等或贵或富，无不竭力收集古代书画、彝器等。中产之家如长洲人邢量行医兼占卜，其族孙邢参以教书谋生，两人都酷爱收藏，乃至明末松江城中"至如极小之户、极贫之弄，住房一间者，必有金漆桌椅、名画古炉、花瓶茶具，而铺设整齐"[10]。

收藏人群的扩大让收藏的品种进一步扩充，藏品分类越来越细，如宋人赵希鹄著《洞天清录》将收藏品分为十类，明初洪武时曹昭撰《格古要论》，分藏品为古铜器、古画、古墨迹、古碑法帖、古琴、古砚、珍奇、金铁、古窑器、古漆器、锦绮、异木、异石十三项。天顺年间，王佐增补该书，分十三卷，所记藏品有古琴、古墨迹、古碑法帖、金石遗文、古画、珍宝、古铜、古砚、异石、古窑器、古漆器、古锦、异木、竹、文房、古今诰敕题跋十六种。张应文撰《清秘藏》把藏品分为玉、古铜器、法书、名画、石刻、窑器、晋汉印章、异石、砚、珠宝、琴剑、名香、水晶玛瑙琥珀、墨、纸、宋刻书册、宋绣缂丝、雕刻、古纸绢素、奇宝、唐宋锦绣等。《长物志》还提到佛像、佛经、古版书籍及家具等。每个类别下的细目也都有显著增加，可见收藏品类的繁杂和收藏者视野的广泛。

明代有关收藏的著作数量大增，主要包括以下五类：

综合性论著：曹昭《格古要论》、王佐《新增格古要论》、张应文《清秘藏》、高濂《燕闲清赏笺》、文震亨《长物志》、屠隆《考槃馀事》以及托名项元汴的《蕉窗九录》等，涉及众多藏品的分类、考证、鉴赏、收藏等内容。

分类专项论著和文章：对收藏各个品类的具体研究更加深入，如书画收藏方面有陶宗仪《书史会要》、朱谋垔《续书史会要》《画史会要》、王世贞《书苑》《画苑》、赵宧光《寒山帚谈》、唐志契《绘事微言》、项穆《书法雅言》等，古董方面有董其昌《古董十三说》等，金石学方面有赵崡的《石墨镌华》、陈暐《吴中金石新编》等，赏石方面有《素园石谱》。明代还出现了第一部紫砂陶专门著述《阳羡茗壶录》，另有《新

10　姚廷遴：《历年记》稿本，《清代日记汇抄》之二，上海：上海人民出版社，1982年；沈振辉：《明人的收藏活动》，《文博》，1998（1），第89页。

增相古要论》《燕闲清赏笺》等论述瓷器收藏的专门篇章,《长物志》《蝶几谱》等涉及家具收藏,其余如折叠扇、漆器等藏品都有专门的文字记载。

家藏或所见所闻书画目录类著作:当时的鉴藏家对所藏所睹的藏品进行记录和研究,出现了都穆《寓意编》、朱存理《珊瑚木难》、汪砢玉《珊瑚网》、郁逢庆《书画题跋记》《续书画题跋记》、张丑《清河书画舫》《真迹日录》等著作。《珊瑚木难》首创著录书画原文及款识、题跋,为后世许多著作取法。

日用指南类书籍:明代出现了《四君子画谱》《绘事指蒙》《绘林》《顾氏画谱》等画谱类、《三才图会》等书法类以及大量印谱等可用来指导人们在绘画、书法、印章等领域进行临摹、创作、鉴赏的实用书籍,说明艺术创作、藏品摆设和鉴赏等在识字并有消费能力的中上阶层中已经是较为普遍的活动[11]。

笔记小说类书籍:当时王世贞、陈继儒等众多文化名流的日常言谈、笔记小说中常常涉及书画、器物的收藏、创作、鉴赏、摆设等方面的话题,可见这是文人阶层普遍关注的内容。收藏文化已经成为这一阶层的公共话题和"常识"的一部分。

二 收藏的区域特征和市场形态:南京、苏州、徽州

北京和江南地区是明代民间收藏的中心,高端的书画古董标价动辄百金千金,去向多在江南或北京两个方向的数十个大收藏家那里,并形成了地区性的鉴赏网络。嘉靖、万历年间市场的进一步扩展。权贵、士人家族鉴古藏古蔚然成风,带动出现了许多以此为业的古董商。而古董商人之间也互通有无,交换信息,形成了一种松散型的购销市场。时人形容"市贾又交构其间,至以考功法中董外迁,而东壁西园,遂成战垒。比来则徽人

---

11 王正华:《艺术、权力与消费:中国艺术史研究的一个面向》,杭州:中国美术学院出版社,2011年,第370—373页。

为政，以临邛程卓之赀，高谈宣和博古，图书画谱，钟家兄弟之伪书，米海岳之假帖，渑水燕谈之唐琴，往往珍为异宝。吴门新都诸市古董者，如幻人之化黄龙，如板桥三娘子之变驴，又如宜君县夷民改换人肢体面目。其称贵公子大富人者，日饮蒙汗药，而甘之若饴矣"。[12]

从成化（1465—1487年）到嘉靖（1522—1566年）的一百多年，江南地区经济、文教盛极一时，成为全国最具影响力的文化中心，古称吴越的江浙两地收藏最为兴盛，南京、苏州、嘉兴、松江等地的收藏、鉴赏风尚影响到整个江南地区乃至全国各地。

南京作为故都，权贵高官、世家大族、富豪商贾为数不少，聚集了许多收藏家，顾起元《客座赘语》中"赏鉴"一段综述金陵的收藏家说："留都旧有金静虚润，王尚文徽，黄美之琳，罗子文凤，严子寅宾，胡懋礼汝嘉，顾清甫源，姚元白渼，司马西虹泰，朱正伯衣，盛仲交时泰，姚叙卿汝循，何仲雅淳之。或赏鉴，或好事，皆负隽声。黄与胡多书画，罗藏法书、名画、金石遗刻至千种，何之文王鼎、子父鼎最为名器，它数公亦多所藏。近正伯子宗伯元介出而珍秘盈笥，尽掩前辈。伯时、元章之余风，至是大为一煽矣。"[13]

苏州在明代中后期商品经济的发达，成为新兴的收藏和艺术创作中心。富商大贾、官僚士人、书画家颇多介入收藏，明末钱谦益列举吴地收藏家时说："景（泰）天（顺）以后，俊民秀才，汲古多藏。继杜东原、邢蠹斋之后者，则性甫、尧民两朱先生其尤也。其他则又有邢参丽文、钱同爱孔周、阎起山秀卿、戴冠章甫、赵同鲁与哲之流，皆专勤绩学，与沈启南、文征仲诸公相颉颃吴中，文献于斯为盛。"[14] 吴地以苏州为代表，出现了沈周、文徵明这样的书画家、文人鉴藏家，影响波及无锡、嘉兴、松江、华亭、徽州等地的书画收藏风气。江南各地收藏家之间有密切互动，如文徵明就与无锡的华夏、华云、安国，松江的何良俊、顾从义兄弟，以及嘉兴的项元汴有交往。吴地的古董书画商人则有吴升、王子慎、

---

12 [明]沈德符：《万历野获编》卷二十六玩具"好事家"条，北京：中华书局，1957年，第654页。
13 [明]顾起元：《客座赘语》卷八赏鉴，北京：中华书局，1987年，第251页。
14 钱谦益：《列朝诗集小传》，上海：上海古籍出版社，1983年，第303页。

顾子东和顾千一父子等。

当时收藏市场常常是"吴人滥觞而徽人蹈之"[15]。当时活跃的古董商多来自徽州地区（古称新安），当地程、汪、吴、黄、胡、王、李、方等家族多是宋末南迁的家族，历来重视文教，可地方上地狭人稠，田少人多，徽人多外出经商，以敢于冒险、机巧精明和合纵连横等方式在吴越、荆楚各地商界异军突起，明代中期徽商以经营盐业、粮食、木材、海上商贸等为主，尤其是在吴越地区颇有影响。徽州商人致富以后常在故里兴建住宅、祠堂、私塾，购藏古董、字画作为装饰，因此徽州本地也兴起藏古鉴古之风，以家中有无古玩而分雅俗。明末清初徽州籍著名藏家兼古董商人吴其贞在《书画记》中说："忆昔我徽之盛，莫如休、歙二县，而雅俗之分，在于古玩之有无，故不惜重值争而收入。时四方货玩者闻风奔至，行商于外者搜寻而归，因此所得甚多。"[16]据说徽州收藏风气"始开于汪司马兄弟，行于溪南吴氏、丛睦坊汪氏，继之余乡商山吴氏、休邑朱氏、居安黄氏、榆村程氏，所得皆为海内名器"，如吴希元、吴伯举、陈长者、汪砢玉等重要收藏家多为富甲一方的徽商家族[17]。徽商一般文化素养较高，也善于和文人、官员打交道，不过商贾素来为士大夫所轻视，免不了附庸风雅之讽。

吴希元（1551—1606年），字汝明，号新宇。吴氏好风雅，平时"屏处斋中，扫地焚香，储古法书名画、琴剑彝鼎诸物，与名流雅士鉴赏为乐"。所藏有王献之《鸭头丸帖》、阎立本《步辇图》和颜真卿《祭侄稿》等。吴希元共有子五人，以凤字排行，"故时人呼之为五凤，皆好古玩，各有青绿子父鼎，可见其盛也"。徽州的朱芝台，曾将青绿铜器一宗售于"五凤"，得一万六千金。

看到收藏市场的商机，徽州还出现了一批精于此道的书画商、古董商、"居间人"（又称"牙人"），以买卖古董书画而牟利。晚明时他们主要在吴越地区活动。清初随着艺术品市场向北方转移，他们也前往京城

15　[明]王世贞：《觚不觚录》，第151页，见《丛书集成初编》，中国台北：台湾商务印书馆，1966年。
16　[清]吴其贞：《书画记》，沈阳：辽宁教育出版社，2000年，第62页。
17　李福顺：《〈书画记〉与明清之际徽州书画交易》，《艺术百家》，2010年04期。

等北方地区做生意。如明万历至康熙年间的古董商吴其贞是徽州休宁人（或歙县），经常往来苏州、杭州、徽州、扬州和北京等地，靠为徽州望族、两淮盐商、京城权贵提供书画作品获利，著有《书画记》六卷。他在《书画记》卷四中记载众人见到陆机《平复帖》（今藏北京故宫博物院）时多认为是赝品，他独具慧眼坚持定为真迹，为此遭到嘲笑，后来他卖给王际之，后者以三百缗（等同白银三百两）的高价售于收藏家冯涿州，让他颇感扬眉吐气。此帖后归梁清标、安岐，为清朝皇室所得。

徽州本地的书画市场也有一定的规模，吴其贞在《书画记》中提到家乡龙宫寺有古玩交易场，"余乡八九月，四方古玩皆集售于龙宫寺中"。除了金钱购买，当时获得艺术品还有以物换物，报以礼物人情，或留画家在家中款待代替金钱的方式来获得艺术品。如万历四十年三月一日，李日华"为海盐郑茂才图四扇"，作为不久前对他"以朱西方村诗集见饷"的回礼。徽州繁荣的书画市场及丰富的藏品，吸引了大批外地知名的画家、收藏家过来游玩作画及购藏。史载沈周、董其昌、陈继儒等都曾经到过徽州，并在徽州留下不少画作。其中董其昌多次来徽州，居住在吴廷的"余清斋"，此斋的匾额也是董其昌亲手所写，他在交游购画的同时，亦留下了许多画作。著名文人收藏家钱谦益也曾来此地，还在丛睦坊那里购得一些宋元书画。

江南各地的书画、古董交易日趋繁荣，导致了发掘古墓、伪造赝品等行为泛滥。如以苏州为中心的吴地盛行发掘古墓，"吴俗权豪家好聚三代铜器、唐宋玉窑器、书画，至有发掘古墓而求者……自正德中，吴中古墓如城内梁朝公主坟、盘门外孙王陵、张士诚母坟，俱为势豪所发，获其殉葬金玉、古器万万计，开吴民发掘之端。其后，西山九龙坞诸坟，凡葬后二三日间，即发掘之……所发之棺则归寄势要家人店肆以卖"[18]。另外书画、古董作伪现象也时有发生，吴地的张伯起、王伯谷善于伪造古董，陈谦把纸张染成古旧颜色模仿赵孟𫖯的书法风格。上海的张泰阶善于制作假画，需求者众多，而徽州溪南的吴龙善于伪造宣德炉、接补汉玉颜色、制琢灵璧假山石、修补青绿铜器，号称"溪南神手"。

18　黄省曾：《吴风录》，载《吴中小志丛刊》，扬州：广陵书社，2004年，第177页。

三 明代的古玩书画收藏家

曾有学者统计，明代有姓名可录的收藏家超过百人，根据出身背景可以分为权贵高官、士大夫、富商、艺术品经纪人四类收藏家。以江浙两地收藏家最多，其次是北京，其他如河南等地也有个别著名收藏家出现。

1. 权贵高官

明朝的高层权贵常能在短期内积聚大量财富和收藏，往往又在下一次政治动荡中湮灭，曾担任首辅的严嵩父子、张居正就是例证。

严嵩在嘉靖时官居首辅，权倾朝野，他和养子严世蕃雅好书画古玩，于是下级官吏千方百计投其所好。为了迎合严嵩父子，中书罗龙文花一千两银子的高价从文徵明手中购得唐代书法大家怀素的《自叙帖》献上。浙江总督胡宗宪则以数百两银子从仁和丁氏手中购得《越王宫殿图》，从钱塘洪氏手中购得《文会图》进献严嵩。严世蕃垂涎吴城汤氏收藏的李昭道《海天落照图》，立即有官吏为他收罗。

根据清代雍正五年周石林据所得嘉靖年间籍没严嵩、严世蕃家产清册编辑的《天水冰山录》，严氏财产计有金锭、金条、金饼、金叶、沙金、纯金器皿等黄金 3.29 万两，白银 201 万两，银器和银首饰 1.36 万两；玉器 875 件；玉带 202 条，金带 124 条；玛瑙、水晶、玻璃、龙卵（有异纹的大鸟蛋）、象牙、犀角、玳瑁、朱砂、哥窑瓷等珍玩 3500 余件；书籍 6854 部，石刻墨迹法帖 358 册，晋唐宋元名画 3200 余轴册。所藏书画法帖一项中有钟繇《季直戎路表》二轴，王羲之《此事帖》等五轴，以及怀素、颜真卿、褚遂良、柳公权、苏轼、黄庭坚、米芾、蔡襄诸公的书法，顾恺之、吴道子、阎立本、李思训、王维、周昉、韩干、荆浩、关仝、董源等人的画作。还有宋徽宗御笔鹰图和《女史帖》、宋高宗《度人经》、张择端《清明上河图》，以及明宣宗、代宗、宪宗的亲笔御画。另《朝野异闻录》记载成严家藏有"古铜龙耳等鼎，牺樽、狮、象、宝鸭等炉一千一百二十七件，大理石倭金等屏风一百八座，金徽玉轸等古琴五十四

张骞乘槎，银槎，14.8×11.3×23.6cm，元至明（1271—1644年），朱碧山款，台北"故宫博物院"

张，二王怀素欧虞褚苏黄米蔡赵孟頫等墨迹三百五十八册，王维小李将军吴道子等清明上河、海天落照、长江万里、南岳朝天等古名画三千二百卷册，宋版书籍六千八百五十三部轴"[19]以及其他许多金玉珠宝、珍异奇器。

2. 富豪收藏家

1560年前后权臣严嵩之子严世蕃曾经评点资产超过50万银两的"天下首等富家"，其中一半是宗室、勋戚、高官、土司、太监这类从权力派生出来的富豪，如宗室蜀王家族、黔国公沐氏家族、魏国公徐氏家族、成国公朱氏家族、武清侯李家，锦衣卫都指挥使陆炳，太监冯保、张宏、高忠、黄锦，太监黄永侄子张二，贵州土司安氏家族，另一半则是靠商贾发

19　［清］王士禛 撰：《居易录》卷二十五，济南：齐鲁书社，2007年，第4177—4178页。

家的富豪家族，如山西三姓，徽州二姓，无锡邹望、安国两家族，嘉兴项氏，吴兴董其昌家等，当时富豪家族多是靠田产、质押放贷、商贸发家。安国、项氏、董家在当时都以收藏著称，严世蕃还特意指出项家的金银、古玩远胜董家，但田宅、典库不如董家[20]。无锡巨富华夏、安国以及嘉兴巨富项元汴等家族靠商业起家，但是成功以后交往的多是文人学士、官僚士大夫，收藏趣味和士大夫并没有明显区别，他们的第二代、第三代子弟多接收正统的文人教育，试图以科举光耀门庭。

无锡望族华氏许多支脉以雄资居于乡里，爱好收藏。其中华夏最为知名，斋名"真赏斋"，文徵明曾多次为其作《真赏斋图》《真赏斋铭》等。华夏时有"江东巨眼"之称，精于鉴赏，其书画收藏也著称当时。他收藏的许多名迹来自吴地前辈藏家，如原本沈周收藏的钟繇《荐季直表》、王羲之《袁生帖》、黄庭坚《经伏波神祠诗》，史鉴家藏的颜鲁公《刘中使帖》，以及李应祯收藏的黄庭坚《诸上座帖》等都流入他家。嘉靖元年华夏将家传的《万岁通天帖》与自己所收的钟繇《荐季直表》与王羲之《袁生帖》一并刻石，成为明代第一部私人刻帖《真赏斋帖》。华氏家族另一支脉的华云（1488—1560年）也是著名收藏家，曾收藏巨然《治平寺图卷》、马远《晴江归棹图》、赵孟頫《天冠山诗》等名迹。

另一无锡富豪安国以布衣经商起家成为江南最有实力的富豪之一，广有田产、商号、典当行等，号称"安百万"。他发家以后与文人墨客、官员政客多有交往，雅好收藏，在各地游赏会友之际常带着有鉴赏能力的朋友寻访购求书画，成为嘉靖万历年间的一大藏家。他自己的诗文水平只能算是平常而已，鉴定能力应该也一般，所以常常求助于文徵明等鉴藏家、书画家帮助自己鉴别。

3. 士大夫

士大夫收藏家以世代为官、诗书传家为特色，但也广有田产、兼营商

20　［明］王世贞:《弇州史料后集》卷三十六《国朝丛记六》，转引自［清］张怡 撰:《玉光剑气集》卷三十一惩诫，北京:中华书局，2006 年，第 1095 页。

业。著名的有太仓王世贞、王世懋兄弟，松江董其昌、朱大韶，曹泾杨氏，无锡华夏，南京姚汝循、胡汝嘉，苏州韩世能家族、文徵明家族，吏部尚书陆完、王鏊，吴江史鉴，常熟严泽家族、刘以则，杭州董氏，昆山叶盛以及镇江张孝思等。

王世贞、王世懋兄弟：苏州太仓人王世贞（1526—1590年）字元美，号凤洲，又号弇州山人，官至刑部尚书。他与李攀龙以复古号召文坛，名满天下。王世贞亦爱书画，收藏甚富，常参与书画鉴藏活动，筑有藏室多处，其中"小西馆"藏书三万余卷，"尔雅楼"专藏宋椠元刊及珍贵的法书名画，所藏宋本精椠超过三千余卷。他还筑有"藏经楼"用于收藏佛道图籍。另有一处"九友斋"专门收藏以一座庄园代价换来的稀世珍品宋本《两汉书》等藏品。王世贞家族其他成员如王世懋、王士骐、王鉴都好收藏。

韩世能、韩逢禧父子：韩世能（1528—1598年），字存良，号敬堂，长洲人。隆庆二年（1568年）进士，官至礼部侍郎兼翰林院侍读学士。他的收藏主要得自宦仕京师时曾购得的成国公朱希忠、希孝兄弟购藏的内府珍品，如王羲之《思想帖》、顾恺之《洛神图》、展子虔《游春图》、孙过庭草书《书谱》上卷以及马和之着色《二南图》等。后在苏州地区购得赵孟頫《胆巴碑》、周昉《西夷职贡图》、米芾《砚山图》等。韩世能长子韩逢禧是韩氏书画的主要继承者，他又陆续收进了一些书画，如宋徽宗赵佶《高士图》、李怀琳《绝交书》等。韩氏家藏后来陆续散落，如李公麟《郭子仪单骑降虏图》为项笃寿购去。

张氏家族：嘉定张氏家族从张绘起六代陆续收藏，张子和、张约之父子与沈周、文徵明等画家有交往，收藏沈周《春草堂图》、文徵明《少峰图》等作品，张应文与文坛领袖王世贞为莫逆之交，广泛涉及古旧书籍、古董鼎彝和书画文玩收藏，迁居苏州后取倪瓒"清秘阁"命名自己的藏书楼为"清秘藏"，著有《清秘藏》二卷论及宋刻版本鉴定之法。张应文的书画藏品多由其长子德程继承。另一子张丑（1577—1643年）科举不利后致力于书画、古器收藏和研究，是当时有名的鉴赏家，著有《清河书画舫》《真迹日录》《张氏书画四表》等。他购买了韩世能家族散出的一些书画，如西晋陆机《平复帖》、梁武帝《异趣帖》、北宋李公麟《九歌

《绿荫草堂》,纸本设色,58.2×29.3cm,文徵明,明代,台北"故宫博物院"

图》别本、唐吴道子《送子天王图》(日本大阪市立美术馆藏)、元王振鹏《金明池图》(台北"故宫博物院"藏)等。从韩世能收购张丑祖辈的藏品,再到韩逢禧出售自家的藏品给张丑兄弟,可见当时私人收藏家彼此交易藏品的情况。他所著《清河秘箧书画表》中记载张家累世收藏历代书法49件、绘画115件,自诩家中收藏之所为"波斯聚宝船"。他也买卖书画,曾把从王稚登处买来的周昉《春宵秘戏图》卖给另一藏家王廷晤,将宋徽宗《梅花鹁鹤图》卖给新都徐氏。他在《清河书画舫》中记录自己收藏和经眼的诸多书法,对鉴定辨伪多有涉及,提出善鉴者要"毋为重名所骇,毋为秘藏所惑,毋为古纸所欺,毋为拓本所误"。

  董其昌:董其昌青年时就以书画、鉴藏著称,饱览江南私人藏家项元汴、项希宪、韩世能等诸家所藏书画名迹,后官至南京礼部尚书,因此与各地权贵官宦、文人学士乃至古玩书画商人都有交往,经董氏鉴定收藏的历代名人画作达五六百件之多。他利用声望资财积累了大量藏品,曾收藏董源的《潇湘图》《秋山行旅图》《龙宿郊民图》《夏山图》等四幅山水，并以"四源堂"名斋，筑"戏鸿堂"保存大批经典字画，如董源《潇湘图》、黄公望《富春山图》、郭忠恕《辋川招隐图》、范宽《雪山图》《辋川山居图》、赵子昂《洞庭东山图轴》《高山流水图》、米芾《云山图》和巨然《山水图》等。除了绘画，董其昌还藏有大量法帖书迹，他49岁时将收集的大量晋唐名人遗迹法书评编为《戏鸿堂法帖》《宝鼎斋帖》等，并且摹勒上石。但是明代万历四十四年（1616年）三月他家和当地民众爆发冲突，爆发了"民抄董宦"事件，民众聚集焚烧董氏住宅和白龙潭书园楼，《戏鸿堂帖》刻板等被毁，董氏所收藏的书画亦有折损。

袁枢（1600—1645年）：明朝书画家、收藏鉴赏家、诗人，河南睢州（今河南睢县）人，字伯应，号环中，兵部尚书袁可立之子，官至河南布政司右参政、大梁兵巡道，清军渡江攻陷金陵后袁枢绝食数日忧愤而死。袁氏父子爱好收藏，袁枢是收藏董源、巨然作品的集大成者，为华亭董其昌、孟津王铎所推重。董其昌卒后，一生最喜爱的董源《潇湘图》（北京故宫博物院藏）等多件名画为袁枢购得，如今藏于安徽省博物馆的16幅《董其昌纪游册》即是袁氏旧物。曾藏有宋刻法帖精品《松桂堂帖》（1995年经日本人捐献给北京故宫博物院）、《夏山图》（上海博物馆藏）、《溪岸图》（美国大都会博物馆藏）、巨然《萧翼赚兰亭图》（台北"故宫博物院"藏）及宋《淳化阁帖》（2003年上海博物馆以450万美元从美国回购收藏）。可惜崇祯十五年壬午（1642年）袁枢家乡河南睢州城先后遭受李自成的兵火和河决水灾，袁家藏书楼内的书画藏书毁于一旦，仅《潇湘图》等数帧卷轴因为袁枢随身带至江苏浒墅钞关寓所才免遭兵火之灾，得以流传至今。

周亮工（1612—1672年）：明末清初文学家、篆刻家、收藏家，字元亮，又有陶庵、减斋、缄斋、适园、栎园等别号，江西省金溪县合市乡人，后移居金陵（今江苏南京）。崇祯十三年进士，官至浙江道监察御史。入清后历仕盐法道、兵备道、布政使、左副都御史、户部右侍郎等，一生饱经宦海沉浮，曾两次下狱。生平博极群书，爱好绘画篆刻，工诗文，著有《赖古堂集》《读画录》等。他精于鉴赏，好图书字画，游宦所至，访求故籍不遗余力，福建藏书家谢在杭的旧藏尽归于他。书画收藏方面，他 17 岁开始收藏字画，24 岁得到著名收藏家孙承泽的指点，收藏唐宋书画。34 岁开始注重收藏当时以金陵为中心的在世书画家的作品，扮演了艺术赞助人的角色。当时海内凡能画者，无不将自己所长赠之，以求鉴赏，画家石溪称其为"当代第一风骚人物，乃鉴赏之慷慨家"。他的《读画录》记录了明末清初七十余位画家的生平和自己与他们的交游情况，成为后世研究画史的重要资料。

4. 古董书画经纪人式收藏家

明末嘉靖年间徽州名人、官员汪道昆带动徽州兴起收藏风气，徽商也顺势进入这一行业，此后一百多年徽州出现了几个做古董书画生意的经纪人式收藏家，如吴廷、王越石和清初活跃的王其贞都是家族子侄世代经营古玩书画生意，也积存了一些藏品。

吴廷，又名吴国廷，字用卿，号江村，安徽歙县丰南人，生于万历年间，生卒年不详。他与兄弟早年在北京等地做古董书画生意，曾花钱买了"太学生"名号。当时他买卖古董交往的都是董其昌、袁宗道、陈继儒等文化名流，帮助他们鉴定、购藏作品，自己也积聚了大量藏品。晚年定居在故乡，与董其昌、陈继儒等名人交游。他曾经经手王羲之的《快雪时晴帖》《行穰帖》《思想帖》，王献之的《鸭头丸帖》《大令十三行》，虞世南《虞摹兰亭序》、褚遂良《小楷阴符经》、颜真卿《祭侄文稿》、苏轼《赤壁赋》、米芾《蜀素帖》等名作。吴廷从王稚登那里获得王羲之《快雪时晴帖》后卖给锦衣卫刘承禧，刘承禧去世前嘱咐家人将此帖归还吴廷以偿所欠的千两黄金。吴廷去世后没多久，这些珍品便逐渐流散，大多流入江南收藏家之手，最后又归于清朝皇室内府，著录于《石渠宝笈》。

四 明代的金石、图书、古董收藏家

明代金石学、图书乃至其他文房用具等杂项收藏也有新的发展。宋代的金石著录多着眼于古代古铜器及石刻，明人眼界更宽，收藏和研究的范围、时代都有扩大，明初曹昭《格古要论》、赵崡《石墨镌华》、陈昉《吴中金石新编》等将年代较近的金、元、明石刻纳入研究范围。对玉器收藏也有了更多考证研究，如高濂《燕闲清赏笺》、张应文《清秘藏》、杨慎《升庵外集》、王佐《新增格古要论》、姜绍书《韵石斋笔谈》等都涉及玉器收藏，对古玉的文字、图像、玉名、器名、产地、传布过程进行了研究、记录。

印章的专著始于宋、元，明代印章之书大盛，出现了徐官的《古今印史》、何通的《印史》等专著及众多印谱，可见当时印章收藏和印学研究的深入。隆庆年间收藏家顾从德托鉴赏家罗王常以顾氏家族和好友所藏秦汉古印共1800方编辑成《集古印谱》，每印皆附简单的考释并标示纽式和印材，开创了依秦汉原印刻印成谱的先河，一面世就被同好者抢购一空，尤其是喜好篆刻的工匠、藏家更是人手一本，为以后编辑印谱者所效仿，带动藏家、印人集印成谱的风尚。

图书收藏在明代盛极一时。当时的藏书家往往是书画、金石收藏家，如以藏书著称的宁波天一阁主人范钦，不单收藏古籍图书，碑帖亦是其所爱。从范钦八世孙范懋敏编著的碑目可知，天一阁所藏碑帖，自三代至宋元共计720余种。在这些碑帖中，有许多是珍稀之物，如有北宋拓本《石鼓文》《秦封泰山碑》和汉《西岳华山庙碑》。他家收藏的碑帖多达800余种，"明代好金石者，世称都、杨、郭、赵四家，较其目录，皆不及范氏之富"（钱大昕《天一阁碑目序》）。清咸丰年间太平天国战事纷乱，天一阁遭受空前浩劫，一些游民抢掠阁中碑版古籍投入山涧浸泡造纸。到民国三年（1914年）天一阁藏书遭窃，丢失不少碑帖，1933年成立重修天一阁委员会时各种碑帖已"散失殆尽"。

宁波另一藏书家丰坊的"万卷楼"与天一阁齐名。丰坊（1494—1566年）进士出身，嘉靖年间曾任吏部主事、扬州府通州同知，后免职归家从事著述和收藏，为收藏尽卖祖传千亩田产。丰坊祖辈从北宋时就开始藏书，他二十七岁时就已拥有三万卷左右的藏书。自己又在北京、苏州、杭州等地古玩商、书商、藏家手中多方搜购图书、碑帖、书画，他在书札中常谈及交往的古玩商、书商，如苏州黄攘、沈植、褚二、张天章和杭州书商沈复魁等都长期给他提供藏品。他曾收藏过的法书包括王献之《洛神赋》、钟繇《力命表》、王羲之《楷书道德经》《官奴帖》、欧阳询《小楷千文》等以及现藏于北京故宫博物院的《西岳华山碑》碑帖、《兰亭序》定武本与神龙本、颜真卿的《楷书干禄字书》等,名画如《唐人画倦绣图卷》、元赵孟頫《列仙图册》、杨维桢《五福图轴》、顾阿瑛《蔬果册页》等。丰坊本人曾参与制造伪书牟利,名誉不佳,晚年时家中"万卷楼"所藏数万卷藏书和众多碑帖、文玩相继遭遇盗窃和火灾,几乎丧失殆尽。丰坊后流寓外地,在贫病中客死异乡。

其他藏品在明代也受到重视,万历时期曾任光禄寺丞、刑部主事的吴正志离职回故乡宜兴后喜好字画和茶壶收藏,藏于私宅"云起楼",高攀龙《题云起楼》一诗提及吴家藏有各式茶壶上百只。吴氏家族的吴洪化也富有紫砂壶收藏,崇祯时江阴周高起曾在他家参观,写下《过吴迪美朱萼堂看壶歌兼呈贰公》诗两首,周高起也雅好紫砂壶,曾提及名家供春、时大彬制作的名壶已经"价高不易办",不是普通士人可以负担的。

明末富豪也重视收藏出土陶瓷,万历年间有"三吴所尚古董皆出于洛阳"一说,说明当时洛阳的汉唐古墓遭到盗掘的现象已经比较突出。宋元乃至明代的珍稀瓷器也有了收藏者,如张岱记载他叔父就收藏定窑的香炉、哥窑的瓶子、官窑的酒具等[21]。这时候论述"古董"的书籍《新增相古要论》《燕闲清赏笺》等也有论述瓷器的专门篇章。《长物志》《蝶几谱》等记述家具收藏和布置,周嘉胄的《香乘》是宋代以来卷帙最多的香料专著。其余如折叠扇、漆器等都有专门的文字记载。明中晚期人用"古玩""古董"用来泛指书画以外的各类藏品。"古玩"一说见于宋末元初诗人方回的诗歌,但并不流行,到明代后期才被文人墨客用来泛指各种古代珍贵器物,类似"古董"之意。

"古董"一词含义的演变颇有戏剧性,这个词首见于晚唐人孙棨所撰小说《北里志·张住住》,是形容人掉入水中时的象声词而已。北宋中期成书的《景德传灯录》中记载韶州云门山偃禅师曾用"古董"形容一般僧人所知的各种无足轻重的零碎知识。传说苏轼、道士陆惟忠等人拜访罗浮颖老,后者掺杂各种食材煮出一道"古董羹",类似于今天的乱炖或者火

---

21 刘毅:《"文物"的变迁》,《东南文化》,2016年第1期总第249期,第9页。

锅，陆道士口撰一联"投醪古董羹锅内，掘窖盘游饭碗中"，苏东坡觉得有趣当即提笔写下赠给同行的江秀才[22]。记载此事的《仇池笔记》应该是宋徽宗或宋高宗时人根据苏轼的杂书、故事辑录而成。

与黄庭坚有交往的北宋末年名僧惠洪无疑熟悉上述禅师和苏轼的言语和典故，他在诗文、题跋上称呼自己存放黄庭坚等人法书的储物箱为"古董箱"[23]，似乎是这个词和珍贵藏品联系起来的关键人物。此后南宋僧侣、文人大多熟悉"古董"这个词，在诗文中常使用"古董"一词指各种杂凑的事物，用"古董""古董羹"指上述杂有多种食材的羹，用"古董囊""古董袋"指人们随身佩戴的装文稿、香料等杂物的袋子。

宋徽宗末年有个叫毕良史的人在开封做书画、古器买卖，也擅书法、精鉴定，时人称之为"毕偿卖"，北宋灭亡后他跑到临安。当时宋高宗正搜访古玩，就任命毕良史参与鉴定辨伪，后来还任命他为东明县代理知县。他在县内搜求古器、书画进献给宋高宗，高宗大喜之下就让他回到临安当官，时人称为"毕古董"，应该是指他能罗致各种珍贵稀有物品之意。南宋人所著《梦梁录》《都城纪胜》记载临安城有买卖"七宝"的店铺，主要指出售珠宝玉器、玻璃、水晶等贵重装饰品、用具的店铺，人们把这类店铺称为"古董行"，这或许是从"古董箱""古董袋"可以装书画、文稿、香料等杂物引申出来的意思。到明代中后期徐渭、董其昌等文人、藏家才明确使用"古董"指主流书画以外的杂项器物。

---

22 ［宋］释惠洪 著，［日］释廓门贯彻 注：《注石门文字禅》卷十一七言律诗送琳上人，北京：中华书局，2012年，第749页。

23 ［宋］释惠洪 著，［日］释廓门贯彻 注：《注石门文字禅》卷二十七跋山谷字、跋三学士帖，北京：中华书局，2012年，第1559页、第1582页。

第十一章
收藏：作为一种生活方式和时髦

　　明代晚期，收藏和鉴赏成为江南富庶城镇和各地大城市中上阶层的时髦生活方式，这在中国历史上是前所未有的现象。沈春泽为《长物志》作序时提到，"近来富贵家儿与一二庸奴、钝汉，沾沾以好事自命，每经鉴赏，出口便俗，入手便粗，纵极其摩娑护持之情状，其污辱弥甚"[24]，文人雅士的这种批判姿态恰好说明当时江南市民阶层热衷收藏的盛况。风潮所及，一方面权贵、士人、富商花费巨资收藏名家名作，另一方面一般中产之家也不乏赏玩之物，如很多文房用具就价格较为低廉，同时兼有实用、赏玩价值。

　　这无疑和当时江南城镇经济高度发达、教育普及和识字率提升、书籍刊刻传播市场扩展有直接的关系，使得某一地域的流行风尚可以很快就传播到江南各地城镇乃至外地大城，影响到权贵官僚、富商巨贾乃至市井商人。如明末清初的山阴人张岱就曾形容浙人常常模仿吴地人的装束，"吾浙人极无主见，苏人所尚，极力模仿。如一巾帻，忽高忽低，如一袍袖，忽大忽小，苏人巾高袖大，浙人效之。俗尚未遍，而苏人巾又变低，袖又变小矣。故苏人常笑吴浙人为'赶不着'"。[25]

　　对当时的文人、官员、富商来说，放置有收藏品的书斋、阁楼是必备的生活空间和社交符号，在其中他们谈论诗文，抚琴啜茗，题诗作跋，玩赏书画鼎彝名瓷。常熟名士钱谦益，收藏之富尤称江南之最，他为爱人

---

[24]　沈春泽：《长物志序》，文震亨 著，陈植 校注：《长物志校注》，南京：江苏科学技术出版社，1984年，第10页。

[25]　张岱：《琅嬛文集》卷三《又与毅儒八弟》，长沙：岳麓书社，1985年，第142—143页。

柳如是所筑绛云楼"房栊窈窕，绮疏青琐，旁龛古金石文字，宋刻书数万卷，列三代、秦汉鼎彝环璧之属，晋、唐、宋、元以来法书名画。官、哥、定、汝、宣、成之瓷，端溪、灵璧、大理之石，宣德之铜，果园厂之髹器，充牣其中"[26]。鉴赏和收藏已经成为文人生活方式的必备内容，也成为文人和其他阶层区分阶级、地位、身份的象征性文化符号[27]。

一 鉴藏之风：雅俗之别

明代人对于收藏古董书画的意义有许多论述，在促进文史考证研究、经济收益之外，如董其昌书写的《古董十三说》认为玩古董的功能"可以舒郁结之气，可以敛放纵之习……有助于祛病延年也"[28]，另外，围绕古董书画进行的鉴赏活动也有扩大交游和社交的作用。当时的社交活动中鉴赏古玩书画成了风习，互相为书画藏品品题也成为一种惯例。获得邀请的书画家、鉴赏家一起观赏主人的藏品之后，对藏品的源流、主人的雅趣进行品评记述，而这些著名文人的品题也可进一步增加这件藏品的文化价值和可信度，比如收藏家华夏的所有书画收藏品几乎都会请文徵明题跋。当时流行将人们在庭院、书房雅集赏画鉴古的场景绘制成特定题材的画作，如各种雅集图、赏古图、书堂图、清供图等，如文徵明就曾为华夏创作《真赏斋图》描绘主人在斋堂赏画的场景。

鉴赏的另一实际需求是确定藏品的真伪，正如清人钱泳所言，"宋元人皆不讲考订，故所见书画题跋殊空疏不切，至明之文衡山、都元敬、王弇州诸人，始兼考订"[29]，明代出现了明确的鉴赏家，那些见多识广的书画家、收藏家往往也以鉴赏家身份出现，如以诗文书画著名的士大夫文徵明、董其昌的鉴赏行为对艺术市场影响巨大，当地收藏家往往根据他们的

---

26 [明]顾苓：《塔影园集》卷一《河东君传》，上海：华东师范大学出版社，2014年，第16—17页。
27 王正华：《艺术、权力与消费：中国艺术史研究的一个面向》，杭州：中国美术学院出版社，2011年，第199页。
28 宋途、陆仁成：《古玩宝典·古董十三说》，成都：巴蜀书社，1994年，第458—459页。
29 [清]钱泳：《履园丛话》丛话十收藏"总论"，北京：中华书局，1979，第261页。

鉴定意见购藏作品。

鉴藏在当时是一项以愉悦情性为目的的审美活动，部分收藏家甚至直接拿"欣赏"作为著作名称，如朱存理曾辑录文人家藏古书画题跋的集子为《欣赏集》，曾于嘉靖中选入太医院充唐藩医正的苏州文人、名医沈津（生卒不详）富有收藏，约正德六年（1511年）将其所藏古图谱十种辑成《欣赏篇》问世，包括《玉古考图》《印章图谱》《文房职方图赞》《续职方图赞》《茶具图赞》《砚谱赞》《燕几赞》《古局象棋图》《谱双》《打马图》共十卷，可见当时文人清玩所涉范围的广泛。

部分文人也以鉴赏家身份从事书画中介交易，文徵明之子文彭致项元汴信札二十通（现藏于旅顺博物馆）证明他曾经为大收藏家项元汴担任鉴藏顾问，频繁商讨藏品的搜集、价钱、拆拼、装裱、买卖等。文彭经常将自家的藏品出售给项元汴，也涉足当代书画买卖的中介，时常推荐父亲的学生钱谷、周天球、许初等人的字画给藏家。他可以说是高级书画掮客或者中介商人。万历后期的著名文人、隐士陈继儒等人也充当过类似的书画交易掮客。

文人学士若非家财万贯，其购藏的文物、用具就数量和价格而言自然无法与达官贵戚、富商巨贾相比，唯一能胜出的是对文物历史文化价值的了解、对格调的追求。正是为了与"权豪"相区分，江南文人刻意区分"清"与"浊"、"雅"与"俗"的差别，对于园林、书斋、茶寮布置和收藏品陈设不求多求贵，而以格调布置为主，以他们认为更富有文化内涵和艺术品味的生活情趣彰显其清雅、高逸的才学和情操[30]。

在这方面吴地文人领全国风骚，"姑苏人聪慧好古……又善操海内上下进退之权，苏人以为雅者，则四方随而雅之，俗者，则随而俗之。其赏识品第本精，故物莫能违"[31]。吴人如张应文所撰《清秘藏》、文震亨《长物志》、屠隆《考槃馀事》等都关注家居、器玩的风格，总体上都主张"士大夫陈设，贵古而忌今，贵雅而忌俗。若乃排列精严，拟于官署；

30　陈江：《明代江南文人的文物鉴藏及其审美趣味》，《华东师范大学学报（哲学社会科学版）》，2012年2期。

31　[明]王士性：《广志绎》卷二《两都》，北京：中华书局，1981年，第33页。

几案纵横，近于客馆；典籍堆砌，同于书肆；古玩纷遝，疑于宝坊，均大雅之所切戒也"[32]。

松江文士孙克弘题倪瓒画时引沈周之语"石田云：云林戏墨，江东之家以有无为清浊"[33]，以有无收藏和能否欣赏"逸笔草草"的倪瓒画作为准绳，可见当时文人画家要与权贵富豪的好尚拉开一定距离的用心。王维、苏轼、元四家以来的文人画，正是经过明代中晚期江南画家和文人的倡导才在之后的文人观念中占据了某种主导地位。

二 时玩兴起：古今并重

明代万历年间，收藏文化的一大突破是人们由重视古玩转为并重古玩与"时玩"。所谓"时玩"是指近世或当代的玩好物品，或实用而可赏玩。如王世贞《觚不觚录》说："书画重宋，而三十年来忽重元人，乃至倪元镇以逮明沈周，价骤增十倍。窑器当重哥汝，而十五年来忽重宣德，以至永乐成化，价亦骤增十倍。"沈德符《万历野获编》列有"时玩"专条，称："玩好之物，以古为贵，惟本朝则不然，永乐之剔红、宣德之铜、成化之窑，其价遂与古敌。盖比宋以雕漆擅名，今已不可多得，而三代尊彝法物，又日少一日，五代迄宋所谓柴、汝、官、哥、定诸窑，尤脆薄易损，故以近出者当之。始于一二雅人，赏识摩挲，滥觞于江南好事缙绅，波靡于新安耳食，诸大估曰百曰千，动辄倾囊相酬，真赝不可复辨，以至沈、唐之画；上等荆、关，文、祝之书，进参苏、米。"[34]

当代书画、永乐漆器、宣德铜炉、蟋蟀盆、永乐宣德成化窑器、折叠扇、紫砂器、紫檀红木器等"时玩"受到追捧，为世人竞相收藏，以致价格飙升。出现这种现象，一方面是因为收藏风气炽盛，古物价昂，于是人们另外追求新品类、偏门品类；另一方面说明当时的富贵人家对日常家

---

32 [清]董含：《三冈识略》卷三"林史"条，沈阳：辽宁教育出版社，2000年，第62页。
33 [明]董其昌：《题云林画》，载《清闷阁全集》卷一二《外纪下》。
34 [清]沈德符：《万历野获编》卷二六《玩具·时玩》，北京：中华书局，2004年，第653页。

居所用各种实用器物、装饰用具的形式、制作、风格给予特别注意、欣赏，可以说是中国收藏文化发展的一个重要里程碑：人们对于各种日常的实用、装饰用品的形式、意义给予重视和研究，让收藏成为一种生活方式。

士人、富商热衷的时玩中最普及的无疑是当代书画，万历年间苏州等地"学诗、学画、学书"之风流行，其中诗、书是科举所必需，画则因为收藏风气影响才受到如此重视。当时江南地区活跃着三类画家：

士大夫业余画家：如文徵明、董其昌等，他们科考出仕担任官职，但也以书画闻名，他们一般不会公开出售作品，但这并不意味着不参与市场交易。他们常常把作品赠送给同僚、亲友，或者心照不宣地交换某种礼遇和达成请托。文徵明晚年也曾在书信中提及自己接受项元汴的哥哥项笃寿委托创作手卷、书法等从而获得"佳币"。因为各方求画者众多，文徵明还请朱朗、周天球、陆师道诸人为代笔创作山水或花卉。即便如此还是供不应求，许多人舍真而求假，以至于出现了文徵明"寸图才出，千临百摹，家藏市售，真质纵横"的作伪现象。

文人隐士画家：如唐伯虎、陈继儒等，他们因为科考失败或者没有参与科考，不出仕但是仍然保持文人身份，可以和士大夫交往，其中一些人直接或者间接出售作品，但往往对此有所掩饰，因为在主流观念来说仕宦才是正途，靠出售作品谋生在他们看来羞于启齿。其中最著名的是职业画家沈周（1427—1509年）闻名全国，与吏部尚书王恕、户部尚书王鏊、礼部尚书吴宽、礼部侍郎程敏政等高官、名士交往，"近自京师，远至闽浙川广，无不购求其迹以为珍玩。风流文翰，照映一时"[35]。

职业画家：包括宫廷中的职业画家和民间的职业画家，他们主要以卖画获得收入。晚明江南地区文教相当普及，很多职业画家熟习诗词书法，常采用文人画模式作画或题写诗文，如浙派画家蓝瑛都是如此。另一位著名画家仇英的作品也极受欢迎，画价高昂，他为大藏家项元汴作《汉宫春晓图卷》获得二百两报酬，而项元汴购藏文徵明的《袁安卧雪图》、唐寅

---

35 吴建华 点校：《王鏊集》之《震泽先生集》卷二十九，上海：上海古籍出版社，2013年，第410—411页。

剔彩二十八宿金曜四星君斗（道教仪式法器），漆器，16.5×32.4×32.7cm，明代嘉靖年间（16世纪），大都会博物馆

《嵩山十景册》花费不过十六两、二十四两，可见当时仇英之作受到人们极大的重视。

当代书画的流行说明当时艺术创作、收藏和经济之间的关联日益密切，元末至明代中后期苏州、松江这些富庶地区收藏的兴盛孕育和支撑了吴门派、松江派、浙派等创作的兴起。

"永乐之剔红"指永乐时期景德镇窑烧造出纯正鲜艳的高温铜红釉，被称为"鲜红"。鲜红釉是颜色釉品种之一，景德镇自元代开始烧造，至明洪武时期也有烧造，但直到永乐时期才实验烧制出鲜红的铜红釉，由于鲜红釉的烧造对窑炉内的温度等要求极为严格，稍有不慎就得不到纯正的红色，因此高温铜红釉成为最难烧造的颜色釉品种，受到世人珍视。永乐朝开创了明朝在御窑瓷器上署年号款之先河，且年款只见篆体，而无楷体字。

宣铜是指按明代宣德铜器的用料和冶炼方法铸造而成的铜器，宣德炉是宣铜器的主要代表。宣德炉中最常见的冲耳乳足炉原型是宋瓷中的哥窑

斗彩鸡缸杯，瓷器，高 4cm，口径 8.3cm，足径 3.7cm，明代成化年间，台北"故宫博物院"

双耳三足小炉，选料考究，铸造精良，艺术造型精美绝伦，使得香炉摆脱了以瓷器为主的阶段，开始了铜香炉的历史进程，使铜器铸造技术达到新的水平。宣德炉存世数量稀少，价格昂贵。明中叶以后就出现了仿造的宣德炉。

"成化之窑"指成化年间（1465—1487年）在景德镇烧制的官窑器，典型器物主要有斗彩鸡缸杯、斗彩高仕杯、斗彩婴戏杯、斗彩菊纹杯、青花海水龙纹碗、物中青花婴戏碗、青花梵文杯、青花山石花卉纹盖罐、"天"字罐、葡萄杯等，以斗彩最富盛名，"皆当时殿中画院人遣画也"[36]。五彩齐箸小碟、香盒、小罐、杯子等精致小巧的成化彩瓷到了万历年间受到北京、江南富豪之家追捧，明《帝京景物略》载，至万历时"成杯一双，值钱十万"。以至于万历年间就有成化瓷器仿品出现，后来清朝康熙、雍正时期也曾下令摹仿烧制，清康熙许谨斋有诗云："新来陶

36　[明]王士性 撰:《广志绎》卷之四江南诸省，北京：中华书局，2006年，第83—84页。

器仿前朝，混入成宣价更高。"

明末张岱《陶庵梦忆》记载当时吴地流行南京濮仲廉之刻竹、雕犀，苏州甘文台之铜炉，吴中陆子冈之治玉，天成之治犀，周柱之治嵌镶，赵良璧之治梳，朱碧山之治金银，马勋、荷叶李之治扇，张寄修之治琴，范白之治三弦子等，而龚春、时大彬、陈用卿之宜兴砂罐，王元吉、归懋德之锡注，皆"直跻之商彝、周鼎之列，而豪无惭色"[37]。

当然整体而言当时的正统文人看来，"时玩"并不算高级，顾起元在记载南京的鉴藏之风时说："赏鉴家以古法书名画真迹为第一，石刻次之，三代之鼎彝尊罍又次之，汉玉杯玦之类又次之，宋之玉器又次之，窑之柴、汝、官、哥、定及明之宣窑、成化窑又次之，永乐窑、嘉靖窑又次之"[38]，还是以高古为尚。

三　文房器物收藏

文房清供在晚明的流行是另一个值得关注的收藏现象，与掌握话语权的文人阶层的起居实用乃至自我形象塑造有关。

"文房"一词最早见诸文献的是南北朝时期（420—589 年），当时专指典掌文翰的机构，《梁书·江革传》记载当时以文笔、收藏著称的文人任昉曾写信称赞以撰写各类公文著称的江革兄弟出任建安王、雍州刺史属下的"文房之职"可谓用其所长[39]。到唐代时，"文房"逐渐演绎为文人的书房。隋唐以来科举兴盛，寒门文人大量出现，对文房用具的需求也增加，笔、墨、纸、砚之外，南唐李昇曾鼓励造"澄心堂纸"，后主李煜雅好文学，收藏甚富，所藏书画均押以"建业文房之印"，他曾任命从易水迁居来的奚廷珪为墨务官，并赐他李姓，又任命李少微为砚务官，用歙州产的石头制作南唐官砚，即歙州龙尾砚，李廷珪墨、南唐官砚、澄心堂纸

37　[明]张岱：《陶庵梦忆》卷二砂罐锡注，北京：中华书局，2007 年，第 30 页。

38　[明]顾起元：《客座赘语》卷八"赏鉴"条，北京：中华书局，1987 年，第 251 页。

39　[唐]姚思廉 撰：《梁书》卷三十六列传第三十，北京：中华书局，1973 年，第 523 页。

程君房百子图圆墨，墨雕，直径 12.6cm，明代（1368—1644 年），台北"故宫博物院"

与吴伯玄的笔有"徽州四宝"之称，可谓文房用具收藏之起点。

南唐灭亡后北上开封在北宋朝廷任翰林学士的苏易简撰写了《文房四谱》一书，包括"笔谱"二卷，"砚谱""纸谱""墨谱"各一卷，共计五卷，是首倡重视纸墨笔砚这四种文房常用用具的专门典籍，也是宋初文玩清供风尚的发端。为本书写序的徐铉认为笔、墨、纸、砚是"为学之所资，不可斯须而阙者也"[40]。这时候也出现了苏轼、米芾等收藏砚台的名人，进一步带动了文房玩用器具收藏之风。

到了南宋，赵希鹄《洞天清录》将文房用器分为古琴、古砚、古钟鼎彝器、怪石、砚屏、笔格、水滴、古翰墨笔迹、古画等十种。这里的"文房"为文人书斋收藏的各种赏玩之物的笼统称呼，狭义则专指与书写直接有关的必备文具，如笔墨纸砚等。宋人改进或发明了不少书房用品，如岳

---

[40] 徐铉：《文房四谱》序，曾枣庄 主编：《宋代序跋全编》卷一书（篇）序一，济南：齐鲁书社，2015 年，第 11 页。

珂《槐郯录》中记载当时皇帝使用砚匣、压尺、笔格、糊板、水漏之类用具，林洪的《文房图赞》中有了臂搁的记录，龙大渊的《古玉图谱》、周必大的《玉堂杂记》中记载了玉、石、檀香等各种材质的压尺。宋人所绘的《槐阴消夏图》《西园雅集图》中还出现了笔插的形象。

文房器物中的砚台在宋代已是收藏品之一，皇室权贵之流也讲究各种珍贵材料所制的器物，如明太祖朱元璋第十子鲁王朱檀墓中就出土了诸多的文房器物，例如水晶鹿镇纸、水晶兽形水盂、玉荷叶笔洗、碧玉笔格等。《格古要论》列出的文房清玩有十三项，比《洞天清录》多出了古今石刻、水滴、笔格三项。

到明代中后期江南、北京等地望族、官员、文人对笔、墨、纸、砚和书房用具的讲究更多。文人阶层在文房用具的实用功能外，重视其可用于欣赏把玩、装饰氛围的美学功能，并出现了针对书房装饰的一系列著作，带动文人阶层普遍重视这类雅玩的风尚。在民间，苏州、徽州等地生产的文房用品也成为各地流行的样式，从高门大户到中产之家纷纷罗致古雅、精致的书房用具。

高濂的《遵生八笺》提及二十七种文房用具，还提出了带有很强指导性的书斋布置美学和风格："书斋宜明净，不可太敞……斋中长桌一，古砚一，旧古铜水注一，旧窑笔格一，斑竹笔筒一，旧窑笔洗一，糊斗一，水中丞一，铜石镇纸一。左置榻床一，榻下滚脚凳一，床头小几一，上置古铜花尊，或哥窑定瓶一。花时则插花盈瓶，以集香气；闲时置蒲石于上，收朝露以清目。或置鼎炉一，用烧印篆清香。冬置暖砚炉一。壁间挂古琴一，中置几一，如吴中云林几式佳。壁间悬画一。书室中画惟二品，山水为上，花木次之，禽鸟人物不与也。或奉名画山水云霞中神佛像亦可……"[41]当时的文人把古代的青铜鼎彝当作香炉或者其他用具使用，兼有实用和美观两种用途，可以说是与生活密切相关，而不单是注重古物的收藏价值，所以当时很多人并不排斥购买山东、山西、河南、金陵等处新制作的仿古青铜器，比如名家徐守素制作的精致仿古铜器可以卖到古器的一半价钱。

---

41 ［明］高濂：《遵生八笺》三笺起居安乐笺上卷，王大淳 等整理，北京：人民卫生出版社，2007年，第199—200页。

雕竹仕女庭园笔筒，竹雕，高 16cm，口径 16cm，明代（1368—1644 年），台北"故宫博物院"

屠隆在《考槃馀事》一书中的《文房器具笺》中提到的文房清玩达45种，包括笔格、研山、笔床、笔屏、笔筒、笔船、笔洗、笔砚、水中丞、水注、砚匣、墨匣、印章、图书匣、印色池、糊斗、蜡斗、镇纸、压尺、秘阁、贝光等，再加笔墨纸砚，总数为49种。到了文徵明的曾孙文震亨的《长物志》中，书房用具的"高雅绝俗之趣"已成为"文化身份标志"。他在卷七《器具》中列入众多的文房用具、清玩器物超过50种。他对书斋中的装修、家具、文玩、书画的形式、数量、位置等都极其讲究，强调要营造清幽、古雅、精致的氛围。

明晚期的文房用具可以分为两类：一类是唐宋元传承的古代收藏品，一类则是"时玩"，即当时名家的制作，部分地方还出现了作坊批量制作笔墨纸砚等。因为文人的关注，部分民间的能工巧匠受到重视，与文人学者的创意相互结合，使艺术创造能力得到极大的提高。

之后清代文房清供品类更为繁复，尤其是康雍乾三朝皇帝更是直接介入和推动，精心雕琢各类文房用具，乃至器物的实用价值常被观赏与把玩性所取代，成为名副其实的"皇家文玩"，成为后世藏家追捧的珍贵收藏品。

收藏家 项元汴：古代最大的私人书画收藏家

明代中后期富商巨贾跻身顶级艺术品收藏家行列，他们对珍稀艺术品的竞相购买成为艺术市场上的显著现象，项元汴可以说是这类商人收藏家的代表。

嘉兴项氏家族的项铨靠经营典当业发家，后到处置地买屋，靠收取地租和放贷积成巨富。如同很多成功商人一样，项铨花钱捐了个吏部郎中的虚衔以便和官员交往，也希望自己的三个儿子能通过科考光耀门庭。他的大儿子项元淇科考不利，后来醉心诗文，与诗歌、书画界人士唱和；二儿子项笃寿（1521—1586年）考上嘉靖四十一年（1562年）进士，但与权臣张居正意见不合被贬官，后称病辞官归里，颇好藏书；三儿子项元汴（1525—1590年），字子京，号墨林，从小也接受科举教育，好诗文、丹青。他虽也捐了国子监监生的身份，却不入仕途，一边从商一边从事收藏。

让项元汴在当时和身后出名的是他对收藏的热衷和成果的丰硕。他花费巨资广购文玩珍异、金石遗文、法书名画，江南的世家大族要出售旧藏的时候常常首先就想到他，当时文人认为"海内珍异十九多归之"，"三吴珍秘，归之如流"[42]。项元汴曾获一古琴，上刻"天籁"两字，故将其储藏之所取名天籁阁，并镌有天籁阁印，经其所藏历代书画珍品，多以"天籁阁"等诸印记识之，往往满纸满幅。他收藏的顾恺之《女箴图》、阎立本《豳风图》、王摩诘《江山图》被时人目为"绝世无价之宝"。因为他有钱而又好收藏，很多人也用书画从他这里质押借钱，如陈继儒《秘笈》记载三塔寺的和尚曾把宋高宗手书《龙王来力》质押在他家。这些奇珍异宝自然也吸引了喜好收藏的文人士大夫的目光，当时到访嘉兴的高官显贵、文坛盟主、画坛新秀无不以登天籁阁赏画为乐事。

长期以来文人把科考出仕当作"正途"，商业富豪虽然有钱，却受到士大夫官僚的轻视，也有各种歧视性的限制。然而通过书画艺术和惊人

---

42 叶昌炽：《藏书纪事诗》，上海：上海古籍出版社，1989年，第249页。

项元汴跋王献之《中秋帖》，小楷，故宫博物院

的收藏，项元汴得以在众多文人、官员、书画家、鉴赏家组成的文化精英网络中担任重要角色，与董其昌、汪砢玉、张丑、何良俊、陈继儒、詹景凤、文彭、文嘉、林承、陈淳、彭孔嘉、丰道生等当代名人交游。他精致的园林，考究的书房，陈列的法书、名画、文玩、奇石和酒宴上的黄金餐具都曾让拜访者印象深刻。

项元汴所藏书画数量众多，据说他拥有宋徽宗的工笔花鸟十五件、苏轼的画作五件、米芾的画作三件，现在存世的藏品包括晋王羲之《兰亭序》冯承素摹本（北京故宫博物院藏），晋王献之《中秋帖》（北京故宫博物院藏），唐怀素《自叙帖》卷（台北"故宫博物院"藏），唐李白《上阳台帖》（北京故宫博物院藏），晋顾恺之《女史箴图卷》（英国大不列颠博物馆藏），宋米芾《蜀素帖》（台北"故宫博物院"藏），唐韩

干《牧马图轴》（台北"故宫博物院"藏）、《照夜白图》（美国纽约大都会博物馆藏），金武元直《赤壁图》（台北"故宫博物院"藏），"米南宫三帖"《叔晦帖》《李太师帖》和《张季时帖》，元赵孟頫《鹊华秋色图》（台北"故宫博物院"藏），元吴镇《洞庭渔隐图》（台北"故宫博物院"藏）等。

项家的收藏其中一部分得自于无锡收藏名家安国家族、华夏家族后人和苏州望族文徵明、文嘉、文彭父子，汇集了江南地区的精华藏品。他以鉴赏功夫自傲，据古董商人詹景凤在《东图玄览》中记载，项元汴曾批评同为收藏家的王世贞、王世懋兄弟两人是"瞎眼"，顾从德、顾从义兄弟是"近视眼"，只有文徵明具有双眼，可惜文徵明已死，现在全天下就只剩下自己和詹景凤是有眼睛的人了。而王世贞（1526—1590年）作为当时的文坛盟主，对项元汴的鉴藏水平很不屑，可后来因急需用钱还是将珍藏多年的钟繇《荐季直表》卖给了项元汴，并为之"黯然良久"。

项元汴以千字文"天地玄黄，宇宙洪荒……"依次为其藏品编号，还有在书画边角标注价钱或写在后跋中的习惯。法书作品最高价者为王羲之《瞻近帖》，"其值二千金"，后来在万历四十七年他的儿子项玄度以二千金售予另一藏家张觐宸。依明人沈榜《宛署杂记》等资料文献，当时米价为金一两可买十石米，可换算成今日的944公斤，可见当时的二千金的价格之高。其他如怀素的《自叙帖》价值"千金"，冯承素摹《兰亭帖卷》"价五佰五拾金"，王羲之"平安、何如、奉橘帖""二百金"、赵孟頫《道德经》"七十金"。绘画作品中仇英《汉宫春晓卷》"二百金"，金武元直《赤壁图》"壹百五十金"，唐尉迟乙僧《画盖天王图卷》"四十金"，宋人钱选《山居图卷》"叁十金"、黄筌《柳塘聚禽图》"八十两"，元赵孟頫《瓮牖图》"五十两"。当时藏家更重视书法作品，绘画作品方面也不是越古老越贵，而要看画家名气、题材和保存状况。

项元汴喜欢在所宝爱的书画名迹上盖满印章，常见印记有"项元汴印""子京""檇李项氏世家珍玩""神品"等。对某些作品宝爱珍视的程度，例如唐代卢鸿《草堂十志》上钤有近100多方印，怀素《自叙帖》亦多达70多方，黄庭坚《自书松风阁诗卷》有40余方。在他所收的伊英《秋江独钓图》上，还钤一白文闲章"西楚王孙"，自诩楚霸王后裔。清初大收藏家孙承泽在《庚子消夏记》中如此取笑道："项墨林收藏之印太

得此身脱拘挛
身载诸友长
周旋

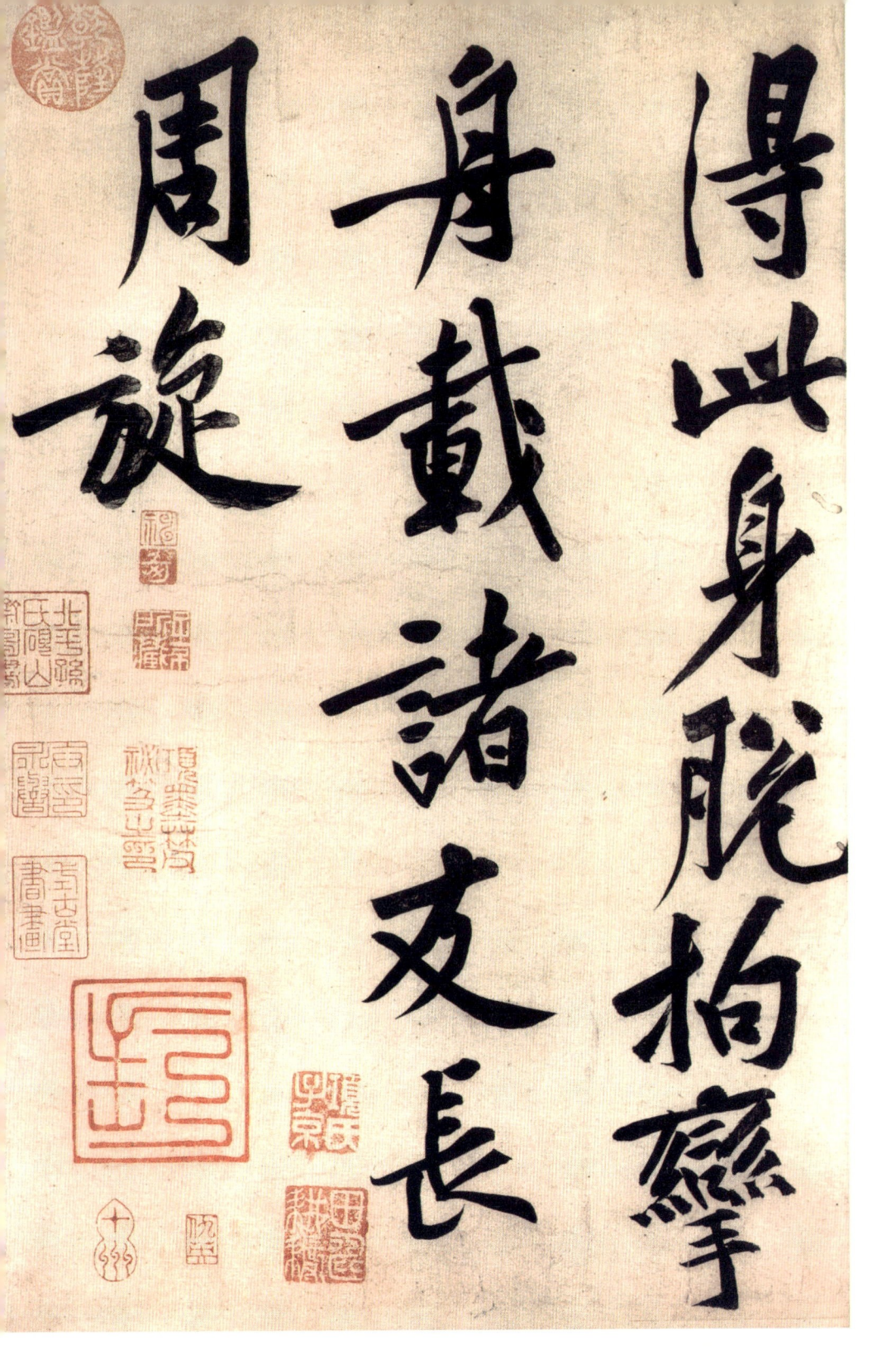

黄庭坚《自书松风阁诗卷》上项元汴等人的鉴藏印，台北"故宫博物院"

《秋江图》，纸本水墨，30.2×92.7cm，（传）项元汴，明代（1578 年），John M. Crawford 捐赠，大都会博物馆

这件用笔粗疏的作品类似草稿一样，我更倾向于认为这种"粗疏"或许正是项元汴实际绘画能力的显露，他的书法水平符合那个时代受到良好教育的文人的普通水准，但显然并不擅长绘画。

多，后又载所买价值。俗甚。"这或许是因为他从事当铺经营的习惯，也有人猜测是为了提醒后世子孙珍重藏品，纵然出售也要比原价高。后世研究者推测项元汴或许也参与书画买卖，至少曾将一些藏品转卖给兄长项笃寿。

项元汴的收藏在他过世后分散到儿子项德纯、项德成、项德新、项德达、项德弘、项德明手中。项德达之子项圣谟也以收藏著称。顺治三年（1645 年）清兵攻入嘉兴，国破家亡，项氏兄弟的一部分收藏被千夫长汪六水掠夺而去，还有一部分沦为灰烬。部分藏品之后辗转为清初收藏家梁清标（1620—1691 年）、安岐等人收藏，后多流入清宫内府。如今存世者，主要收藏在北京、台北故宫二院，其余则流散于海内外博物馆及私人藏家手中。

和项元汴一样喜爱收藏、喜欢在藏品上盖满印章的乾隆皇帝对"天籁阁"的事迹颇为留意，下江南时多次凭吊天籁阁旧址，题咏多次，欣赏之余还下令史官在编修的《明史》中写写项元汴。他在承德避暑山庄中修建了"天籁书屋",命内府将宫廷收藏的原项氏天籁阁旧藏书画,选出宋、元、明名家米芾、吴镇、徐贲、唐寅画卷各一幅移藏于此,并作长歌一首纪其事。乾隆四十九年(1784年),乾隆最后一次南巡至嘉兴时,感叹项氏天籁阁的聚散之缘,作诗《天籁阁》:

> 携李文人数子京,阁收遗迹欲充楹。
> 云烟散似飘天籁,明史怜他独挂名。

第十二章
清代皇家收藏：乾隆皇帝的"好大求全"

乾隆皇帝是宋徽宗之后最为爱好书画收藏的皇帝。好名、贪占的心理奇妙地集合在乾隆皇帝的身上，他不同时期对自己为何热衷收藏的"表态"常常显得有点虚伪，但是鉴于他的权威地位，臣子对此只能给予颂扬并按照"潜规则"竭尽全力迎合皇帝的收藏癖好。

乾隆皇帝喜好收藏广为人知，大臣为了取宠纷纷进献奇珍异宝。督抚在元旦、万寿节这样的正常庆典之外，在端午、中秋、上元等节庆也纷纷进献书画古玩金玉。乾隆二度南巡时，礼部尚书沈德潜前往接驾并进献书画七件：董其昌行书两册、文徵明山水一卷、唐寅山水一卷、王鉴山水一轴、恽寿平花卉一轴、王翚山水一轴。1752 年万寿节，陕甘总督尹继善向乾隆进贡了名画韩滉的《五牛图》，喜欢题字写诗的乾隆在这些重要藏品上都留下了自己的文字。

当时的地方总督、巡抚常常派出家人、下属到本地或江浙、广东一代购买稀有贡物献给皇帝，为此出过不少事端。如乾隆二十二年（1757 年）云贵总督恒文拟制四个金手炉上贡，强命属下官吏到市场以低于市价的价格强买，引起官民议论，乾隆觉得有损自己声誉，命令恒文自尽，并下旨声称："臣工贡献，前曾屡经降旨概行禁止。即督抚所贡方物，不过若干食品等物以备赏赐；或遇国家大庆，间有进书画玩器庆祝者，酌留一二，亦以通上下之情而已……既有以进贡为口实者，嗣后各省督抚除食品外，概不得丝毫贡献，违者以违制论。"乾隆二十五年（1760 年）他发现查嗣庭的日记中记录了给雍正进献砚头瓶、湖笔的事

《弘历观画图》，纸本设色，136.4×62cm，清代乾隆时期（1736—1795），郎世宁，故宫博物院

这是传教士画家郎世宁创作的一件"画中画"，图中身穿宽袍大袖便服的乾隆帝（弘历）正在庭院中欣赏自己收藏的古玩书画，眼前三个侍者打开的是另一位宫廷画家丁云鹏所作《洗象图》，描绘的是扮作普贤菩萨的乾隆皇帝正在观看众人给白象洗澡的场景。还有几位童子正在捧着画轴、古琴瓷瓶、宝匣走来，显然乾隆皇帝要在此观赏消磨一段时间。他身侧右手倚靠的方桌上摆放着九件古玩器物，有宋瓷、青铜编钟、明宣德祭红霁青莲瓣卤壶、汉墨玉牧瓶器架等。

情，他认为臣子记述进贡之事损害了皇帝的形象，为了避免有人造谣中伤自己，再次强调禁止大臣进献。

这当然只是表态而已，各方官员依旧想尽办法进献各式礼品，乾隆皇帝也继续笑纳其中的精华，并将看不上的礼物退回以示自己不贪图财物。以贡品之精备受乾隆喜欢的两广总督李侍尧在乾隆三十六年冬上贡了众多珍玩器物，乾隆退回了玉器、宋元古瓷、龙袍、紫檀宝座、珐琅器等74项数百件。后来李因为贪腐被抄家，搜出的"黄金佛三座、珍珠葡萄一架、珊瑚树四尺者三株"等也都是呈献给乾隆后被驳回的贡品[43]。

乾隆皇帝屡兴大狱，查抄了不少大臣的财产，他对其中的书画去向甚为关心，上述云贵总督恒文被抄家后所藏仇英手卷等藏品就进了内府。闽浙总督陈辉祖于乾隆四十六年（1781年）六月受命查抄浙江巡抚王亶望的家产，可令人奇怪的是陈辉祖拖延了一年，在次年夏天才让人押送这些财产到北京移交内务府，乾隆皇帝发现移交的书画名录记载的多是"不堪入目之物"，他指出"王亶望平日收藏古玩字画最为留心，其从前呈进各件未经赏收者尚较他人为优"，并举例说前几年查抄的高朴家产内发现有"王亶望所刻米帖墨榻（拓）一种"，指出"此种墨榻必有石刻存留，或在任所，或在本籍，乃节次解到及发交崇文门物件并无此项，其私行藏匿显而易见"，于是他命令大臣阿桂前往浙江严查，发现陈辉祖抄查王亶望时抽换过所收缴的部分精品字画，如刘松年山水手卷一件、苏东坡《归去来辞》册页一本、贯休白描罗汉一件、米芾字手卷一件、王蒙《巨区林屋图》一轴（台北"故宫博物院"藏）[44]，并有以银换金、隐藏玉器的行为，陈辉祖因此入狱，加上牵连其他罪行，后被赐自杀，他的700多件书画、墨刻碑帖也都归内务府处理。

可以说，乾隆皇帝在查抄高朴家产时就盯上了这件米芾字帖石刻，王亶望被抄家后他渴望立即得到这件作品。可笑的是，陈辉祖虽然私匿了其他几件珍贵书画，对这件石刻并没有什么兴趣，它被其他官员当作并不重要的东西在当地变卖了。

43　郭成康：《18世纪中后期中国贪污问题研究》，《清史研究》，1995年第1期，第21页。
44　中国第一历史档案馆 编：《乾隆朝惩办贪污档案选编》第3册，北京：中华书局，1994年，第2499—2518页，第2533页。

总之，在好大喜功的乾隆皇帝的刻意搜求之下，皇家的宫廷收藏盛极一时，构成了故宫博物院收藏的主体。根据1925年官方统计，故宫拥有117万余件文物，这是按照民国时期的文化观念统计的结果，其中一些并非是皇室刻意收藏的文玩，仅仅是实用物品。

一　皇家收藏的来源

明末李自成攻入北京后下令放火烧毁皇宫，用来藏书编书的机构文渊阁化为灰烬，偌大紫禁城只有武英殿一座建筑幸存。钱谦益称此次藏书之劫为"自有丧乱以来，载籍之厄，未之有也"。有人检索清宫典籍目录《天禄琳琅》，明代遗留的古代善本仅有42部。因此清朝皇室收藏可以说几乎是白手起家，经康熙、雍正、乾隆三代的努力，尤其是乾隆皇帝以极大的热情致力皇室收藏的扩展，成就了有史以来最为丰盛的皇家藏品。

清代皇家收藏的来源主要包括向民间购求、抄家罚没、捐献纳贡、谕旨洽购等方式，而书画收藏主要是在乾隆时期得到极大扩张，他为占有书画珍品可以说是无所不用其极。

一是购求民间藏品。康熙皇帝数次下诏访求天下图籍，以充内廷之储，还任用王原祁等专门为内府鉴定书画。1772年，乾隆下诏编纂《四库全书》，向全国征书长达7年，各地书商纷纷携带大量的古籍典章来京，琉璃厂就在这一时期得到了空前的发展。清宫亦会真金白银购买书画作品，如康熙二十一年（1682年），太监奉旨在报国寺买得王振鹏一件手卷，花费十二两银子。乾隆也不时派人到民间采买，从御笔款识来看，王羲之的《袁生帖》、韩干的《照夜白图》等名作都是买来的。

二是地方进献纳贡。明清时期地方总督、巡抚每年要向皇帝进献本地物产，称为"常贡""例贡"。也有其他高官显贵在特殊节庆向皇帝进贡，并无定制，上贡的多是宗室贵胄、蒙藏藩王、宗教领袖以及朝中一二品官员、织造和盐政等特任官员。康熙四十二年（1703年）三月康熙过生日，"九卿皆进古玉书画为寿，皆蒙纳入内府名画"，时任刑部尚书王士祯进献了自家旧藏宋代王诜《烟江叠嶂图》（现藏上海市博物馆）。又如康熙十六年（1677年），河北涿州收藏家冯铨（1595—1672年）的次子冯源济将唐摹本《快雪时晴帖》献入内府，此帖当时并不受重视，到乾隆十一年内务府大臣汪由敦等编纂《石渠宝笈》时发现内府所藏《快雪时晴帖》后呈给乾隆，成为后者爱不释手、屡屡题诗撰文的对象。

又如清宫中收藏有日本18世纪的莳绘香箱、莳绘书棚、莳绘柜箱等工艺品，"莳绘"是一种以漆绘纹样，再撒上金银粉固定，然后加工研磨的技法，是日本特有的漆器工艺。清代通过民间贸易进入东南沿海。康熙、雍正年间苏州织造、苏州巡抚、江宁织造等曾进献"洋漆"，雍正皇帝由于喜爱莳绘，时常命造办处仿做这种洋漆，有时还将它的装饰风格或纹样移植到其他器物上[45]。

清宫收藏有藏传佛教文物艺术品数万件，部分为元、明、清三代的宫廷制作，部分来自藏蒙地区宗教领袖等朝贡、进献的西藏地区和尼泊尔、印度的手工艺制品[46]。在清代，五世达赖和六世班禅、十三世达赖曾先后朝觐，带来大量礼物进贡给皇帝，如六世班禅在乾隆四十五年曾进贡白海螺。此外，故宫还有一些明朝时期的佛教造像实际上是永乐、宣德时期皇帝赏赐给来朝贡的西藏各派佛教领袖的礼品，到了清代有的被西藏佛教上层作为贡物回献给皇帝。现北京故宫所藏金、铜佛像有10000多件，包括许多印度、尼泊尔、克什米尔佛像，西藏的各个历史时期的金铜佛像精品，大多品相完好。

三是谕旨洽购。清代皇家的书画也有部分可能是通过圣旨洽购的，如大收藏家安岐珍藏的一批精品可能是经过沈德潜牵线搭桥售予或进献给乾隆皇帝的。宋权、宋荦父子曾获得雍正皇帝赏赐的书画，但是乾隆时期他们家族看到皇帝如此钟情书画珍品，又把自家所藏珍品献纳给皇帝。另一著名藏家梁清标亡故之后，他的收藏多也进入宫廷。早于梁氏的冯铨、孙承泽的收藏精品也先后为乾隆所有。其他如高士奇旧藏、张先山父子的收

---

45 刘舜强：《清宫旧藏丰原国周等绘〈人物册〉小考》，《中国国家博物馆馆刊》，2011（1），第80—86页。

46 许晓东：《清宫旧藏印度珍宝》，《故宫博物院院刊》，2013（6），第13—33页。

藏最终被乾隆收入内府。苏州的古董商归希之，盐商江孟明、陈以谓，江苏泰兴鉴藏家季沧苇等人的藏品也难逃"献纳"。

这些家族的藏品或许有些是早为乾隆皇帝所知，在其暗示或者直接的圣旨命令下献纳，有些则是被地方官员推荐或逼迫进献，有些则是自己主动进献，因为官员和民间都已经广泛了解皇帝本人对于书画珍品的渴求和占有欲望。而皇帝会给予这些进献者一些金钱回报或者御赐书画褒扬。

四是抄家所得。清代皇室的部分藏品来自查抄权贵大臣的家产所获，康熙时就以罚没方式收缴索额图、明珠藏品，如明代画家唐寅所画的《事茗图》本是画家应友人陈事茗所请创作的，明末为陆粲收藏，清初为耿昭忠、索额图先后珍藏，至此入宫。雍正抄年羹尧家，得到大批珍贵书画，雍正因为好抄没政敌、官员，乃至有"抄家湖"之名声。

乾隆皇帝也从抄家中获得不少藏品，如查抄云南布政使钱度后，将米芾、刘松年、赵孟頫、王蒙、文徵明、唐寅等诸多名家共计108件书画作品归入内府。查抄的所有物品均开具清单，皇帝看不上的则同其他物品"估值变价，银交内务府广处司"。皇家书目《天禄琳琅》中著录有曾经纳兰揆叙谦牧堂收藏的古籍98部，占到《天禄琳琅》书目后编的六分之一。这些藏品本是康熙朝权臣纳兰明珠的次子纳兰揆叙的收藏，他曾任工部侍郎，潜心治学，藏书"为满洲世家之冠"，家族传承至三世孙纳兰承安后，在乾隆五十五年（1790年）被革职抄家，揆叙传下的古籍书画等全被查抄进宫，当时从山东巡幸回程的乾隆特别下旨"所有字画册页交懋勤殿认看，书籍交武英殿查检，分别呈览"。

乾隆以后的古董书画收藏积累明显下降，最大进项是"和珅跌倒，嘉庆吃饱"。清高宗乾隆过世六天以后，嘉庆四年（1799年）正月初九，嘉庆帝下令查抄和珅家产，除了夹墙私库有金32000余两，地窖内埋藏银300余万两和众多珠宝外，光古玩陈设就有"汉铜鼎1座、古铜鼎13座、玉鼎13座；宋砚10方、端砚710余方；玉磬20架；古剑2把；大自鸣钟10架、小自鸣钟300余架；洋表280余个；嵌玉炕桌24张，嵌汉玉炕桌16张，镂金八宝大屏16架，镂金八宝床4架，镂金八宝炕屏36架，赤金镂丝床2顶，镂金八宝炕床24张"[47]。奇怪的是其中不见书画图书之类，或许因为和珅对书画完全不感兴趣，或者他此前将自己收到的全部书画进献给对此更有兴趣的乾隆皇帝了。

嘉庆时期的另一抄家案例是籍没已故湖广总督毕沅家产时，获得《清明上河图》等宋元名迹。此画最初藏于宋徽宗内府，然后流转至金国，后被元朝宫廷收藏，明代流入民间，之后被明朝宰相严嵩、严世蕃父子所藏，他们倒台后又被明内府收藏。万历年间，大太监冯保以偷梁换柱方式将它带到宫外。乾隆年间到了湖广总督毕沅手中，毕沅故去两年后被抄家，这件藏品再次进入宫廷。

五是时人创作。清代皇宫中也收藏帝后皇族、画院画家、内外臣工作品。顺、康、雍三朝并未正式设立画院，但有不少朝中臣工之作。乾隆登基后，于乾隆元年（1736年）专门设画院处和如意馆，在宫廷画院史上出现了双轨制画院。乾隆二十七年（1762年），画院处归并于珐琅处，如意馆实际上担负起画院的职责。乾隆帝巡幸时常有画院画家跟随，作画记录描绘皇帝在各种情景下的英姿伟绩。《石渠宝笈》中收录宫廷画师张宗苍书画作品达116件，意大利传教士画家郎世宁画作56件。

除了画家们奉敕之作，皇室成员所作书画也超过两万件，其中顺治、康熙、雍正所作书法作品较多，作品最多的皇帝则是乾隆，《秘殿珠林》《石渠宝笈》中著录乾隆书画近2200件，占全部著录作品的1/5强，他是其中作品最多的作者，远远多于其他人。乾隆在19岁时开始学画，"忆余己酉岁偶习绘事，而独爱写花鸟"，学画"始于临摹"，现留存最早的画作是他22岁时画的《三余逸兴图卷》和《九思图卷》，到最晚88岁所作的《戊午岁朝图》，创作时间近70年。乾隆的书法一改其祖康熙学董的风气，主要取法赵孟頫，并崇拜王羲之的书法，尤其推崇《快雪时晴帖》。其他如康熙第二十一子慎郡王允禧、乾隆第十一子成亲王永瑆乃至慈禧太后都有书画作品留存清宫。

---

47 《查抄和珅犯罪原案》《清代（未刊）上谕、奏疏、公牍、电文汇编》，北京：全国图书馆文献缩微复制中心出版，2005年；薛福成：《庸庵全集·查抄和珅家产清单》。

六是宫廷制作。宫廷藏传佛教造像的制作始于元而盛于清。元代以降，历代宫廷均设有专事造像的机构，如元代的梵像提举司、明代御用监的佛作、清代的造办处等。乾隆年间（1736—1795年），在皇帝本人的严格监督下大量制造佛像，造像匠师不仅有内地工匠，还有西藏与尼泊尔工匠。清宫佛堂内收藏的大量藏传佛教艺术品皆为供奉的圣物，主要是教义中所说"身、语、义"三皈依的佛像、佛经、法器。[48]

乾隆皇帝爱玉成癖，不仅搜集前代古玉，还令内务府大量制造玉器，仅一件"大禹治水"的玉山就高九尺五寸，重一万零七百多斤，将玉料从新疆经水路运到北京，后又转运到扬州雕刻，制成后又运回紫禁城，先后用去10年时间。

清代皇室还大量在内务府造办处制作家具，特别是乾隆时期使用紫檀木制作家具规模巨大。广州是当时对外开放的口岸，很多紫檀木都是从这里由粤海关采办送往京内。内务府造办处档案记载"每年需用紫檀木甚多……今应请仍照向例交粤海关监督图明阿采买紫檀木六万斤运送来京，以备成做活计应用"。造办处档案中亦记载当时制作品类包括各种实用器具和装饰物品，如"为做珐琅坛城上紫檀木龛三座耗费了紫檀木九万三千二百余斤"，光这些木料就需要花费银子5871两。一些地方官员也曾进贡木料，如乾隆四十九年（1784年）两淮盐政伊龄阿差人送来紫檀木261枚（重40012斤）。

七是外藩外国朝贡。故宫中保存着将近500件与"中琉关系"相关的外交文书。朝贡国每两年都要定期向中国皇帝派遣使节，在这种常例进贡中要呈送中国指定的贡品（方物）。琉球送去的一般都是硫磺、铜、锡、马等贡品，此外，还多次向清朝皇帝进贡漆器、染织品（红型、宫古上布、八重山上布等）、日本的刀剑、屏风、扇子等。故宫保存的这些文物当然都是琉球的贡品，但进贡也分为"常例进贡"与"特殊进贡"两种，上述物品应该归为后者。

48　冯印淙：《乾隆帝与清宫的藏传佛教》，《故宫博物院八十华诞暨国际清史学术研讨会》，2005年。

二　皇室收藏的保存、鉴赏和编目

各种巧取豪夺之后，乾隆十一年（1746年），皇帝将新得到的王珣《伯远帖》与原放在乾清宫的《快雪时晴帖》、置于御书房的王献之《中秋帖》安置在养心殿，命名为"三希堂"。另将董其昌称为"四名卷"的晋顾恺之《女史箴图》和传为北宋李公麟的《潇湘卧游图》《蜀川胜概图》《九歌图》放在建福宫花园静怡轩，辟出专室存放，名曰"四美具"。政事之余，乾隆帝勤于鉴赏内府所藏书画，常在书画上留下题签、题字、题诗、题跋以及玺印。他还经常召集臣工参与书画鉴赏活动，进行辨伪考证、诗歌唱和等。

乾隆时期，内府书画主要集中收贮于内廷乾清宫、养心殿、重华宫、宁寿宫、御书房各宫室中。但在内廷之外也存在多处贮藏地，如外朝南薰殿贮藏历代帝后功臣图像，景山大高殿、西苑万善殿等贮藏宗教图绘和经文。还有宫外三园（圆明园、长春园、绮春园）、三山（万寿山之清漪园、玉泉山之静明园、香山之静宜园）等地。此外，京师之外的行宫，如蓟州盘山静寄山庄、承德府避暑山庄、奉天行宫等处也收贮一般书画藏品。

乾隆标榜文治武功，下令编纂了《四库全书》《天禄琳琅》《石渠宝笈》等巨型文化典籍，涉及图书古籍、书画古董收藏。

乾隆九年（1744年）二月初十日上谕："内府所储有历代书画，积至万有余种，签轴既繁，不无真赝"，故应"宜详加别白，遴其佳者，荟萃成编"，由此下令让精于鉴赏的著名文臣将乾清宫、养心殿、重华宫、御书房、三希堂、宁寿宫等殿堂收藏排列编修《秘殿珠林石渠宝笈》（简称《石渠宝笈》），是宋徽宗《宣和书谱》《宣和画谱》之后最重要的内府收藏著录书籍。

《石渠宝笈》初编成于乾隆十年（1745年）十月。由张照、梁诗正、董邦达等奉敕撰写，专门收录各类释道书画。乾隆五十六年（1791年）正月开端纂辑《钦定秘殿珠林石渠宝笈续编》，成书于乾隆五十八年（1793

年），王杰、董诰、阮元等奉敕修改。嘉庆二十年（1815年）二月编纂《钦定秘殿珠林石渠宝笈三编》，嘉庆二十一年（1816年）闰六月完结，英和、黄钺、胡敬等奉敕汇编。

《石渠宝笈》前后三编记录清宫书画作品7757件，卷帙浩繁，蔚为大观，现一套存于故宫博物院，一套存于台北"故宫博物院"。书中记载的藏品至今大部分收藏在故宫博物院、台北"故宫博物院"、上海博物馆、辽宁博物馆等处，另有一些流散到国外公私藏家手中。

乾隆令东阁大学士梁诗正等仿照宋朝《宣和中物博古图》的式样，奉敕编纂图录《西清古鉴》甲乙编各20卷，著录清宫收藏古代铜器，于乾隆十六年（1751年）定稿。乾隆二十年（1755年）内府刻印，全书共收录商周至唐代铜器1529件，每卷先列器目，按器绘图，后有图说，并注明方圆围径，高广轻重，如有铭文，则附铭文并加考释。另附钱录十六卷。书中著录的青铜器除部分佚失外，大部分现藏故宫博物院、台北"故宫博物院"。后来东阁大学士王杰等又奉敕编纂《西清续鉴》甲乙编。甲编20卷，收录清宫续得的商周至唐代的铜器944件，另附收唐宋以后铜器和玺印等31件，共计975件；乙编收录盛京（今沈阳）清故宫所藏商周至唐代的铜器900件。《西清续鉴》甲乙编于乾隆五十八年（1793年）完成，当时未能刻印。

后来乾隆又将宁寿宫里的商周至唐代青铜器600件、铜镜101面汇编成《宁寿鉴古》16卷，体例与《西清续鉴》甲乙编相同，编定的时间应该相隔不久。上述四书通称"西清四鉴"，对研究清宫旧藏青铜器具有重要参考价值。

三　皇室图书收藏

明末李自成攻入北京时皇宫中文渊阁藏书全被焚毁，李自成退出北京后又纵火发炮击毁诸宫殿，很多藏书被毁，如慎质库百万卷藏书就毁于这一劫难。因此清初皇宫中藏书不多，康熙二十五年（1686年）皇帝下诏广求典籍，命各省出示晓谕，如得遗书酌价购买，亦可雇觅书手缮写进呈，藏书家有自愿进献者，也一并汇缴京师，用充秘府。还规定各督抚征集后将书籍送至礼部汇集，如无版刻者，催人缮写交翰林院进呈，有自行呈送者，交礼部汇缴。于是，宫中藏书日渐增多，共得文献2万余件。康熙还曾于康熙三十九年（1700年）拨地给银同意欧洲传教士建立隶属于法国耶稣会之教堂"北堂"，里面藏有欧洲各研究院、皇家科学院、教会赠送的学术著作。康熙、雍正、乾隆时期紫禁城内和各地行宫藏书丰富，凡皇帝处理政务、批阅奏章、举行筵宴、日常起居、读书、休憩、游乐等常至之所，几乎都存有图书文献。朝廷所属翰林院、国子监等也保有许多藏书。

乾隆皇帝在1736—1795年间多次下诏征书，采取奖励、题咏、记名等鼓励措施让在京诸王大臣、各地官员、藏书家和书肆呈献所藏，遂使天下图书云集京城，陆续征集图书总数达13500余种。同时，他也对涉及女真与中原关系的各种著作进行禁毁，在位60年禁毁各种"违碍""悖逆"书籍约3100余种、151000多部，销毁书板8万块以上。

乾隆九年（1744年），皇帝将秘府藏书中的宋、辽、金、元、明五朝善本1081部、12258册在昭仁殿列架庋置，取汉代宫中藏书天禄阁故事之意，亲笔赐名题额"天禄琳琅"，开创了内府设立善本专门书库之例。其中经、史、子、集各部皆以不同颜色锦绨为面，每册首页钤有"乾隆御览之宝"，末页盖"天禄琳琅"朱文方印。

自唐宋以后，历代王朝便形成了收集编纂典籍的传统，唐代有《艺文类聚》《北堂书钞》，宋代有《太平御览》《册府元龟》，明代永乐年间编纂的《永乐大典》共22937卷，清朝康熙、雍正年间编纂了《古今图书集成》10000卷，乾隆皇帝自然要超越前人，他下诏编纂《四库全书》，委派纪昀等著名学者160余人"辨章学术，考镜源流"。先是在全国范围内征集图书，从乾隆三十七年至乾隆四十三年共征集图书12237种，由四库馆臣对上述图书和内府藏书进行校订，划分为"应抄""应刻""应存"三类，将应抄、应刻之类收入《四库全书》，应存之书则存目记录。

《西清续鉴》,清代乾隆时期,台北"故宫博物院"

《四库全书》分为经史子集四部,收入图书 3457 种,凡 79070 卷,装订成 36000 余册,6752 函,成为中国历史上卷帙最多的丛书。《四库全书》底本藏于翰林院,历时十余年共抄出七部,分别藏于北京文渊阁、沈阳文溯阁、圆明园文源阁、热河文津阁、镇江金山文宗阁、扬州大观堂文汇阁、杭州西湖文澜阁。但在 1851—1864 年太平天国之变中,文汇阁、文宗阁所藏《四库全书》毁于兵火。1861 年太平军攻陷杭州城后毁坏西湖之滨的文澜阁建筑,藏书大量散落。藏书家丁申、丁丙兄弟冒着生命危险半夜潜入阁中,把尚残留的 1 万多册书籍偷运出城,战乱过后入藏杭州府

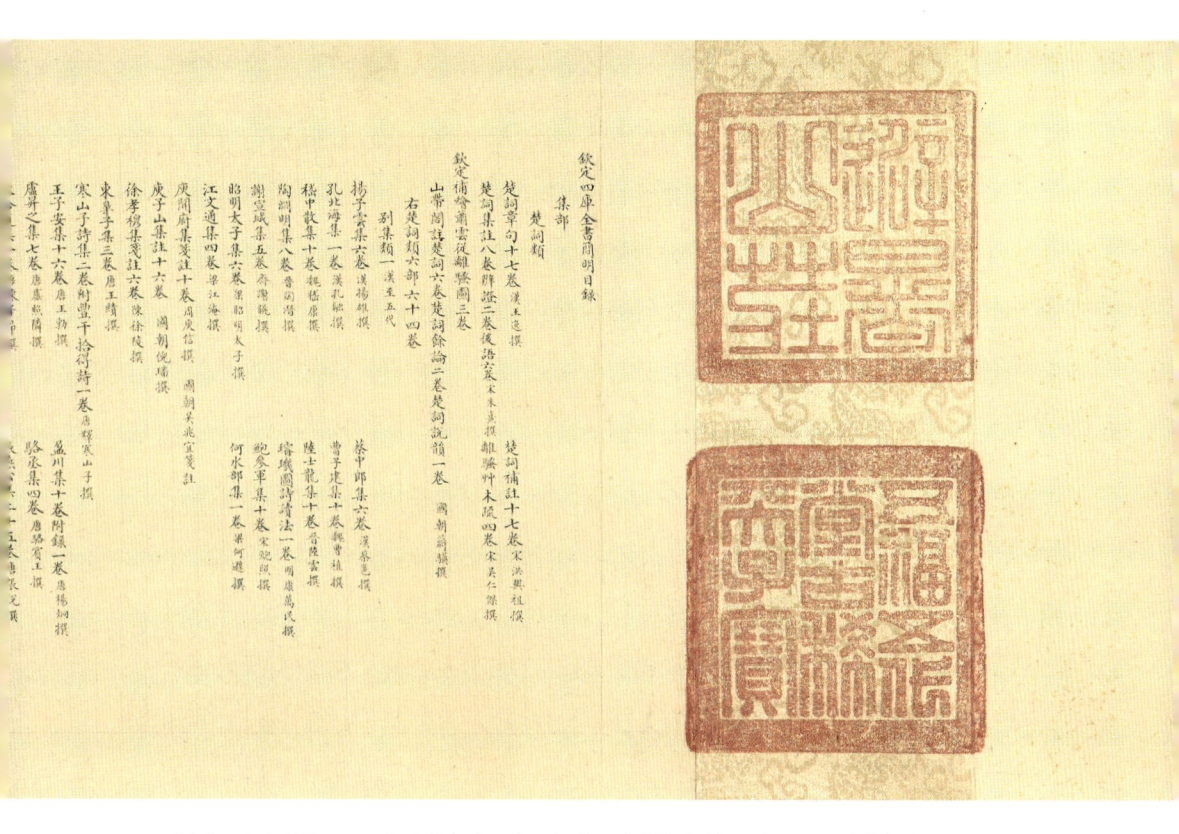

《钦定四库全书简明目录》(集部),卷,纪昀,清代乾隆时期,台北"故宫博物院"

学"尊经阁"。

乾隆在1775年命大臣将"天禄琳琅"藏书重加鉴定整理,辑成书目方便管理利用。于敏中等人奉敕编校成《钦定天禄琳琅书目》十卷,收录藏书共计429部,宋版71部,影宋钞20部,金版1部,元版85部,明版252部,可以说集中了自宋至明五朝善本典籍的精华。与大而全的《四库全书》的编纂体例、目的不同,此书是将皇室收藏的善本古籍视同古董书画,强调"鉴藏"。嘉庆二年(1797年)太上皇乾隆命将新增加的善本藏书依之前体例编辑《天禄琳琅书目》20卷(后编),次年五月编成,著录藏书6613部，其中著录宋至明五朝善本书659部、12258册，内中载录撰者、版本及收藏家题识等。

可惜嘉庆二年（1797年）十月二十一日晚，乾清宫太监用炭火不慎而酿成火灾，烧毁了《永乐大典》正本、历朝《实录》《圣训》《本纪》等重要书籍，火势殃及弘德殿、昭仁殿，昭仁殿收贮的"天禄琳琅"善本尽付一炬。事后86岁高龄的太上皇乾隆命内廷重建乾清宫，一年后完成，昭仁殿仍为藏书之所，重新汇集宋、辽、金、元、明五朝善本664部，仍沿用"天禄琳琅"之名。

四 清宫旧藏的的散佚和重聚

乾隆皇帝的继承人对艺术收藏品的占有欲大为下降。皇帝们开始将法书名画作为对亲贵大臣的赏赐，如嘉庆帝曾将晋人陆机的《平复帖》和唐人韩干的《照夜白图》赏赐给成亲王永瑆，将王蒙的《青卞隐居图》赐给曾任实录馆纂修、侍读大学士的李宗瀚。道光皇帝曾赏赐恭亲王、侍臣曹文埴等人书画。意外事故也在侵蚀这里的藏品，同治八年（1869年）六月武英殿起火，延烧房屋30余间，列入《四库全书》"存目"和未入"存目"各种稀见抄本、刻本毁于一旦。

清末民初的大变局中许多清宫旧藏陆续流散外界，按照年份有以下数次大的劫难和变动：

咸丰十年（1860年）10月6日英法联军攻陷北京后在圆明园抢劫所藏金银玉器书画等，圆明园文源阁所藏《四库全书》3万多册、长春园味腴书屋所藏《四库全书荟要》被焚毁。据不完全记载，圆明园中仅唐宋名人字画就有200多幅，数千金银玉器，舍卫城中供奉有康熙以来收集的10万尊佛像都被抢掠一空。部分藏品被当作战利品进献给法国皇帝和英国女王，如法国枫丹白露宫有拿破仑三世开辟的"中国馆"陈列展示圆明园文物。更多的藏品则被两国官兵据为己有，或在北京售卖，或带回欧洲流入私人藏家、古玩行之手，也引发了欧洲富豪权贵对于中国艺术品的新一轮收藏热。而且部分民众乘乱参与劫掠圆明园，让部分藏品流入琉璃厂等地。

1900年八国联军占领北京后，各国士兵洗劫皇家园林中南海、圆明园、颐和园、官署和王公府邸，据《平等阁笔记》作者狄葆贤目睹所记，宫中已"所失过半"，三海、瀛台文物珍品"荡然无存"。清廷档案有部分统计，例如光绪二十六年（1900年）八月初四的档案中记载洋人从宫中"拿去"的物品有玉器、瓷器、挂轴、册页、手卷、铜器等331件。八国联军在占领期间还在军营举办抢掠文物艺术品的拍卖会，很多文物流入中国古玩商、藏家之手。当时八国联军对于中国文物艺术品认识不多，抢掠时最为重视金银珠宝这类"硬通货"，而对书画、古籍多不在乎，要么损毁要么以便宜的价格出售了事，只有极少数流入欧美、日本。如大英博物馆所藏隋唐摹本《女史箴图》就是1903年从曾参与八国联军之役的英军上尉约翰手中购得。

1911年辛亥革命后民国政府和清皇室签订善后《清室优待条件》，溥仪家族退位后仍然可以居住在紫禁城并获得政府拨款保障优裕的生活。可是民国政局动荡，常常因为各种因素未能按时足额拨款，溥仪为了维持宗室王公、太监、宫女等数百人的生活以及个人、家族享受，常举债度日，如1919年清室欠恒利号28.5万多两银子，欠亨记6800多两，欠交通银行39000多两，从1922年内务府就邀请古玩商参与宫内举办的古玩拍卖，参与者需在景山西门内务府筹备处缴纳保证金1万元，然后进入宫廷观看物品后在纸上给每件古玩估价并交给内务府人员，三天后公布每件的最高价中标者。溥仪还曾几次命宫中内务府把精美的金佛像按分量卖给前门外金店。1924年清室更是秘密地将宫中的瓷器、玉器、金器等共1997件，分三批向盐业银行作抵押借款。第一次是5月31日，借款80万银元；第二次是6月16日，借款22万银元；第三次是9月12日，借款27万银元。

1921年出现了清宫旧藏宫廷档案损毁散失的"八千麻袋"事件。清代各种宫廷公文档案多存放在紫禁城内阁大库，1908年后装满八千破旧米袋的档案先后被转移到学部、国子监敬一亭保存，1917年民国政府教育部所设国立历史博物馆筹备处将这批档案迁至午门、端门门洞中保存，视同废纸。1921年左右北洋政府财政支绌，历史博物馆为筹措工资报请教育部后将这些清宫档案售与纸店作造纸之用。第一批永乐至万历年间档案十余万斤由白纸坊商人合资买去，分售各县纸店，估计全都化为纸浆了。第二批存放在午门外朝房和端门门洞内的档案由同懋增纸店花4000银元购得，共十四万八千余斤，他们拣选其中一些文档出售给北京书肆、遗老和藏家，罗振玉、金梁见到后十分惊讶，自同懋增纸店以三倍之价购回十二三万斤，在彰仪门货栈赁屋三十余间暂存，许宝蘅与徐鼒霖、曹秉章也曾从某村民家中买得五千斤。罗振玉选出一些精品自藏后，其他绝大部分于1924年底以18000元售与另一清朝遗老收藏家李盛铎。李盛铎又于旧档中拣选一部分自存、一部分献于溥仪，剩余的约十二万斤在1928年以二万元价格卖给了中央研究院史语所，得以保存下来。

1922—1924年溥仪暗自谋划出路，让弟弟溥杰等人随身携带藏品到紫禁城外的醇王府。根据后来清室善后委员会发现的"赏溥杰单"，截至1923年1月28日他们盗运出宫字画1353件、图书502函210部，包括王羲之《二谢帖》、欧阳询《行书千字文》、怀素《论书帖》、苏轼《洞庭春色赋》《中山松醪赋》、米芾《吴江舟中诗》、赵孟頫《归去来辞》等法书和顾恺之《洛神赋图》、周昉《调婴图》《簪花仕女图》、阎立本《步辇图》（北宋摹本）、张萱《虢国夫人游春图》、张择端《清明上河图》、宋徽宗赵佶《瑞鹤图》《柳雅芦雁图》等名画。1924年11月5日，溥仪被冯玉祥派出的部队驱逐出紫禁城，先后在北京、天津居住，一部分藏品被他私下出售或赏赐亲信。1931年末溥仪前往长春，在日本支持下建立伪满洲国，1934年他把存放在天津静园的古籍36箱、书画31箱运至长春伪皇宫，其中书画存放在东院图书楼（俗称"小白楼"）内。1945年8月8日苏联出兵中国东北，8月13日溥仪带僚属从长春乘火车逃往临江大栗子沟，仓皇间只带了120多件书画和一些珠宝，8月17日在沈阳东塔机场被苏联红军俘获，其携带的一部分书画和珠宝被苏联红军查扣后转交东北民主联军，后入藏辽宁博物馆。另外在大栗子沟的溥仪僚属携带的书画和珠宝被东北民主联军截获后也被转交给了辽宁博物馆。辽博收藏清宫散佚书画作品总数达146件（组），主要是1940年代后期、1950年代前期在东北各地查获和征集而来的。留在长春小白楼内的艺术品则被看守的卫兵哄抢，随四散的士兵流入民间，1945年底到1946年这些"东北货"成为北京、上海、沈阳等地古玩商、藏家关注的热点，陆续为中外私人藏家、博物馆所得。一些撕碎的残片1960年代还曾现身北京。

1924年底清室善后委员会对内廷各项物品进行了清点，统计出117万余件藏品，瓷器最多，大都存于宁寿宫、皇极殿和斋宫；其次是书画，以钟粹宫最多；金器、铜器、玉器在各殿都有不同数量的收藏。此后清宫藏品也有所流散，如1931年底1932年初故宫博物院为了筹措运营费用，曾经过理事会同意分三次将无关文化历史的物品如绸缎、皮货、衣服、衣料、茶叶、药品、药材、金砂、银锭等以公卖、零售方式售卖，所得的款项存在中国农工银行，专作维修宫殿及宣扬文化的出版基金。

1931年九一八事变爆发后，国民政府、故宫博物院理事会担心故宫文物安全，1933年1月31日山海关失陷后决定将故宫博物院13000多箱文物和古物陈列所的部分文物分批运往上海。2月5日起三个多月的时间里大批文物被运到南京保存，1937年抗日战争全面爆发后这些文物中的绝大多数又从南京运到重庆、长沙、安顺、宝鸡、峨眉山等地辗转保存。

1945年抗战胜利后分布在后方各地的文物陆续被运回南京。1948年12月22日到1949年2月，蒋介石下令将存放在南京的故宫南迁文物运往台湾，共有2972箱文物远赴台北，故宫运出的文物从此分藏海峡两岸的南京、台北两地。台北"故宫博物院"除了北京故宫旧藏，还收藏有来自南京国立中央博物院、沈阳故宫、热河行宫和宝鸡出土文物二十四万余件，总藏品数大约60万件。留在南京的故宫南迁文物于1951年后陆续运回北京1万余箱，剩余的2211箱现由南京博物院保管，其中包括民国时古物陈列所移交的清热河、奉天行宫的宫廷文物等。

在北京，故宫博物院之外，中国国家图书馆、中国国家博物馆也收藏有较多清宫旧藏文物艺术品。中国国家图书馆的宫廷藏书主要来自两次划拨。首先是清末宣统元年内阁大库所藏内廷档案的一部分拨交给当时京师图书馆（国家图书馆前身），其次是1958年上级将故宫博物院所藏图书中与宫廷历史和业务研究无关的23万册图书、杂志、刊物调拨到北京图书馆（今中国国家图书馆），其中含"天禄琳琅"善本典籍。1959年故宫博物院所藏的《乾隆南巡图》、虢季子白盘等在内的3781件宫廷藏品及珍贵文物被上级调拨给中国历史博物馆（今中国国家博物馆）。

根据北京故宫博物院2014年公布的统计数据，该院一共收藏了1807558件（套）文物，包括绘画、法书、碑帖、铜器、金银器、漆器、珐琅器、玉石器、雕塑、陶瓷、织绣、雕刻工艺、文具、生活用具、钟表仪器、宗教文物、武备仪仗、帝后玺册、铭刻、外国文物、文献资料、建筑和服饰图样以及18000余张清末民初的摄影照片。上述数据是按照当代的文化观念和博物馆藏品分类统计所得，与康熙、乾隆皇帝那个时代人的认知具有很大差异，对五百年前的皇帝而言，书画、青铜器、图书是珍贵的文化收藏品，可缂丝、绣线、纸织、藤织书画、金银器等可能仅仅是装饰用品或实用器物，而留存的这些东西在今天都被博物馆视为珍贵的文物艺术品。

上述文物中属于清宫旧藏文物近156万件，占藏品总量的86.3%，新入藏文物藏品共计24.8万件，占13.7%[49]。新入藏的文物中有数万件来自私人捐赠，据统计从1925年建院始到2005年2月，共有682人次先后捐献藏品给故宫，更多的新藏文物则是国家有关机构调拨而来，部分就是清末民国流散在外的清宫旧藏。如1924年溥仪抵押给盐业银行的近两千件文物后来没有被赎回，成了银行的资产。他们除了直接卖出其中一些，还

49　单霁翔：《博物馆藏品架起沟通的桥梁——来自故宫博物院文物普查的报告》，《中国文物科学研究》，2014（3），第9—21页。

曾将金册、金塔、宝匣等金器熔铸为金条出售，剩下的分别保存在北京盐业银行仓库和天津法租界仓库，1951年从北京盐业银行经理岳乾斋家查获封存了千余件故宫流出的玉器、瓷器等，1949年时金融家胡仲文将藏在天津仓库的原盐业银行所有的金编钟及玉器、瓷器等上交天津市政府，1953年金编钟等被移交给北京故宫博物院保存。

第十三章

清代民间收藏：收藏和金石研究的高峰

郑板桥自乾隆十五年（1750年）在山东县令位上被罢官后，索性到扬州卖画为生，以墨竹兰石出名，这是清代中晚期艺术收藏繁荣的一大例证。

虽然正统文人依然认为"以画为娱则高，以画为业则陋"，可在艺术市场发达的情况下，郑板桥这样的低级官僚、文人学者可以光明正大地卖画谋生而不是在仕宦路途上俯仰取悦上级，无疑显示了新的社会文化趋向。他曾于乾隆二十四年（1759年）公布自己的润格："大幅六两，中幅四两，小幅三两，条幅对联一两，扇子斗方五钱。凡送礼物食物，总不如白银为妙；公之所送，未必弟之所好也。送现银则心中喜乐，书画俱佳。礼物则属纠缠，赊欠尤为赖账。年老体倦，亦不能陪诸君子作无益语言也。画竹多于卖竹钱，纸高六尺价三千。任渠话旧论，交接只当秋风过耳边。乾隆己卯，拙公和尚属书谢客。板桥郑燮。"[50]

郑板桥这样的知名画家的润笔相当可观，"笔租墨税，岁获千金，少亦数百金"[51]。相比之下，乾隆六年（1741年）内务府造办处档案中记载当时供奉内廷的画家分为三等，每月的薪资分别为十一两、九两、七两。当然，宫廷画家的收入也并不仅仅是这个定数，如果创作得到皇帝夸赞或许有额外赏赐，他们也可私下为其他朝臣、商人创作作品赚钱。当然，这些收入与那时的实权官员相比不算什么。当时府衙在扬州的从三品盐运使

---

50 ［清］郑板桥：《板桥润格》，《郑板桥集》，上海：上海古籍出版社，1979年，第184页。
51 ［清］郑板桥：《板桥润格》，《郑板桥集》，上海：上海古籍出版社，1979年，第140页。

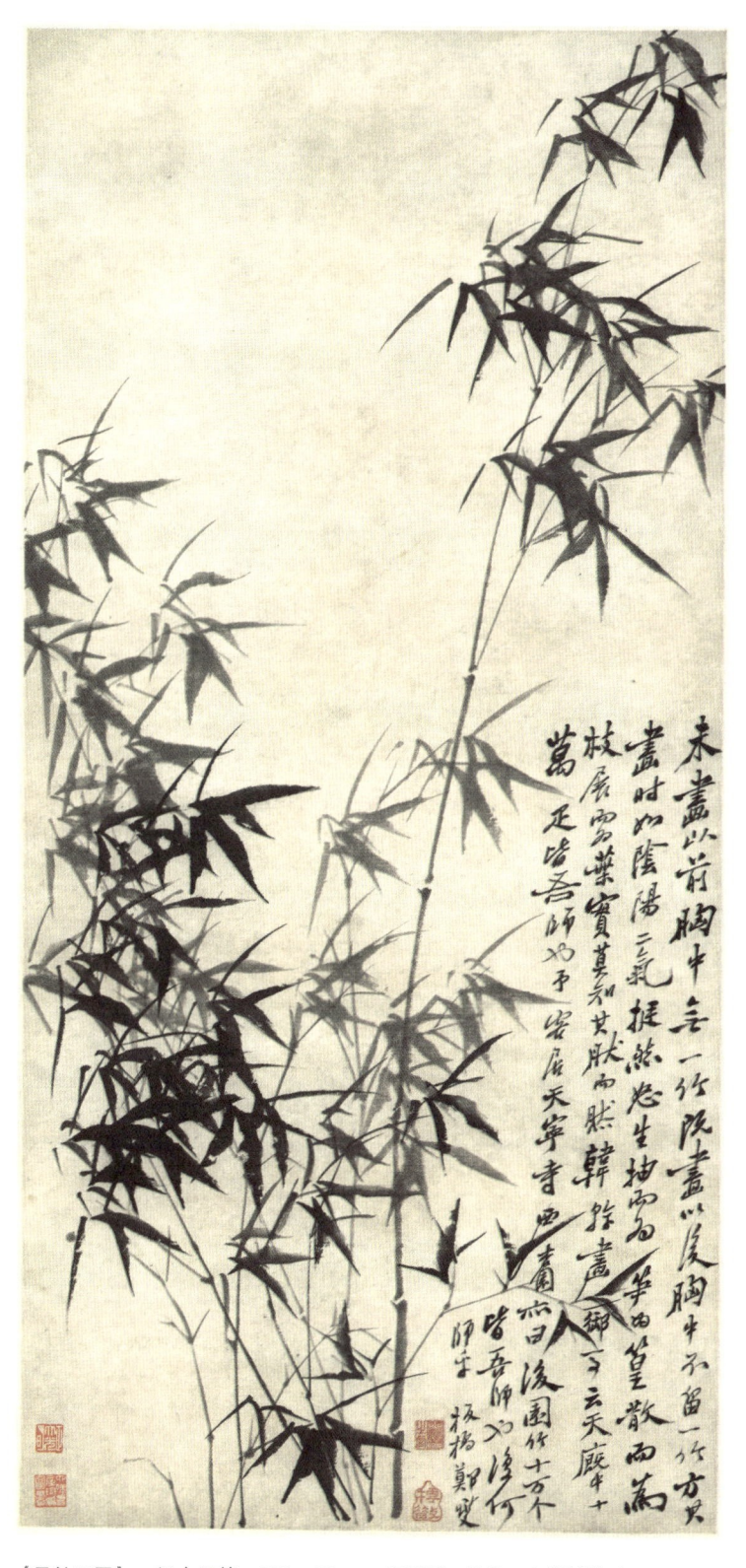

《风竹石图》，纸本墨笔，120×60cm，郑板桥，清代，安徽博物院

表面上的合法俸银收入不过一百三十两和一些禄米,但实际上他能得的"养廉银"补贴以及灰色收入远远超过合法收入。

郑板桥等扬州画家面对的主要客户是商人群体,他们与士大夫官僚藏家有别,对构图精致的山水画作品兴趣不大,更喜欢简约明了的松竹梅等有吉祥寓意的写意花鸟和描摹仕女、佛像的人物画。郑板桥对此深有体会,他曾经比较清初两位画家八大山人、石涛的画作和境遇:"石涛善画,盖有万种,兰竹其余事也。板桥专画兰竹,五十余年,不画他物。彼务博,我务专,安见专之不如博乎!石涛画法千变万化,离奇苍古,而又能细秀妥帖,比之八大山人,殆有过之无不及处。然八大名满天下,而石涛名不出吾扬州,何哉?八大纯用减笔,而石涛微茸耳。且八大无二名,人易记识,石涛弘济又曰'清湘道人',又曰'苦瓜和尚',又曰'大涤子',又曰'瞎尊者',别号太多,翻成搅乱。八大只是八大,板桥亦只是板桥,吾不能从石公矣。"[52]

这可谓郑板桥对艺术市场的分析论文,提出了可行的"市场策略":一是要像八大山人那样主攻鸟、鱼、花等有限的几种题材,有自己明确可辨认的代表性题材,比如郑板桥就长期画竹子这样形象突出、寓意吉利的题材;二是艺术家的字号要简单好记,像石涛那样老变换笔名又画那么多不同题材的作品,容易让人混淆。郑板桥在艺术市场中求生存,才有此深刻体会。竹子在宋代主要是文人高洁情操的象征,而明清时代郑板桥这样的画家把各种竹子题材的作品卖给盐商等富户,让竹子走入各行各业,使之成为"普世符号"。

一 清初崛起的北方收藏群体

1644 年清兵入主北京,建立中国最后一个皇朝,首都的新贵阶层再次成了收藏的一大力量。同一时期,元明三百年间书画收藏、图书收藏的中心地区江南在明末清初遭遇战火劫难,很多世家大族、文人学士的收藏零

52　卞孝萱、卞岐 编:《郑板桥全集》,南京:凤凰出版社,2012 年,第 354 页。

落转移。因此清初成为书画、古董转手量空前高涨的一个时期，出现了所谓的南方藏画"北移"现象[53]：北京作为新朝政治中心，具有强大的财富聚集能力，归附新朝的北方汉族士人纷纷出任高官，吸纳了很多南方流散的书画艺术珍品，乾隆皇帝时期南北民间收藏中的精华更是大多聚集到了皇宫内府。当然，江南仍然保留了许多书画收藏，并在清朝中晚期再次成为民间收藏的中心地区，出现了一批可堪记录的重要私人收藏家，并且随着金石学术的发展，收藏品类在增加，收藏研究在深化。

朝代更迭、战乱动荡不仅让江南的书画收藏出现在市面上，明代内府的收藏也流散民间，这给居住生活在北京及附近地区的满汉新贵或者富商提供了积蓄藏品的机会。很快就出现了以收藏丰厚著称的梁清标、孙承泽、宋荦、卞永誉、王铎、安岐、耿昭忠等藏家。清初北方收藏家多数担任高官，他们或于宦游途中出资购买，或依靠书画掮客前往南方求购，或得到下级、同僚、富商的馈赠，还有一些得到顺治皇帝的赏赐。

这些北方富豪权贵藏家常常通过书画经纪人购藏南方作品，如来自京师的裱褙师王际之受人之托长期在苏州搜购书画名作，1660年曾获得宋元名画达上百件之多。扬州裱画师张黄美曾为大收藏家梁清标收购藏品，1673年曾一次获得八件宋元明佳作。其他如苏州王（子慎）裱褙、陈裱褙，嘉兴岳子宣裱褙，杭州程隐之书铺以及徽州古玩商吴其贞等也常常将所获书画卖给北方收藏家或者掮客。这一时期著名的收藏家有：

梁清标（1620—1691年），字玉立，号蕉林，室名秋碧堂。他是直隶真定（今河北省正定县）人，崇祯十六年进士，他的曾祖梁梦龙是万历年间高官，叔祖梁志也爱好书画古器收藏，在收藏方面对他多有教诲，梁氏家族的遗产和书画多传入梁清标手中。明末清初江山易帜，梁曾在顺治、康熙两朝先后任兵部、礼部、刑部、户部尚书长达四十余年，门生故吏满天下。梁清标嗜书画，精鉴赏，生于富豪之家，又位高职尊，得以成就庞大收藏。当时动荡之际北京皇宫和旧臣家中流落出来众多书画珍品，江南许多豪富之家破落后也流出众多书画藏品，给他的收藏提供了时代机遇。梁清标委托徽州古玩商吴其贞，苏州古董商吴升、王际之（王济之），扬

---

[53] 刘金库：《"南画北渡"与明末清初的书画市场》，《东方艺术》，2011（11），第116—121页。

州书画装裱师张黄美、顾勤等人在江南的扬州等地给自己收购书画。张黄美就曾将南方藏家王廷宾藏品介绍转卖给梁氏。从张黄美这里，梁氏获得顾恺之《女史箴图》、顾闳中《韩熙载夜宴图》、米芾《临兰亭卷》、赵孟頫《鹊华秋色图》等名迹。梁清标也购藏了其他著名藏家如耿昭忠、曹溶等人的部分藏品，其他如纳兰性德所藏阎立本《步辇图》卷、孙承泽所藏宋代李嵩《货郎图》、李公麟《临韦偃放牧图》卷等先后流入梁氏手中。他在家乡修建蕉林书屋，廊前檐后遍植银杏碧蕉，屋中蓄古今图书数十万卷和历代法书、名画，收藏之富甲于天下，成了京畿文人墨客的雅集之所。为了使同好看到自己的秘藏，梁清标从藏品中选出陆机《平复帖》、杜牧《张好好诗》、颜真卿《自书告身》、苏轼《洞庭春色赋》等墨迹请金陵名工尤永福精心摹刻成《秋碧堂法书》八卷。

梁清标是清初最重要的大收藏家。后世学者统计他收藏的 617 件书画藏品中 84% 是晋唐宋元时期的作品，明清的只有 96 件，可见其收藏重心是唐宋元的名迹[54]。梁清标故后家道中落，一些藏品陆续流散，其中酷好收藏的乾隆皇帝所获最多，他数次路过正定的目的之一就是获取蕉林书屋的藏品，如晋代顾恺之《洛神赋图》，隋代展子虔《游春图》，唐代阎立本《步辇图》、周昉《簪花仕女图》，后梁荆浩《匡庐图》，宋代范宽《溪山行旅图》，李唐《万壑松风图》，元代赵孟頫《鹊华秋色图》等大都成了内府藏品，多见于《石渠宝笈》《三希堂法帖》等著录。

宋权（1598—1652 年）、宋荦（1634—1713 年）父子。宋权是河南商丘人，顺治时先后任顺天总督、大学士等职，在任期间得到顺治皇帝赏赐的范宽《雪山萧寺图》、巨然《溪山林薮图》、宋徽宗《梅竹聚禽图》、夏圭《溪山清远图》等内府珍藏。从小受父亲的影响，宋荦也雅号诗文、收藏，以鉴赏著称，他在康熙时先后任江苏巡抚、吏部尚书等职，康熙帝誉为"清廉为天下巡抚第一"。宋荦长期宦游江南地区，得以在当地搜罗书画名迹，后获得同乡大收藏家袁枢家族旧藏的唐宋名迹，以此名重天下。宋荦也是重要的藏书家，著有《西陂藏书目》。

卞永誉（1645—1712 年），字令之，号仙客，隶汉军镶黄旗，祖籍河

---

54 刘金库：《"南画北渡"：梁清标的书画鉴藏综合研究》，北京：中央美术学院，2005 年。

南。康熙间，由荫生官至刑部左侍郎。自幼爱好书画，常向当时的收藏名家孙承泽、梁清标、曹溶等请教，成为清初颇有影响的鉴藏家之一，著有《式古堂书画汇考》《式古堂集》等。卞永誉与同时代大收藏家相比藏品不算最多，但鉴赏经验称誉当时，所著60卷《式古堂书画汇考》采录前人著录书画之作与本人所见所闻汇辑而成，上溯魏晋，下迄元明，被认为是书画著录著作中的集大成者。

孙承泽（1593—1676年），明崇祯四年（1631年）中进士，官至刑科给事中。清顺治元年（1644年）后历任吏科给事中、吏部右侍郎，他任吏部左侍郎时曾题奏保举陈名夏担任吏部尚书。顺治皇帝认为侍郎保举阁臣有违体制，心术不端，孙承泽只好"引疾乞休"。他退休后著书立说二十余年，家中"万卷楼"藏书甚多。他政务之余喜好收集研究书画，大多数为自己所购求，部分来自同僚、朋友相赠，所藏书画上多作题跋记述源流和传承。曾作《庚子消夏记》八卷，著录了自己及其时周围藏家的书画收藏，并附有议论文字。在流传至今的书画作品中仍可见到二十余方他的鉴藏印，如孙氏、孙承泽印、退谷逸叟等。

耿昭忠（1640—1687年），字在良，号信公，汉军正黄旗人。原籍山东，徙辽东盖州（今辽宁盖平）。他是清初靖南王、"三藩"之一耿精忠的弟弟，顺治年间担任皇帝侍卫，授一等精奇尼哈番，顺治十二年以贝子苏布图女为妻，受封多罗额驸。康熙十三年削藩时耿精忠叛乱，他在京城的弟弟耿昭忠、耿聚忠率子请罪，康熙没有怪罪。他擅文章，工艺事，善鉴别，旁及书法、绘事、琴、弈、箫、筑、医、筮、蒲博之类，与其子耿嘉祚都是清初有名的收藏家，搜罗过大量历代名迹。

安岐（1683—1744年），字仪周，号麓村、松泉老人。他的父亲安尚义康熙年间随高丽贡使到北京，后入旗籍，在朝廷重臣明珠家中做"包衣"（家奴）。安岐自幼聪敏好学，善理财，为明珠家族在淮南经营盐业生意。明珠死后他独立在天津、扬州两地经营盐业，拥资数百万，富甲一方。明末清初藏家项元汴、梁清标、卞永誉相继谢世，后人将所藏精品出售给安岐收藏，曹溶、宋荦、孙承泽、耿昭忠等家族的藏品也有很多转手安岐，导致他"图书名绘，甲于三辅"。在天津城东南建沽水草堂、古香书屋收藏商周秦汉古董、唐宋元明书画名迹，著录见《墨缘汇观》四卷，展子虔《游春图》、范宽《雪景寒林图》、董源《潇湘图》、王献之《东山松帖》、欧阳询《卜商帖》、米芾《参政帖》、黄庭坚《惟清道人帖》等都曾是安岐的收藏。然而到乾隆初年，由于天津盐场外迁，扬州的新兴盐商取代了老盐商的地位，安家也随之败落。经沈德潜等介绍，他将晋代书法家索靖的书法作品《出师颂》，唐代高闲《草书千字文卷》、怀素《苦笋帖》等精品进献或售予乾隆皇帝，获得乾隆赏赐的"御题图书府""御题翰墨林"字号。他去世后，后人把部分藏书、古玩售予盛昱、端方等藏家。

二　清初的南方收藏家

清初南方依然存在一些相当有实力和影响的收藏家，一部分主要是继承了家族遗产，如太仓的王时敏、王鉴，镇江的张觐宸、张孝思父子，句容的笪重光等；另一类则是出任官员从而有机会获取收藏，如嘉兴人曹溶

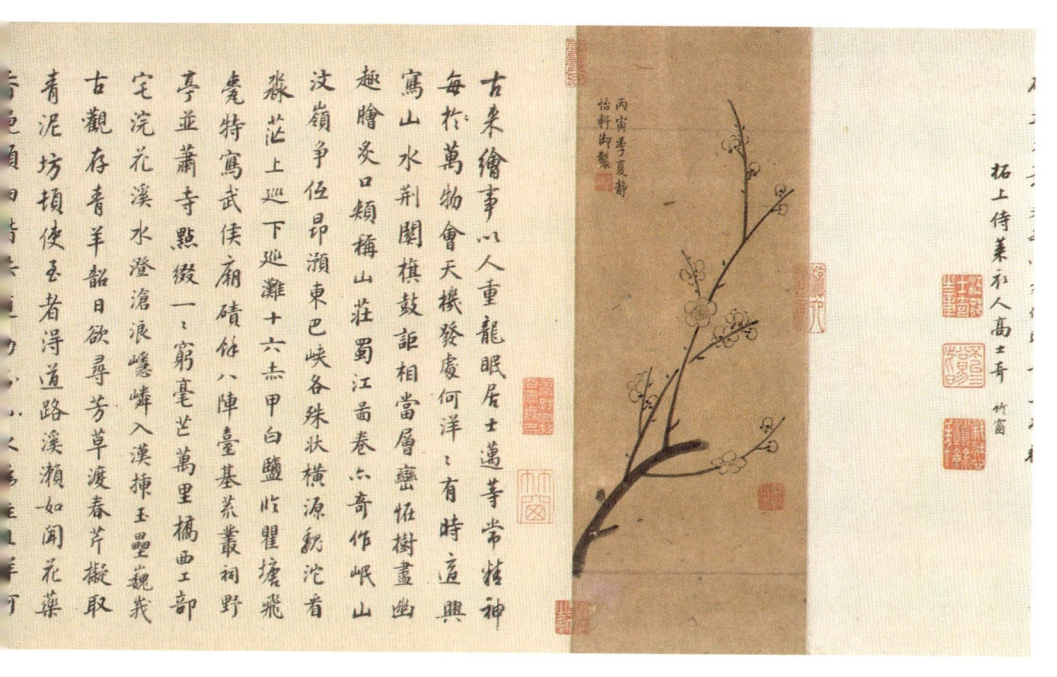

高士奇跋《李公麟蜀川图卷》，弗利尔美术馆

　　高士奇最初得到这件《蜀川图卷》后因为没有前后题跋，不知道是谁所作，并没有特别重视，直到二十多年后1694年得到传为李公麟所作的另一作品《潇湘卧游图》，看到上面董其昌的题跋说"海上顾中舍所藏名卷有四，谓顾恺之《女史箴》，李伯时《蜀江图》《九歌图》及此《潇湘》耳。《女史》在樵李项家，《九歌》在余家，《潇湘图》在陈子有参政家，《蜀江图》在信阳王思延将军家，皆奇踪也"。他细看《蜀江图》上果然有王延世、顾中舍的印章，对自己竟然能拥有两件李公麟的作品极为兴奋，题写长诗纪念此事。更巧的是，1697年苏州鉴藏家顾崧（字维岳）在扬州获得《蜀江图》前题后跋，买下后赠送或转让给了高士奇，高士其再次题诗纪念此事，次年春合并装裱后，1699年10月他再次题跋记述图画和题跋合璧的故事，感叹："人生天壤间，聚散离合，往往兴叹。后之览者，幸相珍重，永存此一段良缘。"

和杭州人高士奇。随着南方经济的逐渐恢复和出任朝廷高官的人士增加，到清朝中后期江南地区的收藏家恢复了实力，著姓望族中出现了许多著名的收藏家。

　　张觐宸、张孝思父子，明末清初京口（今江苏镇江）人。张觐宸的培风阁收藏之富甲于江左，曾于万历四十七年（1619年）花费三百两银子从项元汴之子项玄度处购买王羲之的"平安、何如、奉橘"三帖。其子张孝思是名书画家,精鉴赏,富收藏,藏有不少晋唐法书、宋元名画。

笪重光,字在辛,号重光、江上外史、郁冈居士、始青道人等,江苏句容人。顺治九年（1652年）进士,曾任江西监察御史,后被罢官,还乡后隐居句容茅山纵情山水、书画,著《画筌》《书筏》等。曾收藏鉴赏怀素《论书帖》《小草千字文》、苏轼《祭黄几道文》、蔡襄《山居帖》、黄庭坚《南康帖》《藏镪帖》、米芾《道味帖》、赵孟頫《雪赋》、董其昌《舞鹤赋》等。

高士奇（1645—1704年）,号江村,杭州人。他在太学求学时被康熙发现才华过人,提拔他进入翰林院任职,每日到内廷为康熙帝讲书释疑,评析书画,极得信任,历任内阁中书、詹事府少詹事兼翰林院侍读学士。他学识渊博,能诗文,擅书法,精考证,善鉴赏,所藏书画甚富,是康熙最为信任的文学侍臣,康熙南巡江南、北狩围场都带着他作为顾问。但是康熙二十八年（1689年）冬天被御史上疏弹劾他和原任左都御史王洪绪等人结党谋私、收受贿赂,康熙没有深究,只是让他"休致回籍"。

高士奇是当时的著名鉴藏家,所著书画鉴藏著作《江村消夏录》三卷影响广大,他还曾私人向康熙皇帝进献过几十件书画藏品。在收藏方面有两件事值得记录,一件是他和儿子私下记录的书画账目后来被人以《江村书画目》为题出版,记载了他所藏书画的买进价格和真赝判断。他把进献给皇帝、赠送同僚的作品分别标为"进字号"和"送字号"。"进字号"下所列51件书画中注明赝品的多达31件,购进价格多在几两至十多两之间,可能都是苏州等地伪造的"苏州片",注明真迹的只有4件,而他标明为"永存秘玩,上上神品""自题上等手卷"等真迹多是花费重金购得,他都留下要家族珍藏赏玩。按理说这些字画他会留给子孙传承,可是康熙四十二年（1703年）他临终前又做了另一件让人瞠目结舌的事情,他立下遗嘱将平生珍藏的大多数书画赠予同样爱好收藏、精于鉴别的翰林院编修王鸿绪。或许是因为王鸿绪发现了他以伪品进献的秘密,或有其他不得已的苦衷。高士奇过世后他的大部分收藏为王鸿绪所得,高家保有的部分也陆续流散。

《江村消夏录》记载高士奇以600金收入清顺治间《富春山居图》遭火焚断成两段后的后段"无用师卷"的经历,记录了原作者的题款和董其

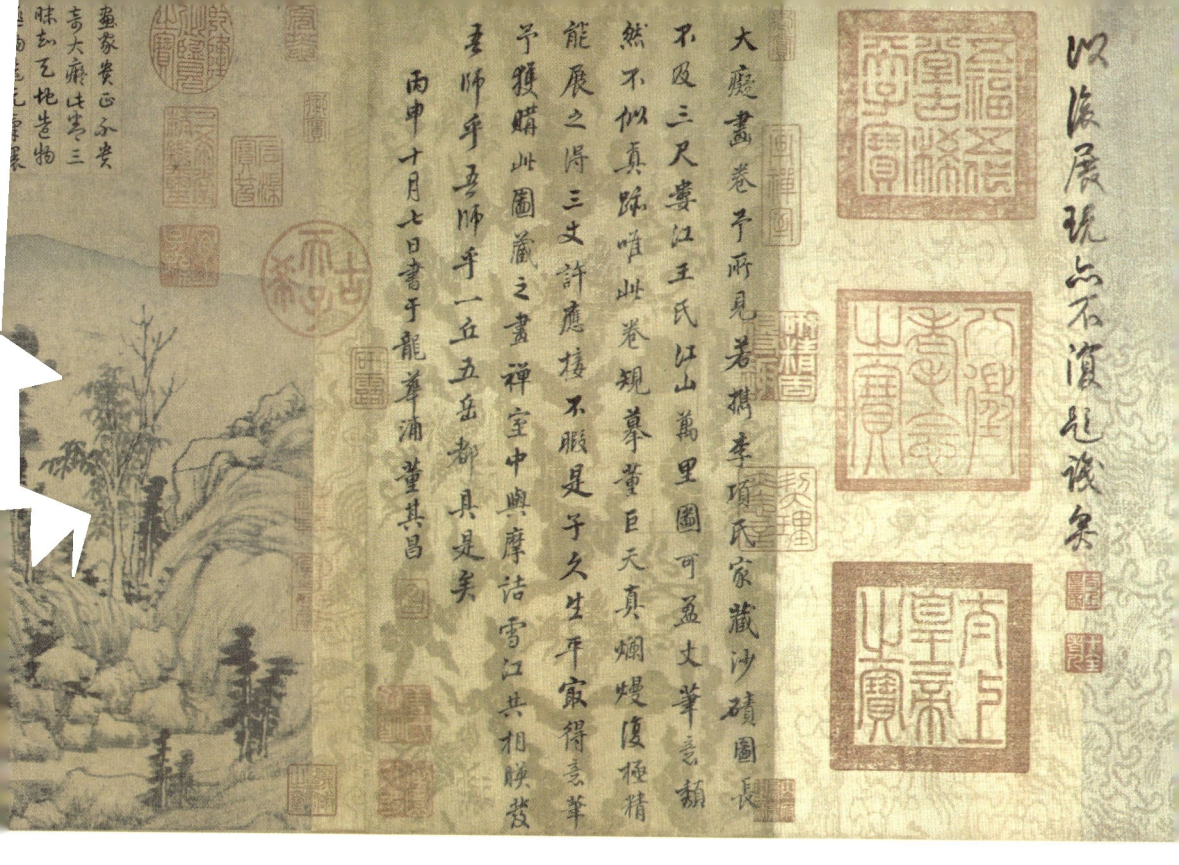

黄公望《富春山居图》上董其昌的题跋和乾隆等人的收藏印，故宫博物院

昌、沈周、文彭、邹之麟的跋文，还明确交代李范庵跋已失、董其昌跋文已被移置画前的情况。此画后来几经流转，于乾隆十一年被清宫征收。当时宫内已藏有一幅叫"子明卷"的《山居图》，乾隆自己鉴别考证后认为旧藏为真，新得为假，因此嘲笑"（沈）德潜、高士奇、王鸿绪辈之侈赏鉴之精，贾直（值）之重，以为豪举者，均误也"。到民国时期，多数专家学者判定"无用师卷"为真迹，证实了高氏的鉴赏力。

三　清代中后期北京、扬州、上海、广州的艺术市场

首都北京在清代一直是收藏重镇。在北京之外，经济较为发达的天津、杭州、南京、扬州、广州、上海等地也有相当规模的艺术市场和收藏群体。尤其是扬州、上海等地先后崛起成为收藏重镇，证明艺术创作、收

藏和经济之间的关联日益密切。官员和商人间流行的收藏热让扬州画派在清代中期一度兴盛，清代晚期上海和广东的经济发达也催生了海上画派和岭南画派的发展。

不同地域、时期，受到文化潮流的影响，文物艺术品的价格起起伏伏。如清代初年著名画家王时敏、王翚的山水画在家乡江南一带的价格大约是三四两一幅[55]，算是在世画家中画价较高的，但远远无法和宋元古画相比。如高士奇以600两购入《富春山居图卷》，王原祁曾以500两的价钱买得李成《山阴泛雪图》，"明四家"的作品价格一般每件价值数十两。这和当时的收藏风气重视宋元名作、艺术市场画家竞争激烈有关。当时"画家以江南盛，江南十四郡以首郡（南京）为盛，郡中著名者且数十辈，但能吮笔者奚啻千人"[56]。到了乾隆末年和嘉庆时，"四王"书画的均价上涨到几十两，而此时吴门四家的价格已水涨船高，仇英的代表作品在嘉庆、道光年间能卖到500两的高价。

到了咸丰同治光绪年间，"四王"的画价在北京骤然上升到数百两，个别甚至高达上千两，比肩宋元作品的价格，超过"明四家"。光绪年间《天咫偶闻》记载："近来厂肆之习，凡物之时愈近者，直愈昂。如四王、吴、恽之画，每幅直皆三五百金，卷册有至千金者。古人惟'元季四家'之画，尚有此直，若明之文、沈、仇、唐，每帧数十金，卷册百余金。宋之马、夏视此，董、巨稍昂，亦仅视'四王'而已。"这是当时的收藏风气，康熙乾隆时名家的书法作品价格也超过明人，仅次于宋四家和赵孟頫。[57] 在瓷器方面当时也是雍正乾隆御窑瓷器价格最高，其次是康熙瓷器，价格都远高于明代的宣德成化瓷器。而在江南，"四王"价格并没有如此高昂，这自然导致古玩商、画商把江南的画作带到北京销售。

1. 北京的文物艺术品市场

北京古玩行兴起于明代。明代嘉靖年间，北京修南城，在崇文门至宣

55　李万康：《中国古代绘画价格论稿》，北京：人民出版社，2012年，第36页，第70—71页。
56　龚贤：《题程正揆山水册》，1669年，参见《周亮工集名家山水册》，台北"故宫博物院"藏。
57　震钧：《天咫偶闻》，北京古籍出版社，1982年，第170—171页。

武门一带建起了一些省籍会馆，寄居会馆的各地应试举子常带文玩欣赏、交流，逐渐形成古玩交易市集。明代人刘侗、于奕正合著的《帝京景物略》记载，东华门、灯市口一带每年正月初一至十五日的"灯市"上有经营古玩的商人，形成了独立的行业。

清初康熙年间（1662—1722年），东华门、灯市口一带举行的灯市南移至和平门外的厂甸举行，逢年过节百货杂陈，游人纷至，成了京城繁华地区，许多商铺集中在附近的街巷。清代雍正时期琉璃厂火神庙举办的庙市上已经有很多字画、玉石、珠宝摊贩，形成了以古玩交易为主的市场。乾隆时期（1736—1795年）琉璃厂古玩市场更为兴旺，里许长的街道上"百货毕集，玩器、书铺尤多，元旦至十六日，游者极盛"。[58]这说明当时的琉璃厂已成为繁华的街道，并有了经营古书和古玩的固定店铺。乾隆三十八年编纂《四库全书》的时候，参与编纂的翰林学士们大都寄寓城南，加之附近各省的会馆招待举人士子，清赏雅玩之风渐起，浙江等地的精明书商前来这里招揽生意，琉璃厂书肆生意最为繁荣[59]。同时因为当时达官学者重视金石学，带动了古玩商们来琉璃厂开店经营，金石、陶瓷、书画、碑帖各业均发展起来，两里多长的街道两侧密集了各种古玩、字画、纸张、书帖店铺。除了琉璃厂，附近几个区域也出现了古玩铺，寓居都门的显宦名士、进京赶考的士子学人纷纷前来光顾。据不完全统计，到光绪初年，琉璃厂中的书肆有220余家，古玩、字画店50余户。

当时官方设置的东、西市场有少数商贩出售文玩，还有所谓"晓市"更是多见出售文玩的商贩，《旧都文物略·杂事略》："每值鸡鸣，买卖者率集于斯，以交易焉。售品半为古董，半系旧货，新者则不加入。以其交易盛集于清晨，因名晓市，或谓'鬼市'，亦喻其作夜交易耳……北京有晓市三处：一处在宣武门，一处在德胜门，一处在崇文门。宣武门地近琉璃厂，故多为古董，德胜门多旧家具，崇文门则以估衣为大宗也。"[60]一些古董铺也从这里进货。

58　汪启淑：《琉璃厂》，《琉璃厂小志》，第29页。

59　翁方纲：《复初斋诗注》，《琉璃厂小志》，第32页。

60　[清]汤用彬：《旧都文物略》，北京：北京古籍出版社，2000年，第262—263页。

晚清民国的古玩店收货方式有几种，一种是门市"坐收"，等市民、农民、仕宦人家的佣人上门卖货；一种是去旧货铺淘货或者派人到住户家中收购，俗称"下宅门"；一种是等当铺、藏家、古玩商处理大批古玩时竞价购买，买家一起密封投标，当众折标，出价高者得标，俗称"封货"；一种是到出土文物多的地方找农民等收购出土文物。商铺之间的交易行为称为"窜货"，议价方式一般是彼此伸出手到对方衣袖内捏手议妥价格。

2. 扬州的艺术市场

京杭大运河、长江交汇于扬州，在海运、铁路尚未兴盛之时，扬州成为南北东西的水陆交通枢纽，盐业管理机构两淮盐运史和两淮盐运御史衙门也设在扬州。清代两淮食盐产量与日俱增，扬州得水利之便，成了吞吐量极大的盐运中心，每年有十亿斤以上的海盐经过扬州转运到安徽、河南、江苏、江西、湖南、湖北等地，使扬州成为全国最大的食盐集散地，盐税收入约占全国盐税收入的一半。当时，来自徽州和陕、晋等地的两淮盐商多聚居于扬州，他们依靠官府合谋垄断盐运，大发横财，八大盐商拥资都在数百万乃至千万，"乾嘉间扬州盐商豪侈甲天下，百万以下者谓之'小商'"。扬州因此发展成为繁华的商业城市，戏曲、妓院、茶馆、餐饮等产业繁荣，乾嘉年间商民多达十万家，一派繁荣气象。

当时人曾形容扬州兴起的"吴俗三好"：穷烹饪、狎优伶、谈古董[61]。为了和官僚士大夫社交乃至送礼，也为了靠近主流文化彰显品味，"贾而好儒"的徽商流行收藏古玩书画，引起整个社会的跟风，一般店铺为了吸引顾客也求购名家字画联匾，张挂于厅堂装点。

在盐商的带动下，扬州对字画的需求量大增，吸引了大批画家寓居扬州卖画，最盛时约有书画家150余人，罗聘、李方膺、李鱓、金农、黄慎、郑燮（郑板桥）、高翔和汪士慎等"扬州八怪"就是其中最著名的。

---

61 [清]阮葵生：《茶余客话》卷八《吴俗三好》，北京：中华书局，1959年，第210页。

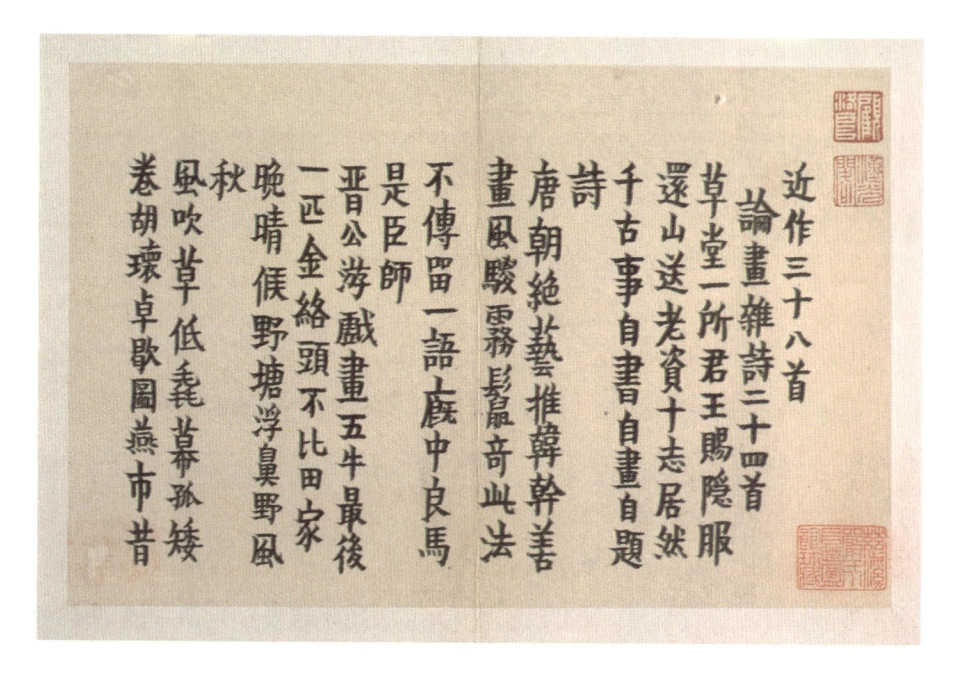

《为马曰琯作论画杂诗》（赠马曰琯），十一开册页之一，纸本水墨，16.8×26.4cm，金农，清代（1754年），John M. Crawford 捐赠，大都会博物馆

徽州祁门马氏家族从马承运开始在两淮经营致富，他的孙子马曰琯（1687—1755年）自小侨居扬州新城东关街接受文人教育，他一边经营盐业一边和文人、官僚交往，与弟马曰璐号称"扬州二马"，是当时著名的收藏家，累计有藏书10余万卷，建藏书楼数十间，命名为"街南书屋""小玲珑山馆""丛书楼"等。他聘请知名学者如厉鹗、陈撰、江宾谷、金农等先后馆于其家，为其校勘、编次书籍。他也爱好书画，与画家金农、郑板桥交好，袁枚形容马曰琯"横陈图史常千架，供养文人过一生"。他曾献书给朝廷用于编纂《四库全书》，也热心地方公益事业，乾隆帝南巡时闻其藏书、诗文之名，亲驾其园并赐书。

"扬州八怪"的背景不同，如郑燮、李鱓与李方膺是丢官后到扬州卖画的文人，金农、高翔和汪士慎一生布衣卖画，黄慎、罗聘师从民间画师学画但有文人修养。虽然修养不同，但可以说他们都是当时艺术市场上以卖画维生的"职业画家"。任过县令的郑板桥开出"以尺寸论价"的润格，曾任宫廷画师的李鱓"穷途卖画"被社会接受，金农还帮助盐商鉴定文物字画乃至自己居间经纪，而高翔甚至创作托名其他名家的赝品书画赚钱，可见当时艺术市场的风气。

因为收藏者主要是商人，清代谢堃《书画所见录》中有所谓"扬俗轻佻，喜新尚奇"一说。为迎合新兴商贾、市民阶层的品味，扬州八怪等画家的作品风格也相应更为简单明了乃至夸张。画家为了加快创作也减少工笔、细笔描绘，如汪士慎、李鱓、黄慎等画家都是由细致的画法转变成快速的写意画法。画家们在题材上也刻意讨好商贾的情趣，如罗聘《一本万利》、黄慎《渔翁得利》等作品的题目就是如此。收藏家、赞助人除了直接出钱购买画家的作品，还常常召集画家参与自己举办的雅集活动，或者邀约画家随从出游、鉴定古玩字画等。徽商马曰琯的小玲珑山馆、姚际恒的好古堂、程梦星的筱园、江春的康山草堂、汪楫的借书楼等都是画家们常常活动的地方。

徽州籍大盐商江春曾购藏金农多幅画作，将其《画竹题记》镂版行世，另外还延请画家陈撰与其女婿许滨等在家塾中任教。马曰琯的小玲珑山馆之后有藏书楼"丛书楼"，所藏书画碑版图籍甲于江北，全祖望、陈撰、厉鹗、金农、陈章、姚世钰等皆馆其家，在此访书、抄书、读书、校书。乾隆三十七年（1772年）四库馆在全国范围内征书，马曰琯之子马裕进献了家藏书目，入选七百七十六种，是南方藏书家献书最多的四家之一。他家也蓄藏古玩、书画，有李成《寒林鸦集图》、苏轼《文竹屏风》、赵孟坚《墨兰图》、黄公望《天地石壁图》、赵原《杨铁崖吹笛图》、文徵明《煮茶图》等作品。可能是讲究辟邪，他们家的堂、斋、轩、室的一面墙专门悬挂钟馗像，皆是前人所作，颇为显眼。

道光五年（1825年）后黄河泛滥，运河淤废，从上海出发的海运路线逐渐取代京杭大运河的漕运路线，扬州失去南北商品贸易中转站优势，之后的盐政改革也破除了盐商垄断生意，扬州不再繁华，艺术市场也烟消云散，许多家族的收藏在清末都转手他人。

3. 上海的艺术市场

扬州衰落的同时，崛起了上海这座工商业都市。上海自1843年开埠通商以后经济高速发展，人口迅速增加，一跃成为全国瞩目的经济重镇，其书画市场也随之兴盛。张鸣珂《寒松阁谈艺琐录》中记载："自海禁一开，贸易之盛，无过于上海一隅，而以砚田为生者，亦皆于于而来，侨居卖画。"[62]而且太平天国战乱时期江南富户、画家多避难上海租界，当时有确切记载来上海求生存的画家，共计六百余人，规模远超昔日的扬州。黄式权在1883年的《淞南梦影录》中指出："各省书画家以技鸣沪上者，不下百余人"[63]，著名的书家有吴鞠潭、汤埙伯等，画家有张子祥（熊）、胡公寿（远）、任伯年（颐）、杨伯润（璐）、朱梦庐（偁）等。这些书画家多来自附近的江浙地区，类型各异，竞争激烈。著名画家因为市场需求大，还有代笔的情况，如吴昌硕晚年经常请沈石友代笔写诗联。

当时的书画销售机构主要是笺扇庄，其他如古玩店铺、报纸、画展、社团、亲友介绍等也进行书画作品交易。上海老城厢一带的笺扇庄代售作品极为常见。据葛元煦《沪游杂记》记载，宣统元年（1909年）上海笺扇店字号多达109家，"笺扇铺制备五色笺纸、楹联，各式时样纨折扇、颜料、耿绢、雕翎，代乞时人书画"[64]。任伯年等众多画家都曾为笺扇庄画扇。笺扇庄会把合作的书画家的润例制成价目表，顾客到笺扇庄可据此向笺扇庄订购，由笺扇庄联系画家绘制相应作品。

四　金石学对古器物收藏的影响

宋代"证经补史"的金石学对清初文化有重大影响，顾炎武《金石文字记》、朱彝尊《曝书亭金石文字跋尾》等民间学者的研究开风气之先，后来高官显贵、清流文官多参与其中，乾隆皇帝也给予关注，在朝野互动之下金石收藏和考据研究之风大兴。

这期间爱好金石收藏、研究的地方官员对于金石学发展有重大影响，因为他们掌握行政资源而且关系网广大，极大方便了学术考察和著作出

62　张鸣珂：《寒松阁谈艺琐录》，上海：上海人民美术出版社，1988年。
63　黄式权：《淞南梦影录》（光绪九年，1883年），上海：上海人民出版社，1997年，第139页。
64　葛元煦：《沪游杂记》，上海：上海古籍出版社，1989年，第27页。

版。历任陕西巡抚、河南巡抚、山东巡抚、湖广总督的毕沅（1730—1797年）是当时著名的收藏家和金石学者，他广聘金石学者担任幕宾，每到一地都在工作之余进行校释古籍、考订金石的学术研究。毕沅从1770年起先后任陕西按察使、布政使、巡抚，在当地下令整修西安碑林，带着严长明、张埙、钱坫、孙星衍、钱泳等幕宾四处搜罗金石，寻访断碑残碣，分遣拓工四出，著为《关中金石记》。乾隆五十年（1785年）毕沅调任河南巡抚后，又与随行幕宾严长明、钱坫、孙星衍、洪亮吉等花费三年搜罗金石文字、考证异同，后著为《中州金石记》五卷。这些幕宾无不是当时一流学者，各自也有专门的金石著作。

另一位地方大员阮元（1764—1849年）任提督山东学政时受到毕沅指点开始研究山东各地的金石遗存和藏家的藏品、拓本，集合幕宾朱文藻、何元锡、武亿、段松苓等的力量撰成《山左金石志》。乾隆六十年（1795年）阮元移任浙江巡抚，又集合幕宾赵魏、何元锡等人著录《两浙金石志》。两江总督端方也曾集合幕宾将自己所藏著录为《匋斋藏石记》四十四卷，共计自汉至元的628件碑刻，包括古碑、造像、石经、墓志铭，还有泉范、塔记、井栏、田券、造像记等。

清初金石研究侧重于石刻，对青铜器的研究较少。到乾隆敕令编纂"西清四鉴"后青铜器研究逐渐形成风气。官僚士大夫中流行嗜古收藏风尚，青铜博物器的收藏和研究大为发展，清代中晚期出现了京师和中原的阮元、陈介祺、翁方纲、王懿荣，江南的吴大澂、曹载奎、吴云、潘祖荫、叶昌炽、刘公鲁等著名收藏家。他们除了收藏，还亲自鉴定考证、著录摹拓，推动古文字和历史研究。

阮元告老隐退扬州后专事整理和研究古物，他把自己的收藏编入《积古斋藏器目》，收录钟、鼎、卣、敦、彝等青铜器共74件。其中齐侯大小两具，后归吴县官员吴云，吴云因此称其居"两罍"。阮元还把交好的十多位青铜器藏家的青铜器款识拓本集中著录为《积古斋钟鼎彝器款识》，收录商周青铜器达446件，其他古物105件，共551件，极大方便了学界的金石研究。钱坫（1741—1806年）著有《十六长乐堂古器款识考》4卷，钩摹铭文，考释图像，收录商周青铜器29件，古器总共49件。吴

阮元题大理石插屏,大理石、木质框架,28.9×40cm,清代(19世纪早期),G. Judith 和 F. Randall Smith 捐赠,大都会博物馆

式芬撰《捃古录金文》3卷著录商周铜器及其铭文1334件。吴大澂撰《愙斋集古录》26册著录商周青铜器1048件,方濬益撰《缀遗斋彝器款识考释》30卷著录商周青铜器达1000余件,对重要铭文多附有考释,并在"考藏"部分对彝器收藏和流传的历史做了研究。

清末湖北巡抚、两江总督端方收藏了许多新出土的青铜器,延请金石专家李葆恂、陈庆年、黄廷荣参与考证编辑,于光绪三十四年(1908年)出版了《匋斋吉金录》八卷,收录自商周至六朝、隋唐时期的青铜礼器、兵器、权量、造像等359件,次年又出了《匋斋吉金续录》二卷附补遗,收录铜器88件。

这一时期，除了碑刻、青铜器，与金石相关的其他器物收藏也大为发展。清晚期时古钱币收藏颇有声势，清早期已经有丁敬、赵一清、胡道周、汪千波等致力收藏古钱币，其中一些藏家是以篆刻知名，或许是参照古钱进行创作。清乾隆十五年（1750年）梁诗正等人奉敕纂辑《钦定钱录》十六卷，收录先秦至明代崇祯年间钱币以及外国货币、厌胜钱共五百多种。此后民间藏风更盛，南北各地出现了刘师陆、吴玠、戴熙、潘有为、翁树培、鲍康、初尚龄、刘喜海、吕佺孙、吴逸庵、瞿中溶、赵曾、陈谯园、张集堂、顾古湫、汪厚石、钱同人、金柹盉、曹宜泉、江德量、倪模、吴子宓、吴霖宇、徐懋、龚自珍、杨继震、陈介祺、李古农、宋葆淳、何梦华、孙均、陈式甫、陈南叔、张廷济、钟丽泉、马爱林、周养浩、童佛庵、陈豫钟、黄易、金锡鬯、周尔昌、倪米楼、瞿木夫、何镜海、僧人达受、李佐贤、王懿荣、潘祖荫、吴大澂等侧重收藏古钱币的藏家，他们中许多人都是金石研究学者，出版有各自的著作。如上海金石学家张端木撰有《钱录》十二卷，翁树培著有遗稿《古泉汇考》八卷，初尚龄著《吉金所见录》十六卷，倪模《古今钱略》三十二卷，李佐贤《古泉汇》六十四卷，鲍康著有《观古阁泉说》《观古阁丛稿》《续丛稿》《大钱图录》等，和李佐贤共同撰成《续泉汇》十四卷、补遗二卷。刘喜海著作《古泉苑》一百卷手稿一直到21世纪才得以出版。

古印玺的收藏在清代也颇有发展。周亮工之子辑有家藏的《赖古堂印谱》，歙县人汪启淑（1728—1800年）出身盐商家族，家资饶富，他寓居的杭州"飞鸿堂"以收藏古今印章著称，集秦、汉、魏、晋、唐、宋、元、明诸印至数万枚，曾从钱泳处获得汉代杨恽铜印，从丁敬获得汉代霍去病铜印。他也雅好当世名家篆刻，曾延请林皋、吴麐、丁敬、黄易等100余人镌刻印作3000余方。后编撰出版《汉铜印丛》《汉铜印原》《集古印存》《飞鸿堂印谱》《秋室印剩》《退斋印类》《枕宝印萃》《时贤印谱》等，可惜后来因为邻家失火殃及飞鸿堂，他收集的印章损失近半。其他印章他后来赠给徽州汪贡廷，后为桐城马峨园、杭州许迈孙等所藏。山东金石收藏家高庆龄、高鸿裁父子以古玺印及古砖瓦研究著称海内。高庆龄曾著有《齐鲁古印捃》，其中所藏战国至汉魏的古印对于历史研究极有价值。明末清初上海、天津、北京等地出版了众多印谱类，或为家藏印章精选目录，或为刻印指南，这和当时书画市场和文房产业对印章的需求有关。

曾任福建巡抚的金石收藏家吕佺孙（1806—1859年）收藏古砖颇有所得，著有《百砖考》《阳湖吕氏藏砖拓本》。金石收藏家高鸿裁（1852—1918年）将家藏秦汉砖瓦刻石的文字、纹饰汇成《上陶室砖瓦文捃》，成为国内古砖瓦收藏研究第一人。

清代的奇石收藏在文人间也颇为流行，同明代一样作为文人书斋装饰。李渔的《闲情偶寄》、沈复的《浮生六记》、姜绍书的《韵石斋笔谈》、谷应泰的《博物要览》、谢堃的《金玉琐碎》及类书《格致镜原》中均有关于赏石的论述，专著专文有宋荦的《怪石赞》、梁九图的《谈石》、王晫的《石友赞》、高兆的《观石录》、毛奇龄的《后观石录》、成性的《选石记》、诸九鼎的《石谱》、沈心的《怪石录》、马汶的《绉云石图记》、钱朝鼎的《水坑石记》等。

五　清代中后期的收藏家

清代中后期，江南、华北、华南是主要的经济中心和收藏中心。

江南地区经济繁荣，科举发达，世家大族、文人学者自元明以来就有浓厚的收藏风气和传统，出现了曾任湖广总督的毕沅和其弟毕泷、曾任苏州知府的吴云、福建巡抚吕佺孙、四川夔州知府鲍康、张廷济、谢希曾、顾文彬、陶樑、方浚颐、吴大澂、曹载奎、丁彦臣、张廷济、程振甲、韩文绮韩泰华家族以及湖北的叶志诜、湖南的何绍基等收藏家，收藏品自书画、石刻拓本、玺印、陶文、青铜器、玉器、货币、陶瓷、造像直至甲骨等，收藏较富者均以万件计。他们大多编有专书著录，对后世的研究、鉴赏、收藏有重要参考价值。

吴大澂（1835—1902年），江苏省吴县（今江苏苏州）人，金石学家、书画家。曾任广东巡抚、湖南巡抚等，中日甲午战争中率湘军在海城

山水扇面，纸本水墨，17.5×53cm，吴大澂，18世纪末19世纪初，Robert Hatfield Ellsworth 捐赠，大都会博物馆

战败被革职。一生喜爱金石，收藏古物甚丰，研究金石文字时善于将实物与文献相对照。1895年《马关条约》规定清政府赔偿日本军费库平银二亿两，吴大澂闻讯后，基于"补过尽忠"思想，五月二十五日给亲家、湖广总督张之洞发去电报，请他转告办理外交事务的李鸿章，愿意以3200件收藏抵与日本，"减去赔款二十分之一"。电报中透露他的收藏包括"古钟器百种、古玉器百种、古镜五十圆、古瓷器五十种、古砖瓦百种、古泥封百种、书画百种、古泉币千三百种、古铜印千三百种，共三千二百种"[65]。张之洞劝他不要再做这样的"新奇文章"。由于罢官后生活潦倒，吴大澂出手了部分书画、古铜器。1902年他故去后藏品也就四散而去。

顾文彬，字蔚如，号子山，晚号艮盦、过云楼主，今江苏苏州人。道光二十一年（1841年）进士，先后授刑部主事、浙江宁绍道台等职，晚年引疾回苏，1873年起建"怡园"和收藏书画典籍的过云楼，为清晚期苏州著名藏家，有"江南收藏甲天下，过云楼收藏甲江南"之说。他自幼喜爱书画，精于鉴藏，搜罗唐宋元明清诸家名迹众多，著有《过云楼书画记》

---

65 《张文襄公（未刊）电稿》，光绪二十一年，全国图书馆文献微缩复制中心，2005年。

十卷、《过云楼帖》。顾文彬家居十五年而卒，1949年后，家人将所藏书画多捐献给博物馆、图书馆等机构。

以北京为中心的华北、中原收藏家多数是文人出身的官僚士大夫或有文化的地方士绅，如北京的潘祖荫、翁方纲、端方，山东的陈介祺、吴式芬、李佐贤、刘喜海、丁斡圃，山西的刘师陆，陕西的路慎庄等，多侧重金石和图书收藏，这与当时士大夫重视考据学问、金石研究的风气有关。

陈介祺（1813—1884年），号簠斋，金石家，山东潍县人，长期供职翰林院，酷爱金石文字的搜集与考证，曾向当时著名学者阮元求教质疑，并与何绍基、吴式芬、李方亦等许多金石学者互相切磋。他不惜巨资搜集古印、古陶、青铜器等。藏有商、周铜器235件，秦汉器物80余种，以及秦汉刻石、各种古钱、陶、瓷、砖瓦、碑碣、造像、古籍、书画等精品达万件以上。他集有三代及秦汉印7000余方，故名其楼曰"万印楼"，因藏有商周古钟11件，该按又名"十钟山房"。他收藏的毛公鼎内壁铭文多达497字，驰名中外。著有《十钟山房印举》《封泥考略》《簠斋藏古目》《簠斋传古别录》《簠斋古金录》《簠斋金文考释》《簠斋藏镜》等十余种。

李佐贤（1807—1876年），山东利津县左家庄人。曾任礼部庶常、国史馆总纂等，咸丰二年（1852年）引退故里。李佐贤少时喜爱金石书画，擅长画竹，尤以古钱币学闻名。供职京都时，于国史馆有机会阅读抄录《永乐大典》中关于古泉的图书，为后来研究古币、金石、书画，集累了大量的文字资料。与海内同好鲍康、刘喜海、陈介祺、吴式芬、吕尧仙结为金石之盟，互为投赠。居国史馆近十年间，他常到街市、厂肆浏览购买古籍、文物。当时，北京的琉璃厂、海王村是他经常出入的地方，每遇奇钱异币，不惜重金购买。至道光二十四年，他将所藏古币资料整理装订成册，成为《古泉汇》之雏形。咸丰七年进京闲居，将主要精力放在古币研究上，把所收藏的10大箱古币分类鉴别，逐类绘图并加注释。同治三年（1864年）成书《古泉汇》，共64卷，17册。该书是研究古钱币的珍贵史料，集泉学著作之大成，收录古钱拓本6000余种，钱范75个，首次对春秋战国时繁多的刀币、布币加以考校分类，著录农民军及地方割据势力的钱币，在古钱学研究中堪称创举。同治十二年（1873年）与鲍康合著《续泉汇》14卷、补遗1卷，另著《续泉说》2卷。李佐贤也收藏研究书画，同治十年（1871年）编辑《书画剪影》24卷，记录经手鉴定的东晋至清代乾隆时期的名家书画。

爱新觉罗·盛昱（1850—1900年）是清晚期著名的金石图书藏家，广泛收藏金石、书画、古铜、瓷玉、古钱等。他从怡亲王载垣后人、潘祖荫后人等处购藏或者交换部分藏品，经常出入厂肆购买古玩，甚至到打磨厂、兴隆街等外地书贾云集的早市选购藏品。宋本七十卷之《礼记注疏》《杜诗黄鹤注》《旧钞儒学警悟》等都是这样辛苦拣选所得。他的郁华阁以所藏宋本《礼记》四十本，苏轼、黄庭坚合璧的《寒食帖》，刁光胤《牡丹图》为"三友"。去世后侄子善宝继承了他的收藏，1912年后其将郁华阁所藏名画图书陆续卖出，引起罗振玉、傅增湘、张元济为代表的津沪藏书家、书贾的骚动争夺。

清代中晚期岭南的广州等地出现了一批收藏家，主要分为两类，一类是巨商富豪。广东十三家洋行是官方指定与外商交易的垄断商户，获利丰厚。十三行出身的潘正炜（1791—1850年）、伍崇曜（1819—1863年）、潘仕成（1804—1873年）、伍德彝（1864—1928年）和经营盐业的孔广陶（1832—1890年）等广东籍富商依靠殷实的财力建立起数量可观的图书、书画收藏。另一类是官僚士大夫，如曾任湖广总督的吴荣光（1773—1843年）、曾任户部郎中的叶梦龙（1775—1832年）、曾任江苏巡抚的梁章钜（1775—1849年）、曾任南海县令的裴景福（1854—1924年，安徽霍邱人，但长期在广东为官）等以图书、金石、书画收藏著称。另外还有文人收藏家如文学家梁廷枏（1796—1861年）、篆刻家何昆玉（1828—1896年）及其弟书画家何瑗玉等，但他们实力较弱，收藏的数量和上述巨商、官僚无法相比。

华南成为书画收藏的聚集地之后熏陶了本地的艺术家，并因为与西洋、日本等交往较多，刺激了中西融合的"岭南画派"的出现。如高剑父少年时就曾临摹研究伍德彝家"镜香池馆"收藏的宋元绘画，十七岁时又得伍家资助到澳门格致书院就读，跟随法国传教士麦拉学习素描。

这一时期广东代表性的收藏家有：

《广州十三行商馆区和港口》，布面油画，45.5×60cm，顺呱（Sunqua），约 1830 年

在澳门和广州工作的艺术家顺呱（Sunqua）创作了许多卖给西方的外销油画，他的这张画描绘了游弋广州珠江水面的各国商轮和中国木船，岸上则是新建的做外贸生意的十三行的商号建筑和商人繁忙的场景。外贸让广东的富商经济实力大为增加，成为了清晚期重要的收藏家群体。

广东女性，照片，23.7×19.2cm，19世纪末，大都会博物馆

　　这件19世纪末的照片可能是外商拍摄的，可见当时的广东富有人家以书画装饰自己的厅堂或书斋。

潘启，又名潘振承，福建人，青年时自闽入粤从事海外贸易，曾三次往吕宋贩卖丝茶。先为十三行陈姓行商经营商业，后于乾隆七年（1742年）左右向清政府请旨开设同文行，独立成为行商老板。由于眼界开阔、经营有方，潘被外国商人称为"最可信赖的商人"，外国商人经常预付定金给潘启，最多一次预付款达到60万两白银。1753年，潘启与英国东印度公司做成一笔贸易数额相当大的生意：生丝1192担、丝织品1900匹、南京布1500匹；仅生丝一项贸易额就达20多万两白银。到18世纪60年代初，他成为广州洋商首富。他的孙辈潘正炜是广州最负盛名的书画、玺印鉴藏家之一，著有《听帆楼书画记》《听帆楼古铜印汇》《听帆楼法帖》等。《听帆楼法帖》记录了他收藏的唐以来97位名家的书法作品。《听帆楼古铜印谱》是他从所藏1700余枚古铜印中挑选精品拓刻而成，辑有官印177枚、私印860枚。

孔广陶是广州人，家族以经营盐业起家，历数代而积为巨富，父孔继勋是嘉庆二十三年（1818年）举人，道光十三年（1833年）进士，入选翰林院庶吉士，散馆授编修。其父孔继勋性喜读书、藏书，于古人书法名画尤其珍爱，每见精品即购以归，藏于家中岳雪楼。孔广陶在父亲基础上进一步扩大收藏，藏书处称"三十三万卷书堂"，以收藏武英殿刻本书籍出名，其中最巨者为殿本《古今图书集成》。据说是孔广陶斥巨资买通宫中太监秘运出来的。唐吴道子《送天王图卷》、唐贞观年间《藏经墨迹册》等也曾为孔氏家族珍藏。他另有许多古钱币、古玺印藏品，曾著录《泉谱》《清淑轩钱谱》《明清画家印鉴》《岳雪楼书画录》《岳雪楼书鉴真法帖》等。光绪三十四年（1908年）后，清政府盐法改制，易商办为官办，孔家由此中落，其藏书亦渐次散出。宣统元年（1909年）罗振玉偕日本人藤田丰八选取岳雪楼精本售往东瀛，其后广东按察使蒋式芬、提学使沈曾桐、按察使王秉恩和上海、北平书商也前来采购。1912年，岳雪楼剩余精品全被康有为买去，纳入他的万木草堂藏书。

与孔广陶"岳雪楼"并称"广东四大藏书楼"的还有伍崇曜"粤雅堂"、潘仕成"海山仙馆"、康有为"万木草堂"。伍崇曜的祖父在乾隆时期就开始经营怡和洋行，嘉庆十八年（1813年）在其父伍秉鉴手中成了十三行首席商行，家资巨富让他得以收藏众多图书。潘仕成（1804—1873年）也是十三行巨商，"海山仙馆"中所藏金石、古帖、古籍、古画号称"粤东第一"，但1871年产业破败，海山仙馆也在1873年被查抄。民国初年康有为"万木草堂"以图书收藏著称，据《南海珍藏宋元明书目》所载，计有宋刊14种（428册），元刊9种，明刊232种，共5万余册，又收有南海孔氏"三十三万卷楼"旧藏及新购新学、西学之书。康有为去世后，所藏书大部分为广西大学图书馆、镇江图书馆、香港中文大学图书馆等所获。

六　清代的民间藏书

明清时期由于图书雕印事业发达，图书流通渠道增多，社会上购书藏书蔚为风尚。清代藏书家数量大增，分布地区广泛，藏书数量巨大，藏书家人数剧增，有明确史料记载的、藏书达5000卷以上的藏书家已超过3000人。清代藏书万卷以上的藏书家多达500多人，更超过了以往各代。明末清初钱谦益的"绛云楼"、黄虞稷的"千顷堂"、黄宗羲之"续钞堂"、徐乾学的"传是楼"、曹溶的"倦圃"、朱彝尊的"曝书亭"等都以藏书丰富著称，乾嘉年间黄丕烈、周仲涟、顾之逵、吴又恺号称"四大藏家"，鲍廷博、卢文弨、顾广圻、孙星衍、张金吾等亦以藏书、校勘、刻书闻名于世。清晚期除钱塘丁氏"八千卷楼"、常熟瞿氏"铁琴铜剑楼"、聊城杨氏"海源阁"、归安陆氏"皕宋楼"这四大藏书楼，京城盛昱、苏州潘氏"宝礼堂"、江阴缪氏"艺风堂"、海盐张元济、江安傅增湘、德化李盛铎、武进董康、长沙叶德辉、吴兴刘承干等也以藏书著称。

但清代也是中国藏书文化转换的时期，清末因为印刷业的发展让传统的图书真正成为了收藏品——它们的实用阅读功能弱化，成为了针对收藏投资、学术研究的专门收藏品。另一方面，由于社会、经济的变化，这也是传统藏书家的收藏大规模换手的时代，如瞿氏"铁琴铜剑楼"、杨氏"海源阁"、丁氏"八千卷楼"和陆氏"皕宋楼"等大多数藏书家的收藏都在清末迭经变化，转让他人。

瞿镛，常熟人，生活于嘉庆、咸丰年间。瞿镛的"铁琴铜剑楼"广收常熟前辈藏书家钱谦益、毛晋的故物，以及清代张金吾"爱日精庐"、汪士钟"艺芸书舍"的善本，藏书达十余万卷，而且精品很多，有宋本173种、金本4种、元本184种。瞿家藏书自其父瞿绍基始，历四代，经受过太平军战火、北洋军阀混战和日本侵略的袭扰，后人捆载书籍四处躲避，精心保护，1949年后献与国家，大部分存入上海图书馆。

杨绍和，山东聊城人，生活于清道光至光绪年间，曾任礼部郎中、翰林院侍讲。藏书自其父杨以增开始，所得精华是黄丕烈的士礼居故物。杨绍和继承父志，拓展"海源阁"藏书，在京为官时收得宗室怡府"乐善堂"的一批善本。按《海源阁宋元书目》所记，共有宋元本269种。阁中藏书曾在咸丰年间遭捻军起义的冲击，然至民国初，仍有藏书3236部，208300卷。民国初年军阀混战，有两次遭土匪劫扰，善本书后运往天津，归国家图书馆和天津图书馆所有。

陆心源，浙江归安人，生活于道光至光绪年间，历任道员、盐运使。陆心源年轻时就喜好藏书，曾一次买下上海藏书家郁松年"宜稼堂"48000多册图书。出任盐官后资财日富，搜罗严元照"芳椒堂"、刘桐眠"琴山馆"、福州陈氏"带经堂"等江浙故家的藏书，藏书总数达15万卷以上，分别藏于"皕宋楼""十万卷楼""守先阁"。他的藏书楼"皕宋楼"号称收藏宋版200部。陆心源身后，其子陆树藩经商失败，于光绪三十二年（1906年）将陆家皕宋楼、十万卷楼大部分藏书以12万两银子售与日本岩崎氏静嘉堂文库，在国内收藏界和文化界引起关注。1908年陆树藩又将守先阁藏书一千余部一万四千余册捐给刚兴办的一家图书馆。

丁丙，浙江杭州人，生活于道光至光绪年间。他和兄长丁申一起藏书，时称"二丁"。丁家藏书有家传渊源，自其祖父时就构建"八千卷楼"藏书。丁氏兄弟不仅继承先辈事业，而且对公家藏书也非常关心。杭州文澜阁《四库全书》因太平军作战而流散，丁氏兄弟发现后便四处寻检收集，后又雇人抄补残缺，历经十几年，基本上恢复了文澜阁《四库全书》的旧貌。"八千卷楼"藏书达20万卷，有宋元本200余种。丁氏后人将藏书以7.5万两银子售与官府，清廷在此基础上建立了南京图书馆的前身江南图书馆。

建于清代光绪三十三年（1907年）的江南图书馆最先使用"图书馆"

三个字，这是在西方思潮影响下近代中国开设的第一座公共图书馆。以此为起点，近现代各级政府、大学、博物馆设立的图书馆或者图书收藏部门逐渐成为古籍收藏、保存、传承的主体。

七 "收藏家"一词的诞生

唐代的张彦远用泛泛之词"好事者"称呼书画收藏者，到了宋代出现了"好事者"和"赏鉴家"，更为强调文人士大夫的眼界、能力和修养，具有褒义。元末文人藏家、画家陶宗仪《叙画》、吴镇题画诗《李成江村秋晚》中有了"鉴赏家"一说，也是指那些具有文化修养和鉴别能力的文人学者。清代乾嘉时文人洪亮吉的《开成石经联句并序》一文中出现了"鉴藏家"这一概念，是指善鉴定、收藏之人。

清代有了"收藏家"一词，如张廷玉等所撰《明史》中提到"收藏家"搜求董其昌作品。这是一个中性的概念，指那些拥有比较多的书画、图书、金石等的家族或个人，不一定出身文人士大夫阶层，也可能是普通商人、古董商或任何行业的人。

收藏家 端方：清朝最后一位收藏家

作为收藏家，端方的经历显示了 19 世纪末 20 世纪初中国收藏文化演变的戏剧性场景。他是清廷高官却从小接受汉文化的熏陶而喜爱金石书画。他曾经在海外考察收藏古埃及文物并试图创办近代博物馆，他的收藏经历既是对传统士大夫收藏的总结，也开启了现代公共收藏的先河。他最终在 1911 年辛亥革命中死于非命，他的众多收藏随后散落到世界各地[66]。

端方（1861—1911 年）是满州正白旗人，姓托活洛氏，字午桥，号匋斋，堂名宝华盦。他自幼过继给伯父桂清为子，桂清为慈禧亲信，同治皇帝的老师。端方又因为翁同龢和刚毅的保荐，得到光绪帝的赏识，戊戌变法期间曾任农工商总局督办，甚至在梁启超流亡海外时还与之暗通款曲。变法失败后，端方主持的农工商总局被撤销，端方也被革职，据说靠送古董给荣禄、李莲英逃过一劫。

1899 年端方被重新启用到陕西当官。1900 年八国联军进入北京时，一方面他在北京的住宅遭到劫掠，所藏大量碑刻字画被抢，曾获端方救助的一位传教士为此特别致电美国驻华公使康格请其派兵往端家提供保护，帮他追回部分被抢走的藏品；另一方面慈禧、光绪逃难西安时，作为代理陕西巡抚的他护驾得力，博得"勇于任事""不畏繁难"的印象，此后慈禧对他屡加提拔，成为一方大员。

端方思想开放、雅好文玩，与汉族官僚关系良好。张之洞先后三次保举端方担任湖北巡抚、代署湖广总督、直隶总督，尤其最后一次，是在临终前的病榻上上书力荐。在当时办理洋务的浪潮中，他曾先后创立湖南、湖北、江苏三省的第一所现代公共图书馆，设立两江地区（江苏、安徽、江西）最早的法政学校、商业职业学校。他也是中国最早的公共幼儿园、公共动物园的创办者，筹办了中国第一次商品博览会，派出了包括宋庆龄在内的中国第一批公费女留学生，主持收购丁氏八千卷楼藏书归江南图书

66　刘娜：《端方收藏研究》，《中国美术馆》，2012 年第 6 期，第 37—41 页。

端方肖像照，银盐纸基照片

馆，避免了这批珍贵古籍流失海外。

在私人收藏领域端方也可谓清朝最后一位重要收藏家。受到那个时代文人普遍的金石收藏考据风气的影响，端方初入仕途做京官的时候就已经出现在文人雅士鉴赏收藏的聚会中，可见他的学识和收藏已得到认可。外放到陕西后，当地新出土的铜器、砖瓦、玺印等让他的收藏迅速扩大。清光绪二十七年（1901年），陕西省宝鸡斗鸡台出土商代青铜器一批共19件就为端方所得。

根据《匋斋吉金录》《匋斋吉金续录》《匋斋藏石记》《匋斋藏砖记》《匋斋藏印》《匋斋古玉图》《壬寅消夏录》等所载，他的金石书画收藏合计约3600余件，此外还有数以千计的碑帖拓本和善本古籍，他的藏品无论数量、质量都是那个时代的顶尖水准。所藏毛公鼎、索靖《出师》卷、摹顾恺之《洛神赋图》、王齐翰《勘书挑耳图》、董源《夏山图》、米友仁《云山得意图》、倪瓒《水竹居图》、宋拓《化度寺碑》、宋刊本《资治通鉴》都是后来藏家追求的珍宝。研究红楼梦的学者对端方也不会陌生，端方所藏清代红楼梦版本与其他版本的差异一直是红学家研究的话题，小说家张爱玲为此曾写文章进行论述。

随着官位的提高，权势和金钱让他可以"金石之新出者，争以归余，其旧藏于世家右族，余亦次第收罗得之"[67]，如黄易、吴大澂、孔广陶的一些旧藏就为他所得。毛公鼎早在清朝道光年间就在陕西岐山周原出土，古董商人闻名而来，以白银300两购得，但运鼎之际被另一村民董治官所阻，古董商就以重金行贿知县，从县府取得毛公鼎。咸丰二年（1852年）北京金石学家、收藏家陈介祺从西安古董商苏亿年那里购得，陈介祺病故后其后人卖出此鼎，归两江总督端方所有。

除了出资购买，还有下级和富商赠送这两个途径。他也常和同好交换藏品，如完颜景贤藏有虞世南书《破邪论》跋，他便以自己所藏虞世南《孔子庙堂碑》拓本、《汝南公主墓志铭并序》墨迹本赠之，使完颜氏得以"三虞"为堂号，换得完颜所藏的四明本《华山庙碑》，成就一段收藏佳话。

---

67 龚锡龄：《匋斋藏石记序》，《续修四库全书》史部第905册，清宣统元年（1909年）石印本。

青铜觚，青铜，高 21cm，1901 年陕西宝鸡斗鸡台出土，西周（公元前 11 世纪晚期），大都会博物馆

觚是商代和西周早期常用的酒器，常常和爵配对使用。1901 年一位农民偶然挖出这套酒器后被时任陕西按察使的端方获悉并收藏。1924 年端方后人将包括这件酒器在内的 20 件青铜器托福开森卖给纽约大都会博物馆。

调任湖北巡抚之后，公务之余端方常常和同僚、幕友品鉴古物、分享金石收藏之乐，许多端方旧藏拓本上的第一个题识者都是当时任湖广总督的张之洞。而在他的幕府，每隔几天就有一次品赏茶会，许多幕客也是当时的知名文人和鉴赏家，如李葆恂、褚德仪、王瓘、张祖翼等都曾在端方收藏的书画、碑帖上题签。端方还曾于1904年挑选一批中国文物参加美国圣路易举办的世界博览会。

1905年端方等五位宪政大臣受命出国考察，他还不忘在柏林手拓《沮渠安周造佛寺碑》孤本以归，这块石碑清末在新疆出土，为德国人所得，后毁于第二次世界大战中。他在考察回国路上特意到埃及首都停留一天搜集埃及文物，例如现藏于中国国家博物馆的托勒密王朝彩绘木棺和藏于北京大学赛克勒博物馆的古王国时期的石碑，还将埃及古刻制成拓片分赠亲朋[68]。

在海外参观了各国博物馆，对西洋博物馆的宗旨和展示文化有所了解，他进而接受了收藏为公共性、公益性的理念，一心打算在中国创建博物院并将自己的藏品捐赠出去。实际上他在两江总督任上就尝试把所获碑石、墓志摆放在庭院供来宾观赏。1905年，张謇创办中国第一家公共博物馆——南通博物苑，他也给予大力支持，并以包括古埃及石碑在内的70件文物相赠。他设想要在江宁开设博物院，可惜后来因为调任直隶总督而不了了之。1908年他还曾提供藏品参加英国皇家亚洲文会在上海举办的"中国古代瓷器与艺术品展"。

端方和法国汉学家伯希和（Paul Pelliot，1878—1945年）、日本学者内藤湖南等也有交往，是最早意识到敦煌千佛洞经卷价值的国人之一。1909年在北京、南京、上海等地为法国国家图书馆采购中文图书的伯希和曾拜访端方，展示了自己随身携带一些敦煌经卷，端方当即要求购买一部分，未果之后叮嘱伯希和出版经卷图录以后寄给自己一本，并强调说"此中国考据学上一生死问题也"[69]。也就是在他的介绍下，北京的金石藏家

---

68 颜海英：《国家博物馆的古埃及文物收藏》，《中国历史文物》，2006年第4期，第35—40页。
69 沈纮 译：《伯希和氏演说》，《敦煌丛刊初集》第7册，中国台北：新文丰出版公司，1985年，第198—208页。

端方题跋埃及石刻拓片团扇，
20世纪初

端方收藏的青铜彝器全形拓三种，
纸本，295×62cm，清晚期。钤
印：端方私印、匋斋收藏、叔絅
（端方的弟弟端锦）手拓。

和学者才在招待伯希和的宴会上一睹敦煌经卷，纷纷为这批文物的流失扼腕不已。

宣统元年（1909年）端方刚调任直隶总督，因在慈禧出殡之时拍照惊扰隆裕皇太后而被政敌攻击罢官。他对此反应平静，之后全力投入金石研究，1911年想以所藏金石书画、古器在京城琉璃厂附近捐设一座私人博物馆，可惜随后与袁世凯同被重新启用从政，在川汉粤汉铁路督办大臣任上死于兵变，建博物馆也就没了下文。

端方的后人因家道中落，将收藏陆续卖出。他的家人曾在1921年左右将著名的毛公鼎典押给天津俄国人开办的华俄道胜银行，到期后无力赎回，辗转为北洋政府交通总长、大收藏家叶恭绰购得，后入藏台北"故宫博物院"。1924年他家又将《挑耳图》、陕西宝鸡斗鸡台出土的19件西周青铜器以约20万两白银的价格转让给美籍学者、古玩商福开森。福开森以30万美元把这19件青铜器售与纽约大都会艺术博物馆，又在创办金陵大学后于1933年将包括《挑耳图》在内的近千件中国文物捐赠给自己曾经任职的金陵大学，现归南京大学收藏。

5

近现代之变：政府之力和市场之利

在长达数千年的历史中，文物艺术品属于某个家族、个人或者寺庙这样的社会组织，但是近代启蒙文化的影响、民族国家的建立导致了几乎无所不管的近代国家的出现，每个国家的行政、立法、司法机构组成的庞大体系管控社会生活各个方面，它成为了文化艺术的终极保护人，建立了庞大的公立博物馆、美术馆、图书馆体系进行保存、展示和研究，制定了一系列法律规范人们的收藏行为。可以说，近代世界各国的政府成为各种文物艺术品最大的收藏者。

另一方面，艺术市场在近代也有长足发展，主要的商业都会中出现了各种古董行，全球化也让中国的文物艺术品在近代大量进入到欧美收藏家的视野，他们或者自己前来中国考察购藏，或者通过跨国经营的古董行买进藏品，中国收藏文化和海外收藏文化开始了新的对话和互动。

第十四章
民国时期：制度和文化环境之变

政府成为文化的保护者是启蒙时代到来和民族国家建立以后广泛传播并得到多数民众接纳的观念。18世纪以来诞生的民族国家的中央政府要比古代任何一个皇帝拥有更多的收藏，他们制定各种管制法律，建立和管辖众多的博物馆、图书馆，宣称对地下埋藏的无数文物拥有所有权，成了各种文化遗产的管理者、维护者。

这期间，制度和文化环境的巨大变化包括：

首先，1911年，辛亥革命宣告了延续2000多年的封建帝制结束，新建立的民国政府借鉴欧美日政体和观念搭建了新的制度架构和政府机构，对收藏和艺术市场产生影响最大的是国家文化保护体制的建立。1920年代开始形成了"地下古物概归国有"的观念，这与之前古玩属于私人所有的状况相比是巨大的观念变化[1]。与此同时，珍贵稀有的文物也成为新兴民族国家追溯辉煌历史、宣扬民族精神、增强民族荣誉感和凝聚力的文化工具，这在知识分子群体和政府中逐渐成为了主流认知，尤其是1927年南京国民政府成立后更是如此，古物成为了政府扶持的"国粹"的一个组成部分[2]。抗战前后民国政府面对政治经济危机和中日冲突，把艺术品和考古物品作为增强民族凝聚力和争取国际支持的文化外交工具，1935—1936年国民政府大力抽调各种文物艺术品到伦敦举办"国际中国艺术展"，这成

---

[1] 刘斌、张婷：《从平分到"概归国有"——〈古物保存法〉中地下文物所有权的修改始末》，《东南文化》，2015（6），第23—29页。

[2] 罗宏才：《民国时期西安古玩市场研究》，见华人收藏家大会组委会 主编：《名家谈收藏》，上海：东方出版中心，2009年，第36页。

中华民国临时大总统选举会，1911年摄影

为展示中国辉煌历史和文明、争取国际社会支持和同情的舞台。上世纪30年代后期到40年代中期，中国艺术在美中文化外交和战争救济慈善活动中也扮演了重要角色。

其次，社会形成了对于"艺术""美术"的新认知。20世纪初西方的"艺术""美术"概念经过日本的翻译中介传播到中国，1910—1920年文化阶层开始以"艺术"指称绘画、雕塑、建筑、音乐、舞蹈、戏剧等各种行业和学科，而用"美术"指称绘画、雕塑、建筑等造影艺术或视觉艺术学科和行业[3]，社会各界对于古代和当代的"美术"给予了更多关

3　邢莉：《中西"美术"概念及术语比较》，《南京艺术学院学报：美术与设计版》，2006（4），第74页。

注，将传统的奉上法书、古画、碑刻、青铜器皿等纳入到"美术"这一概念下进行美学欣赏、研究。此外，政府和民间设立的美术学校、美术展览场所等给美术研究、创作、教育提供支持，这对之后的收藏文化有重要影响。

第三，收藏家、艺术爱好者、普通民众接触和欣赏文物艺术品的渠道发生了很大改变。之前的上千年时间里人们在集市、古玩店、画店、画师或者收藏者的家里才能接触零散的艺术品，或者是通过收藏家圈子内部的彼此雅集，而清末民国时期随着近代博物馆体制和展览体制的引入，文物艺术品被按照现代的观念进行分类和展示，广大市民阶层可以到博物馆、展销会中免费或者花费很少的门票欣赏众多艺术品，外行也有了便捷的渠道购买艺术品，这是近代都市文明的一种体现。

第四，收藏行为在社会中的位置发生了变化。以前的收藏家们的藏品往往仅为本地或着同好者的小圈子所知，他们彼此唱和、题跋、推许，即便出版了有关收藏的目录著作也仅仅是少量印制后赠送亲友。近代以来，一方面大众教育让民众识字率大为提升，另一方面报刊、书籍出版发行，大都市中有关展览、收藏的信息可以快速流动，报刊上有了对收藏、艺术品市场的报道，对文物艺术品的重视、欣赏、购藏成了一种受到媒体和舆论关注的社会行为，可以引起社会大众的同情、羡慕或者憎恨，又可能招来政府和其他机构的干涉或管制。

第五，人们关于何为收藏品、如何收藏的观念开始变化。比如在欧美重视装饰艺术收藏和实用的风气下部分人士开始注意漆器、家具等的收藏，同时也开始以近现代的学术理念、科学技术研究古代历史和文物，比如国立研究机构、大学进行考古挖掘、文物古迹的测量记录等。

一 观念之变："文物"和"古物"概念的近代化

各种收藏器物指称的变化体现了人们对于收藏品及其价值的认识的演变。唐代人用来指各种珍贵、重要古旧物品的"古物"一词在近代被赋予了更为广泛的指向。民国初年政府法令文告中使用"古物"一词指各种古代遗物，到民国二十二年施行的古物保存法第一条明确定义"本法所称古物指与考古学、历史学、古生物学及其他文化有关之一切古物而言"，也就是说广义上的"古物"泛指可移动器物和不可移动的古代遗迹等，狭义的"古物"指地下出土的文物和地面上可移动的文物。另外民国人经常用"古迹"一词指地面上不可移动的古代建筑、碑刻等。

另外，"文物"一词也被民国人赋予新意义，"文物"最早见于《左传》桓公二年："夫德，俭而有度，登降有数，文物以纪之，声明以发之；以临百官，百官于是乎戒惧而不敢易纪律"[4]，用来指礼乐仪式制度中的礼器和祭器，到唐代以后指文化、文教相关物质成果，是文人常用的词汇。而民国人赋予了"文物"近代的新含义，如北平市政府于1935年1月批准设立旧都文物整理委员会，1945年国民政府教育部成立"清理战时文物损失委员会"，后者的职责是"调查收复区重要文化建筑、美术、古迹、古物被劫及被毁实况，并设法保护之"[5]，这里的"文物"概念泛指各种文化物质遗产，但是"文物"进入国家法律体系并得到普及使用则是在1949年以后。

二　管理之变：中央和地方的管制权力

民国初期，北京国民政府在1913年将负责"古物"保管的事宜和机构古物陈列所纳入"内务部"的民政管理体系，而教育部对此另有看法。当时教育部主管的图书馆、博物馆、美术馆，也涉及保存有关文化古籍、古物事宜。两部门常有工作内容的交叉，自然有了或明或暗的管理权限之争。

1927年南京国民政府建立后最初沿袭之前内政部和教育部双轨管理的制度，由内政部礼俗司执掌"名胜古迹古物之保存管理"，在地方，保存

4　[清]阮元 校刻：《十三经注疏》（清嘉庆刊本）七春秋左传正义卷第五二年，北京：中华书局，2009年，第36页。
5　李晓东：《民国时期的"古迹""古物""文物"概念述评》，《中国文物研究》，2008年1月，第55—56页。

古物、古迹，"设馆陈列"等仍列于改良风俗项下，而教育部负责"关于图书及保存文献事项"。在对政界有影响的教育、研究界新派学者的大力推动下，1928年3月南京国民政府为加强全国文物古迹的保管研究及发掘等事宜的统一管理，成立了隶属于全国最高学术教育机关大学院的专门委员会"古物保管委员会"负责"计划全国古物古迹保管研究"和发掘等事宜，为教育部和内政部的文物法案提供咨询和建议，通过内政部在地方设立的古物管理分会进行有关专业工作。国内学术机关相继组织了一些考古调查、发掘工作。

1929年后，中央研究院史语所主持的殷墟考古发掘工作引发中央机构和河南地方政府对于文物所有权的争夺。为解决中央和地方争端，加上学术界呼吁将文物保护事权交由学术机关主持，南京国民政府逐步调整管理体制，1930年6月7日公布了中国历史上第一个文物保护法规《古物保存法》，明确了地下文物国有的政策，规定由"中央古物保管委员会"负责确定文物保存处所，审查发掘单位资格，核准出土文物归属，监察古物发掘，并与教育部、内政部共同处理公私古物的重要事项。1934年，国民政府根据《古物保存法》正式成立了隶属于行政院的中央古物管理委员会，制定了一系列古物分类、采掘、中外合作采掘、出国、捐献奖励等方面的法规。可是1935年为了应对日本战争威胁，行政院为节省开支训令该机构并入内政部，后被裁撤，其业务转由内政部礼俗司兼办。

三　博物馆和展览制度的引入

随着中西交流的发展，曾在国外旅行的徐继畲在1848年辑著的《瀛环志略》一书中介绍了欧洲城市的"古物库"，即这些国家的博物馆。随后外国传教士、商人、学者尝试开办了一系列自然历史博物馆，最早的是1868年法国耶稣会士厄德（Père Heude，汉名韩德、韩伯禄）在上海徐家汇天主堂边创办了"自然历史博物院"（Museum of Natural History），主要收藏展示长江中下游的动植物标本，1883年迁入专用院舍，改名为"徐家汇博物院"，1930年以后划归同属耶稣会的震旦大学，改名为震旦博物院，既收藏和展示古生物、矿物标本，也有青铜器、瓷器、玉器、钱币等"古物"藏品。1874年皇家亚洲文会北中国支会在上海创办了亚洲文会博物院，主要展示古生物、矿物等自然标本，也有陶瓷器、青铜器、碑刻等中国历史文物。20世纪初在天津、济南、台北、成都等地都有类似的外国机构、个人创办的博物馆。这些面向学生、公众的博物馆改变了人们和文物艺术品接触的形式，让大众可以方便地欣赏文物艺术品。

另外，近代的艺术展览体制也由西方人在1908年引入上海，出生在上海的英国古玩商白威廉（Abel William Bahr）与福开森等人策划在上海穆图电话公司大厅举办了"中国古代瓷器与艺术品展"，展示了两江总督端方、英国驻上海代理总领事霍必澜（Sir Pelham Warren，1845—1923年）和白威廉等数位中外收藏家的上百件宋元明清瓷器藏品以及其他艺术品。这是中国境内第一个从商人、收藏家手中征集藏品在公共空间中进行大规模展示的活动，可能部分藏品也是向外国客商销售的[6]。很快就出现了类似的展会，如次年上海就有商人组织"中国金石书画赛会"，在静安寺愚园展出盛宣怀、张謇等人收藏的金石书画作品，此后连续举办多届。在这前后，上海、北京还有画家单独或者联合为赈灾目的举行作品售卖活动或展览，其中规模比较大的是1917年在北京中央公园（现中山公园）举办的"京师书画展览会"，展出完颜景贤、衡亮生、叶恭绰、关冕钧、郭葆昌、颜世清等数十位藏家的600余件藏品，包括书画、碑帖、写经、手札、成扇等。这以后各主要城市各种艺术品、收藏品展览或者展销会逐渐增多，让人们欣赏、购买文物艺术品的渠道更加多元化。

在西方影响下，中国人也在19世纪后的洋务运动中创办了辅助学习自然科学技术知识的博物馆，如1876年京师同文馆首先设立博物馆。1877年上海格致书院建"铁嵌玻璃房"博物馆，陈列各种科学仪器、工

---

[6] 尼克·皮尔斯（Nick Pearce）：《上海1908：白威廉和中国的第一次艺术展》（Shanghai 1908: A. W. Bahr and China's First Art Exhibition），《西86号：装饰艺术、设计史和物质文化杂志》（West 86th: A Journal of Decorative Arts, Design History, and Material Culture），第18期（2011年春夏），第4—25页。

20世纪初的南通博物苑全景,南通博物苑资料照片

业机械、生物标本、枪炮弹药、服饰等样品或模型。20世纪初清政府推行"新政",设立博物院(博物馆)就是内容之一,各地官员、贤达纷纷倡议,最先尝试的是清末状元、实业家张謇,他于1905年创建南通博物苑,藏品分天然、历史、美术三部分,是国人创办的第一座综合性博物馆,其建筑也是按博物馆功能要求特别设计的。

1912年,南京临时政府成立后教育部的社会教育司有单独科室负责博物馆、图书馆、美术馆、动植物园管理及搜集文物等工作,鲁迅曾任该科科长。博物馆、图书馆、美术馆等被纳入国家的社会教育体系,初步确立了国家的博物馆管理体制。同年,首先在北京筹建国立历史博物馆,接收太学器皿等文物为最初的馆藏,这是中国近代建立的第一个国立博物馆,后于1918年迁至故宫前部端门至午门一带。

1914年,内政部接收奉天(今辽宁沈阳)、热河(今河北承德)两地清廷行宫的文物古玩，运到北京故宫武英殿、文华殿两处，成立了古物陈列所，这就是北京故宫博物院的前身，也是近代中国第一个以帝王宫苑和皇室收藏为展示内容的博物馆（1943年与故宫博物院合并）。1915年在南京明故宫旧址成立了南京古物保存所，陈列明故宫遗物。1924年10月，直系将领冯玉祥发动北京政变，迫使已退位的清帝溥仪出宫。北京政府成立"清室善后委员会"点查宫内物品。1925年10月10日正式成立故宫博物院并对外开放，北京城内万人空巷"以一窥此数千年神秘的蕴藏"[7]。

1927年南北统一后，博物馆事业曾经有十年的快速发展，各地方、大学、研究机构纷纷设立各种博物馆，尤其是教育、科学类博物馆的数量为多。据统计，1936年全国博物馆总数达77所，是1928年的7.7倍；1936年，全国博物馆连同具有博物馆性质的美术馆、古物保存所等共231所，是1928年的13.6倍。各地博物馆的收藏也快速增加，其中如国立历史博物馆原有藏品57127件，到1932年入藏文物已达215177件。后来因为抗日战争爆发、政府和地方财政紧张等原因，博物馆发展遭遇挫折，故宫博物院、古物陈列所、颐和园陈列馆等处文物精品分批南迁，不久又分三路西迁，南通博物苑一度变为日军的马厩。

四 古物出口、盗墓和战争掠夺

1914年6月14日，中华民国政府发布《大总统限制古物出口令》管制古物出口，规定"京外商民如有私售情事，尤应严重取缔"，指定内务部会同税务部商定限制古物出口章程并由海关遵行，实际上迁延两年未见成果。1916年报刊披露北京政府想抵押国家博物院（古物陈列所）所藏物品的消息，舆论指责内务部古物管理不善，因此内务部在10月份紧急制定《保存古物暂行办法》，规定取缔私售外人活动，可是并没有对各类古物限制出口的细则和操作办法。1924年报界披露清室盗卖古物案，社会舆

7　吴景洲：《故宫盗宝案真相》，北京：文史资料出版社，1983年，第68—69页。

"洪宪"蟋蟀对瓶瓷器，高10.2cm，1915年或1916年，J. Spier夫人捐赠，大都会博物馆

1914年民国大总统袁世凯将中南海的海宴楼改名为"居仁堂"当作寓所，1915年12月中旬他宣布恢复帝制，国号"洪宪"，当了83天皇帝后他被迫取消帝制，不久后病死。称帝前袁世凯拨付钱款派管家、瓷器专家郭葆昌效仿清代皇帝的做法前往景德镇监制瓷器供宫廷陈设、使用，郭葆昌在景德镇召集绘画、制坯、烧窑等各路瓷器高手制作了一批"居仁堂制"瓷器，后来流落到民间藏家手中。

论反响强烈，许多人呼吁宣布清室古物为公产，国会中也出现问责政府的声音。内务部、教育部先后拟定有关古籍古物保护方案，在文物立法权上再次交锋，加上时局动荡，最终两部的文物保护法案都未能颁布。1927年后南京国民政府先后颁布了《名胜古迹古物保存条例》《古玩保护法》等法规。

可惜当时中央政府政令无法得到有效执行，在军阀治理的部分区域更是名存实亡，一些地方政府、军阀或明或暗鼓励盗墓和文物买卖。另外，古物出口在当时也是中央政府的税收来源，纳税后北京、上海等地古玩店可以将文物艺术品通过上海、天津、广州等地出口到日本、美国、欧洲各地，到1930年时国民政府为了筹措资金更是一度鼓励文物输出，加收的文物税额一度高达35%。

古玩生意的繁荣也刺激了各地的盗墓活动。凡是古迹、古墓较多的地方经常出现有组织的盗墓现象。如河南洛阳一带经常出土唐三彩和铜器、玉器，许多人靠盗墓维生，"遇见活土，凿能容身的大洞而下，十九必得古物。地主亦为股份之一，故各地不种农产物，专为从事发掘。每一处发掘，有数十百人，买小食的亦随之而至，俨然如遍地的集会"[8]，其中马波村马氏三兄弟就是著名的盗墓集团首脑，他们与北京古玩商岳彬、陈鉴堂、卢雨亭、刘义轩、程长新、张福川等都有联系[9]。

20世纪二三十年代，河南安阳殷墟陆续有古玩出土，当地大盗墓匪李立功等人四处掘墓，李立功仅卖给北京古玩商陈鉴堂的古玩就有2000余件。当时的古玩商常常闻风而动，到地方收购新出土的器物，如1931年安徽寿州遭遇洪水，冲刷出的古墓中出土了秦代铜镜，引发一波盗掘春秋战国古墓的热潮，吸引了上海、北京的古玩商前来收购文玩。另外，还出现了制作伪赝青铜器物出售的现象，按地域有"苏州造""潍坊造""西安造""北京造"等几种，其中一些流入了博物馆、藏家手中。

近代日本走向军国主义扩张道路后非常觊觎中国文物，军政力量屡屡

---

8 卫聚贤：《中国考古学史》，北京：商务印书馆，1937年，第114页。

9 沙敏：《民国时期北京古玩市场的乱象》，《中国档案报》，2014年12月5日总第2694期，第3版。

参与劫夺中国文物,如:1895 年甲午之战中辽宁海城县三觉寺一对石狮被日军掠去;原存旅顺黄金山的唐开元二年鸿胪卿崔忻题名刻石,1910 年被日军驻旅顺海军司令富冈定恭掠往日本献给大正天皇。1937 年"七七事变"后,日本军国主义政权在逐步发动侵华战争的同时利用"考古调查"等形式从辽上京、庆州府、永庆陵、北魏平城、邯郸赵王城、临淄齐故城、滕薛二故城、抚顺高句丽城址、周口店及殷墟遗址等地盗掘文物。这种有组织掠取中国文物的行径引起国内外关注和抗议。

为了追回被日伪窃夺的文物,1945 年抗战胜利前,国民政府教育部成立"清理战时文物损失委员会"负责清查文物损失情况。1947 年国民党政府教育部清理战时文物损失委员会主席杭立武在报告工作时称:"经京、沪、平、津、武汉、粤、港、浙、皖、闽、豫等全国文物办事处的公私文物登记和调查统计,共损失古籍、字画、碑帖、古物、古迹、仪器、标本等 3677074 件,又 1870 箱及 741 处(古迹)。现已接收各地敌伪文物,计京沪区陈群等藏书 9 案,374871 册、又 9 包 2804 束、1 箱又 955 函;平津区有溥仪等所藏古物 4 案,共 220 箱又 871 件并保险柜 2 只;东北区有伪宫文物 3 案,共 81903 册,又 385 包 29 颗 310 贯 10 枚;在港追回广州各学术机关失书案,共 597 箱。"[10]

清理战时文物损失委员会同时还承担追回被劫掠文物以及接收敌伪图书文物的任务。比如徐森玉先生先后接收上海敌伪图书 124 箱 51666 册、南京敌伪图书 69 箱 34525 册,运送重庆罗斯福图书馆收藏,其中珍本、善本图书 605 种 9873 册。王世襄先生在北平、天津先后没收了德国人杨宁史所藏青铜器,收购了收藏家郭葆昌所藏瓷器,追回美军少尉非法接收的日本人瓷器,收购长春存素堂的宋至清代丝绣,接收溥仪留存天津张园的珍贵文物,收回海关移交的德孚洋行一批珍贵文物等,1947 年还赴日从日本帝国大学等处追回了被劫夺的原中央图书馆寄存在香港冯平山图书馆的珍善本古籍 106 箱。

---

10 《中国战时文物损失数量及估价总目》,中国第二历史档案馆档案,全 5(2),卷 913。

第十五章
民国藏家：大交换时代的京沪风云

　　道光二十三年（1843年）陕西岐山县董家村村民董春生在村西地里挖出一件青铜器"毛公鼎"，古董商人闻讯而来，以白银300两购得，但运鼎之际，被另一村民董治官所阻，古董商以重金行贿知县，董治官被下狱，鼎被古董商人悄悄运走，辗转落入西安古董商苏亿年之手。咸丰二年（1852年），北京金石学家、收藏家陈介祺以1000两购得，藏于密室，鲜为人知。陈介祺病故后，1902年其后人卖出此鼎，归两江总督端方所有。

　　1911年端方身故后，家人为了补贴家计将毛公鼎典押给俄国人开办的天津华俄道胜银行，得银3万两，到期后端家无力赎回。20世纪20年代初，华俄道胜银行歇业整理，将毛公鼎转押给北京大陆银行，后被时任北洋政府交通总长兼交通银行经理、大收藏家叶恭绰买下，先后保存在天津、上海等寓所。

　　1937年抗日战争爆发，叶恭绰避走香港，毛公鼎未能带走，藏在了上海的寓所里。听闻日本人也有意掠夺，还曾将其侄叶公超扣押逼问，叶公超被释后于1941年夏密携毛公鼎逃往香港。不久，香港被日军攻占，叶家托德国友人将毛公鼎辗转带回上海。后来叶家因生活困顿，将毛公鼎典押给银行，由商人陈咏仁出资赎出。

　　1945年抗战胜利后戴笠手下通过军统局"上海敌伪物资管理委员会"查抄有与日本人合作经商行为的陈咏仁的财产，获得这件重器。在教育部要求下，1946年入藏南京的"中央博物馆"。1948年南迁至台北，成为台北"故宫博物院"的镇馆之宝之一。

　　毛公鼎的迁移过程恰好呈现民国时各类收藏品在新旧藏家、公私机构

第十五章 民国藏家：大交换时代的京沪风云　237

毛公鼎，青铜，高 53.8cm，腹深 27.2cm，口径 47cm，西周宣王时期，台北"故宫博物院"

之间辗转乃至跨境跨国交易、争夺的现象，这是一个收藏品随着政治经济局势的演变大流散、大交换的时代。

一 北京古玩市场和古董商[11]

北京古玩市场在19世纪末20世纪初蓬勃发展，创设了众多新古玩店，针对的客户也出现变化，在京官僚、富豪之外，掏钱豪爽的外国藏家也越来越多。据不完全统计，仅光绪年间（1875—1908年），就有94户开业，其中开设于琉璃厂的达55户。

虽然辛亥革命前后人心惶惶，古玩业曾一片冷清，但是国民政府成立以后北京的古玩业在1912—1937年却极为兴盛。一方面皇室贵族、八旗世家纷纷出售旧藏，另一方面新时代的军阀政客、豪门富户和外国藏家大量购买，刺激了古玩业的大发展。据统计，从民国初年至1937年抗战爆发的20余年中先后开业的古玩铺有140家，其中琉璃厂有97户。另外，当时琉璃厂、隆福寺、东四牌楼等处的"南纸店"除了售卖南方运来的各类纸张和笔、墨、砚、印泥等各种用具外，还代售书、画、篆刻家的作品，一般是在店中挂出名家推荐的润笔价格，购买者可以通过南纸店来订购其书画篆刻作品，南纸店从中提成。据1923年版《北京便览》统计，琉璃厂有"有信社、秀文斋、松古斋、松竹斋、松雪斋、松华斋、宣元阁、晋豫斋、敏古斋、清秘阁、翙文斋、伦池斋、资文阁、荣禄堂、荣宝斋、诒晋斋、万宝斋、静文斋、宝文斋、宝晋斋、懿文斋" 21家南纸店[12]，其中最为著名的是始创于清康熙十一年（1672年）的荣宝斋。

琉璃厂区域是北京最主要的文玩市场。1917年在琉璃厂路北开辟的海王村公园内，东、南、西三面为古玩、书画、金石、照相、琴室店铺摊贩，其中经营古玩的约有20家左右，每到厂甸庙会公园内前来摆摊的商贩众多，市民云集，是城中一大热闹景观。平常在园内经营的古玩、古琴

---

11 本节的编写参考了北京市文物局承编：《北京志文物卷文物志》，北京：北京出版社，2006年。
12 邹典飞：《浅析民国时期的北京书画市场》，《艺术品》，2014（12）。

店有 20 家左右。琉璃厂东街路北的火神庙（现为北京市宣武区文化馆）院落宽敞，也有古玩业、玉器业铺户，每年正月庙会期间摆地摊的商户颇多，有"赛宝会"之称。1920 年，还建成大棚方便固定摊点和游客购物。今琉璃厂街之北、和平门外一带的"厂甸"东面和对面也有零星的古玩铺和碑帖铺。1927 年琉璃厂因为修建街道分为东西两部分后，形成了东琉璃厂以经营古玩为主、西琉璃厂以旧书业为主的格局，延续了几十年。西琉璃厂经营古籍的著名店铺有谭锡庆的正文斋，赵宸选、赵朝选兄弟的宏远堂等。

当时古玩商的经营方式多种多样，按店面大小、有无可分为各类。临街开设有字号大店的是"坐铺"；临街前店后宅的小店称为"连家铺"；在胡同内或住宅中开设的是"局眼户"；在街头摆摊售货的古玩商为"摊商"；携带棉布包袱到古玩铺或收藏者家中赊货送到外国使馆卖掉后再将货款归还原主的为"行商"，又称"跑单帮的"；还有充当中间人促成交易后从买卖双方收取百分之几佣金的"纤手"。其中"局眼户"以民国初年前门大街的"大吉祥"为代表，专做外国人的生意，因为隐蔽在胡同之内可以避税、减少房租成本，一度发展极为迅猛，炭儿胡同的"局眼户"曾多达 80 多户，古玩业称这类针对外国人的古玩铺为"洋庄"，视主顾不同又分为"法国庄""美国庄""英国庄"和"东洋庄"等。

大部分都是古玩商家族经营，少部分是同行合股经营或者引入外部投资开设，如在清代一些郡王、大臣和富户开设古玩铺赚钱。民国时期，军阀政客、银行家等也进行投资，如银行家冯耿光曾投资在琉璃厂开设"鉴古斋"古玩铺，《古玩指南》一书的作者赵汝珍投资开设"萃珍斋"。古玩店中最主流的货物是历代名窑瓷器（行业中称"硬片"）和历代名人书法（行业中称为"软片"），后来又增加了出土青铜器物、玉器、金银器等。

以经营书画著称的古玩店有博古斋、论古斋等。落魄文人祝锡之转而经营古董，以鉴赏金石、字画著称，他的博古斋约从 1845 年经营到 1900 年，培养出了不少鉴定、经营人才，曾经手徐渭《泼墨写生卷》等作品。萧秉彝开设的论古斋以经营书画著称，1885 年他派儿子萧维邦到广东的吴荷屋、叶云谷、冯展云等著名藏家手中购得数百件宋元明清字画，是当时最大的经营书画的古玩铺，1920年以后逐渐衰落，1942年关张。从小学习裱画手艺的韩少慈1903年开设的韵古斋以出售名人字画发家，1917年曾分批付款花费6万元从财政部次长、收藏家汪向叔手中买下一批书画，立即转手一部分给津浦铁路局长徐世章获得8万元，其他藏品陆续卖出，收入更多，一举成为古董商中的巨富，在老家河北三河县齐各庄买了1600亩土地盖起了庄园，在北京也买下大片房产。

以经营金石著称的古玩店也有不少，如李诚甫在道光末年开设德宝斋，曾经手出土的西周青铜重器毛公鼎、盂鼎，分别卖给著名收藏家陈介祺、潘祖荫。1884年陈介祺过世后，又委托德宝斋代售他收藏的6000多方汉印，其中一部分卖给了张学良。黄兴甫1897年开设的尊古斋主要经营金石、古陶古玉、青铜器等，和金石学家交往较多。其侄子黄伯川1910年接手生意以后做宝熙、端方、溥心畬、罗振玉等人生意，后因为涉及孙殿英东陵盗宝案曾入狱，出狱后关闭了西琉璃厂的尊古斋，在东琉璃厂开设通古斋，是当时实力最为雄厚的古玩商人之一。

少数在北京、天津、上海等地的外国商人也涉足古玩生意。其中在北京经营古董的外国商人有曾担任法国驻中国使馆领事、后在巴黎开古玩店的魏武达，波兰裔法国古董商王涅克，在盔甲厂开设"中英银公司"从事古董买卖的英国人高林士，开设品德洋行从事拍卖的法国人品德，在崇文门内大街路东开设马凯拍卖行的俄国人米兹金等人。魏武达1899年来华，在担任外交官之余大量从北京古玩商岳彬等人手中购买漆器等家具制品运到巴黎出售。当时欧洲人注重家具布置，热心装饰艺术收藏，一副漆器雕填门框卖给外商五六十块钱，这些钱足可以在河北买两亩土地，北京古玩商对法国人如此爱好漆器感到费解。1933年，魏武达还曾带岳彬买入的一件商代双凤重耳彝去巴黎代销，后因"二战"魏武达下落不明，这件青铜重器也不见音信；另一位法国人品德19世纪末在王府井开设品德洋行，专门拍卖王公大臣、达官显贵的财物，收取20%的佣金。他会在拍卖前在报纸上发布广告、在街道上张贴告示，吸引古玩商、收藏家看货和参加拍卖会。一些没有拍出去的古董，该拍卖行还乘机低价收购后运至国外出售。

当时古玩市场流通的货品主要有两个来源：一个是旧藏，清朝皇室、世家大族的收藏纷纷流出和换手；另一个是出土文物，如1905年连接洛阳和开封的铁路动工后穿越洛阳北邙山下，筑路工人、周围农民挖出众多古墓，大量汉唐随葬器物重见天日，釉陶、唐三彩出现在北京琉璃厂市肆之中，当时不为国人所重，主要是外国人购买收藏。1916年罗振玉在其所著《古明器图录》一书中说，"古明器见于人间之始，是时海内外好古之士尚无知之者"。但是当这些器物可以卖出可观价格的时候，不少古玩商们就前去外省收购这类新出土的文物，有些人甚至主动策划盗墓事宜。

1928年，政府南迁对北京古玩生意颇有影响，因为外国使馆、政府官员大量前往南京，北京一般古玩商生意不如从前，但是洋庄出口的古董商生意仍然很不错。1941年，"二战"全面爆发后，欧美客户不再来北京购物，日本商人来得也少，生意萧条，北京古玩商纷纷把古玩运到南京、上海去卖，这就是历史上有名的"北货南运"。

二 上海古玩市场

上海自1860年开埠以来华洋杂处，贸易发达，经济活跃，中外人士汇聚，迅速发展成为繁荣的大都会，也是东南最大的文物集散地。上海文物艺术品市场在19世纪末20世纪早期有两次大发展：首先是太平天国战乱期间江南各地望族、富豪涌入上海避难，流出的古玩大增，藏家数量也有增加，刺激了古玩的交易买卖；第二个时期是1927—1949年，因为北方动荡、首都南迁等因素，上海成为和北京并称的艺术市场中心。1930年代中期广东路一带古玩商号店肆林立，达210家左右，古玩同业公会会员达数百人，规模极盛。20世纪汇聚上海的收藏家既有庞莱臣、狄平子、费子诒、蒋毅孙等老一代收藏家，也有吴湖帆、魏廷荣、许姬传、徐伯韬、刘海粟等中年收藏家，张葱玉、王季迁、徐俊卿、徐邦达等青年收藏家。1940年前后，因为战局动荡，经济危机，很多人出售藏品，如张葱玉主要藏品就是1938年至1941年获得的。[13]

上海先后兴起的古玩市场包括四美轩、怡园茶社、上海古物商场、上

---

13 王琪森：《海派收藏大家张葱玉》，《文汇报》，2012年2月6日。

海古玩市场等[14]。

　　为避太平天国兵火，清咸丰三年到十年（1853—1860年）从南京、苏州迁到上海的珠玉古玩商人集中到城隍庙以及西侧的侯家浜一带摆地摊，常在附近茶楼里边茗茶边谈生意，形成一种名曰"茶会"的交易形式，邑庙花园内四美轩茶楼便是珠宝玉器和古玩商人交易的主要场所。每天早晨，客商聚此交易，遂成惯例。民国七年顾松记、鑫古斋、松古斋、恒益兴、崇古斋、孙文记等在四美轩内开设古玩商号，经营铜器、瓷器、字画、玉石等古玩。可惜的是，1937年"八一三事变"中四美轩为日军炸毁。

　　广东路因地靠黄浦江畔，洋人时常来选购货物，变成了一处各种摊贩众多的市集，19世纪60年代以后广东路、江西中路一带古玩店、旧货店众多，成了上海最大的古玩和旧货集市，很多古玩商在位于广东路299弄3号的怡园茶社设摊。鉴于怡园茶社楼房不够用，1921年马长生等有声望的古玩商募集资金修建了国内最早的室内古玩交易场所——上海古物商场（俗称"老市场"），同业、顾客都可在这里买进卖出，不用再担心烈日、暴雨、狂风。民国二十一年部分古玩商又在广东路218号—226号修建了"上海古玩市场"（俗称"新市场"），内部汇集近百家古玩商铺，当时这些店铺以同业间的"交行"生意为主，外行很少前来凑热闹。

　　民国初年业内最有实力的古玩商包括来远公司管复初、文源斋李文卿、博远斋游筱溪，马长生、叶月轩等。来远公司、通运公司更是以大批出口文玩著称。1940年代比较活跃的是叶叔重的禹贡、戴福保的福源斋、张雪庚的雪耕斋、金才宝的金才记等几家著名古玩店。既有家族公司，也有商业合伙的公司，如金才宝在光绪年间从事中介撮合生意，民国初年开设了金才记古玩店，1934年其子金从怡在广东路202号经营新出土石器、青铜器、唐三彩、宋元名瓷等，他精于鉴别，主打货真价实，所售古玩如被确认为赝品就会照价退赔，因而在外国藏家、商人口中颇有声誉，1949年后他从上海搬迁到香港继续经营古玩。

　　当时也有外国人开设的古玩店，如拉脱维亚商人史德匿20世纪初来

14　《上海文物博物馆志》，上海：上海社会科学院出版社，1997年。

华，就职于上海海关出口古玩检查部，乘机收藏了不少藏品，他经常出入广东路、江西中路一带古玩市场，被称为"黄胡子"。他于1911年举办藏品陈列展览，1927年在英租界宁波路开设"古迹洋行"经营文玩，主要针对外国客户，1946年关闭店铺。

三　民国时期的收藏家群体

民国时期的收藏中心是北京和上海，北京的藏家在民国初年延续乾隆、嘉庆时期金石学风气，在书画之外颇重视青铜器、碑帖等金石研究对象的收藏，而瓷器开始主要是欧美人士收藏，之后才引起国人重视。在书画方面，明清四王等大家的作品往往也高于宋元绘画，因为后者年旧晦暗，观赏性差，加上鉴定真假也更为困难，如果不是清宫旧藏等流传有序的作品，多数藏家并不愿意花高价购藏。

1927年国民政府定都南京后，上海成为经济和文化中心，江南一带的文人名士、权要富豪大多聚集到了上海。抗日战争期间，人们为避战火，更多地涌进上海租界，致使租界内人口剧增至600万。南北商贾、遗老遗少、洋行买办、新派富豪杂处，孕育出众多收藏臣擘，主要包括官僚、文人世家，如吴湖帆、叶恭绰、顾公雄、廉南湖等；实业家，如庞莱臣、谭敬、周湘云、刘靖基；古玩商，如钱镜塘、马定祥等。

京沪以外其他经济较为发达或者历史文化悠久的城市也有一部分收藏家，如天津、杭州、西安等地都有军政官僚、世家大族、商界名流等以收藏著称。

民国时期的收藏家群体按照社会身份背景可以分成五类：

一类是清晚期世家、没落官僚。清朝皇族、官僚在民国时期多靠出售旧藏度日。皇室后裔如恭王府、睿亲王府、庆王府、惠王府、正红旗满洲都统完颜衡永家族、宝熙等，后人因为各种原因大多卖光旧藏；官僚如原两江总督端方家族、工部尚书潘祖荫家族、邮传部大臣盛宣怀家族、甘肃省学政叶昌炽、原两广总督陈夔龙等，也是在民国时期陆续卖出藏品。另如盛京将军完颜崇实之孙完颜景贤是清末北京重要的收藏家之一，因家有唐虞世南《庙堂碑》册、《汝南公主墓志铭稿》卷、《破邪论》卷，故以"三虞堂"为斋号，有《三虞堂书画目》（民国二十二年铅印本），曾收藏《平复帖》、米南宫楷书《向太后挽词帖》等古代书画名迹。他曾从清末大藏家端方、盛昱后人处购藏不少精品。可他1910年代已然家境败落，实际是以倒卖古书、书画维生，因此他的很多收藏都是短暂过手，部分留在身边的藏品也在他1926年亡故后星散。他将盛昱所藏宋版《礼记正义》四十本、《元人书法册》十页、苏轼《寒食帖》、刁光胤《牡丹图》及《礼堂图》等几件重要藏品以一万二千银元买下，将《礼记》授予袁寒云，《牡丹图》卖给另一藏家和古玩商蒋孟萍，后流向美国，《寒食帖》卖给藏家颜世清，后流向日本，后为王世杰于1953年以重金从日本购回，现藏台北"故宫博物院"。

一类是民国军政官僚新贵。如：民国总统袁世凯之子袁克文、河南都督张镇芳之子张伯驹、奉天督军张作霖之子张学良、教育总长傅增湘、交通总长叶恭绰、首任铁路大臣关冕钧、财政部次长汪士元、盐务署署长张弧、安徽都督孙毓筠、中国银行总裁王克敏、颜世清等。南京国民政府成立后曾任监察院长的于右任等人也以雅好收藏著称。叶恭绰（1881—1968年）曾任北洋政府交通总长、孙中山广州国民政府财政部长、南京国民政府铁道部长，1927年出任北京大学国学馆馆长，1949年后曾任北京中国画院院长、中央文史馆副馆长等。叶恭绰这类民国军政要人除了薪金收入外，更重要的是有机会参股一些公私合营的官僚资本企业，可以每年获得分红收入或者转让股份获利，如他和张作霖、张謇、徐世昌、黎元洪等都是位于辽宁朝阳市的北票煤矿股份有限公司的股东。在这些分红和薪金支持下，他成了民国时期著名的古籍和文物收藏大家，如西周毛公鼎、晋王羲之《曹娥碑》、晋王献之《鸭头丸帖》、清初张纯修《楝亭夜话图》、敦煌莫高窟经卷100余卷以及大量宋元明清图书等都曾为他所藏，他从民国时期陆续将所藏书画、典籍、文物重器捐献于北京、上海、广州、苏州、成都等地有关机构。1949年后因"生机所迫"出售唐摹本王献之《鸭头丸帖》、唐高闲和尚《草书千字文》等文物给上海市文物管理委员会，后拨归上海市博物馆。

一类是实业家、金融家出身的收藏家。江南、华南、京津等地的商人，如：经营纺织业的无锡望族杨荫北家族，定居上海的南浔巨商庞元济，蒋锡绅蒋汝藻父子，中国实业银行经理刘晦之，银楼和房地产富商陈仁涛，房地产巨商周湘云和孙煜峰、孙邦瑞兄弟，还有洋务运动中亦官亦商的李鸿章侄子李经方和侄孙李荫轩、富有资产的刘世珩、北京电力企业的冯恕、山东枣庄中兴煤矿公司董事张叔诚、山东黄县实业家丁幹圃等都是富商出身的收藏家。安徽东至周氏家族从担任两江、两广总督高官的周馥开始就兴办实业，周馥的儿子周学海、周学熙都好收藏，其孙辈周达为著名集邮家，周叔弢为著名藏书家，周进为金石收藏家，周明泰为戏曲文献收藏家，周叔迦为佛教艺术收藏家，他们经商之余都各有收藏。定居北京的晚清进士、翰林冯恕入民国后参与创办京师华商电灯股份有限公司，也是著名书法家，雅好图书、古玉、进士收藏，曾将所藏135件青铜器上的铭文及考证文字刻在歙砚、端砚上编成《冯氏金文砚谱》一书，1948年故去时命子女将所藏古玉、石屏、金文砚等147件暨所藏图书17650册全部捐献给故宫博物院。

一类是文艺界人士。如：遗老名士周肇祥（养庵）、樊增祥（樊山）、金城、陈师曾等；在大学、报馆任职的徐森玉、邓之诚、鲁迅、郑振铎、容庚、商承祚、周季木、于省吾等，因为薪金、稿费、书画创作润笔优厚，也有一定财力可以收藏；书画家中如吴湖帆、张大千、徐悲鸿等人也有不少收藏。其中张大千（1899—1983年）是民国时最出风头的艺术家，也是那个时期重要的鉴藏家之一。张大千兼具创作之手和鉴赏之眼，他毫不谦虚地声称自己"一触纸墨，辨别宋明，间抚签赙，即知真伪"[15]，收藏之余他也以伪造石涛等人的古画出名。1930年代末成名后他资财颇丰，在收藏方面更加用力，拥有的石涛真迹曾多达约500幅，1940年代更是获得多件稀世名品，如1944年从徐悲鸿那里交换获得五代宋初的名作《溪岸图》。1945年底听到长春伪满皇宫流出的清宫旧藏"东北货"风声，张大千从重庆乘机赶到北平搜寻古画，之后购得《江堤晚景图》《湖山清晓图》《潇湘图》以及著名的《韩熙载夜宴图》等。张大千为了家用也陆续散出一些收藏，如他1944年曾在成都举办收藏的古书画展，卖出

---

15 陈长林：《名家自矜，何必当真》，《文汇报·笔会》，2015年5月1日。

《韩熙载夜宴图》（局部），绢本设色，28.7×335.5cm，南唐或北宋，顾闳中原作或宋摹本，故宫博物院

所藏陈洪绶、石涛、八大山人画作偿债。1949年张大千远走海外，随身携带的书画收藏成为他急需用钱时典当、出售的重要财产，如1950年代中期为移民巴西，他将顾闳中《韩熙载夜宴图》、董源《潇湘图》、五代方从义《武夷山放棹图》抵押给香港大新银行，后经好友朱省斋介绍以2万美金低价售与古玩商陈仁涛等人，后者将其中一部分转卖给北京故宫博物院，另一部分则卖给了海外公私藏家，包括王季迁等人。1960年代前后他去巴西建设私人庄园"八德园"和到美国医治眼病，又陆续卖出过一批藏品给欧美博物馆和王季迁、顾洛阜（John M. Crawford，1913—1988年）、王方宇等人。1968年王季迁以10件（一说13件）明清书画换得张大千所藏董元《溪岸图》，1997年他将包括《溪岸图》在内的13件古书画以友情价400余万美元转让给纽约大都会博物馆。王季迁和顾洛阜两人购藏的张大千旧藏古书画最后多入藏大都会博物馆。在国内，1955年张大千夫人曾正蓉、杨宛君把留在成都的张大千印章80方和敦煌壁画临摹画稿百余幅捐赠给四川博物馆。另外，台北"故宫博物院"和"国立历史博物馆"也收藏有张大千捐赠或赠送友人的作品，是收藏较多张氏作品的公共博物馆。

一类是古玩业人士。部分古玩行商人买卖之余因为喜欢或者预留资产积攒了许多藏品，如琉璃厂古玩店老板黄伯川、孙秋帆，天津的韩慎先，上海的梁培、钱镜塘、马定祥等人就是如此。值得一说的是晚清民国时期

的外国藏家热衷收藏中国瓷器，古玩商卖出的同时也留下许多积蓄，著名的如郭葆昌（字世五）出身古玩铺学徒，曾任袁世凯总统府庶务司长，在景德镇监制"洪宪瓷"，他在家做古玩买进卖出的生意，藏有不少珍贵瓷器。

因为市场繁荣，赝品制造也成产业，尤其是各种名人字画仿制品"假大名头"流行一时，一些有名望的藏家或者古玩商也涉及其中，如1940年代上海地产业出身的富商谭敬就被揭露曾参与制作伪冒书画。他曾购进柳公权《神策将军碑》、黄庭坚《经伏波神祠诗》、米芾《向太后挽词帖》等，还从善于鉴别的好友张珩（字葱玉）手中买过南宋赵孟坚的《水仙图》、元赵孟頫《双松平远图》、倪瓒《虞山林壑图》等藏品，花费10万元购得元人颜秋月《钟馗》并元明题跋二卷，创造了当时的书画作品交易纪录。后来政局动荡、通货膨胀剧烈，谭敬开始运营书画生意，1947年到1949年曾组织一批人马在上海仿造自己经手的古画，如赵孟頫的《双松平远图》真本后来流入大都会艺术博物馆藏，另一仿制品被卖到美国辛辛那提博物馆，另外他组织仿制的赵孟坚《水仙图》流入大都会艺术博物馆，朱德润《秀野轩图》、盛懋《秋江待渡图》后流入华盛顿的弗利尔美术馆。谭敬1949年到香港后卖出大批藏品，1950年回到上海后曾将战国时期齐国量器"陈纯釜"和"子禾子釜"等捐献上海市文物管理委员会，将司马光《资治通鉴》稿卷孤本捐献国家，后归故宫博物院收藏。

四　民国时期的其他收藏

对古钱币的收藏自宋代以来就是金石收藏和金石学研究的一部分。清朝乾隆、嘉庆时候出现了一批钱币收藏家和研究者，出版了大量有关钱币的书籍。当时收藏古钱还仅限于民间的交换和少数地摊销售，尚未出现专门经营古钱币的店铺，只是在琉璃厂、厂甸、宣武门外西晓市、崇文门外花市一带的私摊上可以买到古钱币。后来，在宣武门外西晓市摆地摊售卖古钱的河北献县人刘三戒于咸丰五年（1855年）在琉璃厂街上开设古钱铺"广文斋"，是京城见于典籍的最早古钱铺，三代人前后经营达85年之久，董康、袁克文、方若、罗振玉、鲁迅等人都曾光顾，民国二十九年（1940年）倒闭。清末民初湖南人黄百川在琉璃厂开设古玩铺"尊古斋"也兼营古钱。到民国初期，一方面宫廷、世家、文人的收藏频繁换手，另一方面地下出土增多，钱币作为一种古董藏品受到重视，出现了经营钱币收藏的币商和钱币收藏家。黄百川之子黄敬函在东琉璃厂街的"通古斋"（今琉璃厂东街99号）、东安市场附近的"义修斋"、沈阳人骆泽民在东华门开设的"汇泉堂"都经营古钱币。东四牌楼、海王村地摊上也有古钱币出售。

1900年前后京津地区最著名的古钱收藏家是在天津经营地产致富的方若，他整批购藏了不少稀有古钱，著有《言钱别录》《言钱补录》，后于1934年将藏品全部卖给上海富豪藏家陈仁涛。1926年上海著名古钱收藏家张叔驯发起成立"古泉学社"，1936年又和吴稚晖、叶恭绰、丁福保等钱币收藏家和文化名人发起成立了中国古泉学会，成为上海藏家交流的民间机构。1940年从重庆到上海定居的著名古钱收藏家罗伯昭、张絅伯、张季量、戴葆庭、郑家相、王荫嘉等收藏家重新组织了中国泉币学社，社员曾发展到近三百人，主要以各地的钱币收藏者为主。这一时期先后出现了收藏家、学者丁福保编著的《古钱大辞典》《历代古钱图说》等著作。

在古琴方面，当时上海著名医生，后运营医院、医科学校、"汪裕泰"茶号的汪惕予曾致力于古董收藏，藏有上千件青铜器和上百把古琴，他在杭州南屏山雷峰北麓修建了三面临湖的"汪庄",以出产春茶、雅赏秋菊和收藏古琴闻名。庄内"今倦还琴楼"珍藏古今名琴百余张,其中有唐开元年款"流水潺潺"琴、雷威"天籁"琴、宋熙宁年款"流水断无名"琴、宋文与可藏"香林八节"琴、元末朱致远"流水"琴、明代汪宗先"修琴"等。

商周甲骨则是新兴的收藏品类,具有历史研究的重要意义。1899年秋金石学家王懿荣首先从山东潍县古董商范维卿手中购得甲骨12片进京,此后陆续从范维卿、赵执斋处收藏1500余片,并引起其他金石学家、收藏家的关注。可惜1900年八国联军进占北京后王懿荣投井自杀,他的儿子把藏品中1000余片卖给了爱好金石收藏的刘鹗,他也是著名小说《老残游记》的作者。刘鹗亦官亦商,颇有资产,后委托赵执斋新购得3000余片,又从另一藏家方若处收得300余片,还曾派自己的儿子去河南收集甲骨,到1903年已经有了5000余片甲骨藏品,他精选出1088片出版了第一部甲骨文著作《铁云藏龟》。刘鹗死后这些藏品四散,先后为叶玉森、犹太藏家哈同、中央研究院历史语言研究所等所得。

罗振玉(1866—1940年)是晚清民国时期著名的金石学家,历年收藏不少古印、铜镜、法书、名画、古籍、清宫档案,他从刘鹗那里见识了甲骨以后,成为最早考证甲骨文源流的几位学者之一。他也到处搜求甲骨,1909年曾委托琉璃厂古董商人祝继先、秋良臣、范子衡、弟弟罗振常四次赴河南收购甲骨,先后所得2万余枚。1915年,罗振玉又亲自前往安阳实地考察,释读出殷王名号,确认出土甲骨的小屯是殷王朝中心,此后陆续收藏了二三万片甲骨。1911年罗振玉曾流亡日本,靠出售旧藏、经营古玩图书为生,他收藏的部分甲骨出售给了日本的公私藏家,如京都大学人文科学研究所就有他的旧藏3599片。1949年后罗家后人将家藏多捐赠给国家机构。在上海定居的富商刘体智收藏甲骨28192片,青铜器达400余件,另有藏书数万册以及古墨、古砚、古印、古画等,1953年这些藏品大多捐献或者转让给上海博物馆、上海图书馆、安徽博物馆等地。

加拿大长老会传教士明义士1910年起常驻安阳等地传教,他从当地人手中购藏了大约5万片甲骨,1917年曾将2369片摹写后印成《殷墟卜辞》一书,后来陆续有所得,其中一部分被他带回加拿大,入藏皇家安大略博物馆。另留在中国的 3 万余片甲骨后来分别入藏南京博物院、北京故宫博物院、山东省博物馆。美国驻山东潍县的传教士方法敛和英国浸礼会驻青州的传教士库寿龄也曾从古玩商和农民手中收集过甲骨。曾把 400 多片甲骨卖给上海的亚洲文会博物馆，还曾转售美国普林斯顿大学、卡内基博物院、苏格兰皇家博物院、不列颠博物馆、美国斐乐德博物院等机构。

家具收藏方面，1860 年和 1900 年两次洗劫圆明园后，英法联军、八国联军先后将掠获的家具等宫廷用品拉到天坛南门的大空场及附近的使馆进行内部拍卖，因家具尺寸较大，未能全部拍卖掉，又不便都运走，所以离开之前曾对北京市民出售，一些宫廷家具流入民间。晚清民国之交大量清朝皇室世家纷纷出售家具，出现了第一波家具收藏热潮，尤其是租界的洋商、外交官追求异国情调的装饰，大量购买使用中国古典家具，因此这成为中外古玩商、旧货商追逐的目标。外国商人在中国城乡大量收购明清硬木家具。如 1928 年至 1948 年间旅居北京的古董商杜拉蒙德兄弟（Drummond）当时侧重收集中国古典家具并出口到美国，1946 年曾在巴尔的摩艺术博物馆展出 34 件"杜拉蒙德兄弟珍藏"古董家具。美国人夏洛特·郝思曼（Charlotte Horstmann）也曾于 1946 年在前门大栅栏经营以黄花梨家具为主的古玩店，1949 年后她在中国香港、欧洲开设店铺继续经营中国家具、古玩，也是最早仿制中国古典硬木家具的人，后把自己的硬木家具收藏整体出让给了美国纳尔逊艺术博物馆。私人藏家手中的家具后来或捐或卖，很多进入了博物馆，美国大都会博物馆、费城博物馆、纳尔逊博物馆、英国大英博物馆、法国吉美博物馆中都收藏有一定数量的中国古典家具。

欧美对中国家具的研究也有悠久历史，中国、日本的漆器家具在 17 世纪即有欧洲人作为异国情调的器物收藏和使用，20 世纪初洛克（Rocke）、赛斯辛基（Cescinsky）、杜邦（Dupont）等人都曾出版有关漆器的图书，德国人古斯塔夫·艾克（Gustav Ecké，1896—1971 年）曾在中国长期任教，对明式家具、中国古代玉器、青铜器以及绘画颇有研究，1944 年他在北京出版了《中国花梨家具图考》（Chinese Domestic Furniture），还发表了《中国家具》《关于中国木器家具》《中国硬木家具使用的木材》等重要论文。艾克先生是第一位将明式家具作为一门学科进行系统研究的学者，启发后学，影响深远。曾在北京生活的乔治·盖茨（George N. Kates）收藏有几十件中国家具，1946年、1949年他两次在布鲁克林博物馆举办有关中国家具的展览，还曾出版《中国家用家具》（Chinese Household Furniture）一书。

国内人的家具收藏意识受到西洋影响才逐渐形成。权贵世家注重紫檀等贵重木料制成的精美家具，也常常传承数代，而多数人对其他材质的家具都并无保存意识，很多都被当作旧货、废品出售，毁于一旦。20世纪初以家具积藏著称者分三类，一类是晚清宗室、官僚之类，他们家族原来积存了大量家具，如恭王府后人溥伟、溥儒、溥侗等，内务府庆宽等，后来大多转手他人；另一类是民国初年的新贵、学者等，如郭葆昌、关冕钧、朱文钧、陈梦家等。陈梦家1948年为布置朗润园的居室开始留意古旧家具，是国内较早关注和研究明式家具的学者。1957年，陈梦家因在《文汇报》上发表《慎重一点"改革"汉字》一文而被冠以"反对文字改革"的罪名，受到激烈批判，"文革"初不堪凌辱愤而自缢，所藏明清家具几经辗转后被上海博物馆收藏。

邮票收藏也是在西洋风气影响下出现的新事物，晚清上海等地的外侨经常购藏中国发行的邮票，后来出现了专门经营邮票的邮商，主要是卖中国邮票给外国客户，后来也兼营外国邮票。之后国内也出现了邮票收藏家，中外藏家交流增多。1912年上海外侨发起成立"上海集邮会"，1918年中国最早的中文集邮杂志《邮志界》发刊，1922年神州邮票研究会在上海成立，是中国第一个有影响的集邮组织。集邮是当时普及性的收藏活动，人们重视其儿童教育启蒙作用，在上海、北京、天津、苏州、杭州、福州等经济较为发达的都会都有集邮者和邮商活动。当然也有少数藏家如袁克文、周今觉、马任全以收藏价值较高的珍稀邮票著称。周今觉是晚清两广总督周馥之孙，家资丰厚，1923年开始集邮，先后购得外国集邮家施开甲（R. E. Scatchard）、勒夫雷司（Lovelace）、海曼（Harry L. Hayman）等人所藏大量中国邮票，1925年与同好在上海创立中华邮票会，任会长，出资并主持编辑出版会刊《邮乘》，多次参加国外邮展、参与国际交流。

收藏家 The Collector　庞元济：20 世纪最大的中国书画收藏家

庞元济（1864—1949 年），字莱臣，号虚斋，是民国时期的一代收藏巨擘，私藏可谓名作荟萃，精品迭出，经手书画高达 5000 件，被王季迁称为"全世界最大的中国书画收藏家"。

庞元济生于浙江吴兴南浔富豪之家，是南浔"四象"之一庞氏开创者庞云鏳的次子。庞云鏳以经营蚕丝发家，光绪年间便富甲一方，与"红顶商人"胡雪岩交情不浅，又曾为左宗棠代购军火获取暴利。由于长子早夭，庞元济成了庞家产业的继承人。庞云鏳以其名向清廷献银十万两赈灾，慈禧太后恩旨赏赐庞元济一品封典，补博士弟子，赐进士，候补四品京堂。

庞元济子承父业，在上海，江苏吴县、吴江，浙江绍兴、萧山等地拥有米行、酱园、酒坊、药店、当铺、钱庄、房地产等产业。他还曾赴日考察实业，回国后于光绪二十一年（1895 年）起先后投资 300 万两白银在杭州、上海、南浔等地投资或创办缫丝厂、纱厂、造纸厂、电灯公司、银行、铁路等各类近代企业，是江浙地区近代民族工业的开创者之一。他还在上海、苏州经营房地产，原上海牛庄路的"三星大舞台"（1949 年后改为中国大戏院）和成都北路整条"世述里"都是他的产业。庞元济还热心慈善事业，如南浔原育婴堂，经费一直由他筹措。民国十二年（1923 年）带头捐款重修南浔至湖州的荻塘，至竣工时尚缺 3 万余元均由他个人承担。1924 年后他常年居住在上海，与上海本地以及流寓上海的鉴藏家、古董商郑孝胥、张大千、吴湖帆、谢稚柳、王季迁、徐邦达、张珩等交往，也彼此交换、买卖藏品。

庞元济从小喜欢研习字画和碑帖，擅长书法绘画，未及成年就喜欢购置清乾隆时人手迹刻意临摹，他自称是"嗜画入骨"，旁及书法、铜器、瓷器、玉器、古砂器、鼻烟壶、碑刻和文房器具等。清末民初朝代更迭，社会动荡，收藏世家纷纷抛售所藏，而上海当时就是一个主要的书画市场。庞元济既拥有财力，又精于鉴赏，在门客陆恢等人协助下"每遇名迹，不惜重资购求"，故而清末"南北收藏，如吴门汪氏、顾氏，锡山秦氏，中州李氏，莱阳孙氏，川沙沈氏，利津李氏，归安吴氏，同里顾氏诸旧家，争出所蓄，闻风而至，云烟过眼，几无虚日"（《虚斋名画录·自序》），而1911年辛亥革命后又一次藏品大换手也让他所获甚丰，"比年各直省故家名族因遭丧乱，避地来沪，往往出其藏……以余粗知画理兼嗜收藏，就舍求售者踵相接"（《虚斋名画续录》）。庞元济曾亲赴北京收购吴镇《渔夫图》、南宋夏圭《灞桥风雪图》、金代李山《风雪杉松图》、元代钱选《浮玉山居图》、元代张渥《雪夜访戴图》等。但是他最大一笔收藏应该是买下晚年落魄的上海著名出版家、收藏家狄平子（1873—1941年）手中的大批宋元名迹，如尉迟乙僧的《天王像》、王齐翰的《挑耳图》、王蒙的《青卞隐居图》《葛稚川移居图》、董源的《山水图》、赵孟頫的《龙神礼佛图》《簪花仕女图》、柯九思的《竹谱》、黄公望的《秋山无尽图》等。

经过30多年的积累，庞元济的收藏蔚为大观，以唐、五代、宋、元名家高古作品和以吴门四家、董其昌为代表的晚明文人画、清四王作品为精品，延续了晚清主流鉴藏家的收藏趣味和标准。直到1947年，已经83岁高龄的他花六千美元买下黄公望的《富春大岭图》，这件作品出现在古玩市场上六个月一直没有人买，因很多资深鉴藏家认为这是赝品，虽然是老裱，但画心是后换上去的，使用的是生宣纸而不是元代主流的熟宣或半熟纸。

庞元济曾为藏品编过三本著录画目：宣统元年（1909年）出版的《虚斋名画录》仿清代高士奇《江村消夏录》的体例，将自己的藏品按照年代的顺序，起自唐代，止于清代，每种详记纸绢、尺寸、题跋及印章，书前有郑孝胥序及庞元济自序，共计16卷，收录作品538件。在《虚斋名画录》著录的历代名画中，唐宋元的古代名迹约占总数的三分之一，大多藏画流传有序，为历代鉴藏大家如贾似道、赵孟頫、项元汴、梁清标、安岐等人的庋藏旧珍。还有宫廷藏画，如宋代宣和、政和遗珍，清代三希堂旧藏，《石渠宝笈》著录之物。民国十五年又出版了《虚斋名画续录》，共4卷，著录了后来收藏的历代名画206件，包括宋元名迹32件，明代"吴门四家"沈周、文徵明、唐寅和仇英作品44

件，清初四王等人的作品40余件。

庞元济的著名收藏无疑让其他藏家也动心不已，美国著名的富豪收藏家弗利尔（Charles Lang Freer，1854—1919年）1909年和1911年两度到上海，曾到庞元济家欣赏藏品，获赠一套文房四宝。很可能因为弗利尔对这些藏品念念不忘，后来到纽约开辟古玩生意的卢芹斋等刻意劝说庞元济出售了部分藏品。民国三年（1914年）上海商务印书馆印制了《中华历代名画记》一书，采用当时先进的珂罗版照相技术呈现绘画作品，收入庞元济收藏的古代画作共76件，包括手卷20件、画轴52件及"名笔集胜册"4件。与庞氏此前的藏品目录以斋号命名不同的是，本书命名更为宏大，还有中英对照序文，庞元济提及出版此画册是为了参加1915年在旧

庞元济肖像照

虛齋名畫錄

虛齋名畫續錄序

余每尚鑒藏家何以名畫多而名書獨少耶世所傳唐五代丹青往往而有宋元而下益夥矣而蘇黃米蔡之墨跡稀如星鳳上而顏柳諸賢其傳愈絕畫則近代十數大家之作苦以收藏名無不備者或一家纍至數十百種以

唐王摩詰春溪捕魚圖卷

絹本高八寸九分長三尺一寸七分設色兼青綠山水圖中山巒抱翠桃柳爭妍樓閣參差林木幽密以及漁舟撒網溪岸乘騎村舍橋梁朱欄碧宇無不備具至於人物纖細如生界畫精工有致傅色古艷真神品也小欸二字書於左下角其藏印之鈐於裱絹者甚繁茲不具錄

王維

[印] 朱文鈐左邊闕半

○ 朱文雙龍璽

[印] 朱文鈐右邊微闕

貞觀

御書之印

跋紙一高八寸七分寬九寸七分

前灘罾兮後灘網魚兮魚兮何所往桃花錦浪綠楊村
浦潊忽聞漁笛響我今笠澤熟此圖頓起桃源雞犬想

上圖：《虛齋名畫錄》民國刻本
下圖：《虛齋名畫續錄》民國刻本

金山举办的"巴拿马世博会",但当年中国政府展厅仅出现了刘松甫、张謇、沈仲礼的收藏品,庞氏藏品似乎并未出现在展览中,反倒是被他的堂弟庞元浩带到纽约,与卢芹斋等一起出售给美国藏家。弗利尔1915年和1916年两年间买了庞家33幅藏品,包括韩干《呈马图》、李成《寒林(采芝)图》、郭熙《峨眉积雪图》、崔白《烟江晓雁》和倪瓒《林亭春霭图》等。他还推荐爱好东亚艺术的朋友尤金·梅尔夫人(Eugene Meyer)和哈夫迈耶(Louise Havemeyer)买了一些,另外,卢芹斋还把明人王谔《停琴观瀑图》、江贯道款《风雨归庄图》卖给了宾夕法尼亚大学博物馆[16]。

20世纪20年代,庞元济由外甥张静江开设的通运公司的总经理姚叔来做中间人,又卖了些画给美国的弗利尔,包括郭熙(传)《溪山秋霁图》、李山《风雪杉松》、龚开《中山出游图》、钱选《来禽栀子图》、吴镇《渔父图》、沈周《江村渔乐图》、史忠《晴雪图》等。当时庞的公司业务繁荣,生活富饶,没有理由因为经济情形而卖画,王季迁后来对此事也感到疑惑,不知道庞为什么要把大批书画卖给弗利尔。

抗战时期庞家留存在南浔、苏州住宅的藏品大多遭遇损毁,后来陆续又购进一些藏品。1949年庞元济去世,留下遗嘱将书画等家产分给嗣子庞秉礼和孙子庞增和、庞增祥三人继承。庞增和与其祖母贺明彤共同生活居住在苏州,胞弟庞增祥等在上海生活。居住在上海、苏州两地的庞家后人成为各级政府为公共博物馆征集藏品的重要对象。

1950年,与庞元济有旧交的上海文管会负责人徐森玉让画家、鉴定家谢稚柳等人接触庞秉礼和庞增祥,出资近七万元征购了两批书画,包括董其昌的《山水册》《西湖图卷》《依松图卷》、任仁发的《秋水凫鹭图卷》、倪瓒的《溪山图轴》《吴淞春水图》《渔庄秋霁》、钱选的《浮玉山居图》、仇英的《柳下眠禽图》、唐寅的《古槎鸲鹆图》、文徵明的《石湖清胜图》、柯九思的《双竹图》、戴进的《仿燕文贵山水》、王冕

16　励俊:《犹是当年旧月痕》,《东方早报》,2012年4月9日。

的《墨梅图》等。1952年秋天，徐森玉又花费16万元从庞家征集了一批藏画，同年12月，庞秉礼、庞增和、庞增祥三人联名将宋朱克柔《缂丝莲塘乳鸭图》等一批文物捐献给了新成立的上海博物馆。

得知庞家书画流出的信息后，1953年国家文物局紧急向文化部申请经费出资购藏，1953年时任国家文物局局长郑振铎特地给徐森玉写信表示"庞氏画，我局在第二批单中，又挑选了23件，兹将目录附上：'非要不可'单中，最主要者，且实际'非要不可'者：不过（一）沈周《落花诗图卷》，（二）文徵明《张灵鹤听琴图卷》，（三）仇英《梧竹草堂图轴》，（四）仇英《蓬莱佩弈图卷》，（五）仇英《江南水田卷》，（六）陆治《瑶岛接香图轴》等六件而已，因此间明清的画，至为缺少也"，这一举动引起南北文博界私下议论，上海方面正在筹设上海博物馆和图书馆，部分人觉得北京是来争抢这批藏品的。郑振铎特地致信徐森玉解释："诸公大可不必'小家气象'也，庞氏的画，上海方面究竟挑选多少，我们无甚成见。"[17]

国家文化局征集的这批"虚斋"藏品后来划归北京故宫博物院，包括赵孟頫《秀石疏林图》、曹知白《疏松幽岫》、柯九思《清閟阁墨竹图》、姚绶《秋江渔隐》、李士达《三驼图》、董其昌《赠稼轩山水图》、陈洪绶《梅石蛱蝶图卷》、杨文聪《仙人村坞》、王时敏《为吴世睿绘山水册》、髡残《层岩叠壑图》、龚贤《清凉还翠图》、吴历《拟吴镇夏山雨霁图》、文点《为于藩作山水图轴》、石涛《山水花卉册》等名迹。

除了上海和北京外，苏州市、江苏省两级文物部门也参与征集。庞增和在1953年、1959年向苏州博物馆捐赠书画文物39种，其中书画34种。1959年，江苏方面到苏州动员贺明彤、庞增和将家中所藏元代黄公望《富春大岭图》、倪瓒《枯木竹石图》、吴镇《松泉图》、明代沈周《东庄图册》、文徵明《万壑争流图》、仇英《江南春》卷等古代书画137件无偿捐献南京博物院[18]。后来还曾在1962年、1963年从庞家有偿征集赵佶

17　陆剑：《南浔庞家》，杭州：浙江人民出版社，2009年，第113页。
18　《虚斋大观——庞莱臣虚斋名画的庋藏与流散》，《中国书画》，2015（2），第37—38页。

《鸲鹆图》、夏圭《灞桥风雪图》、仇英《捣衣图》等9件藏品和借展2件藏品[19]。

如今，庞元济的藏品国内多存于北京故宫博物院、上海博物馆、南京博物院、苏州博物馆等处，国外则主要藏于美国弗利尔美术馆、底特律美术馆、纳尔逊艺术博物、克利夫兰美术馆等收藏机构。

---

19 陈诗悦：《庞莱臣后人状告南京博物院侵权：谁在败落？》，《东方早报》，2016年9月7日。

第十六章
中国文物艺术品流向全球

《睢阳五老图》的收藏史显示了自古以来艺术收藏与政治、经济相互纠缠的各种问题。宋仁宗天圣年间五位德高望重的老臣，94岁的毕世长、90岁的王涣、88岁的朱贯、87岁的冯平、80岁的杜衍退休后寓居睢阳颐养天年，赋诗论文，约在1056年杜衍的门人钱明逸请人描绘五老的全身肖像并亲自作序纪念，像侧各有七律诗一首，意在效法唐代名人白居易在洛阳组织九老宴会崇老敬贤之意，想将此图卷藏于郡学翘材馆中供学子瞻仰。

这以后北宋名卿显宦欧阳修、晏殊、范仲淹、韩琦、邵雍、文彦博、司马光、程颢、程颐、苏轼、黄庭坚、苏辙等18人先后观赏和奉和作诗，可惜后来因为朝廷中新党、旧党之争，到了南宋绍兴年间诸人题跋原作就已裁割散失，只能在其他文集中一窥原本面貌。南宋以后这件作品经胡安国、朱熹、赵孟頫、方孝儒、姚广孝等历代鉴藏家、文化名流题跋，一卷佚名之作竟有120余人题跋，在中国绘画史上极为罕见。

南宋初年此画卷从钱明逸手中先后传入朱贯、毕世长家族，淳熙辛亥年（1191年）由毕世长的四世孙毕希文转给五老之一朱贯的后裔朱子荣，此时已有摹本，旧本归朱子荣，新本在毕氏子孙手中。此后朱家后人几次用此图抵押，后来又几次购回，清康熙四十三年（1704年）朱家因为画卷绢素剥落、不利卷舒，请装潢名手改装为册，至此这幅画已经在朱氏家族中保存近500年之久。

到同治年间（1862—1874年）或因太平天国之乱，此图流入时任江西知县、收藏家狄曼农（1821—1900年）手中，后被时任江西按察使王霞

睢阳五老之毕世长像，册页，绢本设色，40×32.1 cm，北宋（约 1056 之前），大都会博物馆

轩索去。王霞轩曾将此图送老上司左宗棠，但陕甘总督左宗棠赏玩数十遍后题写长跋奉还，并希望"如遇五老后裔，仍奉此界之，于谊尤协耳"，王霞轩并无如此雅兴，他把此图留给了自己的儿子王鹏运，后者1890年将此画以三百金出售给大收藏家、宗室爱新觉罗·盛昱[20]，光绪二十五年（1899年）转手收藏家完颜景贤。

1915年，《睢阳五老图》流入古玩商蒋汝藻之手，他是卢芹斋等创办的来远公司北京分号的股东。因此这件作品很快出现在1916年来远公司上海分号负责人管复初编辑的中英文图录《古画留真》中。为了多赚钱，他们把《睢阳五老图》切割分为五卷，1917年把其中一幅毕世长像、宋人钱明逸《五老图序》和部分明清题跋出售给大都会博物馆，朱贯像和杜衍像先是出售给美国女收藏家艾达摩尔（Ada Small Moore，1858—1955年），后入藏耶鲁大学博物馆，冯平像和王涣像则在1948年由古董商号通运公司的姚叔来经手出售给弗利尔美术馆[21]。

当时外国藏家不喜中国书法，故部分题跋无人购藏，所以1930年代末一部分题跋返回上海归蒋汝藻继续收藏。蒋后将这件《睢阳五老图题跋册》售与收藏家张叔驯，此后经张珩、孙邦瑞收藏，1942年归江阴实业家、书画收藏家孙煜峰。1964年，孙煜峰将50余家题跋上下两册和尤求摹本《睢阳五老图》一并捐赠上海博物馆，名为"《睢阳五老图》20开题跋册"，包括杨万里、洪迈、洪适、虞集、赵之昂等的题跋[22]。

对于此事，曾在上海收藏圈活跃的郑振铎1943年曾在日记中感叹："凡名迹，一归略识之无良贩子手中，便有五马分尸之厄，反不如落于无知无识之商贾铺子里，尚能保存'天真'也。言之可为浩叹！"[23]

---

20 劳祖德整理本：《郑孝胥日记》光绪十五年十二月十五日（1890年1月5日），北京：中华书局，1993年，153页。

21 王连起：《宋人〈睢阳五老图〉考》，《故宫博物院院刊》，2003年第1期，第7—21页。

22 柳叶：《睢阳五老图》补充，《东方早报·艺术评论》，2012年6月4日。

23 励俊：《漫谈〈睢阳五老图〉》，《东方早报·艺术评论》，2012年6月11日。

一 世纪之交的变局："八仙"过海

16世纪早期，欧洲已经与中国有了直接贸易联系，香料、生丝、茶叶、瓷器等被荷兰、英国、法国的东印度公司一船船运到欧洲销售。但是那时候多数人并不把瓷器、雕刻之类当作艺术品，而是当作实用工具或者装饰器物使用。在18世纪欧洲兴起的"中国风"热潮中，来自东方的瓷器也成了一些王侯贵族珍视的藏品，如波兰奥古斯特大公1717年在今天德国德累斯顿的茨温格宫内建立了一座瓷器收藏馆（Porzellansammlung），展示他拥有的明清外销瓷和日本瓷器。

19世纪全球政治、经济、交通的巨变让收藏也变成了近代化的一部分，强势的欧美公私收藏机构开始在全球搜集各种物品作为保存、展示、研究的对象。一方面蒸汽机、铁路、轮船、电报让人们的联系更为便捷，全球的贸易和经济更为紧密地关联在一起；另一方面疲弱的清朝遭遇一系列打击，皇室无法再完整保存乾隆皇帝的庞大收藏，世家大族、学者文人的收藏也在经济变动中频频换手，同时铁路建设、文物盗掘出土了很多新文物。这使得19世纪后期到20世纪初期大量历代文物、皇家瑰宝云集于市，国内外古董商、收藏家、学者、博物馆机构纷纷采购交易，数以百万计的文物因此流散到世界各地。

1860年英法联军火烧圆明园抢掠大量皇室珍藏、园林装饰，导致了清代宫廷文物的第一次成规模的流散，英法军人、外交官、商人带回国内以后引起文化界和收藏界的围观，也引起报刊上很多猎奇的报道，欧洲人开始重视这些皇家收藏，英法出现了收藏中国瓷器、青铜器的苗头。运到英国和法国的掠夺品，主要以公开拍卖等方式来处理。1861年12月至1863年4月，在法国巴黎倬德酒店举行了超过13场有关掠夺品的拍卖会；还有30箱器物被法国军队直接送到拿破仑三世的家里，藏在巴黎近郊的枫丹白露宫，并于1861年3月向公众展示。在英国伦敦，1861年至1862年佳士得和苏富比两大拍卖行举办的拍卖会中也有很多圆明园藏品出现，如1861年6月6日"佳士得、曼森和伍兹"拍卖图录里注明了来自圆明园的

第十六章 中国文物艺术品流向全球　263

《中国——国王们和皇帝们的蛋糕》，1898 年 1 月 16 日，亨利·梅耶（Henri Meyer）

　　这张 1898 年的政治漫画夸张地呈现了欧洲列强在中国夺取利益的国际形式，桌前的人物由左至右分别是代表英国的维多利亚女王、代表德国的威廉二世、代表俄国的尼古拉二世、代表法国的玛丽安娜（在为俄国助阵）、代表日本的武士，后面的大清帝国官员只能张开双手无能为力地哀叫。

27 件玉器及其他木雕、珐琅、象牙、漆器和一件瓷器。其后十年，英国的南昆士敦博物馆（1899 年更名为维多利亚和阿尔伯特博物馆）、大英博物馆等博物馆、学术研究机构都获得了圆明园流出的艺术品，这大大促进了中国艺术品的展示和研究，带动对于中国艺术的兴趣，一时在贵族、富豪中成为新时尚[24]。

1900 年八国联军进入北京，士兵们抢掠的范围扩大到紫禁城、中南海、圆明园、颐和园等皇帝禁地和高官大僚的官署、府邸，除了要进献给各自王室的战利品、各自保存的私藏品，还把很多藏品集中在一起举办针对外国人的拍卖会。当时普通士兵们的抢掠对象主要是他们熟悉的各种"金银珠宝"，对书画、家具等并不是特别在意，多以便宜的价格就地拍卖、出售。这让大量清朝皇室收藏流入了古董商和中国民间。被劫文物的精华部分则运回欧洲，被各国皇家机构收藏，同时也有大量被军人私藏的流入欧美民间，以后几十年这部分收藏中很多又以收购和捐献的形式最终流向各国博物馆。1874 年英国皇家亚洲文会华北分会在上海建立亚洲文会博物馆，长期收集中国石器、秦汉古物等。

当时铁路和城市建设等导致出土文物数量大增，如 1905 年为修建京汉铁路支线在洛阳邙山挖掘了许多汉唐古墓，大量色彩鲜艳的唐代釉陶墓俑、金银、玉石、陶器很快就出现在京沪古董市场并大多转售海外。1918—1919 年在巨鹿出土大量宋瓷，之后很多古窑址被发现，出土了大量宋元明清瓷器。村民偶然在河南安阳小屯、陕西周原发现了先秦古物，引起国内外古董商、收藏家的关注。当时欧美与中国的交往日益频繁，对中国文化艺术了解增加，公私机构开始注重购藏来自中国的文物艺术品，海外收藏之风和国内富贵人家购求交互影响，刺激了北京、上海的艺术市场，也掀起了众多古董商、军阀、民众参与的文物盗掘之风。著名的如 1928 年军阀孙殿英盗挖清西陵。甚至还出现了西方古董商、探险家亲自盗掘古墓的事件，如怀履光和兰登华纳参与盗掘洛阳金村大墓，王涅克盗掘浑源彝器。据日本学者梅原末治研究，1930 年之前欧美各大收藏机构、私人收藏和公开的铜器已经多达 547 件，加上未公开的和日本等地的收藏，数量更多。

24　尼克·皮尔斯：《圆明园影响下的英国收藏界》，谢萌 译，《文物天地》，2005 年第 5 期。

随着殖民体系的扩张和博物学的发展，19世纪后期西方列强出于地缘政治、文化研究等目的频频在远东地区展开考察活动，广泛搜集地质地理信息、矿产物种标本、民族学资料和出土文物等。尤其是中国西部的新疆、内蒙、甘肃、西藏这些边疆要地或文化走廊，法国、俄国、英国、德国、美国、瑞典和日本都有民间自发或者受特定博物馆、企业雇佣的探险队进行考察和发掘活动，带走敦煌、龟兹、吐鲁番、黑水城等地的文物资料。著名探险者有法国人格莱那（Fernand Grenard，1866—1942年）、德兰（Jules Léon Dutreuil de Rhins，1846—1894年）、伯希和（Paul Pelliot，1878—1945年），瑞典人斯文·赫定（Sven Hedin，1865—1952年），俄国人罗博罗夫斯基（V. I. Roborovsky，1856—1914年）、科兹洛夫（P. K. Kozlov，1863—1935年）、克莱门兹（D. A. Klemenc），英籍匈牙利裔探险家斯坦因（Marc Aurel Stein，1862—1943年），美国人劳费尔（Berthold Laufer，1874—1934年），日本人大谷光瑞（1876—1948年），德国人格伦威德尔（Albert Grunwedel，1856—1935年）、勒考克（Albert von Le Coq，1860—1930年）等。

其中最著名的是1905年王道士无意中打开敦煌莫高窟藏经洞后引来欧美各路学者、探险家前来购求，斯坦因和伯希和所获最多，1907年斯坦因从道士王圆箓手中购得经卷写本24箱、绢画及其他文物5箱。1908年伯希和买走经卷6000余卷以及画卷、雕塑等文物。晚清时期政府还未有明确的现代国家主权意识，又对西域文物了解不多，这些考察探险活动有的得到官方允许支持，有的无人过问。当时也有很多学者亲身前来中国考察游历，从古玩店铺为博物馆和私人购藏藏品，如法国的沙畹（Emmanuel-Edouard Chavannes）、伯希和、法占（Gilber de Voisins）、拉狄格（Jean Latirgue）、色伽兰（Victor Segalen），日本的关野贞、橘瑞超、吉川小一郎、足立喜六、松吕正登、田资事、福地秀雄等曾在北京、西安等都古玩店购买藏品。

地上文物方面，佛教石造像成为盗窃的重点对象。这原来不是中国传统收藏品类，但是在20世纪初期成为欧美大型博物馆、重要收藏家看中的艺术藏品，因此各路人马纷纷前来巧取豪夺，日本山中商会将太原天龙

斯坦因肖像，照片，Thompson The Grosvenor Studios 拍摄，1909 年

斯坦因取得的经卷，《沙漠契丹》第 194 页插图，伦敦 1912 年版

山石窟的佛头远销海外，华人古董商卢芹斋经手盗卖磁县响堂山石窟，纽约大都会远东部主任普爱伦（Alan Priest，1898—1969 年），曾下订单雇琉璃厂岳彬盗凿龙门古阳洞帝后礼佛图等。洪洞广胜寺巨幅元代壁画，北京智化寺明代蟠龙藻井等也被寺主私下卖给欧美藏家。

辛亥革命前后的政治经济动荡导致皇室亲贵、世家官僚纷纷转售书画、金石收藏，著名的如溥仪盗卖清宫旧藏，恭亲王、成亲王、端方等后裔出售家藏都发生在 20 世纪初叶。大量文物艺术品汇集市场，让民国初年北京的古董文物市场空前繁荣。到 1927 年政府南迁后，上海发展成为新的艺术交易中心，在 20 世纪三四十年代盛极一时。

20 世纪初期海外藏家和国内藏家的市场趣味大为不同。欧美藏家开始最注重中国的瓷器、家具等装饰艺术，后来则是青铜器、大型石刻雕像等体型可观、年代久远的器物。而日本收藏家和中国收藏家趣味类似，注重书画金石文房清玩之类，而在瓷器上则与欧美藏家不同，日本藏家更喜欢宋瓷而非颜色鲜亮的明清官窑瓷器。后来随着对中国历史文化研究的深入，美国博物馆界也开始注重书画收藏，如在两任日裔远东部主任冈仓觉三和富田幸次郎的努力下，波士顿美术馆收藏了一批中国书画精华，卢芹斋则将古玉、书画推销给大都会、纳尔逊、克利夫兰等博物馆。海外个人藏家对于新地区、新领域、新类型的关注往往早于公立机构，他们收藏后频繁与学术界、博物馆界互动，通过零散或整体地转让或捐赠让博物馆和公众不断扩大收藏范围、改变收藏版图。

和收藏伴随的是对中国文物艺术品的研究、展示的深入和扩展[25]。19 世纪末欧洲人关注的主要是瓷器收藏，法国汉学家儒莲（Stanislas Aignan Julien，1797—1873 年）于 1854 年翻译《天工开物》，1856 年把蓝浦所著《景德镇陶录》译成法文在巴黎以《中国瓷器的制作和历史》为名出版，对法、英之后的中国文物研究和收藏影响甚大。1868 年抵达北京担任英国驻华使馆医师、京师同文馆医学教习的卜士礼（Stephen W. Bushell，1844—1908 年）在中国居住了 32 年之久，撰写了关于中国艺术、钱币学等方面

25　苏玫瑰：《东风西渐——西方视野下的中国艺术》，雅昌艺术网，2011 年。

的著作，1886年，他将《陶说》译成英文，以《古代中国瓷器》之名出版，1896年出版了名著《东方陶瓷艺术》一书，后他被大英博物馆、维多利亚和阿尔伯特博物馆聘请，负责为两馆购藏东方艺术藏品。

收藏家们也开始出版自己的藏品图录。在英国，1876年伦敦大英博物馆研究员奥古斯特·弗兰克（Augustus Franks）曾把自己收藏的中国和日本陶瓷给南肯辛顿博物馆展出并出版了《东方陶瓷收藏图录》。法国收藏家欧·杜·萨尔特（O. Du Sartel）1881年出版的《中国陶瓷》以自己的藏品为例探讨中国瓷器起源、制作和装饰等，这是西方出版的第一本中国陶瓷收藏图录，结合雕版与绘画技法展现器物的全貌。法国收藏家格兰迪迪耶（Ernest Grandidier，1833—1912年）于1894年出版《中国瓷器》，介绍自己收藏的中国历代瓷器约124件，兼及中国瓷器的审美和瓷器烧制技艺，他后来把自己收藏的中国瓷器捐献给了卢浮宫。上述图录一般印制50册或数百册，传播范围仅限于极少数收藏家和研究者范围。

综合性研究和介绍方面，1887年法国外交官、历史学家巴雷欧娄（Maurice Paléologue，1859—1944年）出版了法国第一本综合性中国美术著作《中国艺术》（L'art chinois），以材料和形式分类介绍了中国的青铜器、建筑、石雕、木雕、象牙雕、瓷器、玻璃、珐琅、绘画与漆器，书中图片大多来自法国私人收藏，似乎是把青铜器等雕塑当作最高级的艺术或收藏类型。卜士礼1900年退休后回到英国，于1904年、1906年出版了《中国艺术》（上下两册），这是第一本关于中国美术的综合性英文著作，分类介绍了雕塑、建筑、青铜器、竹木牙角雕刻、漆器、玉器、陶瓷、玻璃、珐琅器、首饰、纺织品、绘画等十二种品类，在欧美收藏界、学术界影响很大。

20世纪初随着中国文物艺术品收藏逐渐变得流行，有关的学术研究、收藏图录更加繁多，瓷器仍然是重点。这一时期的重要学者是大英博物馆陶瓷专家罗伯特·洛克哈特·霍布森（Robert Lockhart Hobson，1871—1941年），他在1921年成为大英博物馆亚洲部负责人，被视为研究中国艺术的泰斗人物之一。他1915年出版了专著《中国陶瓷器——从早期到现今中国陶瓷艺术研究》，1923年出版了第一部中国陶瓷断代史《明代陶瓷》，此后编辑过多位英国和欧洲藏家的收藏图录，如1925—1928年

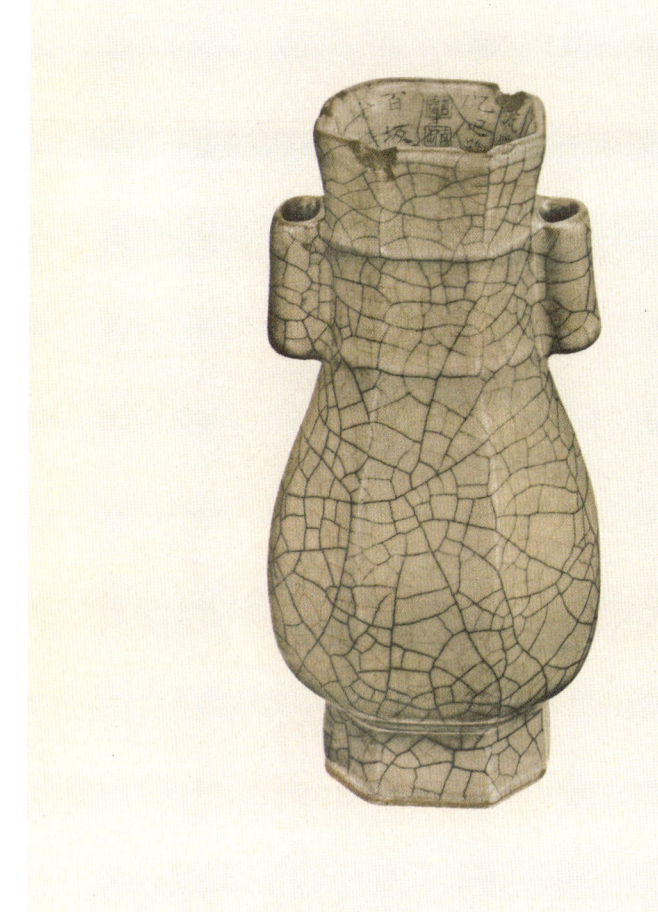

霍布森（R.L. HOBSON）编辑的《大维德爵士收藏的中国陶瓷图录》内页，1934年伦敦 The Stourton Press 出版

出版的六卷本《乔治·欧默福普洛斯藏中国、朝鲜和波斯陶瓷器图录》、1934年出版的《大维德爵士收藏的中国陶瓷图录》，后者精致的彩图让藏品得以完美的呈现，成为之后类似著作的典范。曾在中国工作的英国人白兰士敦（A. D. Brankston，1909—1941年）通晓汉语，曾造访景德镇并探访珠山和湖田窑址，他1938年出版了名著《明初官窑考》。

除瓷器以外，其他各类藏品的介绍也逐渐增加，如玉器方面，1923年轩尼诗（Una Pope-Hennessy，1876—1949年）编著《中国早期玉器》，论述中国自先秦至元代玉器历史。斯坦利·查尔斯·诺提（Stanley Charles Nott）1936年出版《中国玉器源流考》，其后40年代他还出版了一系列玉

《版画收藏者》，布面油画，53×40cm，1866年，埃德加·德加 (Edgar Degas)，HO. Havemeyer 夫人遗赠，大都会博物馆

  印象派绘画大师德加在这幅画里描绘了19世纪末的一位收藏家形象，他正在整理他收藏的花卉画家雷杜德（Pierre-Joseph Redouté）的彩色版画，身后墙上的布告栏上贴着流行的日本纹饰布料、身侧的柜子里摆着来自中国或日本的瓷马，这些进口的文物艺术品显示出当时的巴黎收藏家对于东方艺术的兴趣正变得越来越浓厚。

器著作图录，包括刊载他自己藏品的《斯坦利·查尔斯·诺提所藏中国玉器》《玉屋访客手册》等。

其他方面，法国著名汉学家沙畹（Édouard Chavannes，1865—1988年）分别于1893年、1913年出版了《中国汉代石刻》《中国北方考古记》，将中国古代石刻艺术和云岗、龙门石窟介绍到欧美，引起极大轰动。1924年科普（Albert J. Koop，1877—1945年）出版《早期中国青铜器》介绍欧洲博物馆和收藏家所藏中国青铜器精品，1925年，英国维多利亚和阿尔波特博物馆举办了中国漆器特展，并出版相应图录，次年该博物馆木器部主任Strange编著《中国漆器》一书，系统性地介绍了中国明清漆器工艺和藏品。1939年，颜慈（W. Perceval Yetts，1878—1957年）出版了《卡尔所藏中国青铜器》，1945年瓦伦·考克斯（Warren E. Cox）出版了《中国牙雕》一书。

1920年代以后，一系列重要的中国文物艺术品展览陆续在欧洲主要国家开幕，1929年，柏林美术学院举办了第一次全面的中国艺术展。1933年，高本汉在瑞典斯德哥尔摩远东古物博物馆组织了中国早期青铜器展。1934年，法国巴黎的卢浮宫、橘园美术馆分别举办了中国青铜器展。1935年到1936年间，伦敦的皇家艺术学院举办了"国际中国艺术展"（The International Exhibition of Chinese Art），展出了来自世界近两百个个人和机构的3078件中国文物，包括中国国民政府、日本皇室、印度政府出借的藏品以及欧美藏家如英国国王乔治五世与玛丽皇后、瑞典王储古斯塔夫等人的收藏，这是当时规模最大、影响最大的一次中国文物艺术品展览。

二　流向英国

18、19世纪英国最为富足和强大，殖民者广泛在世界各地收集各种藏品，无论是埃及木乃伊、罗塞塔石碑，或是希腊雕塑、美洲土著雕刻，抑或是日本漆器、中国瓷器都进入公私收藏范围。19世纪后期因为通商和英法战争等，英国、法国和中国交往增加，开始有人收藏和研究中国文物艺术品，当时关注点主要在中国瓷器。特别是1860年英法联军劫掠圆明园获得大量清朝皇室收藏，很多武官、外交官、商人将藏品带回英国、法国转手，1870年代开始它们成为收藏家、古玩商们在展架上陈列的艺术品。

19世纪末英国主要的中国瓷器收藏家包括特雷弗·劳伦斯爵士（James John Trevor Lawrence，1831—1913年）、商人阿瑟·韦尔斯（1872年把藏品借给了南昆士敦博物馆，他收藏的雍正款珐琅彩梅花题诗碗和乾隆款珐琅彩开光西洋风景杯、山水人物杯等一批珍品后转手大维德收藏）、著名收藏家乔治·素廷（后将所有藏品捐赠给大英博物馆、国家画廊、维多利亚和阿尔伯特博物馆等）、瑞切哈特·本尼特（Richard Bennett）、詹姆斯·欧瑞克等。这期间在上海、北京等地活跃的外交官、古玩商身份的收藏家发挥了重要的中介作用，如：曾在英国驻北京使馆任大使的弗雷德里克·布鲁斯爵士（Frederick Bruce，1814—1867年）、曾任英国驻上海使馆领事的阿礼国爵士（Rutherford Alcock，1809—1897年）、曾司职清朝海关官员的希普斯里（Alfred Hippisley，1842—1940年）、曾在中国经商的查尔斯·奥斯瓦德·利德尔上校（Charles Oswald Liddell）等。此外，大英博物馆1881年从威廉姆·安德森（William Anderson）手中购买了121件来自中国的卷轴画，这是它们的第一批中国画藏品。

其中古玩商白威廉（Abel William Bahr，1877—1959年）颇为活跃，他父亲是德国人，母亲是中国人，1877年出生于上海，最初在上海从事贸易，也涉及古玩生意，从1905年开始收藏陶瓷，旁及玉器、绘画，曾从吴大澂之子处购买到吴氏旧藏的古玉。1908年他担任英国皇家亚洲学会华北分会秘书时策划举办了中国历史上首次公开的文物艺术品展，以瓷器为主，也有少部分鼻烟壶、玉器、象牙雕刻等，1911年白威廉主编出版了这次展览的图录《中国古瓷美术谱》，其中有121幅黑白照片的图片，还有12幅画家王镇海手绘的作品彩图图片，这一精美著作对欧洲收藏家有很大影响。1910年他移居伦敦从事古玩生意，1915年曾前往美国，一生持续研究和收藏中国艺术品，曾经向英国、美国等地博物馆出借展出或者捐赠作品，1927年出版了《白威廉氏藏中国古玉》图录，并将这批玉器卖给了芝加哥菲尔德博物馆，1938年出版了瑞典汉学家奥斯伍尔德·喜龙仁（Osyald Siren，1879—1966年）撰文的《白威廉氏珍藏中国古代绘画集》。1946年他从伦敦移居加拿大蒙特利尔，次年把自己的149件中国绘画藏品以30万美元的价格出售给纽约大都会博物馆，中国古代玉器则卖给了皇家安大略博物馆。白威廉的弟弟彼得（Peter Bahr，1882—1929年）也曾在上海经营古玩生意，向弗利尔、劳费尔、喜龙仁、古斯塔夫等欧美藏家、学者出售过货品。

这一时期英国代表性的收藏家是阿尔弗雷德·莫里森（Alfred Morrison，1821—1897年），他是英国纺织业大亨詹姆斯·莫里森的次子，从父亲那里继承了价值75万英镑的股票、股份以及位于英格兰西南部的威尔特郡的庄园"放山居"，有实力购藏华丽精美的欧洲绘画、波斯地毯、挂毯刺绣、希腊古董、手稿信札及中国瓷器。他曾于1861年从曾任英国驻北京使馆参赞的洛赫爵士（Lord Loch of Drylaw，1827—1900年）手中买下一批圆明园等地的瓷器和掐丝珐琅器（可能是英法联军从圆明园抢掠后在京拍卖的物品）。1880年，西班牙画家普拉西多·苏洛阿加（Placido Zuloaga）绘制的阿尔弗雷德·莫里森肖像画的背景中就有一对来自清朝宫廷的御制掐丝珐琅双鹤香炉。这对双鹤于2010年香港佳士得拍卖，以1.1亿成交。他特意聘请知名建筑师在放山居专门建了一间"中国屋"用于陈列中国艺术品。莫里森家族1965年、1971年、2004年先后委托英国佳士得公司三次拍卖"放山居"藏品，每一次都在中国艺术品市场引起巨大轰动。

20世纪初随着英国博物馆学和东方学研究的发展，英国收藏家对中国艺术的兴趣日益高涨。从1910年到1960年，英国一直是欧洲最为重要的中国艺术品收藏和交易中心，出现了乔治·欧默福普洛斯（George Eumorfopoulos，1863—1939年）、苏格兰格拉斯哥的威廉·布雷尔爵士（Sir William Burrell，1861—1958年）、瑞蒙德·里埃斯科（Raymond F. A. Riesco，1877—1964年）、白兰士敦、艾弗瑞·克拉克伉俪（Mr & Mrs. Alfred Clark）、苏格兰船运巨擘格雷（Leonard Gow）等著名收藏家。收藏家们也形成了自己的社交组织，标志性事件是1921年东方陶瓷协会在伦敦成立，这是西方首个关注中国陶瓷艺术品收藏的俱乐部，成员包括乔治·欧默福普洛斯、霍布森、奈特等著名收藏家和学者。

乔治·欧默福普洛斯是位希腊裔银行家兼商人，他起初收藏英国瓷器，1905年后才开始收藏中国的汉、唐、宋时期陶瓷以及青铜器、雕塑和绘画，他还广泛涉猎朝鲜、日本文物艺术品，1926年到1927年出版了《乔治·欧默福普洛斯藏中国壁画》《乔治·欧默福普洛斯藏中国绘画》，1932年出版了三卷本《乔治·欧默福普洛斯藏中国、朝鲜青铜器、雕塑、玉器、珠宝和杂项》。乔治·欧默福普洛斯的居所每逢周日向访客开放，是当时收藏中国艺术的藏家、学者圈子的社交中心。1921年东方陶瓷学会成立时欧默福普洛斯担任首位会长。他的藏品最终被大英博物馆、维多利亚和阿尔伯特博物馆购藏。

大维德爵士（Sir Percival David）是这一时期得到最高评价的收藏家之一。他1927年起致力于收藏清宫流散民间的宫廷瓷器，从古董商中所获甚丰，此后不久他抓住盐业银行拍卖1901年慈禧太后抵押在中国各个银行的瓷器之机，抢购了至少40余件宋元明清瓷器精品，并分批运往美国大都会博物馆展出。1930年他回到北京购藏瓷器。其中著名的包括带有至正十一年（公元1351年）年款的元青花瓶，今又名"大维德瓶"。为了收藏他自学中文并成为研究中国陶瓷的学者，撰写了《汝窑研究》等文章。大维德积极促成1935—1936年在伦敦皇家艺术学院举行的国际中国艺术展，他自己也租借了三百余件展品。大维德爵士在访问中国期间曾到北京故宫博物院参观，并捐资6264.4美金改建御书堂为宋元明代陶瓷特展展厅。他的中国瓷器收藏超过1400多件，1952年起在伦敦戈登广场53号楼展出，后加入了另一藏家蒙特史都华·艾尔芬斯通（Mountstuart Elphinstone，1779—1859年）捐赠的瓷器藏品，由大维德基金和伦敦大学亚非研究学院永久展览，现在由大英博物馆托管。

20世纪前半叶收藏家、博物馆学者和戈氏父子店（S. Gorer & Sons）、约翰·史帕克斯公司（John Sparks Ltd）、布鲁特父子商行（Bluett & Sons）、斯宾克父子（Spink & Son）等古玩商主导了中国艺术收藏的主要趣味，很多收藏家关注中国瓷器的收藏。

戈氏父子店是埃德加·戈尔（Edgar Gorer，1872—1915年）与其兄19

世纪末在伦敦创立的东方艺术品古玩店,主要经营中国和日本古董。1905年他购买了收藏家胡特(Louis Huth)的一批藏品,从而大发一笔。"一战"之前英国的百万富翁收藏家纷纷对清朝宫廷瓷器感兴趣,戈尔兄弟就全力开发这块市场,1916年他获得英国瓷器收藏家阿尔弗雷德·特拉普内尔(Alfred Trapnell)的藏品,并制作精美的图录寄给各地重要收藏家,让他们互相竞争然后高价转售。他大力开发中国瓷器和石造像市场并推广到美国,在纽约设立店面经营东方艺术和装饰艺术。当时也在大力向美国富豪推广艺术藏品的英国古董商杜维恩(Joseph Joel Duveen)声称埃德加·戈尔出售赝品给美国收藏家,因此埃德加·戈尔起诉对方。"一战"中他搭乘英国汽船"路西塔尼亚"号出行,该船不幸于 1915 年 5 月 7 日被德国潜艇鱼雷击中而沉没,连同戈尔共有 1198 人葬身海底。

约翰·史帕克斯公司由约翰·史帕克斯(John Sparks,1854—1914年)创建,于 1890 年开始经营日本艺术品,1901 年后也经营中国艺术品,成为 20 世纪伦敦最著名的古董商之一。玛丽亚女王、大维德基金会和仇炎之都是他的客户。1915 年还在纽约开设分店跨国经营。它是可以直接从上海进口中国文物艺术品的著名公司之一,1920 年代常派出代表在上海、北京等地收购藏品。之后由其后代经营到 1970 年转手他人,1992 年停业。

布鲁特父子商行由阿尔弗瑞德·欧内斯特·布鲁特(Alfred Ernest Bluett)创立于 1884 年。1917 年逝世后,他的儿子雷那德和埃德加兄弟俩接手管理古董商行,并在 1922 年把店面从牛津街 377 号搬到了伦敦繁华的布若克街与达维斯街的交叉口。布鲁特父子商行是英国 20 世纪最具实力的中国艺术品古董店之一,经营瓷器、青铜器、鼻烟壶等。20 世纪 20 年代,他经常委托在华欧洲人帮助物色货品,很多文物经由西伯利亚快运送达伦敦。客户包括瑞典国王古斯塔夫·阿道夫六世(King Gust af VI Adolf)、大英博物馆(The British Museum)、纽约大都会博物馆等。比如 1926 年 4 月运到伦敦的一件成化官窑黄釉盘在 6 月 29 日以 12.1 英镑卖给乔治·欧默福普洛斯,后被转卖给维多利亚和阿尔伯特博物馆。他们也从巴黎、伦敦、上海的卢吴公司买进货品再转售。1937 年中日开战,欧洲也战云密布,收藏家的热情大为降低,布鲁特商行的营业额在 1938—1939 年间大为减少，"二战"后才恢复。它从 20 世纪 70 年代早期开始出版学术类图录，后被各大古董店和拍卖行效仿。在古玩店活跃的时代，也出现了类似 1990 年代中国拍卖市场上的捡漏者，他们在不同交易机构之间快速腾挪赚钱。

斯宾克父子 1850 年代开始经营东方艺术，曾为英国皇家御用古董店，英国皇室有优先挑选权。第二挑选权为有爵位的贵族，最后才能允许平民购买。该店 20 世纪初叶大量涉足中国艺术品经营。法国投资人利维尔·斯托克（Olivier D. Stocker）2002 年买下斯宾克拍卖行，2015 年宣布将其首席执行官办公地点移居香港，突显对亚洲拍卖市场的重视。

纽满（E. A. Nawman），这位英国人在光绪二十八年（1902 年）后长期出任西安邮务管理局局长，与陕西政界官员及西安回坊古玩商交往甚密，自谓热衷中国文物收藏，凡三代铜器、汉唐陶器、钱币、瓷器等珍稀之品皆以低价大肆购藏，经上海码头载轮东去，据说他曾携带有赝品之嫌的新莽"金匮直万"古币出关。

三　流向欧洲大陆

在欧洲大陆，伦敦的南肯星顿博物馆（现维多利亚和阿尔伯特博物馆）在 1852 年开馆后举办中国瓷器等艺术品收藏展，刺激了法国的博物馆收藏和展示中国艺术品，之后卢浮宫展示了曾任法国驻上海使馆第一任总领事敏体尼（Charles de Montigny，1805—1868 年）从中国带回来的文物。1860 年英法联军入侵中国时，法军把部分从圆明园和颐和园掠夺的"战利品"献给拿破仑三世及皇后欧仁妮，在杜伊勒利宫展出时引起轰动。1863 年，皇后决定将所有物品移放至枫丹白露城堡一侧的底层的四间厅室，陈列展示金玉首饰、牙雕、玉雕、景泰蓝佛塔等上千件艺术珍品，其中包括了 1861 年暹罗（泰国）使团赠送的中国瓷器礼物，这刺激了法国贵族、富豪对中国文物艺术品的收藏。

法国人开始认识到中国制品不仅仅是装饰品也是艺术品，出现了第一批收藏家，如文学家龚古尔兄弟（Edmond de Goncourt，1822—1896 年；

《爱米尔·吉美在他的博物馆里》，布面油画，1898 年，汇流博物馆

Jules de Goncourt，1830—1870年）、欧·杜·萨尔特（O. Du Sartel）、实业家格兰迪迪耶（Ernest Grandidier，1833—1912年）、罗门德（Raymond Koechlin，1860—1931年）、以经营毕加索等立体派艺术家著称的画廊老板罗森伯格（Leonce Rosenberg，1879—1947年）、时装设计师雅克·杜塞（Jacques Doucet，1853—1929年）、自行车手波蒂埃（Rene Pottier，1879—1907年）、欧仁·姆提奥斯（Eugène Mutiaux，1846—1925）等。

里昂工业家爱米尔·吉美（Emile Guimet，1836—1918年）自小受到画家母亲的影响，喜爱收藏艺术品，他在1865—1866年前往埃及旅行，受到另一位重要收藏家亨利·赛努奇（Henri Cernuschi，1821—1896年）游历亚洲带回大量收藏品并于1873年在巴黎办展的影响，于1876年到1877年又到希腊、日本、中国和印度等地进行环球旅行并购藏大量文物艺术品，1879年在里昂建立了私人博物馆进行展示，后捐赠给政府并移到巴黎，于1889年正式开馆。"二战"结束以后，国立博物馆进行了大规模的调整，卢浮宫将亚洲部门转移到了吉美博物馆，又将吉美博物馆的埃及藏品放置在卢浮宫，这次交换中吉美增加了许多重量级的文物，其中就包括保罗·伯希和（法国探险家、汉学家）所藏的敦煌文物，也因此吉美的发展越来越趋向于整个亚洲地区，特别是侧重丝绸之路上古文明的研究以及佛教在全亚洲的传播。这里的古玉收藏大多来自法国收藏家吉斯莱（George Sgisilet）于1933年捐献给卢浮宫而后转至吉美博物馆的赠品。

法籍意大利人亨利·赛努奇在1871—1873年游历日本、中国、锡兰、印度等地，最后带着一尊4.5米高的阿弥陀佛像和900箱其他文物艺术品回到巴黎，1873年就在巴黎的世博会遗留建筑工业宫（Palais de L'industrie）举办欧洲首次中国古代青铜器展，打破了之前欧洲人专注中国瓷器的风尚。后来他把自己的5000件东方艺术藏品捐赠给1898年设立的赛努奇博物馆，尤以1000多件青铜器的收藏为胜。亨利·赛努奇早在1912年就曾举办以明清绘画为主的中国绘画展览，20世纪50年代开始他们还收藏诸如齐白石、张大千、林风眠等中国现当代画家的作品，曾为张大千、林风眠举办展览并获得捐赠。

阿尔弗雷德·鲍尔（Alfred Baur，1865—1951年）出生于瑞士苏黎世。1884年前往英国殖民地斯里兰卡从商，经营化肥等产业，十年后带着积累的财富回到瑞士，定居于妻子的家乡日内瓦，此后他开始关注东方艺术收藏。起初他的兴趣主要是日本艺术品。至今鲍氏东方艺术馆的馆藏中有三分之二的藏品都是日本的陶瓷、漆器、印刷品及小型雕刻，多来自流亡瑞士的英国古董商布罗（Thomasb. B. Blow），还收藏了一批清朝出产的小巧精美的鼻烟壶。1923年鲍尔特地造访日本，结识了日本跨国古玩公司山中商会的经理富田熊作（Kumasaku Tomita），后者从1928年起向他推销中国的陶瓷和其他艺术品。1929年股灾后古玩市场价格下跌，鲍尔乘机低价收藏了很多重量级藏品，如唐代陶瓷、宋代哥窑贯耳壶、元代龙泉窑青釉玉壶春瓶等。他1930年从山中商会伦敦展销拍卖中分别花费1800英镑、1400英镑买下一件古月轩莲花鹭纹花瓶、一组乾隆什锦蝶纹花瓶。他的中国收藏品曾参加1936年的国际中国艺术展。晚年他成立基金会和鲍氏东方艺术馆保存自己的全部收藏并向公众展出。

瑞典也是收藏中国文物较多的国家，瑞典富商收藏家伊万·特劳戈特（Iwan Traugott）于1910年创立的中国俱乐部（The Chinese Club）是收藏中国艺术品的高级藏家俱乐部。伊万·特劳戈特与其兄奥斯卡·特劳戈特（Oscar Traugott，1868—1948年）、瑞典王储古斯塔夫六世（Gustaf VI Adolf of Sweden，1950—1973年）、詹姆斯·凯勒（James Keiller，1836—1918年，1907年投资打捞"哥德堡"号收获约4300件瓷器）、曾任瑞典外交部长的乔纳森·海勒纳（Johannes Hellner，1866—1947年）、艺术史家胡特马克（Emil Hultmark，1872—1943年）、画家卡拉斯·法若斯（Klas Fåhraeus，1863—1944年）、瑞典工业家和收藏家卡尔·坎普（Carle Kempe，1884—1967年）、古董商奥瓦尔·卡尔贝克（Orvar Karlbeck，1879—1967年）等都以收藏中国艺术品著称。

其中最熟悉中国的是奥瓦尔·卡尔贝克，他在1905—1925年间受聘参加中国铁路修建，并对中国文化感兴趣，瑞典远东博物馆曾在1928年委托他作为代理人到中国考察和购藏文物。1930年瑞典、英国的17个私人收藏家和一些博物馆决定避开古玩商，直接委托卡尔贝克在中国按照他们开的清单收集购买出土器物。他在1930年春至1935年春三次到中国进行收购，到河南等地购买商周秦汉唐宋时期的坟墓随葬品，如青铜器、玉器、陶瓷等。他也记录了因为古董市场的繁荣引发的赝品现象，1931年他曾在大连看到日本人开设的瓷器工厂仿制宋代磁州窑、龙泉青瓷、钧窑和带点银白的唐三彩陶瓷，看来主要针对日本古董市场。

瑞典国王古斯塔夫六世是20世纪前期重要的中国文物艺术品收藏家之一。他年轻时求学于瑞典乌普萨拉大学，攻读艺术史和考古学，后多次到远东、希腊和意大利参加考古发掘，爱好收藏。1905年他结婚时祖父国王奥斯卡二世送了一对18世纪粉彩装饰的中国瓷器作为礼物，一年后祖父又送了一个搪瓷装饰的中国瓷壶作为圣诞礼物。古斯塔夫王储从此开始留意中国瓷器，1907年他在斯德哥尔摩的古董集市购买了一件乾隆时期的八角形粉彩瓷盘，从此走上了收藏中国文物之路，成为了著名的中国文物鉴赏收藏家和艺术史学者。他经常去伦敦的古玩店购买藏品，与英国藏家交流。1914年在他推动下，瑞典国家博物馆举行了首次从青铜器时期到19世纪的中国艺术展，其中许多展品出自他的个人收藏，1919年参加瑞典的中国陶器学会（后改名为中国俱乐部），1921年担任该会主席，筹款资助中国地质学、古生物学和考古学研究工作。1926年王储夫妇在环球旅行途中访问中国，曾参观北京故宫的收藏，去周口店发掘现场和太原、浦口等地文物遗址参观，在上海从古玩商彼得巴尔手中购买了一些瓷器、玉器，后来经常从彼得的哥哥、居住在伦敦的经营中国古玩生意的白威廉那里购货。1928年他发起在瑞典国家博物馆举办中国古代艺术展览，展出从殷周到盛唐的青铜、陶瓷和绘画等文物。1950年古斯塔夫加冕成为国王，他收藏的中国文物1960年代后先后在美国、日本、英国等地著名博物馆展出，1973年他去世前将收藏的2000余件中国文物珍品捐赠瑞典远东艺术博物馆。

当时法国、瑞典等地的收藏家主要通过巴黎、伦敦等地的古玩店购买藏品。巴黎最早经营中国文物的是古董商郎威家族的朗威尔夫人（Mme. Langweil），之后则有查尔维涅（Charles Vignier）、保罗·马隆（Paul Mallon）、卢芹斋（Cheng-Tsai Loo）、西格弗里德·宾（Siegfried Bing, 1838—1905年）、马塞尔·宾（Marcel Bing）、罗森伯格等人。部分古董商还曾前来中国收购文物，如：曾涉及与袁克文、赵鹤舫等共同走私"昭陵二骏"的葛扬（A. Grosjean）、戈兰兹（Calenzi），德国古玩商阿道夫·沃什（Adolf Worth）、达尔美达（D'Almeida），丹麦人荷尔姆（Holm）等。

四 流向美国

1784年8月底，费城商人罗伯特·莫里斯（Robert Morris）组织的第一艘直接从美国驶往中国的商船"中国皇后"号从纽约出发驶向广州，载着人参、毛皮、羽纱、胡椒、铅、棉花等美国货物，半年后商船到达广州黄埔港，这是美国与中国第一次发展直接贸易。1785年5月15日，"中国皇后"号又满载中国出产的红茶2460担、绿茶562担、瓷器962担和大量丝织品、象牙扇、梳妆盒、手工艺品返航纽约，登出广告后这些商品随即销售一空，利润高达3万多美元，乔治·华盛顿也派人购买了302件瓷器及绘有图案的茶壶、精美象牙扇等。这些物品仍有部分保留在美国宾州博物馆和华盛顿故居内。"中国皇后"号的成功让纽约、费城等地掀起了对中国贸易的热潮。

18世纪90年代以后，美国对华贸易已超过荷兰、丹麦、法国等国而跃居第二位，仅次于英国。前往中国的美国传教士、水手、商人回国时常把小件瓷器、玉器、鼻烟壶之类作为纪念品带回国内。有文献记载，成立于1799年的美国塞勒姆、皮博迪埃·塞克斯博物馆（Salem, Peabody Essex Museum）在1820年就已收藏中国鼻烟壶，很有可能这是第一家收藏中国鼻烟壶的美国博物馆。1860年英法联军火烧圆明园后，大批宫廷瓷器流到民间或者为英法兵丁拍卖，驻北京美国公使馆参赞和翻译卫三畏（Samuel Wells Williams，1812—1884年）购得50余件原藏清宫的瓷器，现陈列于美国耶鲁大学美术馆。他在1877年被耶鲁大学聘为该校也是美国第一位汉学教授，先后出版过十多部关于中国的书籍，涉及政治、经济、历史、文学、文字等诸多领域。1896年收藏家华特（William Thoms Walters）委托英国学者出版了根据自己收藏所著的图录《东方陶瓷艺术》一书。

最初美国藏家对中国艺术品的兴趣类似英国，也在瓷器、玉器、鼻烟壶等方面。美国第一个重要的中国文物收藏家是赫伯·毕晓普（Heber R.

《赫伯·毕晓普肖像》，玉雕，25.4×20.3cm，1898年，Berquin-Varangoz工作室，赫伯·毕晓普捐赠，大都会博物馆

Bishop，1840—1902年），他出生在美国波士顿，在古巴炼糖起家，后在纽约经商成为巨富。从1870年开始，他对中国和日本艺术产生了浓厚的兴趣，并着手收集中国古代艺术品。他在纽约和波士顿收购了一些精美的中国玉器，这些玉器是1860年英法联军在第二次鸦片战争中从圆明园中掠夺并使之流散到古玩店的。毕晓普沿此线索数次前往伦敦、法兰克福、阿姆斯特丹、德累斯顿、柏林、维也纳、圣彼得堡和莫斯科等地购藏玉器，并到北京在颐和园附近购藏了一批劫后剩余品。之后他把范围扩大为更全面的玉器收藏专题，对玛雅文化玉器、北美印第安人玉器和印度莫卧儿王朝玉器的矿物、玉料也进行收藏，拥有庞大的玉器收藏体系。毕晓普后来捐赠部分藏品给大都会博物馆，他逝世以后其收藏的中

国艺术品曾在纽约拍卖，其中一件珐琅香炉拍得 10025 美元，在当时可谓"天价"。

第一次世界大战之前的美国博物馆界和私人藏家对中国艺术品刚刚开始了解，藏家大多偏爱色彩绚丽、工艺精巧的明清瓷器、玉器、鼻烟壶和装饰美术，对中国人最为重视的书画、金石还没有多大兴趣。唯一的例外是波士顿美术馆，他们因为和日本学者关系密切从而较早开始关注中国绘画。1876 年创立的波士顿美术馆（Museum of Fine Arts, Boston）是最早收藏中国文物的美国重要博物馆，最初曾从日本购藏少量来自中国的文物，1890 年波士顿美术馆成立日本美术部，聘请曾旅居日本 12 年的学者费诺罗萨（Ernest Francisco Fenollosa，1835—1908 年）担任主任。1894 年费诺罗萨举办了美国史上第一次中国绘画展览——京都大德寺所藏中国南宋绘画《五百罗汉图》，展出中的 5 幅由该馆购下，开美国博物馆收藏中国古代绘画先风。另外 5 幅卖给哈佛教授兼博物馆赞助人丹曼·罗斯（Denman Waldo Ross，1853—1935 年），丹曼·罗斯后又赠与了波士顿美术馆，他之后还曾捐赠北宋《摹张萱捣练图》卷以及《北齐校书图》《古帝王图》《文姬归汉图》等名作予该馆。

因为中国藏品渐多，1903 年波士顿美术馆的日本美术部更名为日本中国美术部，其后再改名为东方部，继续致力收藏中国的雕刻、绘画、铜器、陶瓷器等文物艺术品。波士顿美术馆日本中国美术部第三位主管冈仓天心（Okakura Tenshin，1863—1913 年）工作期间每年都去中国考察并建立了以他心腹弟子早崎梗吉（Hayasaki Kokichi）为中心的购买网络，他于 1912 年请吴昌硕题写"与古为徒"四字制成匾额，至今安放在中国馆大厅里，成为波士顿美术馆的标志景观之一。

纽约的大都会博物馆 1879 年从古玩商艾维利（Samuel P. Avery）那里一次购得上千件中国瓷器，这是该馆首批中国艺术藏品，其中绝大多数是中国的外销瓷，也有少量明清官窑瓷器。1902 年大都会博物馆得到了赫伯·毕晓普捐赠的 1028 件玉器、翡翠藏品，其中中国玉器数量约占总数的三分之二，从商周、宋元一直到清代乾隆、嘉庆时期，"静明园宝"玉玺等数百件被认为是清代皇室玉器。这批玉器让大都会博物馆成了清宫玉器在西方最大的收藏机构之一。

第一次世界大战让欧洲经济遭受重大打击，美国取代伦敦、巴黎成为最活跃的艺术交易中心，中国艺术收藏的中心转到美国。随着和中国交往的增加和对中国认知的深入，美国社会各界对中国文物艺术品的价值有了更为全面的认识，收藏数量大增，大型石刻、书画等开始更多进入美国。上海港的文物贸易出口数据显示，从1916—1931年美国都是最大的出口国，例如1916年，美国的购买额为434335海关两，而同年的英国仅为12950两。尽管如此，与西方文物相比，中国文物在艺术市场上并不是主流。据统计，1924年，美国进口年代一百年以上的艺术品总额为21116103美元，从欧洲进口的数额为1900万美元，从中国和日本的进口额为50万美元。

这时候美国对中国文物艺术品的需要主要来自以下三个方面：

一，博物馆。波士顿美术馆、大都会博物馆、芝加哥费尔德博物馆等先驱和哈佛大学博物馆、弗利尔美术馆、宾大博物馆、克立夫兰美术馆、檀香山美术学院以及罗德岛设计学院美术馆等都开始重视收藏和展示中国艺术，主动购藏和研究中国文化艺术品。大都会博物馆1915年成立了远东部（1986年改名亚洲部），开始有目的地寻求和收购中国历代的陶器、瓷器以及青铜器、佛像和丝织品等，一度还聘请在中国的福开森担任收购代理，帮助收购了数件举世闻名的古代青铜器，包括一组陕西宝鸡出土的西周青铜器以及多批中国书画和汉代陶器。

中国器物的地位由先前的出口工艺品或民族博物馆藏品进入了"美术"殿堂，美国策展人本杰明·马治1929年在对美国及加拿大主要博物馆收藏进行调研的基础上出版的报告《我们博物馆里的中国和日本》中写道："中国和日本都已经走出了怪异物品和纯粹民俗志学对象的阶段。在博物馆界，对它们艺术的收藏、品评和欣赏正在不断增加，与其他时代和民族的伟大艺术平起平坐。"美国博物馆对中国文物的追求在1930年代中期达到顶峰，许多博物馆都派出人员或者委托在华人士购藏中国文物，中国的历史、文化成了许多美国大学、媒体关注的对象，1937年考古学家毕士博曾提到"有关中国的书籍跻身美国的'畅销书'……在美国所有较大城市遗迹许多较小城市中，我们都能找到中国艺术品收藏"[26]。

---

26 ［美］谢林·布里萨克、卡尔·梅耶：《谁在收藏中国：美国猎获亚洲艺术珍宝百年记》，张建新、张紫微 译，中信出版社，2016年，301–302页。

二，私人收藏。当时连锁店大亨奥特曼（Benjamin Altman，1840—1913年）、糖业大亨哈夫梅耶（Henry Osborne Havemeyer，1847—1907年）、铁路大亨沃尔特斯（Henry Walters，1848—1931年）、地产大亨瓦伦二世（George Henry Warren II，1855—1943年）、贸易富商怀德纳父子（Peter A. B. & Joseph E. Widener，1834—1915年/1871—1943年）、亨利·弗里克（Henry Clay Frick，1849—1919年）、银行家约翰·摩根（John Pierpont Morgan，1837—1913年）、富商穆尔夫妇（Wiliam Henry Moore，1848—1923年）、武斯特·里德·华纳（Worcester Reed Warner）、矿业巨头汤普森（William Bayce Thompson，1869—1930年）、林业巨头迈尔斯（George Hewitt Myers，1875—1957年）、传媒巨头赫斯特（William Randolph Hearst，1863—1951年）、中东石油富商古尔本基安（Calouste Gulbenkian 1869—1955年）、小约翰·洛克菲勒（John D. Rockfeller Jr.，1874—1960年）等都曾参与中国艺术品收藏。1925年1月，小约翰·洛克菲勒和妻子艾比以17.5万美元从山中商会购买两件中国鎏金青铜造像，同年5月小洛克菲勒以180000美元从古玩商杜宛兄弟公司购买了传为意大利文艺复兴大师波提切利所绘的油画《圣母与圣婴及圣约翰》，证明这时中国顶极文物的价格已经可与欧洲古典大师作品相较。

许多藏家后来都将藏品捐赠给博物馆，如：1915年收藏大家奥特曼捐赠大批西方名画、中国瓷器、珐琅器和鼻烟壶等给大都会博物馆；武斯特·里德·华纳1921年将部分中国瓷器、玉器、青铜器、石雕藏品捐赠给了克利夫兰艺术博物馆；约翰·摩根的收藏大部分捐献给了纽约大都会博物馆；芝加哥著名金融家、实业家布伦戴奇生前把自己的瓷器、玉器等全部收藏捐给旧金山亚洲艺术博物馆；富豪收藏家弗利尔把自己1914—1919年间从卢芹斋和其他古董商手中购买的大量绘画、古玉、青铜和雕塑捐出，设立了美国第一家国立亚洲美术馆——弗利尔美术馆。

三，学术界和社会各界。有关中国玉器、青铜、雕塑、陶瓷和绘画的专著在欧美纷纷出版，哈佛大学开始有专职研究亚洲艺术，1926年在美国召开了欧美众多专家参加的东方艺术国际会议。美国大众对中国艺术的认知也不断扩展，"中国艺术"一词1910年代在《纽约时报》上出现了

147次，1920年代出现了306次，1930年代增加到502次，不断增加的中国信息让更多美国人开始了解中国历史文化和文物艺术品，刺激了海外的收藏和研究。正如1937年考古学家商毕安祺（Carl Whiting Bishop）所言："现在（美国）所有人都对中国感兴趣。有关她的新书进入畅销书栏……我们在所有较大城市和众多较小的城市都能看到中国艺术品收藏。"[27]

企业家查尔斯·兰·弗利尔（Charles Lang Freer，1854—1919年）是"一战"前后最著名的中国文物收藏家，他生于纽约以北的金斯顿，先后从事水泥制造、铁路工程、汽车等行业，46岁时退休致力于艺术收藏。他最初收藏欧洲版画，后结识美国旅欧画家惠斯勒（James McNeill Whistler，1834—1903年），受其影响爱上日本浮世绘和中国瓷器。弗利尔在1907年、1908年、1909年和1910—1911年四次去亚洲探访文物古迹，在中国结识了收藏家端方等人，还试图在中国组织考古活动。他与丹曼·罗斯、福开森是早期重视中国古画的藏家，曾购入郭熙《溪山秋霁图》和（南宋）无款《洛神赋图》卷等，后者原是端方的藏品，端方死后被福开森买下，向大都会索价10万美元遭拒，转而卖给弗利尔。1915年他搬到纽约，对纽约收藏家圈子产生了持续的影响。大都会博物馆讨论是否接受福开森预购的中国古画时，弗利尔的支持性意见使大都会收下了其中很大一部分，其中就包括钱选《归去来图》这样的重要作品。弗利尔还促成多家博物馆举行专门的东亚艺术展览，从自己的收藏中借展品给它们。1904年，弗利尔动议向美国史密森尼恩学会捐赠藏品并承诺提供建筑馆舍的资金，但直到他病故四年后弗利尔美术馆才在1923年落成开放。这是美国第一个专业的亚洲艺术博物馆，由私人捐建及捐赠藏品。该馆所藏中国古画达1200余幅，数量为美国之最。1987年另一位大藏家赛克勒捐赠大量藏品后，美国政府将其改名为弗利尔及赛克勒美术馆。

27　Yiyou Wang, The Loouvre from China, A Critical Study of C. T. Loo and the Framing of Chinese Art in the United States, 1915-1950, PhD Dissertation, 2007.

《荷凫图》，纸本水墨，185×95.8cm，八大山人，清初（1696年），弗利尔美术馆

小约翰·洛克菲勒在1884年举家迁往纽约居住，曾在此时参观过收藏家奥特曼的陶瓷收藏（后捐赠给大都会博物馆），清代康熙瓷器的装饰风格令他着迷。1906年他和妻子艾比（Abby Greene Aldrich，1874—1948年）着手购藏中国瓷器，1915年美国金融家兼美国钢铁公司最大股东摩根（J. P. Morgan）病逝罗马后家人有意出售1500件中国瓷器，小洛克菲勒向父亲借贷200万通过古董商杜文（Herny J. Duveen）买下这批藏品。洛克菲勒家族也是热心的教育、医学事业赞助人，1917年他们赞助1200万美元兴建了亚洲最现代化医学中心北京协和医学院（PUMC）和附属医院。1921年小洛克菲勒夫妇利用主持协和医院竣工仪式的机会，花费3个月的时间进行亚洲之旅，在中国、日本、朝鲜、泰国、越南等地购藏了许多亚洲艺术品并在家中设置佛堂、香具，摆放自己收藏的佛造像。1925年小洛克菲勒和妻子艾比花费17.5万美元的天价在山中商会纽约分店买下两尊北魏大型鎏金铜佛，因太过昂贵以致不敢向外人透露到底花了多少钱。1926年，艾比又购藏一件唐代汉白玉立姿菩萨，据说出自河北定州灵岩寺。1935年，这三件佛像曾参加在伦敦举办的"中国艺术国际博览会"，引起广泛关注。后来艾比将两组鎏金铜佛捐赠给大都会博物馆。

在美国最早经营中国艺术品的古董商是艾弗里（Samuel P. Avery，1822—1904年），20世纪初则出现了英国画商约瑟夫·杜文（Joseph Duveen，1869—1939年）、帕里斯·瓦特森公司（Parish-Watson & Co.）、在纽约开店的日本古玩商山中定次郎（Yamanaka Sadajirō，1866—1936年）、华商卢芹斋、波士顿古董商松木文恭（Bunkio Matsuki，1867—1940年）、爱丽丝·庞耐（Alice Boney，1901—1988年）等古玩商经营中国艺术品。庞耐还于1950年代起就在纽约举办齐白石等人的书画作品展，是美国最早关注中国现当代书画的古玩商。

五　流向日本

中国和日本之间的物质交流至少在秦汉时代就已经开始，最早的证据或许就是东汉光武帝刘秀颁给日本国王的那枚"汉倭奴国王"蛇钮金印。

第十六章 中国文物艺术品流向全球

唐宋时期大量日本遣唐使、僧人、留学生来华，将瓷器、佛像、王羲之墨迹摹本等带回日本，如法隆寺藏有唐代青瓷，奈良大安寺附近曾出土唐三彩瓷片，福冈的一家寺庙出土过南宋景德镇青白瓷。南宋茶道等宋代文人审美趣味对日本影响甚大，龙泉窑、吉州天目盏、建窑油滴天目等简约秀美的瓷器也成为当时京都平安王朝皇室贵族与茶道、花道人士争相追求的珍品。明清时候日中之间依然有许多文化和物资的交流，那时候日本人购买的主要是实用性的商品。19世纪日本经过明治维新日渐强盛，新型的富豪、学者、商人等对于中国的文物艺术品也有了收藏的兴趣。

近代中国文物流入日本始于19世纪后期，1862年日本商船"千岁丸"随行人员就曾从上海古玩市场购买了多件元明清书画作品带回国，当时中国有大量的难民为躲避太平天国之乱而涌入上海，这些人为养家糊口而不得不变卖家藏。此后不断有日本游客、古玩商来中国采买古玩，如1886年日本古董商人林忠正——他曾把浮世绘介绍到欧洲出售——曾到香港、上海、天津、北京等地大量购买古董、书画艺术品并试图带到美国销售。一些中国古董商人也将藏品带到日本出售，如1912年留学日本的藏书家董康将在北京旧书店购得的《永乐大典》中的17册古籍卖给京都帝国大学等校图书馆。20世纪前期山中商会的山中定次郎，好古堂的中村作次郎，茧山龙泉堂的茧山松太郎、茧山顺吉，博文堂的原田悟朗，壶中居的广田松繁等也都纷纷前来中国考察、介入中国古董生意。1920年左右，在中国从事古董生意的日本商人约有50人左右，主要在天津、北京、上海，他们主要是进货卖往日本、美国。

也有日本古玩商或探险家深入中国内地搜购文物，如1902—1914年间大谷光瑞曾先后3次深入中国西北内陆从事文物盗掘活动，在高昌故址盗得墓志、题记12方。江藤涛雄曾从西安古玩商阎甘园手中购买到大量佛教造像、瓦当等文物。陕西方面聘请的日本专家早崎梗吉（1874—1956年）也兼职倒卖古玩，他在光绪二十八年（1902年）前后将西安宝庆寺佛殿砖壁及华塔之上所嵌精美绝伦的唐武后光宅寺七宝台佛教造像25件盗购入手，抵达东瀛后引起轰动，富商大贾争相购藏，19件为细川家族所有，2件为原氏家族所有，另4件辗转流入美国，分别藏于华盛顿费利尔博物馆、波士顿博物馆与旧金山市立亚洲博物馆。在日本的21件造像中有 9 件后捐给东京国立博物馆。著名日本汉学家内藤湖南也曾兼营古玩生意，他把北京藏家完颜景贤的一些书画销售给大阪纺织业富商阿部房次郎，后被捐赠给大阪市立美术馆。

19 世纪末 20 世纪初日本主流收藏家对中国瓷器的兴趣在于宋瓷而不是欧美藏家喜欢的色彩绚丽、精致细巧的明清官窑。清末民初日本好古堂古董商中村作次郎巡游北京琉璃厂后曾感叹："中国的旧货店虽然东西很多，不过适合日本的东西却很少。因为中国是个革命多发的国家，旧东西，如明代以前的陶器、宋元左右的好东西，日本反倒有，而其本国中国却甚少。当今北京那边的东西，主要是清朝的东西。"在他看来清代的东西过于艳俗，是"适合欧洲的东西"[28]。在东京、纽约都有店铺的日本山中商会在两地的销售品类和风格的差异也显示了日本和美国的收藏家、收藏机构的不同。在日本，以装饰性较强的唐三彩、宋瓷、明清官窑瓷器和天龙山雕塑、家具、宫廷钟表为主，而美国市场则更为宽泛，既有明清装饰性文物，也有作为收藏和研究之用的高古器物。

在民国初年的收藏热中，日本古董商在中国寻获不少宋瓷精华。龙泉堂的创始人茧山松太郎 17 岁即进入古董行当学徒，1905 年到北京一家饭店就职，业余抓紧学习汉语和古董知识，两年后辞职专门从事古董经营，深入山西、陕西、河南等地购买古董。1908 年他以 1000 银元买入的一件宋代龙泉窑青瓷鬲式炉以 4000 银元售出，获得巨利。他敢于出高价收购重要古董，成为日本经营中国瓷器、古董的大商家。1909 年，租借北京崇文门内麻线胡同 44 号开设龙泉堂，经常在北京、东京两边跑做生意，主要是把从中国采购的古董带到日本再卖给当地的古董商。1916 年在东京银座开设了店铺，坐镇东京直接面向收藏家开拓生意。

早期日本国内对中国古董的需求主要在文房用品、香具、茶具等可以用在文房、茶室的器具，侧重文人趣味，"一战"以后受到日本艺术家群体欣赏观念的影响，收藏家中也开始兴起购藏佛教雕塑、金石刻本、汉唐

---

28 《中国漫游录》，明治三十二年（1899 年），第 27 页，转引自［日］富田升：《近代日本的中国艺术品流转与鉴赏》，上海：上海书画出版社，2014 年，第 75 页。

陶俑的风气。唐三彩是日本藏家的一个主要收藏方向，洛阳唐代古墓出土的唐三彩很快就被古董商贩运到东京，1927年华族会馆曾展出57件唐三彩，日本藏家纷纷购进。

龙泉堂及山中商会在北京的分店一直延续到1945年，时间长达50年。他们除了从北京、上海等地的古董店收购物品外，还曾参加从1911—1924年持续举办的逊清皇室内务府拍卖会，竞标购买清宫旧藏物品。

另一古董商号"壶中居"的广田松繁1920年代末从北京的叶姓掮客手里花费两万银元买下南宋官窑三足香炉（现在多认为是浙江老虎洞窑址所产），后以3万日元转让给三菱集团财阀家族的岩琦小弥太，入藏静嘉堂文库。

大阪的博文堂原来主要经营珂罗版印刷中国、日本古书画图书。它涉足中国古书画和文物生意纯属偶然。因1911年辛亥革命爆发后，很多晚清权贵把家藏书画成箱寄到日本售卖，有"中国通"之称的京都大学教授内藤湖南、政坛高官犬养毅因为和博文堂老板原田悟朗的祖父、父亲有交往，推荐他做代售生意。原田父子就设法在喜欢书画的日本新闻界、银行界朋友中推销，之后就开始着手经营中国古书画。后来他还主动到中国收货，与陈宝琛、傅增湘、宝熙、阚铎、郭葆昌等大鉴藏家有交往。

原田悟朗最引为自傲的是从民国初年的古董商郭葆昌那里买进苏东坡《寒食诗帖》（台北"故宫博物院"藏）和南宋李生《潇湘卧游图卷》（东京国立博物馆藏），郭氏说《寒》帖是"从他的亲戚那儿卖出来的"，被菊池晋二购藏。这两件清宫旧藏先后经历了3次大火灾——火烧圆明园、关东大地震、东京大轰炸——得以留存，如今已是国宝级珍藏。1953年，菊池因经济原因而出售这两件作品，《寒食诗帖》索价3000美金，《潇湘卧游图卷》9000美金。台湾王世杰先生加价150美金抢先张大千一步购得《寒食诗帖》，后归台北"故宫博物院"收藏。原田表示如果早知道消息的话他一定可以找到方法让《寒食诗帖》保留在日本。另一件让原田痛心的事件是他曾将100多幅"扬州八怪"的书画作品售给两个东京的商人收藏家，可惜1945年东京大轰炸时两家住宅全部炸毁，藏品灰飞烟灭。

原田主要在北京、上海两地收购书画。在北京由中根齐（日本著名的大仓组商会北京分社经理）带领到京津地区的收藏家和古董商那里四处寻宝，在上海则通过金开藩（金城长子）、金颂清（中国书店老板）两人的中介或引荐购买书画。在日本他开发的收藏客户包括阿部房次郎、山本悌二郎、菊池晋二、住友宽一（只收藏明清书画，尤喜石涛和八大作品）、内藤虎、长尾甲、上野理一、富冈铁斋等日本著名收藏家。关西纺织业巨子阿部房次郎是博文堂最大的书画买家，博文堂曾于1929年和1931年为阿部氏出版了两部藏画集《爽籁馆欣赏》，包括金代宫素然《明妃出塞图卷》（现为大阪美术馆藏）等名作，后多捐赠给大阪市立美术馆。除山本悌二郎后来因从政需要资金而将收藏陆续转卖给美国博物馆（包括宋徽宗《五色鹦鹉图》卷）外，其他人的收藏大多捐赠给了日本公立博物馆。

20世纪初的"当代书画艺术"也流入日本，如吴昌硕、陈师曾、齐白石、赵之谦等人的作品因为受到日本文化收藏界的欢迎而被购藏，如自光绪十七年（1891年）日本书法家日下部鸣鹤拜访吴昌硕起，之后30年不断有日本收藏家慕名造访并购入他的作品。其中如河井仙郎仰慕吴昌硕，1900年到上海拜吴昌硕为师，此后往来中日间搜集文物书画，购买有很多吴昌硕、赵之谦等人的作品带往日本，1942年曾与弟子西川宁策划赵之谦的展览，将其推介给日本书画界和收藏界。1945年他在东京空袭中罹难，居所、作品、收藏一并毁灭。

20世纪前期的日本收藏家多是明治维新后的实业家，他们学习美国富豪捐赠的模式，后来把大量收藏都捐赠给国立博物馆或成立私立博物馆珍藏，如：横河民辅、须磨弥吉郎、上野理一将大部分藏品捐赠东京国立博物馆，阿部房次郎将其"爽籁馆"全部藏品捐赠大阪市立博物馆。

出光佐三以其收藏品为主成立出光美术馆、根津嘉一郎创立根津美术馆、岩崎小弥太创立静嘉堂文库、细川立创立永青文库、松冈清次郎创立松冈美术馆、藤井善助创立藤井有邻馆、住友吉左卫门创立泉屋博古馆、中村不折创立书道博物馆、山本悌二郎设立澄怀堂美术馆、河井荃庐推动三井听冰阁收集历代碑版法帖、大阪黑川家族成立兵库县黑川古文化研究所，古董商广田松繁也把自己的藏品500余件捐给了东京国立博物馆。这些公立和私立博物馆中收藏的中国文物有很多被列为日本的国宝级收藏品。

"二战"后日本社会经济凋弊，也曾出现一波旧藏中国文物艺术品的大换手。1960年代以后日本经济发展，日本藏家、古董商开始前往伦敦、纽约、香港的中国文物拍卖会参与竞购。1970年代中日建交后日本人前往中国购藏文物书画也颇为频繁。21世纪初，随着中国文物艺术品市场的爆发，日本私人藏家收藏的中国文物纷纷回流，如：保利拍卖在2008年推出"日本珍藏重要明清陶瓷"专场拍卖，2013年香港苏富比推出"艺海观涛：坂本五郎珍藏中国艺术"专场等。

六　古董出口

第一次世界大战前，中国文物艺术品主要出口到欧洲的伦敦、巴黎，1914年第一次世界大战爆发后不久，纽约成了最重要的出口市场。

上海、天津是民国时期最主要的古董对外贸易港口，当时出口古董的税率是商品估价的35%，这是一个很高的税率，因此古董出口商多行贿海关的鉴定人员将价格评估为市场价格的半价或三分之一，而且因为是抽检，因此多数都是以低价物品进行统一报价。

日本学者富田升根据民国时期天津、上海的日本商会发布的中国对外贸易统计年报等资料发现，上海港的古董出口额在1916—1922年约在40—60万海关两之间，到1923年开始迅速上升，1928年出口量高达155万海关两之多，1924—1931年的出口额都超过100万海关两。而从出口的去向而言，从上海出口美国的古董数量最多，占1916—1931年上海港古董出口总额的63%，其次是法国和英国，各占近10%，而向日本、德国出口数量只占总额的2%多一点儿。

而在天津港，对日出口金额一度占据绝对优势，1909—1919年之间出口日本的古董数量占天津港对外古董出口总量的70—90%，但之后向美国的出口量越来越多，1920—1930年出口日本、美国的数量基本持平，在从

2—10万海关两浮动，1931年以后出口美国的数量超过了日本，可见当时美国市场对中国古董的吸纳能力最大[29]。

如此繁荣的文物出口交易，自然也催生出古玩行业的跨国企业，其中日本山中商会和中国商人张静江开设的通运公司、卢芹斋开设的卢吴公司就是其中的佼佼者。

山中商会是1910—1930年代经营中国古董的最大跨国古玩商行。山中定次郎在大阪经营古玩店时发现欧美收藏家、学者常来店里购物，意识到将东方文物艺术品提供给欧美市场将是一大方向。为此他还在夜校学习英文便于和欧美客人打交道，后来主导了家族企业山中商会，开拓欧美市场。他1894年在纽约切尔西开设小店面，1899年在波士顿、1900年在伦敦、1905年在巴黎开设代理店，1928年在芝加哥开设分店。"一战"之前经济繁荣阶段，富裕阶层兴起东方艺术品收藏热，他们的店铺很快就打开了当地市场，建立了横跨欧美多个国家的销售网络，客户包括洛克菲勒、弗利尔等巨富收藏家，成为20世纪早期欧美兴起的中国文物艺术品收藏热的重要"推手"。

除了在日本广泛搜求日本、中国文物外，山中定次郎1890年曾到北京考察和购货，1901年他在北京东城麻线胡同3号设立办事处购求中国文物艺术品，业务快速扩大，后于1917年购入肃亲王后裔一处300平米的四合院作为山中商会在北京的分店，雇佣十多位员工。从1918年起，这里全力收购中国古董，成为山中商会最重要的货源基地。每年山中定次郎来北京两次，大约停留两周左右。他的到来对北京古董行来说是大事件：每天早上中国古玩摊贩、古玩店铺都会带着货品在山中分店院门内外摆摊供他挑选，而下午山中定次郎会去拜会北京一流的古董店铺购买重要货品，或者从银行花费巨资买下整批的抵押古董。纽约、伦敦等地分店采购人员到北京时众多古玩铺、摊贩也会来到山中商会的院中摆摊供采购人员选购，每次持续几天，每天都有一两百摊贩前来供货。山中商会也参加了1911—1924年逊清皇室内务府举办的拍卖会。当时溥仪等皇室为了维持巨

29　[日]富田升：《近代日本的中国艺术品流转与鉴赏》，上海：上海书画出版社，2014年，第62—70页。

额开支，不定期地举行瓷玉铜器等宫廷物品拍卖会，每场200—300件不等。山中商会、龙泉堂这样的日本古玩店最重视宋元瓷器，从这里拍得宋元瓷器后会单独拿给大客户来看货洽谈，剩余的清代瓷器则放在古董店的门市出售。

由于山中商会实力突出，敢于出高价购买珍稀文玩，北京的古玩商和清末王公后裔、世家大族藏家多喜欢与其交易。其最重要的一笔交易是整批买下末代恭亲王溥伟家族的古董藏品。山中定次郎考察恭王府时看到府内几十间仓库分为如意库、书画库、青铜器库等，每间屋子里放置着一排排落满灰尘的宝物。1912年3月山中商会以34万大洋（一说40万大洋）买下了恭王府除了书画以外的青铜、瓷器、玉器、木器、兵器、珠宝、杂项收藏约1500—2000件。这批数量众多的文玩迅速运回日本分类整理，并被分为三批出售。一批运往美国拍卖，一批运往英国拍卖，一批留在山中商会设在日本和美国的古董店中零售。

山中定次郎（右三）与王府管家在恭王府前合影，1939年版《山中定次郎传》第81页插图

1913年2月27日、2月28日、3月1日三天在美国纽约麦迪森南广场美国艺术画廊以"天上艺术至宝"为专题拍卖,有玉器、青铜器、陶瓷、木器、珐琅、石雕、织绣等7大类536件,单件文物成交价最高达6400美元,总成交金额27万美元,在当时是破纪录的天文数字,轰动了美国收藏界;运往英国的部分也在1913年3月5日、6日举行"中国玉雕和其他艺术品拍卖",共计263件(一说211件),以玉器为主,拍卖成交总额为6255英镑。

这次百年一遇的机会奠定了山中商会当时在东方文物市场的地位。此后山中商会曾多次购得重要藏品,如1916年购藏黄兴的收藏,1923年曾买下端方旧藏的青铜器然后举办展览分批出售,还曾在1930年或稍早购买了官窑瓷器收藏家沈吉甫的藏品,据说出价达24万元之多。沈吉甫这批藏品是清代皇室1920年前后抵押在某银行的藏品,因无力还债成为银行资产,后被出售给沈氏,包括多件珍贵的宋瓷和明清官窑瓷器。山中定次郎的经营理念是对藏品进行大量收集、展览推广,然后高价卖出。

备受后人非议的是,山中定次郎1924年和1926年两次到太原西南的天龙山石窟考察,他对这里东魏、北齐、隋、唐各朝开凿的石窟内的精美雕像觊觎不已,通过贿赂等手法买通了天龙山脚下寺庙的住持,将大批佛首盗凿出山,再由北京运到日本,辗转卖给日本、美国等地收藏家。1925年小洛克菲勒夫人花费17.5万美元从山中商会纽约分店购买了两个北魏的鎏金佛像,后捐赠给大都会博物馆收藏,这在当时是创纪录的高价。1930年代山中商会全盛时期,每年纽约分店的销售额就达五六十万美元,全美国各分店的总计销售额近百万美元,是全球范围内经营东方文玩的最大古董行。

1936年山中定次郎过世后山中商会开始衰落,1941年珍珠港事件爆发,山中商会在纽约、波士顿、芝加哥分店的3000多件库存中国文物被美国政府作为敌产全部没收并被拍卖。在日本,因为战争影响,1943年山中商会也停止举办古董展览,不再经营这方面的业务。

经纪人 Curio Dealer　卢芹斋：一身多任的古董经纪巨头

卢芹斋可谓古玩界"全球化"的先驱，他出生在中国，发家于法国，成功在美国，娶了法国太太，穿着精心定制的西装，操着流利的汉语、法语、英语，在巴黎、伦敦、上海、北京和纽约奔忙，在不同的文化语境中娴熟地切换角色做古董生意。

从1915年到1950年，数万中国文物艺术品通过他的公司流向纽约、巴黎，他和山中商会并称民国时期最大中国文物跨国交易商。与山中商会、通运公司、拉尔夫·查特等经营中国文物艺术品的公司不同的是，卢芹斋不仅仅在市场上出售受欢迎的藏品，还努力通过各种展销会、出版物把新品类推广给美国收藏家，把墓葬雕刻、青铜器、陪葬古玉、雕塑、壁画、陶俑、佛像、古玉等卖给美国博物馆和重要私人藏家，被称为高古艺术市场的开拓者。这一公司的历史和运作模式至今还有许多谜团，即有某种传奇色彩。

卢芹斋1880年生于浙江湖州市郊卢家兜村的一个贫困家庭，原名卢焕文，不到10岁就失去了双亲成为了孤儿，之后他进入南浔富户张府帮佣，开始做厨师，后来专门给跛足的少爷张静江做随从。张家富有书画、钱币等收藏，他们的子弟接受的是中西合璧的教育。1904年，张静江前往巴黎担任驻法商务参赞，把卢芹斋带去帮忙。张静江除了公务，私下还在马德兰大教堂左侧开设通运贸易公司经营茶叶、丝绸、古董等进出口生意，他的妻弟姚昌复（字叔来）担任总经理具体负责经营，后在英国伦敦、美国纽约和国内京沪都设有分号。张静江私下大力赞助孙中山的反清革命事业，是出资最多的捐助人之一。

卢芹斋在通运公司积累经营古董的经验，1906年自己在马德兰广场经营古董店铺东英楼，张静江也参与入股。在那以后卢改名"卢芹斋"并对外掩饰自己的卑微出身，声称自己出身富庶之家，失去父母亲人后因缘际会来到巴黎，和张静江是在巴黎才结识的。实际上他的祖父、堂兄等一直生活在家乡，并不富裕。卢芹斋抗战期间曾独自回到老家，出资修建了家

卢芹斋肖像照，弗利尔美术馆资料图片

乡的学校、水站等，还时常寄钱帮助亲友。

卢芹斋最初贩售近代中国工艺品，销路不佳才改营高古文物。1908年，卢在巴黎泰布街34号开设古玩行"来远楼"，1909年他拜访巴黎塞努奇博物馆馆长达登时看到达登关注佛头照片，想到可以把这类大型雕刻推广到巴黎。他之后就让北京的合作古玩商寻找到八件等人大小的石刻佛造像运到巴黎，可惜并没有藏家愿意购买——这时巴黎藏家喜欢的还是清代瓷器、三彩釉器、青铜器等。卢主要还是靠出售这类藏品维持生意。

1911年经张静江介绍，卢芹斋与上海古玩商吴启周在沪开设卢吴公司做向海外贩卖古玩的生意，即古玩行内人所谓的"洋庄"，在沪苏州籍古玩商管复初（后开设"管复记"古玩店）和黄寿芝等负责进货。上海分号进出口采用"卢吴公司"名称，用的是卢芹斋和吴启周的姓氏，后来成为外国人所知的中国近代史上最有名的私人古董出口公司，系向外国贩运珍贵文物数量最多、经营时间最长、影响最大的私人公司。他们还在北京设有办事处，由卢芹斋同乡商人蒋汝藻掌控，大吉山房古玩店祝续斋、缪锡华参股并供应货品，主要在京沪采买法国古董商所好的"法国庄"古玩如高古铜器、玉器、康熙三彩及珐琅瓷器等。

1914年卢芹斋到中国进货时恰值第一次世界大战爆发，他无法乘火车由中国穿越俄罗斯回法国，便决定坐船绕道美国纽约回巴黎。纽约的繁华和古玩店的状况让他感到这是一个新兴的大市场，1915年他在纽约第五大道551号开设古玩店，从此常来往纽约和巴黎两边。和卢芹斋竞争的是山中定次郎的山中商会、张静江的通运公司、传奇艺术经销商约瑟夫·杜文、帕里斯·瓦特森公司和爱德华·威尔斯公司（Edward Wells & Co.）等经营中国文物艺术品的个人与公司，卢芹斋后来居上，成为那个世代最活跃的中国文物古董商之一。

卢芹斋是最早以鲜明的个人形象出现在西方收藏界的中国面孔。初到美国他最先认识的是大收藏家弗利尔。1914—1919年，弗利尔从卢芹斋和其他文物商手中购买了大量古代中国艺术品。还把卢芹斋推荐给波士顿美术馆、纽约大都会美术馆、福格美术馆的负责人，后来梅尔夫妇、小约翰·洛克菲勒、温斯罗普、皮尔斯伯雷等著名收藏家都成了他的客户。

美国和欧洲一样，最早热衷收藏中国瓷器，之后蔓延到玉器等装饰艺术作品，随后才逐渐扩展到更多品类。面对旺盛的需求，卢芹斋不断扩大出口美国的文玩品类、数量，并以一系列的展销会和出版物提高中国文物艺术的影响力。他习惯用可靠的来源证明、高清晰度的优美照片证实自己所售货物的价值。

他经手的最著名的文物艺术品是昭陵六骏，唐太宗"因山建陵"于陕西礼泉九嵕山，陵前东西石室祭坛两侧石壁刻有他生前最喜欢的六匹骏马的浮雕，分别是"特勒骠""飒露紫""伐赤""拳毛䯄""青骓""白蹄乌"，史称"昭陵六骏"，由六块高约1公尺、宽2公尺的长方形石灰岩雕刻而成，尺寸略小于真马。昭陵六骏在九嵕山历经一千二百余载风霜，1910年为古玩商所觊觎。1912年在北京的法国古董商葛扬（A. Grosjean）派遣一位名叫高冷之的助手去昭陵想办法盗买这批石刻，1913年5月六骏中两块被移出皇陵，但在途中走漏风声，遭到当地村民堵截，盗运者将文物丢下山崖摔裂，残碎石骏被没收放回原处。1914年前后二骏被镇守当地的陕军第一师师长张云山移置西安省府衙门，后陕西总督陆建章接受袁克文的请托将之庇护盗运到北京王府井大街的永宝斋门口，后为卢芹斋所得并运到纽约大都会博物馆的储藏室保存。1918年，宾夕法尼亚大学博物馆馆长乔治·高登访问纽约大都会博物馆时，偶然在仓库中发现了它们，并为之兴奋不已，先是借到宾大博物馆展出，后以12.5万美元购买了这两件石雕。1918年，美国古玩商毕士博又指使古玩商窃取其他四骏，把每块石刻砸成几块装箱偷偷外运，船行至潼关时被民众截获追回，现存西安碑林。

1926—1928年，卢芹斋把巴黎莫佐公园附近古尔塞街48号的法式旅馆改建成富丽堂皇的五层中式建筑"红楼"，成为当时著名的中国古董的展示中心和中转站。他经常乘火车由巴黎途经西伯利亚来中国收购文物，到手的货品由原路运回巴黎，再从这里运到伦敦或者从法国港口海运到纽约。也有些货品是直接从上海海运到美国旧金山或加拿大的温哥华，再运送到纽约等地。1930年代随着美国对太平洋地区的关注和中美交流的增加，很多新兴的区域性博物馆如布鲁克林美术馆、纳尔逊博物馆、圣路易斯市立美术馆、特里多美术馆等也开始收藏中国文物艺术品，哈佛大学等增加开设中国艺术、语言和文化课程，欧美学者对中国艺术和考古的研究和出版增加，形成中国艺术收藏热潮，卢芹斋的生意也在1930年代中后期达到高峰。

1933—1941年间，他每年都举办一次重要的展销会并推出图录，将大量的墓葬雕刻、青铜器、古玉、陶俑、佛像运到美国销售，艺术期刊《帕纳索斯》对卢芹斋1936年展出的唐代侍女图墓葬石雕发表评论："过去数年中，市场上出现了许多墓葬雕板。似乎是那些收藏中国雕塑的人已经把中国大多数农村拔光，现在已经开始把目光投向地下来填补市场。"[30]

卢芹斋善于抓住机会进行推介，如1935年国民政府和中外藏家合力在伦敦举办"中国艺术国际展览会"期间，卢芹斋也乘机在伦敦举办陶瓷铜玉展览销售文物。"中国艺术国际展览会"上的一些重要藏品就是经他之手卖出的，如高45.5厘米的商代双羊大铜尊以4000英镑售与尤莫佛蒲拉公司，清康熙墨彩觚瓶以2.5万英镑售给伦敦兰克巴垂吉公司。

1941年太平洋战争爆发，贸易路线受阻，卢吴公司名义上解散，但叶叔重的禹贡、张雪庚的雪耕斋、戴福保的福源斋三家古玩店仍为卢吴公司搜求文物出口。1948年卢芹斋的公司遭遇了重大挫折：1923年山西出土的一批春秋时期的晋国祭祀彝器，各路古玩商都去找盗墓人抢购，其中有35件青铜器被当地衙门扣押。1932年卢芹斋以29万元巨资购得其中一部分秘密运往天津试图出口。国民政府的古物保管委员会得知消息后，电告天津海关严加防范，同时发函给中华文化基金董事会希望能拨款购买保存，卢芹斋为避风头只好按兵不动。1948年在上海的代理人张雪庚将这批文物从北京运至上海，谋划连同其他近3000件文物一起偷运到纽约，时任上海市立博物馆馆长杨宽得知消息后查扣了这17箱贴上"仿古品"标签的文物，后移交给1952年成立的上海博物馆。

上海的查扣让卢芹斋损失巨大，北京、上海公司的工作人员也四散躲避，1949年之后文物出境受到严格管理，货源减少，卢芹斋知道他的时代

---

[30] 王伊悠：《卢芹斋与美国收藏中国文物的历史》，华人收藏家大会组委会 主编：《名家谈收藏》，上海：东方出版中心，2009年，第190页。

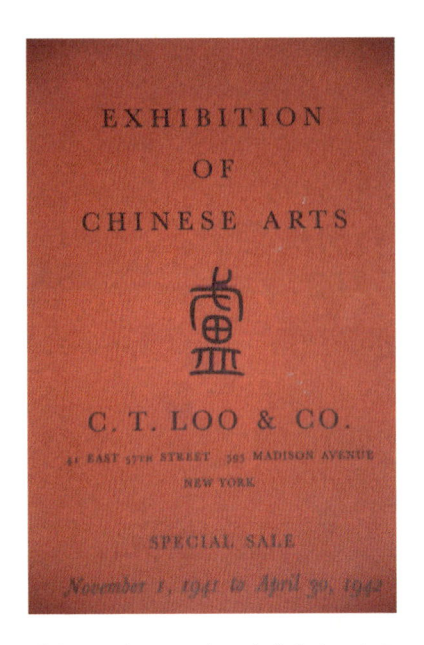

《中国艺术展图录》，卢芹斋公司出品，1941—1942 年

北响堂山北窟石雕佛手，石灰岩雕刻彩绘，52.1×38.1×50.8cm，北齐（550—577 年），卢芹斋捐赠，大都会博物馆

《药师经变图》，壁画，751.8×1511.3cm，元代（1319 年），Arthur M. Sackler 捐赠，大都会博物馆

　　山西省洪洞县的广胜寺始建于东汉，分上寺、下寺和水神庙三处。1929 年下寺僧人与地方官员、士绅商议后将前殿、主殿两侧的四幅壁画分割剥离后以 1600 银元出售。后卢芹斋将原主殿西壁的元代壁画《炽盛光经变》卖给了位于美国堪萨斯城的纳尔逊博物馆，将原属前殿东、西两壁的明代壁画《炽盛光经变》《药师经变》卖给了位于费城的宾州大学博物馆。主殿东壁的元代《药师经变》壁画被赛克勒博士购得，1964 年捐赠给大都会博物馆。

过去了，1950年不得不宣布退休，接着将纽约分店的古董做清仓拍卖处理。没有卖掉的货品和古董档案数据悉数由他的同僚弗兰克·加罗接收，后者继续经营了十多年。他把卢芹斋留下的珍贵古董经营资料完好保存，最终由其后人捐给了纽约大学，现保存在美术学院的档案馆内。

卢芹斋知道国内的学术界一直在非议他的行为，他曾经辩解说："作为使那些国宝流散的源头之一，我深感羞愧……中国已经失去了自己的珍宝。我们唯一的安慰是，正如艺术无国界，那些雕塑走向了世界，受到学者和公众的赞美……由于中国不断变化和动乱，在其他国家，我们的文物会得到比在中国更好的保护。我们流失的珍宝，将成为真正的信使，使世界了解我们的古老文明和文化，有助于人们喜爱并更好地了解中国和中国人民。"[31]1957年，78岁的卢芹斋在瑞士一家诊所去世，遗体运回法国，葬在妻子玛丽罗丝的出生地、巴黎西北郊古何贝瓦墓园。

---

31 ［美］卡尔·梅耶、谢林·布莱尔·布里萨克：《谁在收藏中国：美国猎获亚洲艺术珍宝百年记》，张建新、张紫微 译, 北京：中信出版社, 2016 年, 第119 页。

福开森：收藏家、经纪人、传教士的混合

　　1935年6月29日，北京出现了一则轰动文化学术界的新闻。《大公报》特辟"福开森博士藏品赠华纪念特辑"，集中刊发福开森与金陵大学校长陈裕光、内政部古物陈列所主任委员钱桐签署的《赠与及寄托草约》以及故宫博物院院长马衡《记福氏古物中之至宝》等九篇文章，披露美籍福开森博士决定将他收藏的千余件中国文物全部赠献南京私立金陵大学，并先期将所赠各物寄托北平故宫博物院文华殿，开辟福氏古物馆展出。"得之于华，公之于华"，《大公报》对福开森的举动予以高度评价，称此举"为我国文化史上从来未有之事也"[32]。因为金陵大学当时尚无适当地点保存这批古物，福开森与北平古物陈列所商议，请该馆在故宫文华殿特设福氏古物馆，先期代为保管并公开展览，俟条件成熟后运往南京金陵大学。

　　这些藏品分为铜器、玉器、陶器、瓷器、绘画、墨迹、碑帖类，市值达四五百万银元。北京多家报纸对此次捐献和展览报道不断，国民政府还专门颁布"关于嘉奖私立金陵大学校董福开森捐助古物予本校"的指令，这对1930年代的中国文化界产生了重大影响。此后北平古物陈列所多次催促金陵大学迁移包括小克鼎在内的福开森捐赠之物，惜受种种历史原因限制，到1945年福开森去世时都未能如约。

　　福开森1866年出生于加拿大安大略省，出生不久即随任教会牧师的父亲移居美国。他家境贫寒，可是努力上进，1886年毕业于波士顿大学，1887年新婚后福开森携夫人来华谋生兼传教。他先在镇江传教并学习汉语，一年后他们来到南京，在估衣廊租赁民房设立了福音堂，传授课程以《圣经》为主，英语、数学、儒学为辅。此后他们在南京居住多年，福开森学会了一口极流利的南京话，对中国文化兴趣浓厚。

　　1888年，福开森应邀至美国传教士傅罗在南京创办的"汇文书院"担

---

[32] 张科生：《福开森捐赠文物始末》，《纵横》，2006年第4期，第54—58页。

约翰·福开森肖像，照片

任院长[33]，为这座学院工作了 8 年。1896 年李鸿章属下洋务派重臣盛宣怀在上海创建南洋公学（后改称南洋大学，即上海交通大学的前身），聘福开森出任南洋公学监院参与创建工作。福开森于翌年转赴上海负责南洋公学的筹建和管理，1897—1901 年福开森担任南洋公学监院长达 4 年之久。南洋公学与汇文书院不同，它是中国人自办的学校，中西合璧，聘用了许多中国学者任职任教，如吴稚晖、钮永建、章太炎、蔡元培、张元济等。

---

33 汇文书院在 1910 年与宏育书院合并为金陵大学，是中国当时最卓越的大学之一，1952 年金陵大学被并入南京大学。

借此，福开森扩展了与中国学人及士绅的交往，对中国文化遗产的了解随之加深。其间，他曾受聘兼任两江总督刘坤一、湖广总督张之洞的幕僚，参与谋划1900年的"东南互保"，也曾帮助盛宣怀赴美交涉有关铁路事务、修订中国对日对美条约等外交事务。此外，他还曾购得上海英文报纸《新闻报》产权经营多年。

1906年与金石收藏家、两江总督端方接触后他见识了端方府邸中精美的青铜器，从此开始收藏中国艺术品。1908年盛宣怀出任清廷邮传部大臣，福开森复应盛宣怀之聘出任邮传部顾问，得以进驻北京，长期居住顺治门内松树胡同西口、未央胡同路东以及喜鹊胡同等地。此后他经常身穿长袍马褂，足穿千层底布鞋、白布袜，成了琉璃厂等地古旧文物市场的常客。民国成立后，福开森多次担任北洋政府总统府顾问、国民政府行政院顾问等。1923年北京政府发生总统和总理的"府院之争"时，他陪同黎元洪逃至天津新站，当黎元洪被逼交出总统印信企图举枪自杀时他及时阻拦，避免了一场惨剧。

民国初年福开森开始介入古玩生意，1912年作为中国派出的四名代表之一参加在华盛顿召开的世界红十字大会，顺便与纽约大都会艺术博物馆接洽为该馆采购中国古董。大都会预付5万美元给他去购藏古代绘画、青铜器和陶瓷，可他6月份回到北京后购买的一批绘画作品并不受大都会博物馆的欢迎。后来的学者认为其中多数真伪很成问题。福开森对画作的鉴定水准不高，而且常常过于轻信他认识的中国收藏家、画家、官员的推荐。

大都会博物馆在1914年解除了和福开森的合约，不过之后他们仍然在一些收藏事项上合作，福开森为大都会博物馆收购了数件举世闻名的青铜器，包括端方旧藏的西周青铜禁组器。当时整个西方世界对中国的青铜器还不甚了了，福开森全力说服大都会的董事会拿出整年的收藏基金去购买这样一套青铜器，如今它成为了大都会博物馆里最重要的青铜器收藏。福开森还给弗利尔美术馆、克利夫兰艺术博物馆、宾夕法尼亚大学博物馆提供作品。

在中国，福开森积极促成了许多文化项目，如福开森与朱启钤、金城推动北洋政府将已收归国有的紫禁城前朝部分仿效外国开设博物馆，

上图：青铜簋，青铜器，15.2×30.5×20.6cm，商代（约公元前 12 世纪至公元前 11 世纪），大都会博物馆

右图：《执瓶仕女图》，轴，绢本设色，147.3×65.4cm，清代（约 18 世纪），佚名，大都会博物馆

1913 年 John Stewart Kennedy 出资赞助纽约大都会博物馆，托福开森购买了一批中国绘画和青铜器，其中青铜器的可信度更高一些。《执瓶仕女图》是其中的一件古画作品。

从美国的庚子退款内拨出 20 万元开办费，于 1914 年成立了"古物陈列所"。福开森成为鉴定委员会唯一的外籍委员。"一战"爆发后他举家返美，1918 年在芝加哥艺术学院做了关于中国艺术之大略的系列演讲，第二年成书为《中国艺术讲演录》，这是早期有影响的中国艺术研究著作之一。

1919 年福开森偕夫人和三女儿回北京定居，购进不少古董和名人字画，可陈师曾、凌心支等画家鉴定后认为大半都是赝品。扫兴之余他决心向中国的书画家、鉴藏家拜师求学，继续出入古董行购藏金石书画，亦常到南京、上海、杭州等地旅行收罗古董。至 20 世纪 20 年代末，福开森所收藏的各类中国文物已达千余件之多。

那时福开森是北平文化界的风云人物，当毛公鼎流落于市时，福开森曾借款给叶恭绰与郑洪年、冯恕购藏这件重器。他还利用美国退还的庚子赔款资助，聘请中国文物专家研究编纂《校注项氏历代名瓷图谱》《历代著录画目》《西清续鉴乙编》《历代著录吉金目》《艺术综览》《紫窑出土记》《得周尺记》等专著，促进了中国文物的研究，也让西方国家更为了解中国文物。1930 年代初来华考察的年轻学者费正清对这位在北京文化界有影响的"大人物"印象深刻，在回忆录里说"他是生活在两种文化中的了不起的人物"[34]。当费正清夫妇去考察龙门、云冈石窟时，福开森写的推荐信发挥了关键的作用，主管部门让地方政府机构给他们的参观提供了必要的协助和方便。

福开森所藏尤以西周孝王时期的小克鼎最为珍贵。这是光绪十六年（1890 年）秋陕西扶风任家村村民发现的出土文物，同时出土了"钟、鼎、尊、彝等器七十余"，分作仲义组、克组两组，其中克组铜器包括大鼎一具、小鼎七具、钟五枚，另有多件器物。两组铜器出土后被西安古玩商苏桂山等人辗转售于北京，福开森从北京古玩商手里购藏了七具小鼎中的一个，称之为"小克鼎"。这是西周孝王时大臣"膳夫克"命人制作的，内壁铭文记述孝王二十三年九月，周王在西部旧都宗周命膳夫克至东部都城成周（洛阳）发布命令，整肃周王的八师。为纪念此事，膳夫克

---

34 ［美］费正清：《费正清对华回忆录》，北京：知识出版社，1991 年，第 59 页。

遂在此年做克鼎，将其置于宗庙之中，希望其子孙永远珍藏并使用这批彝器。

1937年卢沟桥事变发生后，爱国将领张自忠成为日军追捕的目标，曾躲到东城喜鹊胡同3号福开森寓所，并在他帮助下逃出北平，走向抗日战场。福开森夫妇与女儿仍蛰居北平，但夫人身体状况日下，于1938年10月病故。1941年底太平洋战争爆发，福开森留居北平英国大使馆，1943年因为日美交换战俘才获准乘船返美。北平故居一切财产、积年所藏书籍乃至个人记述文字等全部未能带出。两年后，他于1945年在波士顿去世，终年79岁。

1947年8月，古物陈列所归并故宫博物院，催促金陵大学尽快运走福开森捐赠的文物，因战争阻碍等缘故，金陵大学始终无法顺利接收。一直等到1949年10月，金陵大学才派人将这批藏品运回南京收藏并举办了公开展览，其中包括王齐翰《勘书图》、宋拓《大观帖》第六卷等书画名迹。《勘书图》钤有南唐李后主的"建业文房之印"，有苏东坡、苏子由、王晋卿、宋徽宗赵佶的题跋，此画清末属于端方，辛亥革命后转入福氏手中。宋拓《大观帖》第六卷是北宋徽宗大观年间所拓王羲之书法，据福开森晚年回忆此卷系他于1931年购于南京夫子庙博古轩。

1949年以后很长一段时期里，这位曾在文化艺术界很有影响的教育家、收藏家、社会活动家受到中国媒体和学者的文字批判。直到1980年代中期以后，福开森才在中国获得正面评价。1987年《南京史志》上刊登了福开森捐赠家藏文物珍品给金陵大学的消息，南京大学举行了福开森收藏的专题展览。2002年，南京大学百年校庆时，福开森捐赠的文物移至南京大学考古与艺术博物馆保存陈列。

第十七章
1949年之后：新制度和文化环境

1949年后艺术市场发生了天翻地覆的变化，让见惯了民国各路人马的古玩商最为震撼的是彬记古玩店老板岳彬被判刑事件。

1896年出生的岳彬通过给法国驻华公使魏武达卖古玩发家，是三四十年代最有实力的北京古玩商之一。他的彬记古玩店不仅出售古玩，还私下仿制赝品分别卖给各地不同买家牟利。他和全国各地的盗墓团伙也有联系。美国堪萨斯纳尔逊艺术博物馆的东方部主任普爱伦曾多次到中国各地考察，对龙门石窟宾阳中洞表现魏孝文帝和文昭皇后礼佛场景的两幅浮雕印象深刻，这是北魏宣武帝为其父母孝文皇帝和文昭皇后祈求冥福而开凿的。

1934年普爱伦和岳彬签订盗卖龙门石窟《帝后礼佛图》的合同，岳彬出资5000元找洛阳古董商马龙图帮忙，后者出了2000元找偃师县杨沟村保甲长、土匪威逼本村石匠进入石窟盗凿，将碎块装在麻袋中经洛阳运到北京，岳彬请高手根据照片进行粘接和拼装后偷运出国。普爱伦分3次付款，共计出了1.4万银元。目前《孝文皇帝礼佛图》藏纽约大都会艺术博物馆，《文昭皇后礼佛图》藏堪萨斯市的纳尔逊艺术博物馆。

1952年，北京古玩业、玉器业和珠宝玉石业中推进"五反"运动——反对贪污，反对浪费，反对偷税漏税，反对投机倒把，反对盗窃国家经济情报，从业人员揭发岳彬盗卖《帝后礼佛图》的行为，在炭儿胡同彬记古玩铺内发现了彬记与普爱伦签订的合同，查实了有关犯罪事实。郭沫若等知名人士在报刊联名要求政府严惩岳彬，之后岳彬被判死刑，缓期两年执行，1954年春节前病死狱中，炭儿胡同彬记的古玩、家具、房产也被政府

《孝文皇帝礼佛图》（龙门石窟），石刻，北魏（公元522—523年），大都会博物馆

没收。后来，玉池山房、论文斋的掌柜也因往香港走私珍贵文物被法院判刑入狱。

在上海，1955年初雪耕斋古玩店一位伙计检举老板张雪庚过去将文物转卖给吴启周与卢芹斋进行文物外贸的卢吴公司，现在又将文物卖给在香港的戴福保，由此引出震动全国古董界的上海"四大奸商"走私案。1956年张雪庚、叶叔重分别被判刑入狱，珊瑚林古物流通处老板洪玉林在结案前跳楼自杀，戴福保侥幸逃往香港躲避，福源斋、雪耕斋、禹贡店铺的上万件藏品被悉数充公。

这一系列案件让北京、上海等地的古玩商、收藏家见识了政府的威严。有的古玩商关门歇业，有的主动捐献藏品给国家。之后的公私合营、国有化更是让所有私人古玩行不复存在，全新的制度和政治环境改变了中国艺术市场和收藏文化的发展。

一 1949 年之后国家文物管理体制

1949年中华人民共和国成立后，11月，中央人民政府在文化部内设立了文物事业管理局，主管文物、博物馆等工作。此后，在40年的工作实践过程中，为了适应国家和文物、博物馆事业的发展形势，这个部门的名称、隶属关系和主管工作，曾有过多次变更。1987年开始直属国务院，由文化部代管，对外独立行使职权。1988年改名为国家文物局。与中央政府对应，各地先后成立相应的地方文物管理部门，组成了中央、省、市、县的逐层管理体制。

二 对文物出境的管制

针对1949年新旧交替阶段大量图书古物外流的情况，中共华北人民政府1949年4月8日发布《禁运古物图书出口令》，禁止外国机构、人士出境时带走古物、图书。1950年，文物局进一步草拟了一系列有关文物保护的法规文件，其中对艺术市场影响最大的是1951年6月6日中央人民政府政务院颁布的《禁止珍贵文物图书出口暂行办法》，通令除政务院核准的赴外展览、交换、赠予准许出口之外，所有革命文献及实物、古生物化石、建筑物、绘画、图书等11大类文物被禁止私自流出国外。同时授权对外贸易管理局负责协调当地文物出口鉴定委员会审核，鉴定报运文物出口的清单，并发放出口许可证，海关、邮局凭许可证予以放行。规定国家在北京、上海、天津、广州设立文物出口鉴定委员会，由文物、外贸、海关及邮局的相关人员组成。

文化部、对外贸易部1960年发布《文物出口鉴定参考标准》，规定1795年（乾隆六十年）以前的绝大多数文物都一律不许出口。到2007年国家文物局印发了《文物出境审核标准》，标准线推到了1911年，规定"凡在1949年以前（含1949年）生产、制作的具有一定历史、艺术、

全国重点文物保护单位"楼兰故城遗址"

国家的立法、行政、司法体系建立了体制化的文物保护体系，连西部的罗布泊荒漠无人区也建立了文化保护站。

科学价值的文物，原则上禁止出境。其中，1911年以前（含1911年）生产、制作的文物一律禁止出境"。

政府也试图管制现代著名艺术家作品的外流，文化部以保护国家文化遗产为主旨，曾在1989年2月27日公布《名书画家作品限制出境的鉴定标准》，规定徐悲鸿、傅抱石、潘天寿、何香凝、董希文、王式廓的作品一律不准出境，另有67位20世纪现代画家的"精品和各时期代表作品不准出境"。李可染逝世后，1990年文化部增补规定李可染的作品也"一律不准出境"。

1990年后拍卖市场活跃起来后，许多海外藏家前来北京、上海等地购买近现代书画作品，这又引起专家的担忧，2001年11月15日国家文物局颁布《一九四九年后已故著名书画家作品限制出境的鉴定标准》，规定王式廓、何香凝、李可染、林风眠、徐悲鸿、高剑父、黄宾虹、董希文、傅抱石、潘天寿等10位书画家的作品一律不准出境，另有23人的作品原则上不准出境，107人的精品不准出境。同时颁发的《一七九五到一九四九年间著名书画家作品限制出境鉴定标准》规定晚清民国时期书画家中20人的作品一律不准出境，32人的作品原则上不准出境，193人的精品和各时期代表作品不准出境。2013年国家文物局又颁布《1949年后已故著名书画家作品限制出境鉴定标准（第二批）》，规定吴冠中的作品一律不准出境，关山月、陈逸飞的作品原则上不准出境，另有21人的代表作不准出境。

实际上对近现代书画家作品的上述限制可操作性有限，因为书画非常便于携带和运输，上述人物的不少代表作品在1990年代和21世纪初外流。不过让人始料不及的是，2003年后中国艺术品拍卖市场出现大的飞跃，海外收藏的各种中国艺术品纷纷回流，它们再次回到了内地收藏家、机构的手中。

三　法令的颁布和施行

1950年文物局草拟了一系列有关文物保护的法规文件，先后提请中央人民政府政务院颁布了《禁止珍贵文物图书出口暂行办法》《古文化遗址及古墓葬之调查发掘暂行办法》《关于征集革命文物的命令》和《关于保护古建筑的指示》等保护文物的法令、指示和办法。同时中央人民政府及有关部门相继下发了3个文件，确保国内商业流通过程中珍贵文物商品的安全。

1961年国务院颁布《文物保护管理暂行条例》。第一条就规定，在中华人民共和国国境内，一切具有历史、艺术、科学价值的文物，都由国家保护。规定文物属于国家保护，私人不再拥有收藏文物的法律权利，其中要求文化行政部门要重视和加强对文物商业的管理，对经鉴定不能出口的（私人）文物，必要时国家可以征购。对查明是企图盗运出境的文物，一律予以没收。

改革开放以后，为了规范城市建设、古董交易和文物保护等问题，1982年全国人民代表大会常务委员会通过颁布了《中华人民共和国文物保护法》，其中规定出土文物归国家所有。2002年国家颁布修订后的《中华人民共和国文物保护法》。

到了上世纪的90年代初，国家正式批准注册成立了第一家拍卖公司，即上海朵云轩艺术品拍卖公司，标志着国家正式承认民间的艺术品交易活动，之后国内拍卖企业迅速发展壮大，拍卖市场成为艺术市场发展的风向标，也为文物保护法律的调整带来新的视角和思路。为了规范拍卖行业进行的文物拍卖事宜，2003年国家文物局颁布实施《文物拍卖管理暂行规定》。2002年新修订的《中华人民共和国文物保护法》规定，经批准的文物商店、经营文物拍卖的拍卖企业可以合法从事文物的商业经营活动。

四 国有博物馆体系的建立

1949年中华人民共和国建立初期，改变了旧中国博物馆隶属教育部的管理体制，在文化部内设立了文物事业管理局，作为专门管理全国文物与博物馆事业的行政机构，立即接管了各地既有的24个公立博物馆和外国人在中国办的博物馆，在人事、管理、展品、理念上对这些博物馆进行"社会主义改造"。

政府公立博物馆收藏理念的一大变化是注重革命文物的征集和展示，文化部1950年3月设立国立革命博物馆筹备处（后改称中央革命博物馆筹备处），发布命令征集革命文物。1950年代侧重建立了一批省级地志博物馆和革命纪念性博物馆。

1958年"大跃进"时期，中央政府和北京市兴建了中国历史博物馆、中国革命博物馆、中国人民革命军事博物馆、北京自然博物馆等大型专业博物馆，还曾提出三五年内全国达到"县县有博物馆，社社有展览室"的口号，1961年起又在全国范围内对博物馆进行关闭、合并，其中全国文化系统的博物馆就由1959年底的480所调整到200所左右。1966年爆发文化大革命，大部分博物馆被迫关闭，有的甚至遭到撤销、裁并，建筑设施改作他用，到1969年博物馆已减少到171所。

改革开放后博物馆迎来大发展，社会历史类的综合博物馆以及民俗、民族、科技、自然历史、园囿、遗址及露天性博物馆都有发展。其中，收藏、展示现当代美术作品的美术馆发展最引人注目。21世纪以来各地的城市改造和公共投资扩展过程中，也兴起了公共美术馆的建造开设热潮。近年来，政府提出规划建立当代艺术博物馆。地方省、市纷纷改造旧馆或者建立美术馆。上海改造工业建筑设立当代艺术馆，深圳则在现有的关山月美术馆、深圳美术馆之外，新建了"深圳市当代艺术馆与规划展览馆"。其他机构如各个美术学院、画院也纷纷设立美术馆，如北京画院美术馆2005年开馆，由日本著名建筑师矶崎新设计的中央美术学院美术馆2008年落成。

五　美术管理和体制的建立

1949年后国家逐步建立了中宣部、文化部双重领导，中华全国文学艺术界联合会作为群众组织协调的文艺工作领导体制。美术方面，美术家协会的工作重心在于联络、协调、服务和举办大型全国性展览；美术馆着重于作品的展示、陈列和收藏；美术学院的职能在于基础教育；美术研究所是研究美术历史及理论的专门机构；而画院是以美术创作为中心并开展相关学术研究和教学的专业学术机构。

其中影响最大的是美术学院和画院两种体制。美术学院是专门从事美术类教学及研究的高校，主要有中央美术学院（北京）、中国美术学院（杭州）、清华大学美术学院（北京）、西安美术学院（西安）、鲁迅美术学院（沈阳）、湖北美术学院（武汉）、天津美术学院（天津）、广州美术学院（广州）、四川美术学院（重庆）等专业院校。其他一些师范类大学和综合性大学也设有美术学院或艺术学院。美术学院因为从事艺术教育、研究最有规模和持续性，因此也在艺术体制内具有较大影响力。

1949年后，随着艺术市场逐步被取消，私有经济也在社会主义改造、

苏州博物馆的庭院

在21世纪兴起的博物馆建设热中,著名华人建筑师贝聿铭设计的苏州博物馆新馆在建筑风格上具有典范性。

《彼得·路德维希肖像》，亚麻布丝网印刷画，105×105cm，安迪·沃霍尔、彼得·路德维希捐赠，中国美术馆

德国收藏家彼得·路德维希1996年向中国美术馆捐赠了包括毕加索、沃霍尔等人作品在内的一批现当代艺术品，这是中国的美术馆获得的最重要的89件/组共计117幅外国现当代艺术收藏捐赠。

公私合营之后逐步全面国有化，古玩店、南纸店、笺扇店几乎消失，有余力的购买者也大为减少。除了那些已经进入各地美术学院任教的艺术家有工资外，很多原来靠卖画维生的画家生活困难，因此和画家交往较多的叶恭绰、陈半丁在1956年政协会上共同提出"拟请专设研究中国画机构"，在周恩来批示下1957年在北京创设了"北京中国画院"、1960年在上海成立"上海中国画院"，聘用老画家当画师创作作品。此后1959年成立了江苏省国画院、广州国画院，1960年成立了苏州国画院。

改革开放以后各省、直辖市、自治区相继成立了画院。1979年成立了天津画院、安徽书画院；1980年成立了陕西国画院、黑龙江省诗书画院、贵州省国画院；1981年成立了新疆画院，文化部也于同年成立了中国画研究院；1982年成立了辽宁画院、广西书画院；1984年成立了浙江画院、四川省诗书画院、云南画院；1985年成立了吉林省画院。

近年来还有许多社会团体甚至企业也办起了画院，在全国形成了规模庞大的民间画院体系。画院也从中国画为主扩展到油画等各个方面，成为艺术生态中的重要一极。据估计，全国目前有近400家画院。

六 文物盗掘和走私

1949年后对商贸途径出口文物有严格管制，文物走私仍有发生。1957年底，广东省文物管理委员会接到香港群众举报，与有关部门联合破获了一个走私集团，收缴的文物达到2000件之多。此外，邮寄出国的包裹中也经常夹带珍贵文物，偷运出口。

改革开放以后因为社会管制松动，文物盗墓、走私活动也迅速活跃。曾有人统计，从1982年起，江西余干县800多座古墓被盗；1987年1月到6月仅半年时间，青海就有1700多村民盗掘古墓2000余座，抢走文物1万余件；1990年四川省有23952座古墓被盗。据广州市在1982年到1990年间的不完全统计，查获侦破盗墓走私文物案件500多起，收缴文物25780件，其中珍贵文物有战国三足铜鼎、汉黄绿釉牛车、唐三彩陶俑、宋绿釉枕、元青花玉壶春瓶、明宣德青花云龙碟、明万历五彩云龙碟、清宫式范画卷等。1987年5月，国务院发布《关于打击盗掘和走私文物活动的通知》，同年11月，最高人民法院、最高人民检察院发布《关于办理盗窃盗掘非法经营和走私文物的案件具体运用法律的若干问题的解释》后，各地统一部署进行打击和查禁。

1990年代盗墓、走私等活动仍然屡见不鲜。据海关总署统计，1991—2000年，全国海关缉获走私文物10万余件。1997年5月，天津海关查获一起用集装箱偷运文物案，集装箱内共有文物5000余件。文物资源丰富

彩绘浮雕武士石刻，后梁，1994年河北曲阳王处直墓出土，中国国家博物馆

1994年这一墓葬被盗，墓门两侧的两块武士浮雕石刻被倒卖到海外，后这一件石刻出现在2000年2月佳士得在纽约举行的"中国陶瓷、绘画、艺术品拍卖会"上，在中美司法部门的合作下追回，入藏中国国家博物馆。另一件私下卖给纽约古玩商安思远的石刻被后者捐出，也得以回归中国。

的陕西、山西、河南三省一度竟成为海内外走私者买卖文物的金三角。

部分犯罪分子还频频从博物馆下手,据统计1983—1991年间全国共发生450余起博物馆文物被盗案,失窃文物近5000件[35]。如1981年7月曾树基等盗窃广州博物馆展场的文物钱币86枚,陶瓷、书画、工艺品8件,1983年7月破案,后被判处死刑。

不过最令人意想不到的案件是博物馆管理人员的监守自盗。2002年10月28日有国内文物专家发现,香港佳士得拍卖公司举行的"皇室信仰——乾隆朝之佛教文物"专场拍卖会,在49件拍卖品中的清乾隆粉彩描金无量寿佛座像、清朝乾隆代银坛城两件珍贵文物分别有"故""留平"打头的编号,这是北京故宫博物院采用的编号标记,接到专家反映以后国家文物局指派专人调查发现这两件文物原属故宫博物院藏品,分别于1972年9月21日和1974年10月28日调拨至承德市文物局外八庙管理处,均为国家顶级馆藏珍贵文物。

国家文物局调查组的专家们进驻承德市后,很快会同当地公安机关组成"11.28"专案组,对外八庙的文物进行核查,结果库存文物中有数十件赝品,后查出是外八庙管理处文保部主任李海涛监守自盗。他在长达10年的时间里,利用职务之便,涂改文物档案,以非外八庙文物代替库藏文物,以文物残件、部件、附件代替库藏文物,以库藏某一文物代替另一文物等方法,多次窃取外八庙库内的馆藏文物及文物部件共259件。李海涛自己或伙同他人共卖出馆藏文物152件,从中获得赃款人民币320余万元和美金7.2万元,号称1949年以来最大的盗窃文物案。后李海涛被判处死刑[36]。

2014年广州美术学院曝出另一监守自盗案件。该院图书馆馆长萧元2004年到2005年用图书馆藏画库钥匙多次进入库房,用赝品换真品,将143幅馆藏的齐白石、张大千等名人画作偷走。2004—2011年间,萧元陆

---

35 蒋开富:《当前盗窃文物犯罪的特点、原因及对策》,《河南警察学院学报》,1993(3),第44—46页。
36 刘天明:《盗卖文物的黑手——承德市文物局外八庙文保部原主任李海涛盗卖国家文物案纪实》,《先锋队》,2011年第2期,第26—30页。

续将其中的 125 幅委托拍卖，拍卖总成交价 3470.87 万元。在他广州的住所内搜出 18 幅作品，萧元称这 18 幅作品要么是拍卖公司拒绝接受，要么是在拍卖中流拍的作品。经鉴定，估价约为 7681.7 万元。有意思的是，在法庭审判中，萧元辩称广州美术学院图书馆的画作遭调包，无论在他之前还是之后一直都在发生。被公安机关抓获后，萧元称自己多年前用于调包的临摹作品又被别人当作真迹"二次调包"，换入馆中的是更劣质的赝品[37]。

---

37 李双：《广州美院图书馆原馆长涉贪逾亿元盗 143 幅名画》，《南方都市报》，2015 年 7 月 22 日。

第十八章
1949 年之后：海外市场和收藏家

　　上海、北京文玩艺术品市场在 1950 年代的封闭和消失，让香港成了新的市场交易中心，移居这里的政商、文化、书画各界收藏家和古玩商带去大批文玩，使得香港的市场交易格外活跃，在五六十年代出现了第一次发展高潮，伦敦市场上元明清珍品瓷器从几百英镑的价格上涨到数千英镑乃至上万英镑。香港、伦敦、纽约成为那个时代中国文物艺术品的交易中心。

　　香港最初仅是交易中心，很多重量级藏品都流向伦敦、纽约的市场，本地缺乏有实力的收藏家群体，但随着中国香港、台湾地区和东南亚经济的逐步发展，华人收藏家实力增加，1970 年代起香港本地的收藏家开始崛起，让香港的收藏文化和艺术市场有了长足发展。香港能成为艺术品交易中心之一，很大程度上得益于中国内地的封闭，让这座自由港成为中外贸易最重要的中转站，它的自由的出入境管理、税收政策、法律金额金融制度利于文物交易，也让它成为东亚、东南亚的收藏家、交易商进行买卖的最重要的平台。

　　另外一个重大的变化是，尽管 1950 年代之后伦敦、纽约一些大的古董商仍然活跃，但是一方面受到"二战"后文物艺术品进出口管制严格的影响，加之新兴收藏家改变了购藏习惯，很多人开始直接从拍卖行购买文物艺术品，佳士得、苏富比等拍卖公司影响力越来越大，重要藏家经常将藏品委托拍卖行举行专场拍卖，很多古玩店主也不得不在拍卖会上竞争货品。

　　见于东亚藏家的增加，佳士得、苏富比也积极开拓这一市场。佳士得拍卖公司 1969 年首先尝试在日本的东京美术俱乐部举行亚洲艺术拍卖会，1973年在东京开设了驻亚洲的首个办事处，同一年苏富比率先在香港设立办事处并举办拍卖会，此后香港的分公司成为它的一大利润中心。佳士得直到1986年才在香港推出了拍卖会。从1994年开始，佳士得努力开发中国内地市场，在上海独资设立的公司于2013年举办了首场拍卖会。2012年，苏富比与北京歌华文化发展集团组建了一家合资公司。

1970年代、1980年代崛起的日本收藏家和古玩商颇具实力，他们购买了伦敦、纽约拍卖的很多中国高古瓷器。1980年代随着中国台湾、中国香港和东南亚华人收藏的入场，艺术市场再次掀起高潮，而苏富比、佳士得也先后在台北、香港举行拍卖会，开始侧重开发华人圈市场。这也是一次藏品换手的高潮，欧美的一些收藏纷纷在香港拍卖并落入港台藏家手中。

1990年代后期内地拍卖业发展迅猛，北京在2003年后超越香港成为了中国艺术品的最大集散中心和拍卖交易中心。内地藏家活跃并显示出强大的购买力，让之前一个世纪外流的中国文物艺术品纷纷回流内地。这是更大规模的藏品换手高潮，这一阶段美国、欧洲、日本、东南亚等地的高端艺术品多在香港、北京拍卖并流入内地藏家手中。很多中低端艺术品也被内地古玩商、藏家从海外各地的小拍卖行、古董店买回内地。

一　美国的收藏机构、收藏家和古玩商

在美国，绝大多数博物馆都是由私人藏家、基金会捐赠资金、藏品设立，所以它们的运行、发展始终和收藏家、赞助人紧密关联。比如纽约大都会博物馆、波士顿美术馆这样的大型博物馆得到很多私人藏家捐赠的藏品以及基金的支持。还有一些收藏家把自己长期积累的藏品捐赠出来设立专门的中小型博物馆，比如弗利尔美术馆、赛克勒博物馆、旧金山亚洲艺术博物馆等[38]。

38　邵彦：《美国博物馆藏中国古画概述》，陈燮君主编：《翰墨荟萃——细读美国藏中国五代宋元书画珍品》，北京：北京大学出版社，2012年，第97页。

大都会博物馆 90% 以上的收藏来自于收藏家的捐赠，运营经费也主要来自社会募集基金支持。"二战"以后大都会博物馆对中国艺术品的进一步收藏也是如此。"二战"后大都会继续"查缺补漏"，建立全面的、历史序列式的中国文物艺术品收藏，特别是对中国书画和装饰艺术给予格外重视。

大都会博物馆董事会主席迪隆 1970 年代初调查发现中国书画是该馆收藏的弱项，他个人捐资上千万美金并号召纽约各界贤达捐款支持大都会加强这方面的收藏，设立了收购中国艺术的基金，聘任著名的普林斯顿大学教授方闻担任远东部主任指导中国书画的收购。大都会最引人注目的行动是从著名华裔收藏家王季迁手中收购了大批宋元书画，包括唐代韩干的《照夜白》、宋代屈鼎的《夏山图》、南宋马远的《观瀑图》、元代赵孟頫的《双松平远》、倪瓒的《虞山林壑》等。纽约地区的一些著名收藏家也纷纷将中国艺术收藏捐赠给大都会博物馆，其中最有名的是顾洛阜捐赠的北宋郭熙的《树色平远》、北宋黄庭坚的《廉颇蔺相如传》和米芾的大字《吴江舟中诗》等绘画和书法作品。根据 21 世纪初大都会的统计，他们一共收藏了约 1.2 万件中国文物艺术品，包括书画、陶瓷、青铜器、玉器、漆器、金银器、石雕、彩塑以及纺织品和古典家具等门类。

类似的，弗利尔美术馆在建馆后就不断补充新藏品，"二战"后从华裔收藏家王季迁和王方宇手中或零散或成批地购买或受捐了不少古书画。王方宇去世后，他手中 70 余件八大山人书画精品几乎整体性地转移到了弗利尔美术馆，使弗利尔美术馆成为世界上最重要的八大山人作品收藏机构之一。

"二战"后美国最有代表性的中国文物收藏家是阿瑟·姆·赛克勒（Dr. Arthur M. Sackler），他 1913 年出生于纽约的布鲁克林，在纽约大学读医学院预科的同时兼修艺术史。上学时为了筹措学费和生活费，他加入了专做医学类广告的威廉·道格拉斯·麦克亚当广告公司，并在日后成为它的最大股东。他在医学研究的同时投资医药销售、医学出版等商业活动并取得了巨大成功，从上世纪 40 年代开始收藏美国当代艺术家的绘画，之后转而关注前文艺复兴和文艺复兴早期的绘画，接着是法国印象派和后印象派，日后扩展到近东和远东的古董，以包罗万象的丰富藏品获得了"现代美第奇"的美誉。赛克勒和中国的渊源早在 20 世纪 30 年代就开始了，那时他就曾捐款支持抗日战争， 1980 年他从美国拍卖会上花 10 万美

《照夜白图》（画心），卷，纸本水墨，画心 30.8×34cm，全卷 35.4×1140cm，唐代（750年），韩干，大都会博物馆

元将一张原在颐和园的御座买下，送还中国。

1950年赛克勒偶然在某个家具店里看到一些明式家具，惊讶于几百年前明代人就有了如此简约而优美的设计，从此开始收藏中国家具。赛克勒委托曾在北京居住过的古董家具商人威廉·杜拉蒙德陆续买进大量明清家具，仅1965年他就买了130件中国家具。在纽约大都会博物馆远东部主任、中国书画专家方闻的建议下，他收藏了不少文人书画，如清代石涛、八大山人的精品。他还通过纽约古董商法兰·卡罗（Frank Caro）收藏魏晋隋唐时期的石雕佛像，从华人古董商戴福保开设的古董店戴润斋买了大量的绘画、陶瓷、古玉和青铜器。他喜欢从整批艺术品中挑选出符合自己趣味的一系列藏品买下，生前曾向多家博物馆捐资和捐赠作品，如上世纪80年代初向史密森尼博物馆捐赠了1000余件亚洲艺术藏品，主要有中国青铜器和玉器、漆器、绘画，近东的陶器和金属器，南亚和东南亚雕塑。

第十八章 1949年之后：海外市场和收藏家　327

释迦牟尼佛，镀金铜铸，16.5×7×3.5cm，北朝（四至五世纪），大都会博物馆

　　这是赛克勒博士1974年捐资购买的一系列藏品之一。佛像主要参考了古代犍陀罗（今巴基斯坦）传入的佛像风格，以几个陶土模具铸造而成。

1986年，他资助兴建的北京大学赛克勒考古博物馆，是中国大学里第一座考古专题博物馆。1987年5月26日，赛克勒因心脏病突发去世，4个月后，在华盛顿的史密森尼赛克勒博物馆正式开馆，后更名为美国国立亚洲美术馆——赛克勒美术馆。

"二战"后在美国经营中国古董的古玩商有戴润斋（J. T. Tai）、王季迁（1907—2003年）、安思远（Robert Hatfield Ellsworth, 1929—2014年）、考克斯（Warren Cox）、卢芹斋的继任人法兰·卡罗、科莫（Mathias Komor, 1909—1984年）、蓝理捷（J. J. Lally）等。

戴润斋的创办人戴福保的经历和卢芹斋极为相似，他是无锡小镇普通人家子弟，20世纪20年代末在舅父的小古董店学习古董知识和鉴定窍门，1938年他到上海法租界的广东路（俗称"五马路"）189号开设"福源斋文玩号"，1945年后与禹贡古玩号的叶叔重、雪斋的张雪庚、珊瑚林古物流通的洪玉林等以经营"洋庄"生意的方式向卢吴公司贩卖古玩珍品为主要业务。卢吴公司的合伙股东卢芹斋与吴启周提供资金，戴福保则在各地寻找各式古玩。1949年，戴氏一家迁居香港，和胡惠春、仇焱之、徐伯郊等人成为第一批南下香港的古董商。1950年他移居美国，在麦迪逊大道810号开设了戴润斋古董店，成为战后经营中国古董的主要古玩商之一，长期向各大博物馆和艾弗里·布伦戴奇、亚瑟·赛克勒等大藏家提供货物。因为1950年代后内地出口的货源减少，他不得不前往英法古玩店、拍卖行进货。他在1953年3月24日伦敦苏富比举办的艾弗瑞·克拉克夫人明代陶瓷收藏拍卖会上与伦敦本地的古董商、藏家竞争，拍下11件精品，引起古董界骚动。这也预示拍卖行的地位越来越重要，到1970年以后极大压缩了古玩商的生意空间。1982年后戴润斋淡出古董界，投身慈善事业。

安思远是另一位具有传奇色彩的古玩商，他出生在纽约曼哈顿的一个犹太望族，少年时代就喜欢倒卖中国邮票、鼻烟壶、项链等小物件赚钱，表现出对艺术的强烈兴趣和经营头脑。之后他进入纽约富兰克林艺术专业学校学习建筑。1948年，年仅19岁的安思远在古董商爱丽丝·庞耐（Alice Boney）的画廊工作并得到其赏识，了解到中国的陶瓷、家具和绘画，并有机会和博物馆、学术界交往，为他之后走上中国文物的收藏

安思远收藏的《烛台老鼠》，纸本设色，23.3×32.2cm，齐白石

　　这幅画上除了两方齐白石的印章，还有庞耐（Alice Boney）和安思远的印章，这两位喜爱中国文化的古董商也学习中国的鉴藏家一样刻了自己的中文名称印章并盖在经手的藏品上。

《杂果图》册页，纸本设色，30.8×63.8cm，1945年，丁辅之，大都会博物馆

　　安思远1986年捐赠了一批近现代书画为主的藏品给大都会博物馆，他的住所距离这座博物馆不远，他是那里的常客。

之路奠定了基础。1959年，30岁的安思远在纽约曼哈顿的58街开了一家古董店，主营中国文物。除了零星买卖，他最擅长的是积累一系列货品，然后举办展览、出版著作，推荐给最有实力的私人藏家、博物馆，他的座右铭是："买，三十年后再卖。"就是按照规划收藏以前别人不太注意的门类、艺术流派的作品，等待文化潮流演变或者得到推广，几十年后才卖出。

安思远是20世纪后期美国权威的亚洲艺术品古玩商和收藏家之一，他率先收藏了一系列明清家具，是20世纪六七十年代明式家具收藏热中的活跃人物。1970年出版了《中国家具——明代与清早期的硬木实例》一书，后把收入书中的数件藏品半捐半卖给了大都会博物馆，入藏艾斯特夫人（Astor）赞助的"艾斯特庭院"。这是美国博物馆中的第一个苏州园林风格建筑，将中国家具这一在当时还不受重视的藏品提升到了显著地位。据说他还曾在当时的助手吴尔鹿——他后来独立成为古玩商和当代绘画作品的经纪人，以行事低调著称——的建议下关注碑帖藏品，1994年从佳士得购得香港藏家李启严送拍的北宋拓《淳化阁帖》第四卷，1995年从佳士得竞得台湾藏家吴朴新所藏《淳化阁帖》第六、七、八卷。2003年，他将这四卷宋拓《淳化阁帖》以450万美元的价格转让给上海博物馆，成为轰动一时的新闻。安思远最大手笔的买卖出现在1981年。银行家兼收藏家克里斯蒂安·休曼（Christian Humann）逝世以后，遗留的1600件中国、印度和东南亚的艺术珍品被安思远出资1200万美元购入。他转手把一部分卖给克利夫兰艺术博物馆和纽约大都会博物馆，一部分1982年委托香港佳士得拍卖，剩下的部分1990年交由纽约苏富比拍卖。2014年逝世后，他保存在纽约第五大道960号公寓22个房间的数千件藏品举行了7场拍卖会，在全球引起广泛关注。

二　欧洲的收藏家和艺术市场

1920—1960年间，英国都是欧洲最主要的中国古董市场。1949年后从香港流出的很多文物的走向都是伦敦。1980年代中国改革开放后流出的大量出土瓷器曾经对伦敦的瓷器市场造成冲击,让宋元瓷器价格出现调整。1970 年代以后香港艺术拍卖市场崛起,很多明清官窑瓷器挪到香港拍卖。

这一时期除了以伦敦为基地的布鲁特父子商行、马赞特父子商行(S. Marchant and Son)、约翰·史帕克斯等老牌古玩店继续经营,也出现了伦敦的埃斯卡纳齐(Eskenazi)、布鲁塞尔的吉赛尔·克劳斯(Gisele Croes)等新的主营中国文物的古董商,顺应全球化的趋势,他们面向美国、全欧洲乃至全球客户销售艺术品。如埃斯卡纳齐家族世代经营古玩生意,1925 年在米兰开辟了第一件古玩店,朱塞佩·埃斯卡纳齐(Giuseppe Eskenazi)1960 年和他的父亲在伦敦开店经营古玩,至 70 年代中期成为实力强劲的东方艺术品经营机构,1997 年开始每年春节在纽约举办展销会。他们经常从拍卖会上买货,如 1999 年在香港苏富比以 2650 万港币购得成化斗彩鸡缸杯,2005 年在伦敦佳士得拍卖会上以 1508.8 万英镑(折合人民币约 2.3 亿元)拍得元代青花鬼谷子下山图大罐。

此外,瑞士斯蒂芬·裕利(Stephen Zuellig)与其弟吉尔伯特·裕利(Gilbert Zuellig)两人的"玫茵堂"颇具代表性。他们的父亲在马尼拉开设小型贸易公司,在兄弟二人手里发展成大型企业裕利集团(Zuellig),年营业额约 120 亿美金。上个世纪 50 年代中期,裕利兄弟开始通过其生意合伙人购买中国艺术品,后来主要从古玩商仇炎之、普里斯特利与费拉罗(Priestley and Ferraro)、埃斯卡纳齐等古玩商手中购藏精品,哥哥斯蒂芬偏重于元明清珍瓷,弟弟吉尔伯特专注从新石器时代到宋代的高古瓷收藏。1994 年大英博物馆展出部分玫茵堂藏珍瓷,这批收藏第一次进入公众的视野。吉尔伯特 2009 年去世后,斯蒂芬陆续将一些藏品委托拍卖。

三 港台地区及新加坡的收藏

"二战"后中国香港地区、中国台湾地区以及新加坡等地华人在经济发展、财富增长之后,出现了富有阶层收藏文玩的现象。

香港是"二战"后至2000年中国文物艺术品交易的最大中心。1949年后不少在上海等地活跃的古玩商来到香港，如胡惠春、仇炎之（Edward T. Chow, 1908—1980年）、张宗宪（Robert Chang, 1929年—）主要经营瓷器，朱省斋、黄般若、高岭梅等主要经营书画。当时大量世家子弟、富豪家族避居香港，常常靠出售藏品补贴家计，加上不时有走私出来的内地艺术品及工艺美术公司、文物商店作为一般"文物商品"出口到香港的清代文玩，让当地的文玩货源颇为充足，全球藏家都前来这里购藏文玩。

1960年胡惠春、利荣森和陈光甫约集香港爱好收藏的友人成立"敏求精舍"，是香港主要的收藏家俱乐部，前期会员多是直接从内地移居香港的富豪、世家子弟和古玩商，陈光甫、胡惠春的父亲曾是银行家，他们的藏品则以高端古董文物为主，尤其是瓷器。1980年代香港本地的医生、律师、建筑工程师、博士、企业家等专业人士陆续成长为藏家，其中很多人在书画、瓷器之后另辟新的收藏门类，如叶义医生的竹刻犀角雕收藏、罗桂祥的宜兴陶瓷茶具收藏、叶承耀的明清家具收藏都颇有特色。另外，先后在香港、台湾地区和加拿大定居的杜维善喜欢收藏中国古代钱币和丝绸之路沿线亚欧各国古币，1991年后曾三次向上海博物馆捐赠丝路古币2000件，填补了上海博物馆的钱币收藏空白。

这一时期最著名的收藏家之一是徐展堂（T. T. Tsui, 1941—2010年），他1950年随父母从杭州移居香港，最初经营餐饮、油漆、装修业，并逐步向地产业扩展。1970年代后致力投资股市、楼市成为巨富。从1970年代开始花费巨资从苏富比、佳士得等拍卖会上购回许多珍贵文物，并委托资深专家在英、美、日等国广泛搜求，二十多年来积累了藏品五千余件，囊括陶瓷、青铜器、玉器、家具、牙角器等门类，20世纪80年代曾被誉为"荟集中国文物最快、数量最惊人"的收藏家。1991年成立的香港徐氏艺术馆，是香港第一家私人博物馆，收藏有他的2000多件珍品，主要有商周青铜器和历代陶瓷器、木刻、象牙及家具等，并附设有两个具有明清时代特色的书斋。徐展堂的主要藏品来自拍卖会上竞拍而不是古玩店，显示了拍卖行在高端古玩市场重要的平台作用。徐展堂经常捐赠收藏或资金支持有关中国艺术的博物馆展厅建设，先后捐资设立英国维多利亚阿尔伯特博物馆"徐展堂中国艺术馆"、澳洲国家艺术馆的"徐展堂中国艺术馆"、加拿大皇家安大略省博物馆的"徐展堂中国艺术馆"、上海博物馆 "徐展堂陶瓷馆"、南京博物院 "徐展堂明清瓷器馆"、香港艺术馆 "徐展堂中国艺术馆"等。

新加坡、马来西亚、印尼等地的华人收藏家一向对中国艺术品有亲近感，如清末民初新加坡等地的富商邱菽园、林义顺就有一定的中国艺术品收藏。邱菽园曾参加清朝科举，参与过著名的公车上书，回新加坡后继续支持康有为的保皇运动，其家中藏有大量康有为的书法作品和晚清名士墨迹、古碑帖书画印章等，1980 年后其后代将之逐渐出售。当时新加坡的富商收藏家颇受国内艺术界重视，20 世纪前期何香凝、高剑父、张善子、司徒乔、徐悲鸿、刘海粟、杨善深等中国画家多到南洋开画展出售作品。如南洋烟草公司经理黄曼士和其兄黄孟奎与徐悲鸿交好，1925 年徐悲鸿在法国求学经济拮据，得遇黄氏兄弟相助，被徐悲鸿称为"生平第一知己"，来往密切。徐悲鸿二三十年代曾先后六度南来，在新马留下大量书画作品，他赠送、出售给黄曼士的作品就有近 200 件，使其成为海外收藏徐悲鸿书画最多的藏家。他还在徐悲鸿的推荐和帮助下收藏了逾 300 件名家折扇画以及齐白石和任伯年的画作。1960 年以后他逐渐卖出藏品[39]。

另一位富豪收藏家陈之初也和徐悲鸿交好，徐悲鸿大力向他推崇任伯年，并亲自协助他收集逾百件任伯年书画精品。他还拥有大量于右任、徐悲鸿、张大千等近代名家的作品，"二战"前便开始他庞大的综合性收藏，并一直延续到战后，前后收藏逾 40 年，数量数千件，主要分四类：书画、陶瓷、端砚和印章，曾被誉为拥有"东南亚最庞大、最珍贵的艺术宝藏"。陈之初后人将一部分藏品捐赠新加坡亚洲文明博物馆，其余从 80 年代开始陆续流入纽约、香港等书画拍卖市场，尤其在 2004 年前后，更大量回流北京、上海等地拍卖会。

1970 年代新加坡经济起飞后出现了新一批中国文物艺术品的收藏家，

---

39 杜南发：《中国书画在新加坡的收藏脉络》，华人收藏家大会组委会 主编：《名家谈收藏》，上海：东方出版中心，2009 年，第 54—55 页。

《林路肖像》，布面油画，徐悲鸿，1927年，林氏家族捐赠，新加坡国家美术馆

新加坡是近现代华人艺术家、政治家筹资的重要基地。徐悲鸿自1927年起多次到新加坡，在当地举办画展出售作品或者为当地富商创作肖像画。新加坡早期建筑业富商林路是当地的维多利亚剧院及音乐厅（前称维多利亚纪念堂）等重要建筑的承建商。林氏家族在2008年把徐悲鸿所画的林路油画肖像捐给新加坡国家美术馆。

他们的兴趣主要在于现当代书画，从中国外贸系统出售的画作中得到不少藏品。最初新加坡只有少数古玩店杂售书画，1950年中华书局新加坡分局在三楼设立美术室售卖美术书籍，也陈列少量中国及新加坡画家的作品，1957年首次输入40余张黄胄的《墨驴》等作品，开启了从中国进口书画销售的商业模式，1971年正式成立画廊销售中国书画，10年间售出书画逾数万件。另外中华书局新加坡分局也经常售卖近代名家书画[40]。1978年中国改革开放后，许多新加坡藏家、华商直接前往中国购买书画作品，许多画商成立画廊大量引入中国书画，并邀请画家南来举行画展，吴冠中、林散之、陆俨少等老中青书画家作品当时大量流入新加坡藏家手中。21世纪后中国艺术市场举世瞩目，许多新加坡藏家手中的中国近现代书画又回流中国，出现在北京、香港、上海等地的拍卖中。

---

40 杜南发：《中国书画在新加坡的收藏脉络》，华人收藏家大会组委会 主编：《名家谈收藏》，上海：东方出版中心，2009年，第61页。

第十九章

特殊时期的收藏家和"市场"

"海为龙世界,天是鹤家乡",这幅口气豪迈飘逸的对联出自清代著名篆刻家、书法家邓石如之手,是他的草书代表作之一。

这本是民国时期上海地产富豪魏廷荣的藏品,1959 年,西泠印社为庆祝建国十周年举办书画展览会时向魏借展这一作品,魏索性无偿捐赠给印社,印社为此给魏廷荣送去一封感谢信和印章印泥。展览结束后这件作品保存在杭州书画社,却被来这里购藏书画作品的田家英看中。到 1964 年文物出版社出版的《邓石如书法选集》中,这件作品的图片上已经有了田家英的鉴藏章,成了他的个人藏品[41]。

这件作品的转移犹如罗生门一样,田的女婿陈烈回忆称,田家英 1961 年在杭州书画社的"内柜"意外发现这幅对联并"当即买下"[42]。也不知道是杭州书画社对捐赠藏品保管不善、与田沟通有误,还是田家英爱字心切,总之,这件作品从杭州到了北京。

之后经历了"文革"风雨,田家英含冤自杀,后来这幅字和其他多件藏品一起被田的家人捐赠给中国国家博物馆。魏廷荣捐献给杭州西泠印社的藏品,经历一番曲折后回到中国国家博物馆,也算是那个特殊时代艺术品命运的特殊见证。

---

41 王佩智:《西泠印社旧事拾遗 1949—1962》,杭州:西泠印社出版社,2005 年,第 95—97 页。
42 陈烈:《田家英与小莽苍苍斋》,北京:三联书店,2002 年。

书法作品"海为龙世界,天是鹤家乡",邓石如,清代,中国国家博物馆

一 "国有文物商业"体制和单位的建立

如果说"文物属于国有"的理念在民国时代只是政界、学术界提倡的理论的话，1949年以后则随着计划经济体制和全盘国有化成为一种无所不包的现实机制。

1949—1956年存在合法的古玩市场，可是古玩交易受到越来越多的管制和限制，市场规模和经营品类大大压缩，中外贸易也趋于停顿，海内外市场关系断裂，很多古玩商改行、退出。到1956年实行公私合营以后，私人古玩商店逐渐消失，到1960年各地只剩下了国有文物商店，不再有任何私营经济形态存在，不再有合法公开的文物艺术品市场。

1956—1978年存在的"文物商业"是计划经济时期的特殊现象，这期间文物商店实行计划经济管理和等级销售体系，由国家统一收购、统一定价、统一销售，在国内是在文物商店、友谊商店等向内部官员、专家、外宾零售，对外则是通过工艺品进出口公司批量出口。

1. 北京、上海的国有单位体制的形成

在北京，1950年代初琉璃厂、隆福寺、老东安市场等地大约有120家古玩商铺。此时因为出口生意断绝，国内购买人群稀少，大部分店铺都处于紧缩破落状态。此后"对资本主义工商业的社会主义改造"开始覆盖各行各业。1956年1月，北京市87家古玩店铺参加了公私合营，相继摘匾改造为公私合营的商店，由北京市对外贸易局下属的中国工艺品进出口公司北京市分公司（简称工艺品分公司）和商业部门对古玩业、字画业、碑帖业、玉器业、裱画业、顾绣铺和挂货铺进行清点核算，将玉器业、裱画业、顾绣铺、挂货铺划归商业部门，将原经营古玩、碑帖、字画的店铺都划归工艺品分公司。公私合营商店由私方人员和国家职工组成，古董商人变成店员和专家，有工资，也可以年终拿分红。此时合营商店的店员仍有一定自由买卖权力，可以边收货边买卖。

到 1960 年 5 月，北京全市文物商业划归北京市文化局领导，文化局先后接管了 1956 年公私合营后分属于工艺品分公司和商业部门的、经营文物及旧货的韵古斋金石陶瓷门市部，宝古斋字画门市部，庆云堂碑帖门市部，万聚兴综合门市部和宝聚斋门市部，西单门市部，悦雅堂门市部，并在此基础上全面国有化。东西琉璃厂百余家店铺、"局眼"中古书业店铺公私合营后成立了"中国书店"，古玩、字画、碑帖、家具等店铺公私合营后成立了"北京市文物商店"。南纸店业（主要经营新产纸、笔、墨、砚、印章等文房用品及为画家寄售书画作品）公私合营后归属"荣宝斋"，成为"人民美术出版社门市部"。琉璃厂的店铺全面国有化。北京市文物商店，成为北京唯一一家经营古玩的"国有商业单位"，国有化以后就实行统购统销，成为计划经济下的"单位"，有统一的收购价、销售价，个人已经没有多大发挥空间。

与此类似，1949 年后上海古玩市场和私人店铺也在 1958 年实行公私合营，中国古物商场和上海古玩市场的 45 户坐商和 66 户摊贩合并而成上海古玩总店，行政隶属商业局领导，成为规模最大的一家专营古玩业务的单位。1956—1960 年间全国各地的私营古玩店或关门，或被改造为国有企业，从此不再有私营的古玩店铺，多方竞争、交易的艺术市场不复存在。

2. 文物商店的收购和销售形式

计划经济下每个省市的国有文物商店都是垄断的单一平台，收购价和出售价都是根据"指导价格"和鉴定专家的参考意见设定，常常数年不变，卖家也很难有什么议价的空间。

就收购而言，国有文物商店是最大的买主，其他如工艺品进出口公司、废品收购公司也会因为各种原因收进有价值的文物艺术品。当时很多民国时期的收藏家因为生计窘迫出售自己的藏品，国有文物艺术品商店顺势买进，比如 1950 年代末荣宝斋门市部从收藏家郎正庭手中买进数幅陈少梅佳作。不过在那种情况下，区域之间、不同国有文化商店之间价格有一定差别，主事者的眼界、能力也不同，因此出现了跨区域卖画、购画的现象。

《齐白石画集》，木板水印宣纸印刷品，单页 31×21.5cm，荣宝斋出版，1952 年

比如 1960 年代初文化部夏衍副部长特批了一笔钱，时任荣宝斋业务主任的许麟庐带着业务人员黄宝善赴杭州等地购进元代吴镇《秋溪远眺图》、盛懋《清溪渔作图》，以及"明四家"、陈洪绶、徐渭、清代"四王"、石涛、八大山人、"扬州八怪"等人的作品。1963 年有个东北青年带着粗布包裹到琉璃厂的荣宝斋，一堆破纸片经行家拼接后发现竟是清宫旧藏的赵孟頫等人的 37 件真迹，一年后他又送来 20 多幅书画残卷，这都是 1945 年长春"小白楼"流散的书画[43]。

就销售而言，当时文物商店、工艺品商店等有两种销售渠道，一种是将一般文物大批量出口到香港、新加坡等地，卖给当地的商家，另一种就是在国内的店面出售。当时规定 1795 年（清乾隆六十年）以前、不准出口的历史文物，按照金石、陶瓷、碑帖、字画等不同类别陈列在门市部的

---

43 米景扬：《荣宝斋文物也曾"南迁"》，《山东商报》，2011 年 2 月 28 日。

内销专柜供国内机关单位和党政领导、专家学者选购；1795 年以后的一般文物属于经过选择和鉴定后，投放在公开销售门市部，供国内一般群众和外宾参观和选购。但是由于当时国内"一般群众"收入很低、购买力有限，根本无力购藏，因此实际执行中演变成了只剩下针对内部人士的"内柜"和针对外宾的"外柜"两部分，内部柜台只对有资格的领导、专家等内部人士开放，门市的外宾柜台只有外国和港澳台人士才能凭护照购买，营业员上岗工作还必须经过政审。一直到上世纪 90 年代末上海等地的文物商店才面向国内百姓开放。

二 边缘地带的"隐形市场"

尽管国有单位、国有企业体制和依靠计划指令的购销体制几乎无所不包，但是文物艺术品交易的"市场行为"仍然在社会控制的边缘地带或者各种管理机制的缝隙中顽强存在。

当时没有公开、合法的民间文物艺术品交易市场，可是仍然存在私下的相互交易、交换活动，甚至有收藏爱好者甘冒"违法"之险购买一些农民、市民私下出售的文物艺术品。另外，一些调剂商店、旧货商店和寄卖商店可以进行个别文物艺术品的收购和出售，因此也成为特殊的交易渠道。

1. 外国外交官和游客

1960 年成立的国有文物商店出售 1795 年以后的一般文物，外国客户主要都是外国派驻中国的外交官、驻华企业代表以及来华游客。1966 年"文革"爆发后北京文物商店全部 12 个门市部一度停业近两个月，在外国顾客反映后才于同年 10 月 1 日恢复了韵古斋、宝古斋和庆云堂 3 个只对外国顾客的门市部及琉璃厂收购部。

1972 年以后美国总统尼克松、日本首相田中角荣、丹麦女王玛格丽特二世等带领外交使团访华时都曾有成员到荣宝斋等地购藏文物、书画作品。为了从外宾手中赚取更多外汇，1979年10月文物商店系统还在琉璃厂东街开设了"悦雅堂"特许出口文物门市部，销售经过国家文物鉴定委员会批准的1795年以前的部分文物。

2. 定制和外交礼品

1950年代至1970年代，为人民大会堂、北京饭店、部委机关创作作品可以让画家获得一部分收入，这是特殊时期的一种市场机制，对画家改善生活有很大的帮助，如傅抱石和关山月曾于1959年为人民大会堂绘制巨幅国画《江山如此多娇》，这些主题性的创作任务，可以让艺术家获得一定的酬劳或有助于他们在体制内积累资历。

当时外交系统为了向外宾赠礼或者装饰下属的宾馆等接待场所，常常委托画家创作作品，如1970年李可染被下放到湖北丹江口干校劳动，1971年被调回北京专门为外事部门作画，1972年为民族饭店作大幅《漓江》《井冈山》《苍山如海，残阳如血》等作品，1973年为外交部作6米巨幅《阳朔胜景图》等，另有作品《树杪百重泉》作为国礼赠送友好国家元首，1976年为日本华侨总会作大幅《漓江》《井冈山》图轴，这些都是带有政治、外交任务的创作，艺术家的生活也因此得到改善，这可以说是特殊时期的一种变相的交易。

1972年后为了发展外贸，对外的工艺美术商店、友谊商店等向名画家订购作品外销，画家可以获得笔墨费等名义的报酬。画家们为此开始针对不同的需求创作不同的作品，1970年代末出现了针对全国美展之类公共展览的"展览画"、给涉外宾馆创作的"宾馆画"和对外销售的"商品画"的区分[44]。1977年北京市文物商店下属的宝古斋也介入当代画作外销，举办"现代名家书画展览"，展示李可染、吴作人、蒋兆和、叶浅予、黄胄、黄永玉、董寿平等在世画家的作品，其后，文物商店向文化局呈报

44　李松：《失去了"文人"桂冠之后——关于绘画商品化的历史考察》，《美术》，1989（3），第7页。

《关于征集现代书画稿酬试行办法》，提出用比"文革"前高的稿酬征集作品用于商业销售，拉开了书画市场发展的序幕。

3. 不同部门之间的竞争

1956年公私合营、国有化后北京地区的文物市场一度仍然是"多头经营"的状况。不同部门主管的国有企事业单位都有相关业务，如商业部门的隆福寺旧货商场、宝聚斋、西单商场、悦雅堂、信托公司门市部、刻字社（经营图章用料）及文物合作商店屏古斋、荣宝斋、论池斋等涉及买卖文物，文化部主管的故宫博物院、中国历史博物馆等单位也直接从私人收藏家手中收购传世文物。外贸部的工艺品分公司门市部除了在本地收购站"坐购"和"下户收购"历代金银铜器、玉器、陶瓷器、字画、碑帖、竹木牙角漆器、景泰蓝制品、玛瑙制品、水晶制品等，还派人到外埠扩大采购范围，最远到达西藏。它们除了在北京设立"样品间"约外商选购，还每年通过铁路发运大量文物到广州春、秋交易会上去销售。当时设在北京、天津、上海和广州四大口岸的外贸公司，每年都把大量的历史文物运到广州，在春、秋两个交易会上出售给外商。

不同部门、企业的竞争在当时的计划经济思维下造成了管理的"混乱"，因此1960年文化部等发布《三部联合指示》提出在全国各省、市建立文物商店统一负责文物购销。如北京文物商店成立后，把从商业、外贸部门接收过来的门市部精简合并，在北京东、西、南、北各处设立了收售结合的12处门市部负责收购和出售文物商品。

1960年10月26日北京市文化局发出《关于改进本市到外地采购古书和文物工作的办法》，通知在京各图书馆、博物馆和科学研究机关"不得直接到外埠和民间收购古旧图书和文物；如果需要，可向中国书店、文物商店购买，或委托这两个店按照各单位提供的线索代向民间采购"。但在实际执行中，外贸系统的工艺品公司、工艺美术商店等仍然大量涉及购销所谓"特种工艺品"，北京外贸部工艺品分公司就保留了王府井大街北口（八面槽）和东四两个文物旧货收购点。不同部门、公司之间仍然有一定程度的竞争，收购价、销售价也有差别。

三 拣选文物：失去价格指标后的"行政行为"

艺术市场交易的一大作用是让所有稀有资源都有相应的价格指标，人们会为了赚钱而生产、交换、保存它们。而计划经济消灭了正常市场以后，价格指标失真，导致了各种出乎意料的浪费、短缺，为了弥补又不得不进行额外的补救工作。文物拣选就是1950年代到1980年代初各地文物部门十分重视的一项工作内容，在今天看来这令人难以置信：为何那时候的人会把如此昂贵的文物艺术品当废品扔掉？

1949年后，私人旧货商受到限制，而国有的土产公司到城乡征集杂铜用于炼制工业、生活用品，出现了把金铜文物当废品熔化、把古籍图书当作废纸处理的情况，因此1951年12月14日，中央人民政府文化部、

班簋，青铜器，西周中期（前10世纪中期至前9世纪中期），首都博物馆

　　这件青铜器在北宋年间出土后一直收藏在宫廷中，清末流落到民间，1972年北京的文物工作者在北京有色金属供应站拣选文物时发现了这件文物。

外贸部联合发出《关于选存各地收集废铜中古物的通知》，规定："在各地土产公司收购杂铜集中后，先由当地文化部门检查，如遇有应予保存之文物，即行选出另存。"从1951年5月底开始，华东文化部组织了上海文物拣选，仅1个多月的时间就拣出旧书刊、文献达1.7万斤，古器物6500斤。自1952年秋至1958年底，上海市从废铜中拣出的文物共达31145件（不包括古钱），包括自商周至近代的各种历史文物。安徽省文物部门与各地废品收购站和新华书店协作，抢救出不少文物，仅歙县一地就抢救古书132400件。1954年5月13日，文化部指示"北京市文物调查组与本市五金公司联系拣选废铜中的文物"，这以后逐渐扩大了拣选范围。

"文革"开始后，许多被丢弃、掠取或当废品卖掉的文物辗转流入物资回收、信托等部门。1967年12月12日，物资部金属回收管理局、全国供销合作总社副业生产指导局发出《关于从供销社收购杂铜中挑选有价值的历史文物的有关问题的联合通知》，抄送北京市后，北京市文物主管部门组织拣选小组去各铜厂拣选古代铜器，去各造纸厂拣选古书字画碑帖。后来，古书的拣选任务交由中国书店负责，文物部门遂将拣选重点放在物资回收、信托、银行等部门的铜器拣选上，拣选出西周"班簋"等重要文物。

文化大革命开始后的10余年间，北京文物工作者拣选出的铜质文物多达百余吨，除佛像42吨、各时代的钱币22吨外，均为各类铜器物。数万件有价值的文物，全部交首都博物馆收藏，其中的一、二级品多达200余件，如商代的龟鱼纹盘、无柱斝，西周的班簋，战国的鱼鸟敦、豆，三国太平元年（256年）的铜镜，唐代的四凤透腿镜，宋代熙宁十年（1077年）款的铜钟，明景泰元年（1450年）的嵌金回纹炉，永乐、宣德年款的铜佛等，其他一般文物如民国时期的墨盒、镇尺、笔架、铜锁、水烟袋等则作为文物商店的货源出售。

1983年初，人大常委会副委员长班禅额尔德尼·确吉坚赞在北京文物商店铜库中发现一尊只残存上半身的鎏金不动佛残像，班禅鉴定它是原西藏小昭寺所供奉的唐代铜佛。西藏传说唐朝时吐蕃王松赞干布和文成公主、尼泊尔的尺尊公主联姻，两位公主各从自己的家乡带去一尊佛像，文成公主从长安带到拉萨的是释迦牟尼12岁的等身像"觉卧佛像"，尺尊公主带去的就是这尊释迦牟尼8岁的等身像"不动佛像"。以后，文成公

《潇湘竹石图》（局部），手卷，绢本设色，28×106cm，（传）苏东坡，邓拓捐赠，中国美术馆

主命人修建了小昭寺供奉觉卧佛像，尺尊公主命人修建了大昭寺供奉不动佛像。到公元8世纪前半期，金城公主嫁到吐蕃时将两尊佛像调换了位置，此后不动佛像一直被供奉在小昭寺，直到文化大革命期间遭到砸毁，下半身仍存小昭寺内，上半身流落到内地，幸亏1973年北京的拣选小组从稀有金属提炼厂拣选回该佛，这才被班禅发现，得以回到小昭寺上下半身对接复原[45]。

四 1949年以后的新收藏家

1. 党政官员的收藏

"文革"前党政官员喜欢收藏文物的人不少。其中，比较有代表性的要属邓拓。

---

[45] 崔笑竹：《"文革"期间北京市文物拣选二三事》，《收藏》，2015（21），第181—182页。

邓拓抗战期间任《晋察冀日报》社社长兼总编辑，新中国建立后曾任《人民日报》社社长兼总编辑、北京市委书记处书记等职。1966年"文革"前夕服药自杀，年仅54岁。邓拓也是一位收藏家，早在抗战时就收藏了明清门头沟煤窑的文书租约及土地买卖租契合约、车厂揽运合同及宋代女词人李清照的画像。1959年，邓拓兼任中国历史博物馆建馆领导小组组长时捐献了这些收藏。

他的收藏中最著名的是传为苏轼所作的《潇湘竹石图》。苏轼画作传世不多，此件《潇湘竹石图》左下侧有一则湘人杨元祥的题跋，记述了该画始见于湘中故家，后在亲友间流传。画的拖尾有叶湜、李烨、郑定、钱复、高让、吴勤、蔡源等元明题跋26家，共3000余字，从元惠宗元统甲戌年即1334年开始，止于明世宗嘉靖辛酉年即1561年。这件藏品辗转漂泊，多次易主，民国后被北洋军阀吴佩孚的秘书长白坚夫收藏。1961年生活困难的白坚夫来京托人售画，先是找故宫求售，有专家认为是赝品没有接收，后托荣宝斋古画店店主许麟庐寻找买家，辗转找到邓拓。邓拓考证研究认为是真品，以5000元成交，这笔钱在当时堪称巨资。邓拓拿出一批他收藏的明清字画到荣宝斋作价3000元，加上《燕山夜话》的稿费2000元才付清画款。邓拓收到这件作品后把自己的书房改叫"苏画庐"，写考证文章《苏东坡潇湘竹石图卷题跋》一文发表于《人民画报》，不料招惹来一场麻烦。后来有国有文物商店人士检举邓拓在文物上搞投机倒把、和国家争抢文物、玩物丧志等，同样爱好文物收藏的高层领导康生批示说邓拓在此问题上不但无罪而且有功，建议调查此事，为邓拓解了围。邓拓为了避免非议，1964年决定在自己收藏的宋、元、明、清各代名家作品中精选出45件（套）赠给中国美协，后移交中国美术馆。其中包括《潇湘竹石图》以及他1950年收藏的北宋陈容《云龙图》立轴，后者曾是民国时代上海著名收藏家庞元济"虚斋"的藏品。

2. 文化艺术人士的收藏

文化艺术界人士在1949年之后低调地从事艺术收藏，如上海作家施蛰存生前收藏有古代碑帖、墓志、古物拓片等约 1800 件，后家属决定予以整体拍卖，为香港某大学文物馆以 198 万元竞拍购藏。1956 年后长期在荣宝斋负责水印木刻等事宜的米景扬也通过自己购买、书画家赠送积累了齐白石、徐悲鸿、潘天寿、王雪涛、李可染、陈少梅等人的作品。著名收藏家王世襄的明式家具等藏品也是这一时期积攒所得，1950 年代他看到许多明清家具被当作废物处理，曾于 1957 年第 6 期《文物》杂志发表《呼吁抢救古代家具》一文，可惜并不受重视，只能自己努力购藏保护。1960 年前后北京一个叫鲁班馆的地方常有明式家具被拆开卖掉，他一度天天去那里以买木头的价钱淘了很多明清家具。

五 1949 年以后的老收藏家：新社会、新处境

1. "文革"前的捐赠浪潮

北平解放不到三个月，1949 年 4 月 28 日《人民日报》发布了一则不同寻常的嘉奖令："北平军管会通令嘉奖贺孔才先生捐献图书、文物的义举……本市贺孔才先生于解放后两次捐出其所有图书、文物，献给人民的北平图书馆及历史博物馆，计图书一万二千七百六十八册，文物五千三百七十一件。贺先生忠于人民事业，化私藏为公有，首倡义举，足资楷模，本会特予嘉奖。"一下子震动了文物收藏界。遗憾的是他之后因为曾任民国政府官员的所谓"历史问题"遭到审查，1951 年 12 月不堪冤屈而自溺身亡，40 年后才得平反。

1949 年 8 月底，报上又公布"继北平贺孔才先生献出图书文物之后，近又有天津启新洋灰公司总经理周叔弢先生与霍明治先生献出珍藏之图书文物……周叔弢先生将他用二两黄金买来收藏的海内孤本宋版'经典译文'交由北大唐兰教授转送高教会，与故宫博物院收藏之二十三册合并即成为完整之一部。霍明治老先生将他毕生收藏的图书共一万零七百九十

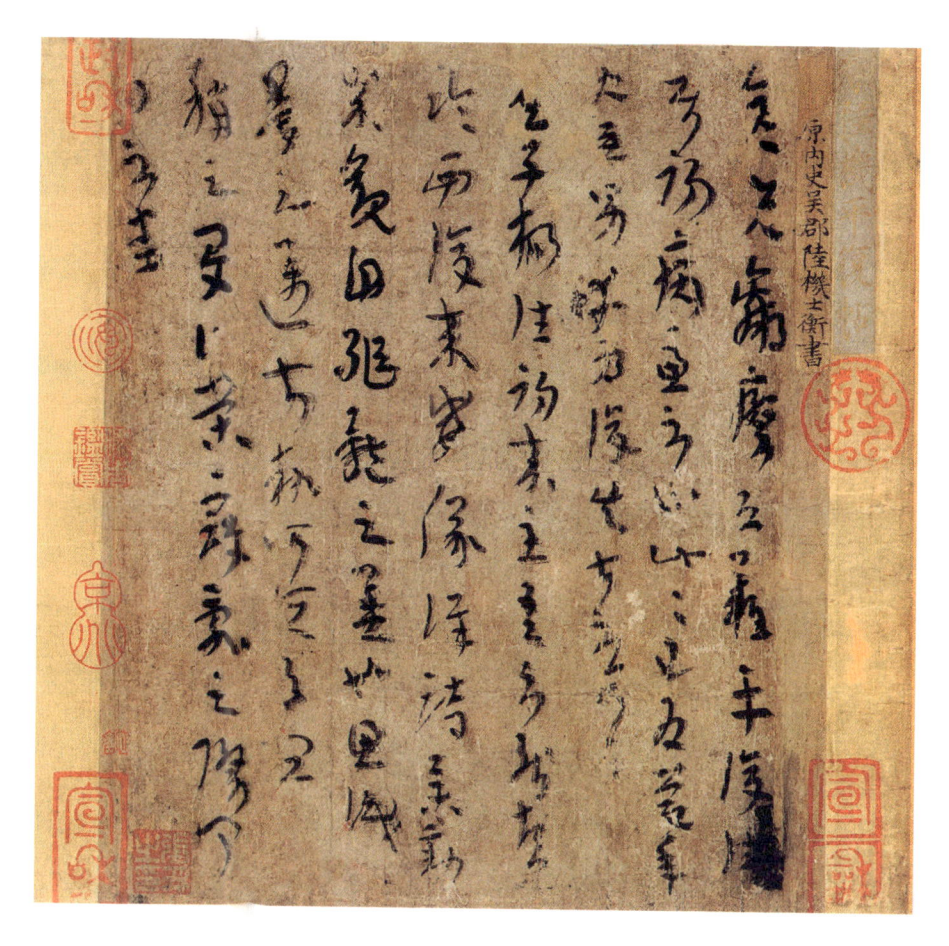

陆机《平复帖》，纸本墨迹，23.7×20.6cm，故宫博物院

《平复帖》是西晋文学家陆机写给朋友的信件，信中谈到另一位友人的病情，有"彦先羸瘵，恐难平复"之句，故被后人尊为《平复帖》。

张伯驹是现代著名收藏家。他的继父张镇芳是袁世凯提拔的民国新贵，民国初年曾任河南都督，1915年后在天津主持盐业银行，张伯驹继承家族在盐业银行的股份后主要在文化界活动，是上世纪三四十年代北平著名的大藏家，先后以重金购得《平复帖》、李白《上阳台帖》、范仲淹《道服赞》、展子虔《游春图》（北宋摹本）等名迹。

1949年后张伯驹曾任文化部文物局文物鉴定委员会委员、公私合营银行联合会董事、第一届北京市政协委员等闲职。为了补贴家用，1952年他将《游春图》、唐伯虎的《三美图》和其他几幅清代山水画轴转让给正在征集藏品的文化部。1955年底张伯驹捐出《上阳台帖》，1956年又将《平复帖》、《道服赞》、杜牧《张好好诗》、蔡襄《自书诗册》、黄庭坚《草书》卷、吴琚《杂书诗帖》、赵孟頫《章草千字文》以及俞和的《楷书》等八件珍贵法书捐出。1958年因被划为"右派"，在北京生计窘迫，在陈毅、吉林省委宣传部长宋振庭等的安排下调到长春任吉林省博物馆副研究员。1965年他又把所藏南宋杨妹子《百花图》卷、南宋赵伯骕《白云仙峤图》卷等六十余件法书、名画作品和书籍无偿捐献给了吉林省博物馆。

册及珍贵的金石漆器等文物三千九百九十二件捐献给政府……由华北高等教育委员会分别发给'褒奖状',以资鼓励。"[46]

此后,或受到新政治气候的感召或出于政策压力或为了换取奖金,很多人都将藏品捐赠、上交政府。"文革"前的捐赠者主要分为三类人:

一类是古玩商,受到政府宣传感召或者迫于政策压力进行捐赠,如1952年大古玩商吴启周移居美国后,托叶叔重将卢吴公司遗留上海的3075件存货捐献给上海市文物管理委员会。同一年北京古玩铺"敦华斋"老板孙瀛洲捐献了瓷器32件,其中有宋代龙泉窑洗口瓶、明代青花花卉纹执壶、明代青花加彩三秋杯、明代黄釉盘、明代青花缠枝莲纹碗、明代青花缠枝花纹碗等。1956年他又向故宫捐献文物2915件,含从晋、唐、宋、元时期各名窑到明、清时期景德镇御窑瓷器,自成体系,除陶瓷外,还有犀角、漆器、珐琅、雕塑、佛像、家具、料器、墨、砚、竹木牙骨、青铜、印玺等多个门类。他本人则在公私合营后进入故宫博物院进行陶瓷方面的整理、鉴定和收购工作。

一类是前朝遗老的捐赠,如1950年刘铭传后人刘肃曾将西周晚期青铜器"虢季子白盘"捐献给国家,文化部特颁发奖状予以表彰,并在北海团城举办了"虢季子白盘特展"。1950年7月,时任中国人民政治协商会议常务委员会副主席陈叔通将"汉阳大陶罂"和"汉高君大陶罂"捐献给国家。1953年10月,他又将明清百家画梅画幅109件及陈豪画7件捐献给国家。故宫博物院1950年收到朱桂莘捐献其所藏明歧阳王李文忠文物246件,1951年接受朱启钤捐献的明清书画、法书、瓷器等文物69件,马衡捐献的青铜工具等文物37件。当时对部分捐赠有奖励措施,如1956年张伯驹向文化部捐献了《平复帖》等8件珍贵书画,当时文化部奖励他3万元,张伯驹坚持不受,怕有"卖画"之嫌,后经郑振铎劝说才收下。

还有一类是接受现任官员学者的捐赠,如1953年时任文物局长郑振

---

[46] 何季民:《开国时的献宝热潮》,《传承》,2010(7),第42—43页。

铎捐献陶俑等文物一批计483项，另捐献隋代淡黄釉立相女音乐俑3件。中央美术学院院长徐悲鸿（1895—1953年）病逝后，按照其愿望，夫人廖静文女士将他的作品1200余件，他一生节衣缩食收藏的唐、宋、元、明、清及近代著名书画家的作品1200余件，图书、画册、碑帖等1万余件，全部捐献给国家。政府在北京市东城区东授禄街16号徐悲鸿故居基础上设立纪念馆收藏和展示其捐赠，这是中国第一座美术家个人纪念馆。1955年黄宾虹病逝于杭州，家人遵其遗嘱将其所藏文物、遗作捐赠给浙江省博物馆，包括书画遗作4007件、古今名画1038件以及玉器、瓷器、铜器、砖瓦砚、碑帖、手稿等藏品。

2. "文革"和"文革"后

1966年6月1日，《人民日报》发表社论《横扫一切牛鬼蛇神》，提出"要彻底破除几千年来一切剥削阶级所造成的毒害人民的旧思想、旧文化、旧风俗、旧习惯"，各地"破四旧"导致大批古迹、古董、字画、古籍遭打砸烧毁，红卫兵冲到私人家中打砸抢烧。梁漱溟家中收藏的书籍和字画就被堆到院里付之一炬。

打砸抢的狂潮大约持续了3个月后才在上级指示下改为"文斗"和"查抄"。北京1967年2月规定红卫兵将查抄的私人资产、收藏集中到指定地点，派北京市文物商店、文物工作队前去检查，不是文物的可以砸，属于文物的由文物商店运到法源寺、白云观、天宁寺、先农坛体育馆等几个临时集中点进行清理。"北京市古书文物清理小组"仅1967年5—7月间就清理拣选出古书刊66吨80万册，各类文物666多万件、铜器250吨[47]。当时各集中点堆满了查抄来的各种文物，光在先农坛的文物商店清理小组就工作了好几年，可以想见数量之大。从上述集中点清理筛选出来的文物精品存放在府学胡同的文物局保管，这也成为"文革"新贵攫取

---

47 刘建关：《20世纪70年代前后中国文物保护工作述略》，《当代中国史研究》，2013（4），第47—50页。

文物的地方，每到周末"府学胡同里小汽车排成队，堵满胡同"。[48]

"文革"后这些被"查抄"的藏品按照政策要求需要归还原主，但是已经有很多藏品被毁或者丢失，因为各种原因无法追回，原主也无可奈何。这些藏品中一部分在1990年代之后出现在国内的文物拍卖市场上，成为人们珍藏的财富。

48　舒可文：《30年文物命运对比》，《三联生活周刊》，2008年第10期，第58—65页。

第二十章
特殊时期的"文物商品"内销和出口

1949年以后艺术收藏的最大变化就是基于民间交易的市场经历了限制、改造以后在1956年之后几乎消失。早在1950年12月29日,刚成立的政务院颁布了《私营企业暂行条例》,开始了对资本主义工商业的社会主义改造。到了1956年初,在全国范围内实现了资本主义工商业全面公私合营,作为私有形式存在的古玩行业不复存在,新崛起的是垄断性的国有文物商店体系,他们按照上级指令进行统购统销,在计划经济的指令下对内对外销售"文物商品"。

一 文物商店和统购统销体制的建立

1950年代在朝鲜战争和冷战的大背景下,中国的对外贸易受到国内外政治形势和经济政策的管制、干预,外贸急剧缩减,外汇奇缺,因此对外宾开放的城市纷纷成立国营性质的工艺美术商店,将一些从民间收购来的"重复和价值一般"的"文物商品"出售给外宾或出口换汇,成为获取外汇的主要途径之一。当时艺术市场不复活跃,部分文物艺术品因为各种原因被当作废品拿去炼铜、造纸,所以政府规定炼铜、造纸和废品收购等部门要把收到的这类"废品"留着给文物部门进行拣选,其中可以出口的由文物部门提供外贸部门出口,国家拨给收购部门同等数量的铜置换。从1956年开始,外贸部下属的工艺品公司和首饰公司每年出口创汇几个亿,其中很多是作为工艺品出口的古董。

当时各省市管理政策的宽严、方法不同，各地公私合营的商店、国有工艺美术商店等纷纷开始向香港等地出口"文物商品"。计划经济模式下中央政府并不鼓励各地的竞争，反倒对此进行了更严格的管控，1956年国务院规定只有北京、天津、广州、上海四地的口岸可以进出口文物。

靠近港澳的广州古董商人试图用各种方式向港澳供货，港澳商人、外国访华团及侨胞观光团往往从津沪等地购买文物后经广州离境，每年两次广交会也有大量海外客商选购文物商品，因此广州这一口岸海关频频查出海外客商带古董文物出境、邮寄出国的包裹中夹带文物以及地下走私情况。1957年底，广东省文物管理委员会与有关部门联合破获了一个走私集团，收缴的文物达到2000件之多。为此广东省于1957年11月24日发布《广东省停止古董文物出口的通知》。通知规定，"凡属古董文物（包括铜器、瓷器、陶器、古画等）从11月1日起，一律停止出口，不论国营公司、古董商人、居民、华侨、外宾等均不准经营或携带古董文物出口，如将古董文物偷运或偷带出口者，则依法惩处"[49]。

1959年6月，广东省文化局向省人委、省委宣传部、中央文化部建议，将广州当时已有的经营古玩文物的合作商店加以改组，成立国营的购销公司，各地成立收购站普遍收购，再由市文化部门从省市文史馆调用有文物专业知识的馆员和有专业知识的商业从业人员经营，并对已有的合作商店加以管理。这促成了各地统一成立文物商店进行统购统销的文物商品对外经营体制的建立。

多头管理、部门竞争也让一些尚未认真鉴定的文物被当作一般文物商品、工艺美术品外销出境，而且是论斤论捆地出售。为此1960年文化部、商业部、外贸部会商发出《关于改变文物商业的性质和管理体制的方案》。当年9月国务院批复同意了这个送呈件，决定各地纯商业性质的文化商店一律改变为实行"事业单位，企业管理"的文化事业单位，作为国家收集社会流散文物的收购站和临时保存所，统一划归文化部门负责领导。文物商店改变隶属关系后的工作任务，第一是收集社会流散的专业文物，有计划地提供各地博物馆、研究单位和学校，作为陈列展品和研究对

---

49 《广州文物志》，广州：广州出版社，2000年。

象使用。第二是有计划、有选择地提供国内群众的需要和适量组织出口，"细水长流，少出高汇"。第三是代表国家办理废旧物资中的文物拣选。文物商店的业务经营范围主要是有历史、艺术、科学价值的金石、字画、陶瓷器、碑帖等专业文物，也包括织绣、玉器、木器、旧货等杂件。至此，文物商业的管理体制归口文化部门管理。

同一年文物局制定了《文物出口鉴定标准》，文化部和对外贸易部印发了《文物出口鉴定标准的几点意见》，一部分以 1795 年为限，凡 1795 年（清代乾隆六十年）以前的一律不准出口，一部分以 1911 年为限（清代宣统三年），凡 1911 年以前的一律禁止出口，在以上两个年限以后的文物，根据文物本身所具有的科学、历史、艺术价值及存量多少来确定是否可以出口，重复和价值一般的文物可以有组织、有计划地做特许出口，为国家争取外汇，要求各口岸在掌握鉴定标准、控制宽严尺度时，务必大体相近基本相同。广州、北京、上海、天津口岸的文物出口鉴定管理工作划归文化局，聘请鉴定专家担任出口文物鉴定工作。如广州 1962 年时鉴定委员由原来 16 人增至 26 人，经鉴定可出口的加盖出口火漆印，超标准不能出口的，编号登记保存，其中书画部分，珍贵的由广州美术馆收购，其余经省人民政府批准移交省博物馆接收。个人携带文物出境，需先经市鉴定委员会鉴定，加盖火漆印并由市文物管理部门出具证明，方可出口。

各地随即组织成立国有文物商店着手组织出口，北京、广州、天津、上海因为是文物出口口岸，所以文物商店也相对更具规模，销售成绩也更好，其次是一些对外旅游开放城市的文物商店。

1960 年之前各市销售文物的"文物部门"的管理机关各不相同，很多地方都划归外贸局、外贸部管理，因为当时认为一般文物属于废品，鼓励以旧换新，出口换取外汇支援国家建设。1960 年底精简机构的时候新华书店、外文书店、中国书店、文物商店四店合并，由新华书店统一领导。成立新华书店文物科管理属文物商店的业务工作。三个店的经理、副经理都为新华书店的副经理。1962 年 9 月 7 日，为适应形势需要，上述四店又分开，恢复了四店直属文化局领导的原状，全国各主要城市纷纷设立文物商店，收购文物、保护为主、组织出口成为各地文物商店的主要职能。各地文物商店上级主管不同，一些地方归口文化部门管理，一些地方归口外贸部门、商业部门管理。

同时，除了文物商店，外贸部门的工艺美术公司等出口公司还在继续经营文物艺术品的收购和对外出口业务。但规定由出口公司收购的古玩经鉴别后，按法令规定不能出口的交给文物局，由文物局转交给文物商店，其余的出口。

当时北京经有关部门批准的文物经营单位只有 6 家国有商店：文物商店（经营碑帖、字画、金石、陶、瓷、文房四宝、文物杂项等），荣宝斋（经营碑帖、字画及其水印复制品、文房四宝为主），北京家具厂（今龙顺成中式家具厂，经营旧家具为主），信托公司（以委托代销旧货杂项为主），友谊商店（今友谊商店股份有限公司，兼营近现代字画、碑帖），中国书店（以经营古旧图书、碑帖字画为主）。

上海在 1956 年 1 月把老、新市场交由上海市第一商业局下属的上海市贸易信托公司管理。1958 年 4 月，上海古玩商业系统完成全行业公私合营，专营与兼营古玩业务的单位紧缩为古玩市场（上海古玩总店）、国营旧货商店、新龙、顾松记、仁立、益新成、尊彝斋、荣宝斋、古籍书店 9 家单位。公私合营上海市古玩市场为其中规模最大的一家，由前中国古物商场和上海古玩市场为主体的 45 户坐商和 66 户摊贩合并而成，全店共计 173 人。1960 年进一步国有化，卖书画的店铺统一合并到朵云轩，卖旧书碑帖的合并到上海古籍书店，卖古董的合并到上海市古玩市场，1966 年后该店归外贸局所属上海工艺品进出口公司领导，1967 年初一度停业，1971 年 11 月市场撤销。"文革"后改名"上海文物商店"，1977 年 6 月归口上海市文化局，店的性质由一般商业部门改为文物事业单位。1978 年 10 月恢复对外营业——店址面积 2000 余平方米，设有外宾门市部、收购门市部、仓库保管部和修复工场，是中国最大的古玩商场。

1960 年 7 月，广州市文化部门行政主管部门接管原隶属市商业部门的博古斋、东方、宝丰、藏宝阁 4 家古玩店。10 月，正式设立广州市文物店，隶属市文化局。这是一家内部实行企业管理的文物事业单位，在当时的"博古斋""藏宝阁""宝丰""东方""公古斋"5 间古玩铺的基础上合并而成，国家拨款 6 万元做启动资金，这就是后来的广州市文物总店。

二 地区和部门"条块管理体制"下的缝隙和冲突

由于文物品种多，价值和存量各不相同，标准中又没有规定具体项目和数量，鉴定时宽严尺度很难控制，加上不同政府管理部门、地方的利益和管理方式也有差异，所以当时的一般文物出口在各地也有不同特色。

广州市因为对文物鉴定标准从宽掌握审核以增加出口，受到中央文化部门点名批评，而广东省文物管理委员会严格执行标准影响了出口，引起广州市、广东省商业部门不满并向省长打报告。而地方之间因为管理口径的差别也有一定矛盾，因为古董商人在上海受到严格对待，抱怨"宋、明龙泉窑及乾隆十锦瓷等文物在广州都可以出口"，上海市文物管理委员会致电广州朱光市长要求统一审核鉴定标准，广东省文物管理委员会为此进行调查[50]。

属于文化部门主管的文物商店，也与外贸部门主管的各省、各市工艺品进出口公司有竞争，各省工艺品进出口公司库存数量巨大的"特种工艺品"，往往超过文物商店的商品数量。出口公司的工作人员为了完成任务，经常对文物管理委员会提出意见，也说"这类东西在上海、天津也可以出口"的话。

文物商店的文物既属文物，也是商品，文物商店在行政上就受到文化部门和外贸部门的双重领导。文化部门和外贸部门从各自的角度出发，对待文物销售的具体做法上常有分歧，如 1964 年，在共同制定《广东省文物古玩商品出口管理试行办法（草案）》上，就文物是否应分内外销两种价格，省文化局和外贸局商议不成，特地向省人委请示解决。

因为开始文物商店是在市一级建立（除直辖市外），1960 年代末一些

---

50 《1960 年拿一般文物换外汇》，《信息时报》，2005 年 10 月 31 日。

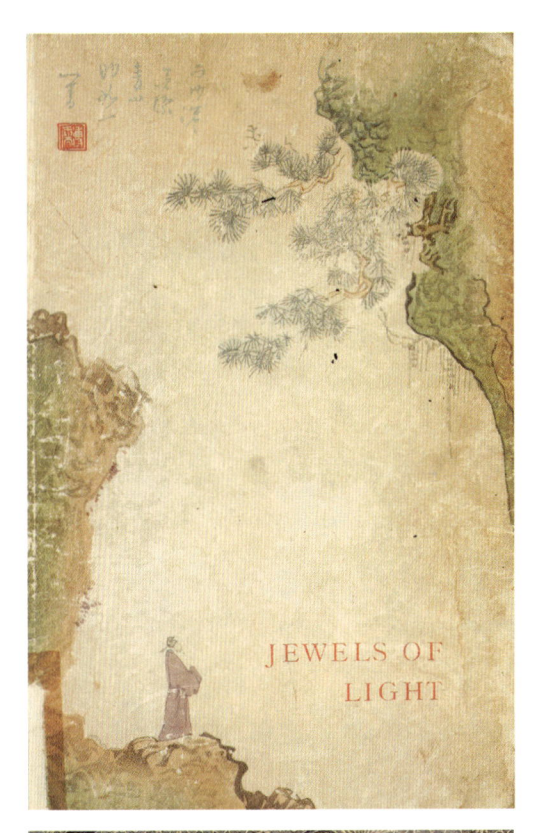

上图：《北京荣宝斋新记诗笺谱》英文版画册，1957 年

下图：上海市文史馆书画展览，香港集古斋，1988 年

省市自治区的文管机构开始筹建省级的文物商店，北京等地有经验的文物商店受国家文物局调派和各省、市、自治区的邀请，遣派专家，赴各省市自治区参与培训和创建省级文物商店，教授如何布置店堂、陈列商品、商品定价、建立账目和商品管理制度。

三　计划指令下的文物收购和消费

一边进行国有化，一边施行计划经济下条块分割式管理，各地纷纷成立国有文物商店、工艺品公司并垄断文物收藏和销售，通过有计划地出口一部分一般性文物商品，换取外汇用于经济建设。至此国内的民间艺术市场宣告消失。

自1960年5月起，北京市将全市文物商业划归北京市文化局领导，并成立了专管此项工作的北京市文物商店。1969年北京文物商店由市文化局划归市外贸局。不久，市第一商业局和外贸局合并，文物商店又被划归一商局。1970年6月，市一商局和外贸局分开，文物商店归回外贸局，到12月外贸局将文物商店下放到工艺品进出口分公司领导，对外仍挂文物商店的牌子。1974年2月8日，根据市革委会的批示，文物商店又重归市文化局直接领导。1978年北京市文物局成立，文物商店被划归市文物局直接领导。

计划经济下的文物商店实行"以藏为主、限制性销售"，在收购方面有统一的收购价，采取"坐收与下户收购相结合"的办法，北京市文物商店在北京设立了三个收购站，分处西单、琉璃厂和地安门，除了北京三个坐店收购的，文物商店的师傅被分为东北、南方、西南三个小组，常年在外收集。因为国家垄断文物收购又有政策压力的存在，文物收购价很低，如1960年代初明清瓷器价格多在10元以内，很多人把文物古玩送到收购点换取金钱救急。

北京文物商店收购的两次高潮分别是公私合营以后和"文革"结束后。前一次是很多城市居民把旧藏的文物拿来出售，1960年5月至1964年6月，北京文物公司收购文物283672件，金额392万元，收购馆藏级文物 12400 件；销售总计 276563 件，金额 347 万元，供应国家、省、市博物馆及学术机构 47496 件。截至 1964 年底，库存商品增至 11 万件，时价金额 144 万元。后一次是农民把出土文物拉来出售，有的收购点一天能收两三卡车文物，但收购价格很低。

文物商店收购上来的东西，经鉴别后，把文物价值高的送交总店，统一调配给各地的博物馆、研究机构。北京市文物商店先后征集收购西周铜班簋、玉版十三行、《潇湘竹石图》、"乾隆御制珐琅彩瓷瓶"、"宋钧窑洗"、"乾隆官窑双联瓷瓶"等馆藏级重要文物，及后文物商店附加 15% 的利润，按照"先公家、后个人；先本市、后外埠"的原则转售供应故宫以及上海、天津等国家文博机构。1961 年后北京市文物商店还为征集来的较好的文物举办两次展览会，以供本市和外埠机关单位以及有关专家、学者选购。

其余的按文物级别分为三等，放在商店的不同区域针对相对应的特定等级的人群销售：

第一等（高档品）一般摆放在商店二楼的"内柜"，专供高级官员和知名的专家学者，如北京文化商店内柜的常客有康生、陈伯达、邓拓、吴晗、田家英等人。内柜因为有官员购买，销售价仅比收购价稍高，如北京文化商店在内柜出售的文物定价一般比收购价高 20%，当时比较贵的郑板桥大幅竹石中堂标价也不过 100 元。

第二等（中档内销品）放在"中柜"供国内一般民众购买，可因为当时民众普遍穷困和政治氛围的压力，绝少人会来购买文物，因此中柜很快压缩乃至消失。

第三等"外柜"（可出口商品）专供外宾选购，一般放在店面最显眼处，门口挂"外宾供应处"的牌子。真正让文物商店能获得利润的是在自设的"外柜"零售和整批提供给外贸部门出口。

1960 年公私合营后整个琉璃厂异常冷清，为了活跃场面，上级指示要让琉璃厂恢复热闹，整条街重新粉刷油漆一遍，1961 年春节韵古斋、宝古斋、庆云堂举办第一次文物珍品展，展示移交文博机构的高等级文物，先让领导、专家内部参观，然后一般市民参观。但因为这种展览不卖展品，很少有人主动来看。

四 1972年以后的改变：环境变化和部门博弈

"文革""破四旧"开始后文物商店的销售生意受到严重影响，如北京文物商店1970年的销售额跌至17万元，为建店以来的最低。但是随着1972年中美关系的改善，中国开始有限开放西方国家公民前来中国旅游，文物商店销售开始看好。

1972年美国总统尼克松访华时随行的69人曾到韵古斋、宝古斋、庆云堂等门市购买瓷器、玉雕、书画等209件，随后日本首相田中角荣访华，先遣队和随首相抵京的随团日本官员近400人次光顾琉璃厂，带动了来京外国人购买文物的热潮。1972年2月之后10个月北京文物商店接待外宾13000人次，销售额达70万元。为了扩大销售，北京文物商店还率先尝试出售当代画家的"新画"，1974年向海外游客试销"丰收舞""橘子丰收""长城""驯鹿""三峡"等题材的美术作品，开"红色美术"对外商业销售的先河[51]。

看到北京等地的创汇生意可观，此后各省市开始纷纷加强文物商店建设，黑龙江、广东、拉萨、新疆、内蒙古、四川等省市自治区在市属文物商店之外，纷纷设立省文物管理机构所属的省文物商店。

当时各地文化、外贸、商业部门都通过文物商店等机构收购文物和组织一般文物出口。出现了有对外营业项目的银行、友谊商店、外轮供应公司、信托商店收购文物并在友谊商店、外轮供应公司门市部等地向外宾销售的情况，有些文物单位甚至将馆藏精品作为外销商品。针对这种情况，政府再次出手控制，1973年10月31日文物事业管理局发出《关于严禁将馆藏文物图书出售作外销商品的通知》，1974年12月16日又发布《外贸部、商业部、文物局关于加强文物商业管理和贯彻执行文物保护政策的意见》，纠正"文革"以来文物出口和商业管理中存在的多头经营、价格不一、市场混乱等问题，明确要求"文物商店应由文化部门领导……现由

---

51 文轩：《累累硕果：北京市文化公司50年》，《收藏家》，2010（11），第94—98页。

外贸部领导的文物商店，应即移交文化部门领导……今后各地文物应由文物商店统一收购。不属于文物性质的珠、宝、翠、钻由外贸部门统一收购（或委托文物商店等机构代购）"，同时也规定文物商店收购的可出口文物商品要统一移交给外贸部门下属单位统一进行对外批发出口，"文物商店门市部、友谊商店和外轮供应公司应只经营文物复制品和经过鉴定选择可以出口的一般文物，但只能零售，不得批发。文物商品售价应按外贸部门统一规定的价格出售"。文物商品应在指定的北京、上海、天津、广州四个口岸出口，须经文物部门鉴定、准许出口，海关才能放行。

也就是说，文件把文物收购和对内销售权划归文化部门领导下的文物商店，文化商品的对外成批出口的销售权和定价权则归外贸部门，文物商业市场要"归口经营、统一收购、统一价格、加强管理"。不过，实际情况和文件规定是两回事，外贸部门下属的工艺美术公司等仍然继续把很多文物当工艺美术品出口销售，如1980年代初文物局向上级反映外贸部门对外出口的一些工艺美术品、旧货当中夹杂着很多文物，于是北京、上海、广州三个口岸等待出口的数百万件"工艺美术品"被退回移交给当地文物商店。

1986年，因为文物贸易中出现的问题，文化部文物局向北京、天津、上海、广东有关机构发出《关于立即停止对外贸易工艺品进出口公司外销文物鉴定放行的通知》，外贸库存文物被要求全部移交到文物部门，这事关文物局系统和外贸系统的管理权限和经济利益。在此形势下，1985年到1987年全国文物较多的地区曾经突击出口文物，仅北京有文物出口资质的单位一年就出口四五十万件文物商品，直到1988年文物局发出《关于立即停止批量外销文物商品的紧急通知》，实际上停止了文物商品的批量出口，北京口岸的出境文物数量从几十万件下降到几万件，到2003年之后则是入境文物甚至比出境文物更多，中国艺术市场的发展改变了文物进出口的局面。

五 1980年代的落日余晖

1978年11月，经国务院和中央宣传部批准，国家文物局组建成立了

"文物商店总店"，作为文物局的直属事业单位，总店成为代行国家对地方文物商店、博物馆和文物机构中附设外宾文物高品供应门市的业务指导者和行业管理者。但是因为各地文物商店的产权情况不同，部门、地方和中央利益各不相同，总店并没能发挥多大作用。因此到了1989年4月，经国务院机构改革领导小组办公室批准，"中国文物商店总店"更名为"中国文物流通协调中心"，改变为信息平台和协调平台，2001年更名、改组为"中国文物信息咨询中心"。

1980年代前期是各地文物商店的黄金年代。文物商店成为境外旅游者必要光顾之地，同时内柜服务也得到恢复。来华游客暴增，销售看好，各地纷纷开设文化商店，以至于1981年国家文物局颁发的《文物商店工作条例》要求各地设立文物商店或文物站必须报请国家文物局或省级文物主管部门批准。

文物商店开始把"以展促销"的营销计划推向海外客商，如1982年北京文物商店同北京市工艺品进出口分公司去澳门举办文物、工艺品展销会，文物商店同北京市工艺品进出口分公司与香港汲古阁、博雅画廊联合举办了"近百年绘画展览"。1985年北京市文物商店经理赵炳华、副经理王春福、资料室副主任秦公等三人，携带汉魏以来的名碑、墨迹等珍贵文物到香港，与香港中华书局在弥敦道中华书局古籍部展厅联合举办了"北京市文物商店碑帖藏品展览展销会"，10天总共销出碑帖拓本和各种印本多件，销售额人民币4万多元，为所投放商品500余件定价的60%。此外还三次去日本举办展销会，1981年与日本雪江堂株式会社、伊势丹百货公司在东京伊势丹新宿店新馆八阶美术馆美术画廊举办"北京的秘藏美术展"，与日本阪神百货商店在大阪举办"北京的秘藏美术展"，1988年举办"中国书法名品展"，展出历代珍贵碑帖拓本及名家墨迹共100件。与美国旅游团举办"鉴赏文物座谈会"。有限开放的市场让文物价格有所浮动。

1985年，琉璃厂翻建陆续完工。停顿了三年的"春节文物展销会"，分别于宝古斋、悦雅堂、韵古斋等门市部隆重揭幕，上述三店分别举办"张大千、李苦禅、王雪涛、刘继卣四名家画展""大汶口、龙山文化陶器展销会""中国定窑陶瓷展销会"，后者460件瓷器中的精品揭幕之日即告售罄。这一年北京文物商店举办 21 次文物展览和展销，为建店以来之最，也是使用"展览式"销售方法最成功的一年。1980 年代前期文物商店仍然是文物艺术品交易的主渠道。当时北京文物商店还把各门市的内柜集中到虹光阁，面向更大范围的国内客人。但是原有的规矩还保留，买东西要拿户口本，填表。虹光阁开张那天，一件康熙官窑标价只有 400 元。来虹光阁的人还是原来内柜服务的高层官员、知名文化人。此外渐渐多了两种人。一种是"倒爷"，他们是来送货的，倒爷的货源一部分来自查抄退赔，一部分是"喝街"收来的，还有一部分是农民带到城里卖的。

1980 年代后期，民间艺术市场开始发展起来，主要城市出现了自发的文物交易和地下走私活动，文物艺术品受到海外及港台价格的影响，随行就市，而受到价格管制、销售品类管制的国有文物商店既没有权力提高价格购进高价值、流通性好的文物，也不允许跨地区收购文物，同时巨大库藏也因为政府规定上等级的文物不能卖，买、卖皆有限制，文物的经营审批管理权从地方全部集中到中央，因此很多文物商店逐渐效益变差乃至亏损。

为了和民间古玩商竞争，文物商店系统也力图改革，如 1987 年北京文物商店创立虹光阁，这是 1960 年以来国内唯一一家经营历代书画、碑帖、陶瓷、玉雕、竹木牙角、文房、金石等文物的"全品类"门店，并尝试放弃已然虚化的"国家统一价"，参照市场价格定价。广州市文物总店在下设的粤雅堂、博古斋、藏宝阁、艺苑、趣雅斋 5 个各具特色的分店之外，还在白天鹅宾馆、文化假日酒店、华侨酒店、广东民间工艺博物馆等涉外酒店及旅游参观点设置代销点。上海文物商店于 1990 年 2 月恢复内销文物，开设"内柜"，将乾隆以前的文物向国内投放。

即便如此，和民间成千上万私人交易者构成的庞大市场相比，国有文物商店的机制决定了他们在信息、价格和交易上都在越来越自由化、市场化的环境中逐渐被边缘化。海内外的文物商家凭借高价可以收购更多更好的艺术藏品，并在大城市和海外市场出售获利，国有文物企业的收购渠道、货源、销售额在压缩下滑。1990 年，我国包括中国文物流通协调中心在内的国家允许存在的文物商店及分店共 97 家，只有北京、上海、广州的文物商店经营稍微好一些，其他90%以上都奄奄一息，难以为继。

1992年后市场经济大发展，各地出现个体商家汇集的大型古玩城、拍卖公司和众多商铺、画廊，更是让原来的文物商店系统的集群优势荡然无存，文物商店垄断文物经营的局面全面瓦解。

国有文物商店系统也开始尝试改革。1992年，北京文物商店更名为"北京文物公司"，下属12个门市部更名为"经营部"，于工商局办理了具有独立法人资格的经营执照，要按照企业化运营，1993年到1994年，依托上海、北京国有文物商店创建的上海朵云轩和北京翰海两家拍卖公司相继成立，利用拍卖交易形式进入跨地域的、中高端的二级市场开发新的货源、客源。1994年9月，北京翰海首场拍卖会的总成交额达3300万元，创下当时国内拍卖会的单场成交额之最。但终究大势已去，各地文物商店纷纷成为改革对象，对艺术市场已经没有多少影响。

六 出口文物商品的去和回

据统计，北京文物出口鉴定组1973—1986年鉴定出境文物468万件（包括截留文物30万件），广州市文物总店1960—1991年30多年创汇总额达5219万元，从中可以推算广州文物商店的出口文物至少也超过100万件。据估算，1960—1990年之间全国以各种形式出口的文物商品总量估计在1500—2000万件之间。

1960年代、1970年代各地文物商店、友谊商店等待海外游客、外交官等上门购买，广州口岸面临港澳，每年两届交易会又在广州举行，广交会期间的参会外商、海外华侨也会购买一部分。针对外宾销售的店面还需要上级批准，如上海在1980年左右获得国家文物局批准的文物外销单位有上海文物商店、朵云轩、上海古籍商店、上海友谊商店、创新旧货商店、陕西旧货商店六家。

文物商品更多的是通过外贸系统的进出口公司批量出口。当时内地进出口公司、文物商店主要合作的是香港、新加坡等地的贸易公司，因为文物商品在华人地区销售看好，很多贸易公司都开发这块业务。如在香港进行近现代书画销售的渠道之一就是中资机构在香港设立的集古斋画廊、博雅艺术公司。前者1958年开业，经常从朵云轩等国内国有机构购进近现代字画销售，后者1970年开业。类似的，中资机构在新加坡设立中华画廊展售内地画家的作品，中国的工艺美术公司和各地文物商店还向一些新加坡贸易公司如李仁生的永安祥、陈升平的英华贸易公司等批发大量玉器古玩、陶瓷书画等[52]，许多新加坡藏家都前去购藏古玩。

七 最大的收藏家：政府

在不存在民营经济的计划经济体制下，各地文物公司、工艺品进出口公司作为垄断渠道购入大量文物、旧工艺品，文物商店系统的以北京、上海、天津为首的"三大店"每家的存货都在百万件以上。如北京文物商店从1960年5月1日建店到1990年的30年收购传世流散文物300多万件，珍贵文物259226件，这些文物有三个去向，一部分是为各大博物馆和学术部门、高等院校提供各类珍贵文物，如北京市文物商店就向故宫博物院、首都博物馆等提供超过7万多件文物；一部分是将其中的"一般文物"进行销售，1960—1990年北京市文物商店共销售各种文物136万件，获得6082.6万余元收入；其他部分则作为库存保存。

1981年起，政府已经开始严格控制文物出口，逐步减少对外批发的数量，1980年代中期各地工艺品进出口公司库存的文物、旧工艺品就先后按账面价全部拨文物部门保存，从此结束文物大批量出口的历史。1989年国家文物局统计全国文物商品库存量达到700万件（另据2007年统计，文物商店库存文物为843万件），加上接收外贸部门留存的文物商品494万件，由政府管理的国有文物商店文物商品库存量共有1194

---

52 杜南发：《中国书画在新加坡的收藏脉络》，华人收藏家大会组委会 主编：《名家谈收藏》，上海：东方出版中心，2009年，第60—61页。

万件。如此数量巨大的文物库存多数都是 1960 年代、1970 年代垄断情况下收购所得。

文物系统管理保存的上千万件文物中的一部分已经划拨相应博物馆收藏。如 2010 年国家文物局整体划拨 39 万余件玉器、瓷器、书画、金铜佛造像和杂项等由中国国家博物馆收藏,其中包括此前文物系统从天津外贸工艺品进出口公司接收的近 15 万件文物。

6

当代的扩张：收藏投资意识的觉醒

  1978年改革开放的重大变化是政府放松了对市场的管制，中国艺术品的店铺交易、市场交易、拍卖会等渐次恢复、发展，艺术品市场快速扩张和增长，21世纪成为了全球最大规模的文物艺术品市场。那些动辄数千万、数亿的拍卖纪录让大众对艺术品的市场投资价值有了全新的认知，数千万人开始关注和卷入收藏活动。当代的艺术市场和收藏已经成了大众关注的话题，不再仅仅是收藏家、艺术家、经纪人等少数群体的事情，而变成了一个庞大的产业和社会网络。

第二十一章
改革开放年代：大众收藏的崛起

改革开放以后，中国从计划经济向市场经济转型，人们得以积累财富、升级消费和发展兴趣，带动了文物艺术品市场的活跃和收藏的兴起，大众教育、大众传播的发达也让收藏知识普及到城乡各个阶层。1978年到21世纪初的近30年中国的收藏文化全面复兴，波及大中小各地城镇乡村，社会各界普遍重视收藏的文化意义、投资价值，对收藏的研究也有新的发展，收藏品的类型、数量也急剧扩大。

在收藏文化复兴的过程中，王世襄这样有社会影响力的著名学者兼收藏家发挥了关键作用。王世襄是串联20世纪上半期和下半期收藏文化的关键人物之一。他的父亲是民国外交官，母亲是著名画家，早年家境富裕，好遛鸟斗虫，收藏清玩，他在1940年代就对小木作及家具产生了兴趣。后来，他又读到德国人艾克（G. Ecke）所著的《中国花梨家具图考》，即从1940年代后期开始陆续购藏家具等器物，与艾克、朱文钧、陈梦家等中外收藏家、研究者有交往，学养丰厚。因此到1980年代能够厚积薄发，发表一系列对家具、漆器、葫芦器物收藏有带动作用的文章和专著，如1985年他推出《明式家具珍赏》一书，后迅速翻译为英、法、德等多个版本，在海内外文物界产生了广泛的影响，1989年香港三联书店与台湾南天书局在港、台两地同时推出他的《明式家具研究》一书，开启家具研究和收藏的新进程。

与这些著作出现同步的是，1980年代的"文化热"、1990年代的"国学热""中华文化复兴热"中多涉及对传统物质文化的研究和重视，社会各界对收藏的文化意义有新的体认，陈重远、马未都、郑重等人关于古玩交易、收藏、收藏家的文章等也在报刊上广泛传播，人们对收藏品的

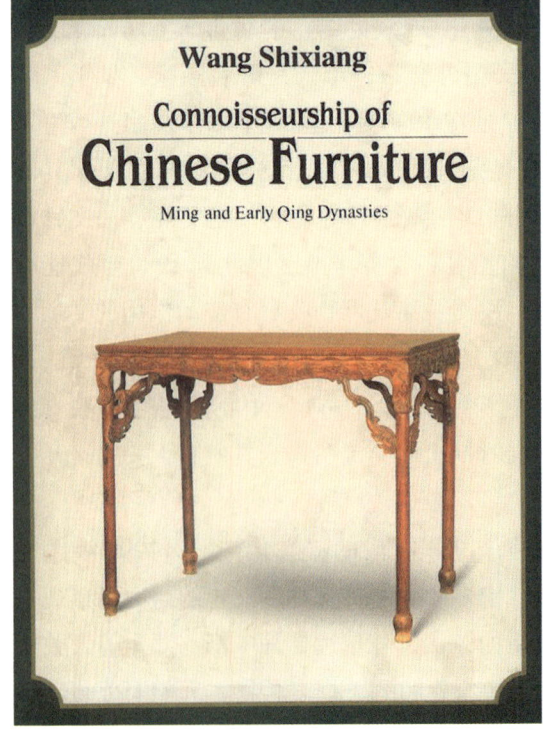

上图：王世襄著作《明式家具研究》中文版封面，三联书店，2007年

下图：王世襄著作《明式家具研究》英文版封面，1990年

投资价值也有所认识，1992年后市场经济大潮中人们对此的体会更加深刻。1990年代的收藏文化有三个显著特点：首先是拍卖行业的快速发展产生了广泛影响，通过艺术品拍卖会人们开始对文物艺术品的投资价值、交易特点、收藏要点等有了直接认知；其次是与收藏有关的行业组织、民间协会等出现，中国文物学会民间收藏委员会、中国拍卖行业协会、中国收藏家协会等先后成立，这些行业组织可以整理资源，参与或影响政府管制的法规制定，也可以举办活动扩大行业在社会中的影响力，对行业、产业发展有积极作用；第三就是日益活跃的晚报、都市报、电视等大众媒体对普及收藏有关的鉴别技巧、文化背景、投资价值发挥了重要作用，让收藏文化普及到了大众层面，2009年曾有人估算中国涉及收藏的人群高达7000万，这是一个前所未有的庞大数量[1]。

到21世纪，对收藏的认知可以说已经成了市民阶层的"文化常识"。王世襄这样的收藏名人的藏品更是受到收藏界的追捧。2003年王世襄为了公益事业将部分藏品委托嘉德推出"俪松居长物——王世襄、袁荃猷珍藏中国艺术品"专场，全部143件藏品都以高价成交，其中"唐'大圣遗音'伏羲式琴"拍出891万元，2011年春拍它再次出现在中国嘉德拍卖会，以1.15亿元成交。

一　邮票的有形市场和交易机构的形成

由于普遍的匮乏，最先在中国各大城市兴起的是单价低、受众广的邮票、钱币、人民币等的收藏，1990年代初蔓延到对粮票、磁卡、像章等方面。1980—1998年之间，邮票收藏和投资市场在中国的影响力之大超出很多人的想象。那期间邮票是收藏市场的第一大类，参与人数最多，交易量最大，社会关注度最高，可以说在当时发挥着类似证券的投资功能，因此也受到政府调控之手的频繁干预，直到1998年之后才被房地产、股票和

---

[1] 韦蔚：《中国艺术收藏类媒体发展综述》，华人收藏家大会组委会 主编：《名家谈收藏》，上海：东方出版中心，2009年，第354页。

艺术品拍卖市场所取代。

自晚清发行邮票以后，民国开始就有人收集邮票，这是一般中产之家就可接触的大众收藏品类。1950年代受苏联影响，收藏邮票的人不少，许多小孩也向亲友寻求那些贴在信封上的邮票。之后由于"破四旧"，集邮与收藏被批判为封资修情趣，无人敢公开涉足，少数人私下进行收藏各种实寄封。

1978年6月，邮电部发出《关于恢复国内集邮业务问题的通知》，1979年中国邮票总公司再度登场，民间集邮活动也再次活跃。上海思南路的淮海路邮局门口集邮爱好者自发形成的"马路邮市"，在周末总有固定的人群互相交换、购买邮票，邮票的市场价值也在这里流动传播。1980年，上海市集邮公司旁的天津路、思南路邮局旁的马路上以及成都路口的人民广场街心花园、人民大道西端三角花园、肇嘉浜路襄阳南路至太原路段、中山公园东侧小弄堂一带相继出现了邮票交换场所，并常常因为影响交通和"市容环境"而被取缔。

从1983年起，集邮者又在太原路口的街心花园里自发形成邮票市场，直到1988年被正式批准为合法的"太原路邮票交换市场"，成为上世纪80年代至90年代中期最有影响的"四大邮市"之一，其他三家分别是北京月坛邮票交换市场、成都署袜街冻青树邮市和广州人民公园邮市。

进入20世纪90年代，"马路邮市"开始进入正规的邮票市场，有了小亭子或者室内空间，民营集邮公司、邮社纷纷开办。在卢湾区工人俱乐部的邮市1996年经过改造之后，中国第一家现代邮币卡市场模式诞生，卢工市场主要经营新的邮票、金银币、纪念币，在全国具有非常的影响力。另外还有静工、云洲等一批成规模的邮市。

1990年代，集邮市场大发展，全国117个城市相继开办了200多家邮市，上海卢工邮市、北京万家马甸邮市都曾声称自己是世界最大的邮市，其交易行情走势以及其他各种信息对于全国各地的邮品交易会产生直接的影响。

二　邮票收藏和投资的浪潮

1980年代初期，改革开放带来的财富释放开始出现，稍有积蓄的城

1980年猴票，生肖邮票，成为之后邮票市场最受欢迎的藏品之一

市居民开始了自己的收藏和投资，邮票价格也因此逐渐走高，到1985年在全国主要城市出现邮票热，邮票市场迎来了第一轮高潮。也是从这时候起，中国邮币市场的起伏与中国的货币通胀和经济形势开始共振。1985年、1991年、1997年几次在政策的松紧之中动荡，直至2000年以后邮票市场不再成为收藏投资的焦点，取而代之的是股票市场、房地产市场和艺术品拍卖市场。

1985年是80年代中期通货膨胀率最高的一年。除了邮票，另一个投资品种君子兰也在当年达到价格高点。和邮票十分相像的是，君子兰也是于20世纪70年代末开始在民间市场交流，在长春渐成风气以后波及全国很多城市，"疯狂的君子兰"成为最轰动的社会新闻之一，又在《人民日报》社评的抨击下价格迅速跌落。

邮票在当时不仅仅是国家发行的邮资凭证，更是当时的投资者心中的"特殊商品"乃至"有价证券"。1985年与1986年,政府实施改革开放后第二次宏观调控,紧缩财政与紧缩信贷让当时刚兴起的各个投资市场都产生震荡,邮票收藏市场也进入调整。而1985年5月熊猫小型张多达1266.83万枚的发行量——以往一般小型张发行量只在200万张左右,可见这是政府有意以邮票发行量打压邮市的狂热——成为压垮骆驼的最后一根稻草,市场价格掉头而下。1986年1月30日,邮电部、国家工商行政管理局、公安部更是联合发出《关于加强集邮管理取缔非法倒卖邮票活动的公告》,规定"未经邮政部门或集邮公司委托的任何单位和个人不得销售、经营邮票""从邮票发售之日起,一年之内不准增值;一年后如需增值,由中国集邮总公司统一规定"等。在今天看来这种直接干预售后商品价格的规定显得可笑,但在计划经济下长期生活的人对政府之力量有着深刻体会,此次"整顿"让邮票市场一时间冷清不少。

但"整顿"让经济增速下降,政府决策部门又不得不反向刺激。1989年2月10日,邮电部、国家工商行政管理局、公安部、国家税务局、海关总署发布了《关于允许个体工商户经营邮票和集邮品的联合通知》。与此同时,1988年国务院决定进一步全面放开物价,实现"价格闯关"。1988年8月19日清晨,"价格闯关"消息让各地出现抢购潮。随即,"价格闯关"被中央紧急叫停,但趋势已成,1988年和1989年的通胀率高达两位数,分别为18.8%和18%。

高涨的通货膨胀率引起市民对于货币贬值的恐慌,一些人开始囤积商品,还有一些人重新审视传统的储蓄的功能,纷纷挤兑用于各种投资。1991年部分资金涌入邮票市场,许多邮票价格再次暴涨,而政府再次打压。1991年11月停办整顿全国规模最大的北京月坛邮市,引起广泛关注,全国各地邮市也遭遇整顿,邮票市场陷入谷底,一片萧条。

1992年邓小平南巡奠定解放思想、加快改革开放的基调。1992年5月21日,上海股市全面放开股价,股票旋即暴涨,股市开始上演新的财富神话。1991年沪深两市成交额仅31.96亿元,1992年则达到650亿元。"杨百万"这样的炒股大户成为关注焦点。这一年房改也开始启动,房地产业快速增长。大规模投资建设与货币投放,使得许多生产资料与居民消费品价格上升,导致1993—1995年的高通胀,1994年通胀高峰时的通胀率高达 24.1%。为此又出现新一轮宏观调控，压缩信贷让海南地产泡沫于 1995 年破裂，股市 1996 年底也出现暴跌。

各路资金转头流进邮币市场，结果前一年中国邮政还在为了提振市场而缩量发行、销毁邮票，1997 年上半年就又出现邮票大牛市，《香港回归祖国》金箔小型张等价格接连暴涨。下半年政府开始动手调控，决定从 1997 年第四季度开始的 1998 年新邮预订改为敞开预订，同时恰好出现亚洲金融危机，波及东亚和东南亚多个国家，中国也遭遇出口下降，经济状况由通胀转为通缩，所以 1997 年年底邮票价格大跌，市场哀鸿一片。

为激活经济，拉动消费，1998 年下半年国务院出台了一系列刺激房地产发展的政策，取消福利分房，中国房改全面展开。房地产、股票作为投资品的地位越来越重要，邮票市场已经不复往日光辉，日渐成为非主流的收藏投资品类。

让邮票收藏投资失色的既有小环境的演变，也有大环境的影响。在大环境方面，一方面股票、房地产的财富效应和市场规模让其变成了两大主流投资渠道，沉淀了最多的社会资金；另一方面随着生活方式的改变，移动电话和互联网的发展使得个人之间的纸质信函使用量极速下降，邮票在数年间就快速淡出中青年人的生活，文化上的吸引力也大为下降，导致全球和中国的集邮者数量都严重减少，相应的收藏投资市场规模也不断压缩。在邮市高峰时期，全国集邮者的数量约有 2000 万人，而现在可能不到 100 万人，已经成为越来越小众的收藏品类。就文化艺术品收藏投资的小环境而言，1997 年以后纪念性收藏的需求增长转移到贵金属币方向，在国际金价的刺激下，出现大幅上涨行情。到 2008 年前北京奥运会更是带动新一轮爆发，同时高端书画拍卖和收藏在 1990 年代后期开始火热，2003 年非典之后更是全面爆发，吸纳了大量艺术有关的投资资金，成为众所瞩目的新市场热点。

三 其他大众收藏的发展

1990 年代收藏市场常把"邮币卡"连在一起说，它们也经常在同一个市场进行交易,所谓"邮"就是邮票,"币"指钱币尤其是贵金属纪念币,"卡"则是指电话磁卡。另外粮票、纪念章也是大众收藏的常见品类。

1. 钱币收藏的分化

20世纪80年代初,钱币收藏成为仅次于邮票的中国第二大的大众收藏品种,集邮市场往往也伴有钱币交易和市场。这一时期主要侧重对古代

1951年第一版人民币票样

钱币、民国银圆的收藏和交易。北京市文物商店于 1987 年 2 月率先在琉璃厂东街 61 号门市"虹光阁"开辟钱币内销柜台 4 个，经销古钱币。此后，经国家文物局和北京市人民政府批准，于 1988 年 12 月 13 日成立了国内首家专营古钱币的商店——北京市古钱币商店，350 余种历代钱币出口外销，吸引了不少国外客商。1990 年，中国人民银行所属金币总公司在琉璃厂东街 13 号兴建门市，号名"泉友斋"，1993 年正式开业，主营现行金银币并代销外国纸币和硬辅币等。

此时民间的交易更为活跃，潘家园早期的"星期天市场"兼营古钱币。钱商以各地农民为主，多数来自天津、河北、内蒙古、辽宁、山西等地，他们大多数是在天亮以前赶到市场出售钱币。本市及邻近省市的钱币收藏家、爱好者多从此选购。一些摊商和古玩铺铺主亦从此购货，转手倒卖。另有北京什刹海的"荷花旧货市场"、"亮马河旧货市场"、东琉璃厂中国书店院内的旧货市场、西琉璃厂荣宝斋后院的"荣兴旧货市场"、劲松的"北京古玩城"、崇文区天坛东门北侧的"天红市场"、西郊玉泉路旧货市场、延庆县八达岭特区旧货工艺品市场，均兼营古钱币，钱币的数量和种类多寡不一。有些则属于早市性质，如工人体育场东门、中国集邮总公司门前、地坛公园等。早市多属自发形成，常被管理部门取缔，坚持时间最长的是西城区月坛公园钱币市场，常设古钱币摊点十几处，除销售古代钱币和近代钞币外，又有大量的现代纪念币和外国硬币。

后来发展最快的是贵金属纪念币市场。1995 年"北京国际邮票钱币博览会"举办，来自 16 个国家和地区的 36 家国内外造币厂、钱币经销商的展示让国内收藏者、投资者、经营者看到新的收藏投资品类发展的可能，内地的集币热潮也由此而起。随着 1997 年 7 月 1 日中华人民共和国对香港恢复行使主权等事件的临近，纪念币和老银币市场价格极速上涨，随着股市、邮票市场走向高点，之后同样受到政府的调控。1997 年 7 月 16 日，国务院办公厅发布《关于禁止非法买卖人民币的通知》，加之亚洲金融危机的影响，集币市场进入低潮。

2010 年前后，钱币收藏一度再现了邮票市场当年的势头，2008 年前因为北京奥运会这样的重大题材再次行情爆发，2010 年春节后出现暴涨，无论是纪念币、人民币藏品,还是古钱币、民国钱币、地方钱庄票据都全面上升,之后不久再次陷入调整。

1990年代末拍卖市场的兴起,钱币市场开始分化,一般钱币和现代钱币、贵金属币在邮币卡市场交易,近年来又出现了文交所的电子交易平台。古代和稀有钱币以拍卖交易为主,如2002年4月,北京华辰拍卖有限公司2002春季艺术品拍卖会上,庚戌春季云南造宣统元宝库平七钱二分银币样以108.9万元成交,创单枚中国钱币在国内拍卖最高纪录。2003年11月,中国嘉德2003秋季拍卖会上,美国印钞公司印刷的中国纸钞样本三巨册以316.8万元成交,创下了中国纸币单项拍卖世界纪录;2004年5月,中国嘉德2004春季拍卖会,一枚宣统三年大清银币长须龙壹圆金质呈样币以176万元成交,创中国钱币拍卖世界纪录。

2. 粮票、磁卡、纪念章收藏的起落

粮票收藏在1990年代末兴起,各种全国粮票、地方粮票在1950年代至1980年代具有实用功能,但是1980年代中期以后逐渐退出人们的生活,很多家庭"剩余"的粮票就成为收藏和交易的对象。在2000—2003年期间,粮票在藏市一度被炒作,价格达到顶峰,但此后出现回落,成为收藏市场的偏僻门类。一些具有重要历史意义的粮票仍然有较高的收藏价值,通常出现在拍卖会上交易。

纪念章收藏兴起于1990年代末。作为特殊时期的一种政治宣教手段,中国在上个世纪中期生产了大量的毛泽东纪念章,据统计存世种类有8万种之多,数量达5亿枚。1980年代开始陆续有人开始收藏毛泽东像章,1990年代末,毛泽东诞辰100周年前后出现红色收藏热,对毛主席纪念章等各种纪念章的收藏开始兴盛。因为存世量大、价格低,全国各地出现了众多收藏者,很多藏家手上的纪念章数量都超过十万枚。但是这始终是一个单价较低的、相对冷门的收藏品类,年轻一代很少参与。

电话磁卡收藏投资的兴起和衰落更为迅速,这是伴随着通信技术方式出现的新兴收藏品类。1994年电话磁卡在中国推出以来,国内也出现了模仿欧美收藏特定卡片的行为,出现了交换、交易各种电话磁卡的收藏现

象，并和邮票一样在1997年进入市场高点，如1994年10月22日发行的梅兰芳田村卡（全套5枚，面值380元，发行量18.8万套）曾在1997年涨到1.2万元的天价。之后市场掉头向下，到2002年12月31日随着电话磁卡在全国范围内的停用，磁卡收藏也完成了从曾经的热门大众藏品到偏门小品类的演变，如今已经少有人涉及。

第二十二章
改革开放年代：拍卖的力量

事件的起点总是勾连一系列琐细的日期、地点和名称：1992年10月3日，深圳市动产拍卖行（现深圳市拍卖行有限公司）在深圳博物馆举办"首届当代中国名家字画精品拍卖会"；1992年10月11日，北京广告公司、北京市拍卖市场、北京文物对外交流中心、荷兰国际贸易咨询公司等主办，在北京二十一世纪饭店剧场举行"92北京国际艺术品拍卖会"；1993年6月，上海朵云轩艺术品拍卖公司举行首届中国书画拍卖会，这是上海开埠150多年来举办的首场大型艺术品国际拍卖会；1993年5月，中国嘉德国际文化珍品拍卖有限公司在北京成立，是当时第一个全国性的股份制拍卖公司，次年3月，在北京举行首届大型春季拍卖会；1994年2月，国内首家由文物经营单位设立的拍卖公司——北京翰海艺术品拍卖公司成立，9月18日，首场拍卖会在北京保利大厦剧场举行，推出"中国书画碑帖""中国古董珍玩"两个专场。此场拍卖会成交额高达3300万元，震惊了世界。

不管把其中哪个当作中国艺术品拍卖的起点，都可以看到艺术拍卖背后关联的中国经济崛起、社会变革的大时代风云：1992年1月18日到2月21日，邓小平在视察武昌、深圳、珠海、上海等地时，发表著名的"南方谈话"，提出"改革开放的胆子要大一些"，之后政府开始力推各种改革政策，其中包括鼓励创办有限责任公司、股份制企业试点发展，"社会主义市场经济"成为新的关键词。

一 第一个十年：从模仿性创新到野蛮生长

新形势刺激了体制内外的新兴力量投身市场经济，政府机关、科研单位一些或活跃或受压制的知识分子下海创业，形成了现今以陈东升、冯仑、郭广昌、潘石屹、俞敏洪等人为代表的"92派"企业家群体。他们共同的特色是对政策和商业信息敏感，有一定体制内资源可以利用，因此创业的起点要比1980年代那些白手起家苦干的民营企业家高。

从国务院发展中心《管理世界》副总编辑职位上下海的陈东升之所以开设嘉德拍卖行，用他后来常用的形容来说就是"模仿性创新"——长期的计划经济管制让中国的社会分工非常的单调，因此当改革开放进行过程中不断有新的需求产生的时候，最方便的就是取法欧美类似行业的类似企业组织及其管理模式。他就是从电视、报纸上了解到苏富比、佳士得拍卖的信息决定创立类似的公司，1993年成立嘉德拍卖以后，创立初期也是尽力模仿对方的管理和工作细节，并直接邀请张宗宪等香港行家亲临指导。1994年春，中国嘉德的首场拍卖便创造了1400多万元人民币的总成交额，震惊全国，从此拉开了国内艺术品拍卖的大幕。1995年，北京翰海、中国嘉德、上海朵云轩、北京荣宝四公司成交文物与艺术品6000件，成交额4.8亿元。

尽管当时计划经济下的各种特色管制还存在，但是各城市的文物管理部门也在努力摸索支持新的探索。按照1982年11月19日公布的《中华人民共和国文物保护法》中的第五章第二十四条、第二十五条规定，私人收藏的文物，除了文化行政管理部门指定的单位可收购，其他任何单位或者个人都不得经营文物收购业务。

然而，1992北京国际拍卖会的组织者，尝试把2188件上至商周青铜器、唐宋明清瓷器，下迄近现代书画等文物与艺术品推上了拍卖会。这些文物主要来自北京市文物商店和中国文物商店总店的提供，成交文物与艺术品260件，成交额300万元。这场拍卖会成交额虽然不高，但是它的意义在于文物政策上的突破，开创了文物走上拍卖市场的先河。而对于境外

嘉德拍卖 2007 春拍现场，北京嘉里中心饭店

拍品的进口、拍卖、鉴定等也在各方互动汇总下想出了一些不触犯法律又切合实际的可行性办法，有些甚至沿用至今。

实际上，当时各个拍卖公司都顺利举办了拍卖会。文物拍卖经营行为的出现，对旧的文物保护法有了突破与冲击，因此国家文物局于1994年7月下发了《关于文物拍卖试点问题的通知》和《文物境内拍卖试点暂行管理办法》。1995年12月15日，国家文物局批准在中国嘉德、北京翰海、北京荣宝、中商盛佳、上海朵云轩、四川翰雅6家企业实行文物拍卖直管专营试点。

1995年、1996年，中国拍卖市场迎来了第一波热潮。在巨大经济利益的引导下，市场上一下子涌现出了一大批新兴拍卖行。这让各种监管多了起来，1995年，北京市文物局制定《北京市文物拍卖管理暂行规定》，1995年国家文物局下发《关于一九九六年文物拍卖试点实行直管专营的通知》《关于一九九六年文物拍卖直管专营管理的补充规定》，海关总署、国家文物局发布《暂时进境文物复出境管理规定》，1996年国家文物局下发《关于加强文物拍卖标的鉴定管理的通知》，1996年全国人大制定了《中华人民共和国拍卖法》。通过这些法律、规章的制定，拍卖获得了政府的认可和合理规范。

当时拍卖市场的参与者多是行内人士，其中港台古玩商"行家"和富豪是多数重要作品的买家，而内地的富豪阶层还处于财富积累和消费改善阶段，参与奢侈性消费的很少。当时圈内传为美谈的现象是香港古玩商张宗宪在内地拍场常常拿1号牌，人送雅号"1号先生"。1992年北京国际拍卖会、1993年朵云轩收藏拍卖会、1994年嘉德拍卖会，他都大手笔买货。1994年9月他在北京翰海的首拍上手持1号牌，一口气买了1600万元的藏品，占总成交额的50%，更是震动一时，可见当时香港行家的力量。

拍卖市场作为一个公开的交易中介平台，具有较强的透明性和指标性，迎合了当代经济条件下陌生人之间交易的需求，很快就快速膨胀，到1995年共拍出艺术品6000余件，成交总额近5亿人民币。之后，1997年受亚洲金融危机的影响，中国艺术品市场进入了低迷时期——此时的波动主要和金融情况不明有关，也是海外买家受到市场影响所致。但是中国节奏明显不同于欧美，到1999年就出现了弱复苏，这一情况到2009年再次重复。

90年代，内地拍卖市场出现的拍品主要来自旧家族的收藏，很多人的家藏在"文革"中还曾被抄走，1978年开始陆续退赔，到1980年代初都没有人特别重视，当时一个官窑碗才10块钱，齐白石的一张画250块钱。除了齐白石这样的大名人的作品降价，大部分画家的作品也才几百块到几千块。更重要的是，当时内地人几乎没有投资意识，对艺术品的价值更是没有概念，许多人为了换布艺沙发、皮沙发宁愿把老红木家具当旧货卖掉。当1994年出现拍卖会，书画可以卖钱的时候，很多人就拿来卖掉。

而拍卖会那一系列交易数字唤醒了大家的投资意识，1995年、1996年拍卖的成交总额提高，张先《十咏图》、傅抱石《丽人行》两件文物超

保利拍卖 2007 秋拍夜场现场，北京昆仑饭店

千万成交时，中国文物与艺术品拍卖市场出现了第一个高潮。以后经过几年的平稳发展，到 2003 年再次出现高潮。

这期间中国艺术品市场的一些特征已经显现：

首先，近现代书画份额最大。由于对清代以前古董上拍有较多限制，中国艺术品拍卖市场是从中国书画的单一拍卖门类开始起步的。即便逐渐增加了瓷器、油画雕塑、西方艺术、珠宝翡翠、古籍、家具、邮品、钱币以及玉器等古玩杂项，近现代书画、当代油画和现当代绘画仍是最为重要的拍卖对象。

其次，马太效应明显。拍卖行向北京集中，北京拍卖业务向嘉德、保利等大公司集中。北京目前在内地拍卖市场独大，其次是上海，再其次是广东、浙江、江苏、山东、四川等地，但都已经不成气候。

第三，围绕拍卖发生的拍假、假拍也成为艺术市场中的争议现象。最早广为人知的是 1993 年 10 月上海朵云轩与香港永成古玩拍卖有限公司联手在香港举行拍卖，其中一幅署名吴冠中的画作《炮打司令部》以 52.8 万港元拍出，但画家吴冠中声明这并非他的作品，因此引发诉讼。

二 第二个十年：新收藏阶层的崛起

受到 1998 年亚洲金融危机和国内经济调整的影响，1999 年到 2002 年拍卖市场整体不太景气，但是也出现了新的苗头，一些有企业背景的大买家进入市场，对优质作品的竞争更激烈，到 2002 年出现了约 25% 的增长。2002 年 4 月，以中国嘉德国际拍卖公司春季拍卖会上宋徽宗《写生珍禽图卷》2530 万元人民币成交、2002 年 12 月中贸圣佳拍卖公司秋季拍卖会上北宋书法家米芾《研山铭》2999 万元人民币成交为标志，中国艺术品拍卖市场在全球相关领域中的地位有所，由此带动了全球范围内的中国书画艺术资源向国内市场的流动，即所谓的"海外回流"现象。

文物回流在 2002 年达到一个高峰：全国成交的 3000 余件文物艺术品中海外回流的占 87%，其中成交价过百万元的有 25 件，比上一年增加 16

中贸圣佳 2005 年春拍预展，北京亚洲大酒店

件。在 2003 年经历"非典"过后，市场进一步快速发展，当年北京市场拍卖总成交额达 11 亿多，中国嘉德春拍成交额为 1.94 亿元人民币，秋拍更高达 2.51 亿元人民币。

在大众媒体兴起的时代背景下，天价艺术品也成为媒体关注的对象。2003 年中贸圣佳公司拍卖傅抱石的《毛主席诗意山水册》和齐白石的《诗意山水册》，中央电视台做了 2 天每天 2 小时的现场直播，收视观众高达 8000 万人。报纸、杂志、互联网、广播电台、电视台等对于文物拍卖的传播，让艺术品投资意识越来越深入人心。

更多的拍卖公司开始入场：华辰、保利等新拍卖公司创立，佳士得、苏富比也开始感受到中国买家的力量，新的基于投资需求的藏家，比如来自资源行业、房地产行业以及金融市场的新富开始涉及艺术投资和收藏，他们有着更为强劲的资金实力，成为收藏圈的新主力。而在以前，行家和有收藏兴趣和经济条件的专业人士、世家大族是收藏主力，他们主要通过古玩店、文物商店之类渠道购买文物，这是一种区域性的市场。而进入21世纪，全球经济一体化带来了更多的信息和资本流动。一方面海外藏品回流到中国出售，另一方面中国行家也前往世界各地购藏中国艺术品，这主要是经济的力量。

2003年以来，中国艺术品市场整体规模和重点公司都迅速扩张，中国艺术品拍卖市场的拍卖场次迅速增加。2003年，中国艺术品拍卖的总场次为171场次，2004年的总场次为338场次，2005年则有80个公司共举办了604场次的艺术品拍卖会，而2006年的相关数据达到了837场次。2007年，全国具有文物拍卖资质的公司已经达到240家，仅北京一个城市就有83家。中国拍卖市场成交总额也从2003年的35亿发展到2007年的200亿元人民币。

统计数据表明，自2003年以来，艺术品市场的买方群体几乎是10年前的3倍。与艺术品相关的各个行业迅速繁荣，古玩市场、收藏市场遍布各个城市，随着中国当代艺术的迅速走红，画廊、艺博会、艺术区也在呈几何式增长。2005年到2006年，市场自身开始出现回调，当代艺术异军突起，又支撑了市场两年时间，2008年席卷全球的金融危机中市场由热转冷，但是2009年又出现反弹。

这和中国经济的总体性通胀密切相关，土地和房地产价格上涨以后通过相应的传递渠道向物价的各个领域扩散。当然，快速致富的房地产商中不少人也成为了收藏者——其中艺术品也是一项，价格快速进入千万元、亿元时代。从某种意义上来说，那些从近年来的艺术市场发展中获得利益的收藏家看似有千万元亿元的投资回报，其实仅仅是用艺术品对冲了通货膨胀的风险。如果他们投资房地产市场，回报率说不定还要更高。

有趣的是，正是拜拍卖市场上出现的高价位所赐，曾经十多年来一直处于地下状态、处于边缘地带的中国当代观念艺术家群体在2003年以后跃上台面，在市场和都市媒体的推动下成为市场杂志、都市报纸的封面人物和报道对象。他们的观念连同金钱的象征性作品很快让国内人意识到艺术品的意义——他们值钱,有些还很值钱。当他们和体制内的传统国画艺术家、古董文物藏家一起拍卖的时候,一种市场主导的新秩序产生:体制内的官方美术机构也不得不随着形势调整自己的认知,咸与维新。

就经济层面来说,当代艺术成为拍场角色不仅是中国独有现象,最近10年也在欧美大行其道,达明·赫斯特、杰夫·昆斯等知名艺术家也在海外市场创造出种种高价,而且同样引起争议:在世艺术家的创作还在进行中,收藏者、艺术基金、画廊、美术馆、策划人、媒体等相关的艺术链条密切勾连,因此这个体系也具有更多的可操作性和多变性,与金融市场的关系越来越密切。而中国作为发展中国家,当代艺术市场在上世纪90年代都是靠海外游客和艺术爱好者支撑,到21世纪才随着艺术市场的勃兴逐渐改变,到2008年之前海外买家还是最主要的收藏家群体。金融危机则让游戏规则改变了,国内收藏家显然更为坚挺,因此也导致艺术市场的趣味开始潜在地转折,一部分适合国内艺术家品味的装饰性、有本土因素的作品开始受到关注。

当然,这时候也出现了潜规则和显规则。时有合谋制造虚高拍卖纪录的"假拍"传闻见诸媒体,投资性藏家成为绝对主流。另外拍卖行成为超级售卖场以后就开始扩张势力,先是直接找在世艺术家让其自己送交作品上拍然后分成,更是出现拍卖公司开设艺术中心、开展私人洽购业务的尝试,这已经冲击到画廊和艺术家的代理关系。当然,这并不仅仅是中国出现的现象,英国艺术家达明·赫斯特也和拍卖行直接合作拍卖自己的作品,这同样也让他的合作画廊感到不快。不过中国艺术品市场的激进不仅于此,2010年还出现了文交所将艺术品进行证券化交易以及众多的艺术基金产品,前者试图将艺术品交易证券化、数字平台化,从而吸引更多的中小投资者入场,而后者试图引导富有人士投资艺术品市场。

这都可以看作是全球资本的流动和投资的透明化对艺术市场的影响,因为新兴的投资客们习惯在公开市场投资股市、房地产、大宗商品、各种衍生金融产品等,他们希望按照简要、公开的指标进行投资,而不是像传统藏家那样花费很多时间精力去了解艺术家、画廊的各种盘曲关系。对他们来说有直接客观的投资数据、在公开市场上购买是一种更简单有效的投资方式。而拍卖市场出现的价位就成为最重要的数据指标，因此著名的上海收藏家和投资家刘益谦所言的"买封面作品"正是这种行事风格的体现。21世纪中国内地的富豪阶层崛起，带动了奢侈品消费市场的快速成长，也让中国在2011年成为全球最大的拍卖市场，这也和中国经济在全球的分量相当，差不多同期中国的经济总量超越了日本，成为仅次于美国的第二大经济体。

2013年中国进入了一轮经济缓慢降速的低增长阶段，同时政府也不得不致力解决通货膨胀问题，加上全球性的经济波动和紧缩的交替，带给艺术品市场新的节奏感。但是同时，也要看到数以千万的新生财富阶层的消费和投资需求始终存在，艺术品市场的基础仍然是在扩大之中，只是收藏投资方向、趣味类型的分化将更为显著，金融因素和年轻藏家因素的权重上升，这成为之后几年艺术市场变化的线索所在。

三　海外回流：利益、阴谋和迷思

拍卖市场的发展让"文物回流"成为2000年以来艺术市场的重要现象，1990年代中后期内地拍卖市场近现代书画价格逐渐高涨，这吸引了一部分藏在港台、东南亚的中国文物艺术品回流，但是当时数量不算大。进入21世纪，随着中国艺术品价格的全面增长和中国藏家的活跃，回流的文物艺术品占据相当大的比例，一些大的拍卖公司纷纷将征集的方向瞄准了境外的美、日、韩、新等。尤其是2005年之后，很多公司由境外征集来的拍品数量一度达全年拍品总量的50%以上，最高甚至达80%。根据2005年的相关统计，2005年通过艺术品拍卖市场回流国内的文物艺术品数量已经超过5万件，其整体数量也已占到了中国文物艺术品全年拍卖总数的40%左右。从文物艺术品回流区域而言，已经从原先临近中国内地市场的港澳台地区和东南亚，扩展至亚洲的日本、韩国以及欧美地区。与此同时，回流文物艺术品的种类也从传统的书画、瓷杂发展为油画及当代艺术等。

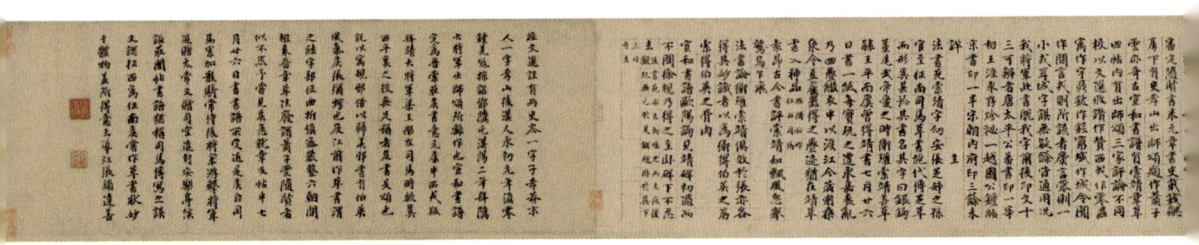

《出师颂》，纸本章草，21.2×127.8cm，隋代，故宫博物院

这一趋势最早在 90 年代后期显露，中国内地的买家取代了日本、中国台湾和中国香港地区的买家，而成为越来越活跃的买家，1999 年就有内地藏家前去欧洲的小拍卖行竞拍中国艺术品，21 世纪成为令人瞩目的中国艺术品购买主力。他们的收藏兴趣和港台藏家有类似之处，喜欢清代皇帝们收藏过的珍贵书画、瓷器、玉玺或者皇帝们自己的书画作品。北京、上海、成都、太原乃至更多大城市的富豪都开始购买艺术品。这也让更多的中国艺术珍品被委托在香港、北京而不是纽约、伦敦拍卖。2004 年，苏富比拍卖行在其春秋季拍卖会上与 70 名中国大陆顾客做成了超过 1000 万美元的生意，几年之后的 2009 年他们的销售数据则翻了 7 倍，其名单上的中国大陆买家数上升至 195 人。

1. 文物回流的去向

拍卖市场 20 年来回流文物已经超过 10 万件，晚清民国时期流散国外的故宫、圆明园、清东陵、敦煌莫高窟等处的文物因为国内市价高的原因而不断回流，其中著录于《石渠宝笈》的清宫旧藏珍贵文物回流数量就超过百件，仅中国嘉德征集到的有宋徽宗《写生珍禽图》、宋高宗《养生论》、隋人索靖《出师颂》、明代仇英《赤壁图》等，中贸圣佳征集到的有唐阎立本《孔子弟子像手卷》、宋李公麟《西园雅集图卷》、宋王诜《叠翠清流图》、明周之冕《百花图卷》、清徐扬《南巡纪道图》等。

海外文物回流后大多落入国内私人藏家手中，少部分则入藏国立博物馆。1995 年秋季拍卖会，北京翰海公司推出海外回流的北宋张先《十

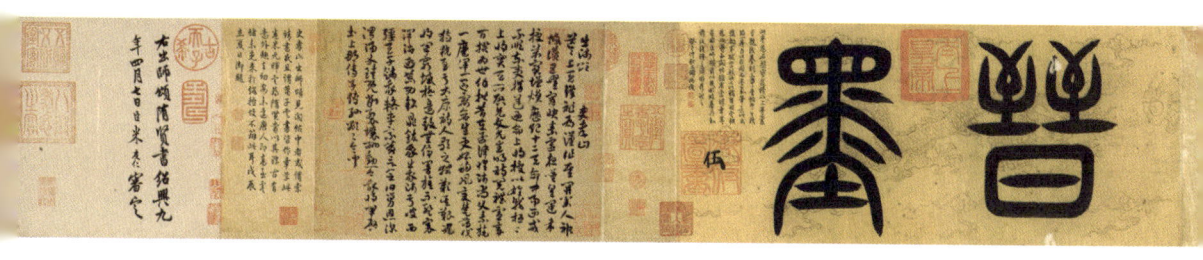

咏图》高头大卷，资深专家徐邦达先生力排众议，建议国立机构斥资买下，最后以1980万元入藏故宫博物院，开公立博物馆从拍卖市场购买文物的先河。故宫博物院1995年还以500万元从中国嘉德购买石涛的《竹石图》；1996年以880万元从北京翰海购买沈周的《仿黄公望富春山居图》；2002年从中贸圣佳以2999万元购买了北宋米芾《研山铭》；2003年以2200万元从中国嘉德购买隋人索靖的《出师颂》等。

首都博物馆2000年以880万元从北京翰海购买佚名宋人《梅花诗意图》，以15万元从北京翰海购买明吴纳《孔子与七十二贤图》，以550万元从中贸圣佳购买郑燮《手书五经册》，还在香港苏富比拍卖会上以1980万港元买下圆明园流失的清乾隆酱釉描金描银粉彩青花六棱套瓶；2002年以800万元从中贸圣佳购买阎立本《孔子弟子像》，以184.8万元购买明嘉靖素三彩观音；2004年以341万元从中贸圣佳购买顾洛《蚕织图卷》，以4620万元购藏翰海拍卖推出的元鲜于枢草书《石鼓歌》，以132万元从中贸圣佳购买王炳《倩园八景·燕京八景图卷》；2008年购藏翰海春拍的清乾隆粉青釉描金镂空开光粉彩荷莲童子转心瓶；2009年以5150万元从翰海拍卖购藏宋贾似道刻宣示表原石。

中国国家博物馆1996年曾经以很少的经费，从北京翰海购买了一批稀缺珍贵的文物藏品：以8.8万元购买的英法联军从圆明园掠走的清乾隆《银合金兽面铺首》；以4.81万元购买的带"榆次县孟家井烧来"铭款的金代《榆次窑玉壶春瓶》；以2.2万元购买的清乾隆官窑《广彩开光人物碗》；以0.2万元购买的钤有"教育部中央观象台颁发历书之印"的1915年刊本《洪宪元年历书》；以0.22万元购买的《影印四库全书四种》；以

3.08万元购买的《京张铁路摄影集》和詹天佑致黄锡臣书札；以7.7万元购买的苏敬（唐）撰《新修本草存十卷》等。

上海也是大手笔购藏回流文物。1997年经过中国嘉德三年努力，上海图书馆以450万元美金购下在美国的常熟翁氏所藏古籍版本80种542册，其中有宋代刻本11种150册，元代刻本4种50册。经过中国嘉德努力，上海博物馆以450万元美金购回纽约古玩商安思远手中的《淳化阁帖》四卷。2000年上海博物馆以880万元人民币从中国嘉德购买了宋高宗《真草二体书嵇康养生》手卷；2002年以990万元从中国嘉德购买钱镜塘藏《明代名人尺牍》；2005年以506万元从中贸圣佳购买了金陵八家中高岑的《江山无尽图卷》等。

2. "文物回流"的争议

2001年11月天津举行的一场"海峡两岸三地文物市场研讨会"上拍卖行业开始探讨"文化回流"的话题，之后在善于寻找热点的大众媒体炒作下成为之后几年艺术品市场的热点新闻，部分拍卖公司和古玩掮客也参与其中，不乏鼓动民族主义情绪以便谋取高价的意图。

在大众媒体上，十二生肖铜首拍卖的新闻让这一议题变得格外热闹，关于当年从圆明园等地被掠夺的艺术品"回流"引起连篇累牍的报道：有些人力主国内藏家竞拍，而有些人认为竞买这些"非法流失"的文物并不合算，甚至是新的耻辱，还有人发掘背后的经济利益链条。

十二生肖铜首是建于清朝乾隆十二年至二十四年（1747—1759年）的圆明园海晏堂前的十二生肖报时喷泉（当时称为"水法"）的一部分，由欧洲传教士蒋友仁等设计监造。这个喷泉是在扇形水池正中设一座喷水台，南北两岸则设12石台，台上各坐表示十二时辰的12生肖像。南岸分别为子鼠、寅虎、辰龙、午马、申猴、戌狗；北岸则分别为丑牛、卯兔、巳蛇、未羊、酉鸡、亥猪。这些肖像皆兽首人身，头部为铜质，身躯为石质，以盘坐姿态分列喷泉左右，中空连接喷水管，每隔一个时辰（两小时），代表该时辰的生肖像，便从口中喷水；正午时分，12生肖像口中同时涌射喷泉。1860年，英法联军烧毁圆明园，圆明园12生肖铜像自此

圆明园十二生肖兽首之猴首，铜铸，清代，保利艺术博物馆

流失海外。

据传上世纪 30 年代，美国旧金山的旧货商曾以每只兽首 50 到 80 美元的代价，买下了牛、虎、猴、马等兽首，摆在花园里，成为花园雕塑。1985 年，一位美国古董商在加利福尼亚州一处私人住宅内无意中发现其中的牛、虎、马首铜像，并以每尊铜像 1500 美元的低价购得。

最早追捧圆明园 12 生肖铜像的是台湾的古玩经纪人和收藏家。台湾古玩经纪人蔡辰洋 1987 年在纽约苏富比的拍卖会上通过电话竞投，以 13 万美元拍下猴首；1989 年，又在伦敦苏富比拍卖会上拍到牛首、虎首和马首，其中马首以约 25 万美元竞得。1989 年底，蔡辰洋将拍到手的马、猴、牛、虎这四件兽首在台湾举行特展，之后可能卖给了不同收藏家。据说马首的收藏者是居住在台北的房产商人周义雄，他曾经出借马首参加"清玩雅集"成员 1995 年在北京故宫举办的收藏展、2000 年在鸿禧美术馆的收藏展。

到 2000 年，国内的保利集团公司在香港分别以 774.5 万、818.5 万、1544.475 万港元竞得牛首、猴首和虎首，收藏于保利艺术博物馆，这是圆明园铜兽首第一次进入国内媒体和公众的视野。2003 年全国政协常委、香港信德集团董事局主席何鸿燊从美国收藏家手中，以港币约 700 万元买下猪首。2007 年，香港苏富比宣布获得委托拍卖马首，在内地引起广泛关注和争议，通过一富有争议性的基金会的牵线，何鸿燊在拍卖前以 6910 万港元购得马首并将它和猪首一起捐赠中国国营企业保利集团。有评论者指出这一系列拍卖背后或有特定利益关系人借圆明园兽首炒作"文物回流""爱国情怀"等话题，然后让国内外企业、慈善家出"天价"购买获得利益。

2009 年 2 月，已故法国时装设计师伊夫·圣·洛朗和他的搭档皮埃尔·伯奇的藏品被委托给佳士得公司拍卖，其中包括英法联军 1860 年从圆明园掠去的铜制鼠首与兔首。时装大师和他的同志伴侣、英法联军火烧圆明园等名人、历史因素让这一消息具有了高度的传播性，在中国成了媒体高度关注的争议事件，中国国家文物局声明不赞同再公开拍卖这两尊珍贵的铜首，也不希望本国公民参与。中国的一些律师组成团队前往巴黎试图从法律角度阻止拍卖，还有一位古董商人在拍卖中出价 3100 万欧元

（合4600万美元）"竞得"两尊铜首，却在之后宣布拒绝付款。国家文物局在佳士得拍卖后出台通知要严格审查佳士得在华活动。

拥有古驰集团、佳士得股份的法国富豪弗朗索瓦·皮诺从原持有人手中买下鼠首与兔首，并于2013年捐赠给中国政府。目前，牛、虎、猴、马、猪、鼠和兔七尊兽首回到国内，龙首、狗首、蛇首、羊首、鸡首等5尊铜像下落不明。

3. 文物回流的迷思

圆明园的这些铜像没上拍场之前散落在法国、英国、美国的私人手里，肯定来自1860年的劫掠，但中间换过几次手，最后多是古董商人、投资客把他们推上拍卖会。更不容忽视的是，猴首、牛首、马首、虎首先后经过台湾藏家之手走进拍场，虽然后来某些台湾经纪人自夸"不卖给外国人"，但如果不是保利公司和何鸿燊出价更高的话，天知道它们现在属于谁。

和这些拍卖会同步的时代背景是，1989年之前，中国内地甚至还没有一家拍卖行，也没有数量庞大的、具有竞争力的大众媒体，所以人们几乎不知道在纽约、伦敦发生的那些拍卖；到2000年这些雕像再次出现时，和越来越高的标价、越来越热烈的媒体报道对应的是，中国内地的经济崛起所伴随的艺术市场大跃进，早年流失的中国文物"回归"就成了引人注目的事件。

也因此，之前没多少人知晓的这些雕像，在2000年突然成了众多媒体报道的"国宝"——具有讽刺意味的是，无论对求利的持有人、拍卖行还是着急要让它们回流的国内媒体、基金会乃至部分投资人来说，"国宝"这个词都意义重大：出售者可以借此抬高价格，而媒体可以扩大报道版面，基金会、购买者也找到了其代表的"文化价值"或者"国家荣誉"。而没有多少人关心这几件兽首在中国文化史、艺术史的合理地位，比如中国最重要的文物学者和建筑学者谢辰生、罗哲文并不认为它们是"国宝"，认为其没有特别重大的工艺和艺术价值。

在这股"回流"风潮中，拍卖行纷纷以"用拍卖的方式促成文物回流"这样的辞藻来掩护自己精密的商业算计，国内外的古董商、艺术品经纪人则用"回流"的名义转手买卖，大量赚钱，甚至还在其他的拍卖会上爆出过"伪造回流文物"的丑闻。很多人沉醉于"胜利回归"的幻觉中，却没有意识到从这种回归中得到最大利益的是涉及其中的国内外的古董商、收藏投资客、拍卖行们。而且，不断抬高的回流文物价格又会进一步刺激更多的走私和非法盗掘——比圆明园丢失的那些还要多得多的文物事实上是在和平时期被盗掘、走私和买卖的。

回顾历史，围绕圆明园十二生肖铜首的争议并不是特例，几十年来不断有人提出要追索大英博物馆、吉美博物馆、大都会博物馆中来源不明的中国文物——英法联军火烧圆明园、八国联军进占北京以及其后的漫长岁月里，欧美的兵丁、学者、商人抢劫和偷盗出去的文物转手进入博物馆、私人藏家手中的不在少数，当然，中国人合法、非法卖出去的更多。事实上，不仅中国遇见这样的问题，埃及、希腊、伊拉克等文明古国也有类似的历史。

2009年"鼠首兔首拍卖事件"让累积了快10年的争议和社会舆论达到了高潮——举国媒体的报道、律师团的跨国诉讼、各路专家的发言不一而足，报纸、电视、网络上呈现出的丰富的言论令人印象深刻，多元化的观点也预示着公共讨论空间的逐渐成熟。但其中最强有力的声音仍然是叫嚣了许多年的那种"历史性受害者的道德控诉腔调"：和具体国家的某个具体人物就具体的事物展开争辩，都会自动升级到用历史上曾发生的国家、民族纷争造成的"集体意识"进行论说，而这种混淆不同层面的模糊但充满道德自信的抨击往往"于事无补"但又显得"无限正义"，而且在这件事中再次遭到挫折后，会习惯性地用这种新的挫败感来喂养更强烈的仇恨和自以为是的道德优越感。

1996年，中国政府签署加入《国际统一司法协会关于文物返还的公约》时曾声明，中国政府保留对历史上被非法掠夺文物进行追索的权利。政府和人大可以尝试在立法方面做出调整，设计出具有规范性的、普遍性的法律来处理越来越多的类似争议，比如禁止任何国内的机构（公私博物馆、公司、基金会等法人团体）和个人从境内外拍卖行、古董行以及黑市购买以掠夺等手段非法出境的文物，避免市场成为销赃渠道。这也可以有效抑制黑市价格，打击文物走私活动。同时可规定海外拍卖公司、个人如果拍卖、买卖来源被证实非法的中国文物，那中国政府有权对该公司、个人进行制裁，包括不允许在中国开设公司、经营资产、进行转账和展览活动乃至冻结其在华资产，限制其高管、股东入境等措施。国内的特定机构可以在认为有疑点的情况下进行起诉或申请处罚，而该拍卖行、文物持有人可提供可信证据来证明自己拥有的文物的流传途径的合法性。

> **艺术家** 吴冠中：市场中的艺术家
> The Artist

吴冠中生前著名，作品在拍卖场屡屡创下中国绘画最高价；身后哀荣，官方定位为"人民艺术家"，为近年少见。但是从吴冠中一生行迹而言，他并非美术体制内的主流艺术家，创作主题也与重大政治、社会主题无关，绘画水准和风格也多有争论，却在1980年代以后因为历史机缘成为中国最著名的艺术家之一。这和他的绘画被收藏、被拍卖、被传播的历史有紧密关系，从另一个侧面表现出艺术市场的伟力。

吴冠中1988年创作的彩墨作品《狮子林》（144×297cm）在中国嘉德2019春拍中以1.4375亿元成交

1. 文字功夫

吴冠中1919年出生在江苏宜乡村，少小学画，中学毕业时考入浙江大学附设工业学校机科，在全省大中学生暑期军训中与杭州艺专学生朱德群相识，受其影响决心学画，违父命考入杭州艺专预科、本科。在李超士、方干民、王子云、常书鸿、关良、蔡威廉、潘天寿等指导下学画。1942年毕业，作品《静物》参加了民国政府组织的全国第三次美展。1943年于四川重庆沙坪坝青年宫举办第一次个人画展。1946年通过教育部留欧考试，被选派到法国巴黎国立高等美术学校研习油画，作品曾参加巴黎春季沙龙展和秋季沙龙展。1949年末为了"回不回祖国"，吴冠中、熊秉明、赵无极彻夜长谈，赵熊二位决定留下，吴先生次年1月乘"马赛"号抵达香港，北上，经杭州艺专同学董希文介绍到中央美院任讲师。

21世纪以来，吴的画作连连拍出千万高价，是艺坛明星人物，容易让人忽略他在1950年后的大多数时候其实是艺术界的"孤独者"。上世纪50年代到70年代，他受到主流的现实主义画派排斥，因在课堂上向学生介绍尤特利罗、莫迪里安尼等现代画家，宣讲个人艺术观点而受批评，被斥为"资产阶级文艺观""形式主义"，因不愿按主流模式画人物画而改画风景，甚至在中央美术学院无法立足，1953年被排挤调往清华大学建筑系教素描及水彩风景画。1966年"文革"爆发，他不得不赶在红卫兵抄家前自毁历年所画人体油画、素描及在巴黎所画作品。

直到1978年，59岁的他才有机会举办回国后首次个人展览《吴冠中作品展》，在"工美"的一间旧教室里展出，第二年春中国美术馆举办"吴冠中绘画作品展"，算是让这位老资格的留法画家露了面。他既没有革命资历，也不居体制内高位，好在除了画与众不同，吴冠中的观点独特，文字生动，也敢说话，1979年在美术杂志第5期发表文章《绘画的形式美》引起强烈反响。1980年、1981年先后在美术杂志发表《关于抽象美》《内容决定形式？》，引发美术界群起辩论，也奠定了吴冠中在画坛的独特地位。虽然传统派画家觉得他"忘本"看低线描功夫，苏派写实画家觉得他放弃准确造型太过轻浮，可年轻画家多认同他的观点。1982年起，四川人民出版社推出他的一系列文集更是扩大了他在一般文化人中的声望。文字好的艺术家在近现代大众传媒社会较占便宜，比如与他同时代的黄永玉、比他年轻的陈丹青，都通过文字让更多大众所知晓。

吴冠中的绘画观落在抽象和具象之间，不如同学赵无极、朱德群那样"更抽象"。大背景是后两者留在海外创作，针对欧美的抽象绘画、现代主义艺术的语境。而吴回国后的30年甚至没有独立创作的权利，几乎没有渠道和外部艺术世界沟通交流。更重要的是，吴主张"风筝不断线"，他画画儿的时候有抽象的图示，但仍然有部分色彩、线条、形体接近现实物像，能直接辨认出来，他的艺术探索始终注意和中国社会大众一般审美水平保持适度联系，不愿意为极少数文化圈内人的"严肃思考"玩儿深奥，这或许也是他继承鲁迅先生"启蒙"思想的一部分。

2. 市场明星

回顾吴冠中作品被收藏的历史，可以观察到中国当代艺术市场随着经济大势演变的奥秘，以及艺术市场对于艺术家形象的塑造力量。

1980年代初，吴冠中就像很多画家一样通过荣宝斋这样的国有画店出售作品，价格也就几百块而已。那时，除了文化圈、政界个别人，中国内地基本还无人了解"收藏"为何意，当时中国也没有"富豪"这个阶层。之后国门渐开，有十多年艺术市场经验的少数港台和新加坡画廊主、藏家开始进入内地买进作品，然后再转手卖给本地藏家。吴冠中是较早为海外艺术市场重视的艺术家，并接连吸引了实力雄厚的藏家关注和投资。他的作品在当时独树一帜，且师友皆有名望，有法国留学背景，方便进行学术定位。因此他的作品受到多方收藏力量的关注，在艺术市场上不断创造拍卖纪录。

第一波收藏吴冠中作品的主要是新加坡、日本和港台人士。1982年新加坡新华美术中心画廊主曾国和从北京荣宝斋买进一批中国画家作品举办展览，吴冠中富有新意、中西糅合的画风很受新型藏家如律师、医生、建筑师等专业人士的喜爱，是画家中销售最好的。此后新华美术中心和其他画廊引进更多吴冠中作品，如1986年画家陈潮光经营的真品画廊曾展出吴冠中作品，吴冠中这个名字在新加坡收藏圈渐渐有了名声。

1987年9月，香港艺术中心主办"吴冠中回顾展"，开幕40分钟内作品售罄。1988年2月9日为期两周的吴冠中个展在新加坡国家博物馆画廊开幕，展出了吴冠中1961—1987年间的作品，内容包括55幅水墨、25幅油画和20幅速写、水彩等。这前后他在日本东京西武画廊和香港万玉堂、一画廊多次展览都成功售出多数作品。1990年4月万玉堂举办的"行到水源处——吴冠中画展"在新加坡、台湾、香港巡展，引起相当的轰动。新华美术中心5月间举办"吴冠中水彩水粉画展"。从中可以看到艺术展览和艺术市场紧密的关联。

1990年代摄影家蔡斯民开设的斯民艺苑画廊给吴冠中举办了多个有特色的展览。1990年夏季吴冠中在北京重温40年前的绘画基本功绘制一系列人体绘画，蔡斯民于1992年策划《夕照看人体》，展出这批油画、水墨、素描和速写；1993年举办吴冠中速写展，首次展出吴先生许多著名画作的原始素材。在欧洲，1992年英国伦敦大英博物馆举办"吴冠中——二十世纪的中国画家"画展，并为此次展览出版画集。1993年，法国巴黎塞纽奇博物馆举办"走向世界——吴冠中油画水墨速写展"，吴冠中接受巴黎市金勋章。

从1980年代后期到1990年代后期，万玉堂、一画廊以及新加坡斯民艺苑先后积极在新加坡、印尼及港台地区推广吴氏作品，而最大买家则是新加坡活跃的印尼华商郭瑞腾，他陆续收藏了上百件吴冠中水墨、油画，成为海外收藏吴冠中作品最多的私人藏家。2003年10月曾在他的好藏之美术馆开馆纪念展"此岸、彼岸——吴冠中回顾展"展出。好藏之美术馆是新加坡第一家私人美术馆，馆中附设吴冠中美术馆。上述几家画廊和郭瑞腾也是在拍卖场上推高吴氏作品价格的主力。

1984年，香港苏富比拍卖会上就出现了吴冠中作品，以万元左右的价格成交，到1989年香港拍卖会他的墨彩绘画《高昌遗址》已飙涨到187万元，买主据说就是郭瑞腾，创下当时中国在世画家作品拍卖的最高价。1990年油画《巴黎蒙马特》在香港佳士得拍卖中以港币104万元售出，创中国在世画家油画拍卖的最高纪录，吴冠中也成为当时收藏者、投资客最重视的中国艺术家之一。

第二波则是从1995年开始到2003年为止。这时候中国内地个别藏家开始购藏吴冠中，经纪人郭庆祥1995年以40万买下从美国回流的吴冠中作品《香山春雪》，1997年与万达集团董事长王健林合作投资购藏吴冠中作品，陆续买入近70张。不过这一时期印度尼西亚、新加坡的华人买家仍然非常活跃，他们仍是许多高价作品的买卖者。

1999年，80岁的吴冠中向国家捐赠作品，文化部在中国美术馆举办《吴冠中个人画展》，这是文化部首次为在世画家举办个人画展。此时的吴冠中已经是最著名的艺术家之一，2002年被选为法兰西学士院通讯院士。

第三波是2004年万达集团开始参与吴冠中的展览和市场运作。2004年6月，万达集团主办的《情感·创新——吴冠中水墨里程》国际巡回展首站在巴黎联合国教科文组织总部开幕，7月移至北京中国美术馆展出，展品全部由大连万达集团收藏。万达之后还举办了多个吴冠中的展览。这时候中国已经是"金砖四国"里最金光耀眼的，众多富豪正卷入收藏热之中，海外藏家纷纷转手把吴冠中作品卖给内地藏家，如北京的卷石轩美术馆就陆续购藏吴氏作品四五十件。不过，如今吴冠中作品价格高昂，恐怕已经无人能再购置百件之多了。

随着中国内地艺术市场的爆炸式增长，吴冠中作品价格进一步飙涨。2004年秋其成交总额首次破亿，2005年迎来吴冠中艺术市场的第一个巅峰期。192件上拍，总成交3.08亿元，国画《黄土高原》在北京荣宝斋以1870万元成交，首次突破千万。接着，《鹦鹉天堂》在北京保利以3025

万元成交。佳士得秋拍中的《景山公园白皮松》以 974.35 万元成交,逼近千万元级别。

2006—2007 年进入了调整期,其上拍量、成交额都有所下降,在高价作品上却有新突破。2006 年油画《长江万里图》拍卖的成交价高达 3795 万元,刷新了中国内地油画拍卖的最高纪录。2007 年共有 4 件作品破千万,《交河故城》以 4070 万元的价钱落槌,创造了当时内地当代艺术家国画拍卖的最新纪录,油画作品《木槿》以 3920 万元成交。《北国风光》《桂林景色》分别以 3168 万元、1006 万元成交。

2009 年金融危机以后,买家追逐顶级作品,吴冠中作为中国当代绘画市场中重要的风向标,高价成交数也逐年攀升。2009 年吴冠中千万以上的作品为 4 件,2010 年千万以上的作品为 11 件,到 2011 年春千万元以上的拍品已经达到了 24 件。吴冠中经典作品《狮子林》以 1.15 亿元人民币成交,创下艺术家作品的最高历史拍卖纪录,同时也是中国现当代书画艺术品成交的最高价。同场吴冠中早期油画代表作《木槿》也以 6325 万元高价成交,再次刷新吴冠中油画作品纪录。

3. 时移世变

吴冠中作品从 1980 年到 2010 年 30 年的收藏史体现了经济和体制造成的"时间差"效应:新加坡、香港、台湾比中国内地先富裕 20 年,艺术市场先启动近 20 年,所以上世纪八九十年代他们主导华人艺术品市场。而 21 世纪以来中国内地新富阶层崛起,艺术收藏市场大爆发,新、港、台的部分藏家逐渐将藏品卖回内地,获利丰厚。但华人收藏界也有共同点,就是藏家多数关注作品投资价值,甚至直接参与短线炒作,身份更靠近投资客而不是传统意义上的收藏家。

不过,艺术市场的存在对画家来说始终是好事。多年饱受限制的吴冠中在八九十年代得到新、港、台藏家和社会各界的认同,率先实现了"财

2006 年吴冠中委托亲属向北京故宫博物院捐赠作品的仪式

  在来宾和新闻媒体的共同见证下，故宫博物院常务副院长李季从吴冠中长子吴可雨手中接受了捐赠的油画长卷《一九七四年·长江》和水墨作品《江村》《石榴》三件原作。

2006 年"奉献——吴冠中历年捐赠作品汇展"展览现场

  由中华人民共和国文化部主办、故宫博物院承办的"奉献——吴冠中历年捐赠作品汇展"在故宫午门城楼开展，展出吴捐赠给北京故宫博物院、香港艺术馆、上海美术馆、中国美术馆、鲁迅博物馆等机构的藏品，同时出版《吴冠中捐赠作品汇集》。

务自由",这也成为他敢于批判诸如画院、美协这类僵化体制的一大支点。吴先生晚年除了向中国内地的故宫博物院、中国美术馆、上海美术馆、浙江省相关机构等捐赠作品,也先后向香港艺术馆、新加坡美术馆捐赠上百幅画作,体现出他回馈艺术市场的君子之风。

第二十三章
收藏成为产业：经济和文化的新生态

1970年代，琉璃厂东西两街的北京市文物商店门市部的房屋显得陈旧狭窄，甚至有房屋漏雨、地面不平的情况，但是在计划经济时代文物商店没有自主权和可支配资金进行维修改建，全要遵照上级批示获得拨款才能进行。

1972年起，美国尼克松总统、日本田中角荣首相等贵宾访华时都有随团人员到访琉璃厂购货，因此1973年文物商店向市政府呈交了翻建琉璃厂各门市部用房的报告，并没有获得积极回应。一直到1978年才有了自上而下的重视。时任国家副主席的李先念指示修建充实琉璃厂，乌兰夫副委员长、谷牧副总理召集外贸部、国家文物局负责人会议，委托文化部部长黄镇"抓这件事"。1980年，琉璃厂开始翻建。4年之后，翻建工程竣工，面貌一新的古文化街亮相后在国内外引起很大反响。

1960年以后的琉璃厂文化街、上海市古玩市场（文物商店）虽然可以说在街道上开设有数家店面，但却不算是"市场"，因为只有两三家国企所属的不同门市部在分类经营，并没有价格竞争，也不容许人们任意买卖。计划经济的管理体制造成了国有"单位"的种种行为缺乏自主性和效率，从上述维修翻建工程漫长的审批、执行过程可见一斑，之后民间私营古玩企业、古玩城在市场经济中的快速成长与之形成了鲜明对比。更重要的是，在市场经济条件下，收藏和相关的交易活动吸引了各种资本、各路人马的参与，发展成日益庞大的产业。

一　古玩商和古玩城：从无名市场到巨型商城

"文革"后期，在上海、北京等地的"旧货市场"上就出现了零星的民间文物艺术品交易现象。在当时的观念和法规影响下，政府部门对此往往持"严厉打击"的态度，如《上海市文物志》记载上海公安部门仅1976年第一季度就抓获"地下买卖文物"的案犯30余人，其中包括老古玩商、无证摊贩、在职或退休干部和职工等，查扣的文物、旧工艺品有书画、玉器、陶瓷、印章、砚台等3000多件。

1. 上海的古玩市场

1978年改革开放后社会管制放松，各地渐渐出现了自发形成的邮票市场、旧货市场，多数是周末聚集在管理宽松的空地、街边交易，但是稍微有了规模被看不惯的人举报就会遭到查处，商贩们只好不断转移地点，时聚时散，如上海收藏爱好者的交易场所曾从人民广场黄陂路三角花园地带，转到西康路桥、打浦桥，再到靠近中华路寄卖商店附近的会稽路。

会稽路是上海最早的较有规模的民间文物市场。1986年春出现一些无证摊贩在会稽路两侧设摊兜售及买卖瓷器、玉器、钱币等，市政管理当局曾多次突击取缔、没收货品，买卖双方一度转移到东台路、福佑路等地交易。后来政府意识到"堵不如疏"，1987年将会稽市场上的古玩个体商贩引进附近的东台路花鸟市场，创立了"浏河路旧工艺品市场"（俗称"东台路古玩市场"），100多家商户将货品放在小亭子里经营，主要是各种古玩和旧货。这里成为上海市文物管理委员会批准的上海第一个旧工艺品市场，也是全国最早的具有合法身份的"马路古玩市场"。

上海城隍庙的福佑路上的古玩摊贩交易在1980年代末快速发展，1990年代初最兴盛时有400多个摊位，每天的人流量10万左右。1994年区政府把这里的古玩商迁移到华宝楼1200平方米的地下室的铺位中，形成当时全国规模最大的古玩、旧工艺品的室内市场。1999年把福佑路马路地摊全部搬入华宝楼第四层的"藏宝楼"，每周四到周日有300多个地摊营业，是当时最有规模的室内古玩交易场所。

进入21世纪上海又出现多个大型古玩城。2004年创立的商厦式静安珠宝古玩城是当时上海地区最大的室内古玩市场。上海云洲古玩城的前身为在收藏界享有盛名的上海太原路邮币古玩集市，具有近30年的悠久历史，高峰期入驻商户800多家，具有浓郁的海派收藏特色。中福古玩城为较高端的古玩城，拥有高品质商户200多家。经营面积达7万平方米的虹桥古玩城一度是亚洲最大的古玩市场。

2. 北京的古玩市场

和上海类似，1980年代初北京宣武区象来街、西城区官园、朝阳区三里屯等地的农贸市场和一些旧货市场也出现了个体摊位出售文物古玩的现象，当时这被认为是"非法倒卖文物"，经常被公安、工商管理部门查处。同时，没有文物经销权的其他国营企业、机关事业单位、街道、知青联社、农村社队等看到有利可图，不经工商和文物管理部门批准就经营文物古玩的买卖。据1982年初统计，当时北京市范围内"非法经营文物"的网点达59家，分属12个系统。

各地经营文物的摊贩被认为助长了盗窃文物、投机倒把和盗掘古墓之风，引起政府主管部门关注，中共中央书记处在1981年10月5日开会讨论研究国家文物局上报的《关于当前文物市场混乱情况的报告》，下令整顿文物市场。一方面打击各处市场的个体摊贩，另一方面则由文物部门对非法经营文物单位的库存文物商品实行清点、收购，先后共接收46家集体所有制经营点的文物52000多件。

尽管如此，各个旧货市场、花鸟市场还是悄然存在经营古玩的摊位，不仅进城的农民、卖旧物的市民零星出售文玩，还出现了专门在城乡之间收货、卖货、倒货的个人古玩商。1980年代后期就出现了潘家园、劲松一代的多个旧货市场。那时潘家园一带居民区之间的一片闲置空地上自发形成了一处旧货市场，每到星期六下午就有北京、天津、河北乃至内蒙古、东北等地的小商小贩集聚摆摊，星期日凌晨挑灯叫卖。后来周围几块空地都发展成为周末旧货市场。这里以销售旧书、旧家具、古玩渐渐出名，吸引了大批经营者和淘货客,到 1988 年有人在这里盖出一排排平房出租给个体旧货商、古玩商户,用来经营古玩。

1992 年邓小平南巡后市场经济号角吹响,文物艺术品市场出现的最显著变化就是拍卖市场的大发展和古玩城建设热的兴起,这进一步促进了文物艺术品市场信息、交易的集中化。这期间发展最迅猛的就是北京的古玩市场。潘家园、劲松的旧货市场短短几年时间便发展成为全国最大的古玩旧货集散地,吸引着大批淘宝者和游客,名声远扬国内外。1992 年,就是在这个简陋的市场里,举起了新中国成立后国内古玩艺术品拍卖的第一槌。

1995 年"北京劲松民间工艺品旧货市场"以集资与合资方式建成现代化的商厦式大楼,分割铺面集中出租给 300 多家古玩商,创建了"北京古玩城"的招牌,带动全国集中化商厦形式古玩城的发展,逐渐取代了地摊集市的交易形式。

1998 年后,随着城市改造、产业发展的热潮,各大城市纷纷仿效建古玩城,一直延续到 21 世纪。仅北京古玩城一家就先后扩展出了亚运村市场、翠宫分店、永兴花园分店、书画艺术世界、古典家具市场、北京珠宝城等多个分市场和企业。还有更多其他企业参与投资兴建各种古玩城、收藏市场等。如北京古玩城周边就相继出现了兆佳古玩市场、正庄国际古玩城、十里河程田古玩城、中古商国际收藏俱乐部、天雅古玩城等。为应对竞争,2006 年北京古玩城进行了大规模的扩建工程,经营户从最初 300 多家增至 700 多家。

2000 年前后收藏文化浓厚的各地省会城市纷纷出现了各种大型的古玩城,集中容纳当地主要的古玩、赏石、书画店铺,成为了当时各地推进产业化建设的标志性项目。可是 2003 年以后,拍卖市场成了中高端艺术品的主要交易平台,网上交易的发展也分流了很大一部分低端文玩的交易,古玩城和店铺经营模式受到冲击,人气已经远远无法和 2000 年左右相比。

二 画廊的大都市生存方式

近现代意义上的"画廊",指的是公开陈列美术作品,供公众欣赏和购买艺术品的场所。尤其是 19 世纪末以后,画廊往往经营同时代的艺术家，不仅仅展览和销售他们的作品，也通过代理制度长期开发艺术家的市场。

20世纪上半期上海等地就有展卖艺术家作品的画店出现，光绪二十六年（1900年），在上海成立的朵云轩笺扇商号就兼卖书画，后来陆续出现了更多画店。但1949年后，随着私营经济全面国有化，只剩下国有的荣宝斋等画店、针对外国游客开放的友谊商店和高级饭店里设有专供外国商社、游客选购的画廊或柜台。1980年代随着改革开放，国内画家去海外举办展览才再次对画廊经营方式有了新的认知，一些画家开始与东南亚、美国等地画廊合作。那时，国内因为荣宝斋、朵云轩等主要经营国画，油画的展销机会更少。1986年以前油画只零星出现在王府井工艺美术部、北京画店、美术馆前的百花美术商店以及一些高级酒店附设的旅游纪念品商店中。

曾任职北京市美术界协会副主席的老画家刘迅1986年起在北京国际艺苑皇冠大酒店大堂以沙龙形式举办系列油画、水墨画展览并销售。1986年北京音乐厅出现了以中国美协北京分会名义主办的艺术家画廊，1988年画家何冰在德胜门城楼上开设的东方油画艺术厅，与中国美协和油画名家合作展卖北京地区油画名家作品，稍后私人企业租用中央美术学院场所开设的画廊也开始商业经营。当时的展厅条件非常简单，开幕没有酒会，主要是面向外宾、华侨销售。一些日本、东南亚和港台华商、藏家常来采购油画。1980年代台湾地区经济高速增长，艺术市场欣欣向荣，画廊产业极为繁荣，许多画廊主也前来收购作品。

1991年澳大利亚人布朗华莱士在崇文门中国饭店内创办了北京第一家经营油画当代艺术的画廊——红门画廊，最早尝试签约代理制。这些画廊的客户主要还是欧美游客、华侨等，本土的购藏者极少。此后上海出现了东海堂画廊、和平宾馆画廊，北京出现了华都画廊等。其中东海堂画廊模仿的是台湾画廊经营模式，发掘和经营沙耆等中国早期油画家作品，他们的方式是寻找那些留学国外的老一代画家，整批购买他们自己或家属手中保留的大量作品，然后进行整理、展览和学术推介，分批展售。

1993年，文化部在广州举办中国首届艺术博览会，对之后的画廊产业

第二十三章 收藏成为产业：经济和文化的新生态 413

2004 年 798 艺术区时态空间举办的展览

2005 年阿拉里奥画廊在北京酒厂艺术区开幕

2005年常青画廊开幕展中的作品《优质材料》，布鲁诺·佩纳多（Bruno Peinado），木材、涂料，2002年

有所刺激。加上拍卖的兴起，油画和当代艺术收藏开始引起关注，北京、上海画廊增多，广州等地也出现了画廊。代表性的如北京的翰墨画廊、四和苑画廊，上海出现了瑞士人何浦林开设的香格纳画廊以及艺博画廊、华氏画廊、亦安画廊等。1990年代后期由于上海经济迅速发展，出现了很多私人画廊，画廊数量一度超过北京。

进入21世纪，国内企业、外资等纷纷在北京、上海等地开设画廊。北京再次成为画廊数量最多、最为集中的地区。出现了长征空间、程昕东艺术空间等华人创立的当代艺术画廊以及外国画廊主投资创立的空白空间、常青画廊、F2画廊等。中央美院艺术市场分析研究中心2007年调查统计，当时北京798艺术区、环铁艺术区、酒厂、草场地、观音堂及其他地区拥有来自17个国家和地区的外资画廊67家，其中42家是2005年后入驻的。这些外资画廊中，国外艺术机构的分支机构占60%；非营利性机构占5%；中外合作创办的占9%；外籍华人创办的占6%；外国人创办的占20%。但是2008年金融危机后不少外资画廊关门或者撤出北京。2010年以后，因为看好中国当代艺术市场，美国、英国等地的数家大画廊在香港开设了分支机构。

根据文化部文化市场司《2012中国艺术品市场年度报告》统计，中国有3106家画廊，主要聚集在北京、上海、香港和台北。画廊大部分分布在经济文化最为发达的大城市，在大城市中也出现了画廊积聚形成的"画廊区"，例如北京798艺术区、通州宋庄艺术区和上海的M50莫干山艺术区等。相比欧美画廊和拍卖业长达百年的发展历史，中国拍卖业和画廊业都是在1990年代初起步的，而且拍卖业市场很快就不断膨胀发展，市场影响远远大于画廊业。

三 京沪港博览会的兴起竞合

艺术品博览会是从市集起源的销售方式，19世纪出现了艺术家的群展，20世纪出现了古董博览会和当代艺术画廊博览会。这些形式在1980年代之后传入中国。

古董博览会这种形式最早由英国古董商带入香港，1980年代中期曾在富丽华酒店举办过亚洲最早的古董博览会——香港艺术博览会，主要是英国、港台地区、日本的古董商参展，限于行家跟行家之间的交易，主要是在香港的外国古董商和港台的古董商参与，但仅仅持续了三年就于1988年停办。1990年，另一家西方公司主办的亚洲艺术博览会试图开发东亚和东南亚古董市场，但还是仅仅持续三年就停办了。

2000年以后，因为拍卖行逐渐发展壮大，成为高端艺术品的主要交易平台，并开始向中低端扩展，古董行的生意受到很大影响，香港、北京等地的古董行业都出现萎缩。因此古董行业也试图以抱团形式发展，2006年香港出现了多个古玩博览会，其中古董商黑国强参与创办的香港国际古玩及艺术品博览会逐渐发展成为最大的一个。它2008年转入地标性的香港会议展览中心举办，参展商猛增到100多家，古玩商都以此为平台开发内地市场。通过博览会可以看到一些香港古玩市场的巨大变化，参观者由最初欧美及港台地区客人为主，到近年来内地客人占到近一半乃至多数，参观者的职业由早期的制造业、资源产业逐渐向新兴行业及互联网行业转换，年龄也呈下降趋势。对艺术品的购买也出现多元化的趋势，收藏对象也从中国古董扩展到各地区古董、艺术品、设计品。

在内地，1996年北京古玩城市场新楼里出现了首届北京中国古玩艺术品博览会，很快成为全国古玩艺术品交易领域里的知名品牌，之后国内的北京、上海等地陆续出现了各种名目古玩展会、展销会。但是许多所谓古玩展会就在古玩城举行，因为古玩城本身就聚集了众多古玩商铺，所谓古玩展会和古玩城日常交易状况的区别并不是很大，很多只是吸引藏家参观的噱头。

近年来内地一些机构模仿欧洲模式开办古玩博览会，实行较为严格的参展商、参展古玩遴选制度，2014年嘉德艺术中心与香港典亚艺博联合在北京推出嘉德·典亚古董艺术周。马斯特里赫特欧洲艺术和古董博览会在2013年曾试图与苏富比（北京）拍卖有限公司（苏富比与北京歌华美术公司成立的合资公司）合作在中国举办高端古董博览会，但未能成功举办。

侧重当代艺术的博览会也是1992年市场经济大潮中产生的新事物。1993年11月16日，首届中国艺术博览会在广州中国出口商品交易会大厦开幕，展示了来自海内外200多家单位、450多个展位的近4000件中国画、油画、书法、民间美术等艺术原作和艺术书籍、工艺品，其中来自美、法等国和港澳台地区的展团占了10%以上的展位，被业内人士誉为艺术品的"广交会"。这一博览会改变了以往由国家拨款举办的单一方式，而由画院、画廊、画商共同参与，明确把艺术作品当作可供买卖的商品进行展销并期望推向国际艺术品市场。这一展览也显示出当时中国艺术市场的特色，很多展位是艺术家或艺术创作机构直接带着作品参展，这也导致整个展会的艺术风格比较杂乱。后来，类似的博览会在主要城市先后出现，多由国企主办，如1996年举办了首届广州国际艺术博览会和首届北京国际艺术博览会，1997年举办了首届上海艺术博览会。

进入21世纪，随着中国当代艺术市场和画廊产业的发展，有台湾画廊主借鉴巴塞尔艺术博览会形式，2004年投资创办了首届中艺博国际画廊博览会（CIGE）。不同于以往内容宽泛的艺术展会，CIGE是以"当代艺术"为主题。2005年参与操作这一博览会的部分管理层分裂出走，2006年创办了艺术北京博览会，之后这两个博览会互相竞争，成为北京艺坛的景观之一。最终艺术北京取得了竞争优势，规模也不断扩大，2012年后在当代艺术展区之外还开辟了经典艺术展区和设计展区。2018年，北京出现了两个新的当代艺术博览会，或许经过一段时间的竞争才会分出胜负。

上海是另一个当代艺术博览会的中心城市，2007年意大利博罗尼亚展览集团与上海艺术博览会主办方合作创办了"上海艺术博览会国际当代艺术展"，但因为艺术市场的萧条和批文等原因停办了两年，在2014年更换合作方并更名"博罗那上海国际当代艺术展"。进关手续的繁杂和高额的进口税引起展商抱怨，据称首届展会就亏损75万美元，之后5年一共亏损了200万美元，再次遭遇停办命运。不过其他的当代艺术博览会已经顺势而起，2013年定位精品当代艺术博览会的ART21当代艺术博览会创立，2014年又出现了西岸艺术与设计博览会、上海艺术影像展等多个展会，并在随后的几年以活跃的成交证明上海已逐渐取代北京成为当代艺术交易的中心。

2004年首届国际画廊博览会，四合苑画廊展位

在当代艺术市场急剧转变的2008年，亚洲艺术展览有限公司在香港创立了香港国际艺术展这一侧重推出当代艺术的画廊博览会，很快显示出香港的区位优势。类似瑞士，香港地区也因为其低税率和金融制度而成为中国和亚洲富豪喜欢的艺术品交易场所，逐渐显示出对国际画廊和藏家的吸引力。2013年，巴塞尔艺术博览会的主办方MCH瑞士展览（巴塞尔）有限公司收购了香港国际艺术展后改名"香港巴塞尔艺术展"持续运营，这也是目前亚洲最有规模的当代艺术博览会。

四 互联网线上平台：新的销售方式的探索

2000年中国电子商务市场开始爆发，出现了借鉴美国网络交易公司形式的网猎、易趣、雅宝、8848等电子拍卖公司，他们多数都是针对全品类，而侧重艺术品拍卖的嘉德在线也在2000年创立，侧重以在线网络拍卖形式经营中低端的书画艺术作品。2007年创立的博宝艺术网，则是古玩综合类的在线交易及拍卖交互平台，其钱币在线拍卖有一套较为成熟的模式。成立于2000年的"赵涌在线"，早期侧重邮票、钱币交易，2014年开始尝试书画在线拍卖会等。2000年创立的雅昌艺术网开始是门户资讯网站形态，但近年来加强了交易功能。其他各个拍卖公司、画廊等加强了网站的交易或者服务功能。

2010年后，随着艺术品电商的兴起，更多公司开始介入这一市场板块。一方面综合类电商平台开始尝试介入这一生意，如淘宝在2011年就尝试过艺术品拍卖，国美也在2013年推出"国之美"艺术品电商平台，奢侈品电商寺库也在2015年开设艺术品业务。另一方面有更多专注艺术品市场的新公司进入，相关数据统计，截至2013年底，中国的艺术品交易网站已超2000家，其中，PC端交易平台占据绝对优势。而对比线下和线上市场，中国2000多亿的艺术品交易市场只有不到4%是在线上完成的。拍卖行的线下实体拍卖交易额占整体的30%—40%。2013年后，移动电商成为投资热点后，更有多家新的移动艺术品电商平台以App形态上线，借助微信平台的"微拍"也进入人们的视线。

2014年6月中国手机网民规模已达5.27亿，网民中使用手机上网的人群占比进一步提升，达83.4%，手机网民规模首次超越传统PC网民规模，因此众多商业机构都发力开发移动端电商。不过线上平台拍卖、销售的艺术品集中在5万元以下的低端艺术品，而且基本消费模式和购买习惯与比较成熟的服装、电器等必需品的电子商务市场有巨大差别：首先艺术品并非标准化产品，艺术行业规模小、人际因素多、信息不透明，对其质量的了解和信任需要更多沟通成本；其次艺术品并非生活必需品，单价较高且重复购买率很低，因此面向最终消费者的艺术品电商形态还在探索中，目前还没有特别成熟的案例。

五　艺术品作为金融投资标的

在"收藏热"中，一些精明的职业投资者看到了文物艺术品市场可能带来可观收益，他们将艺术品作为一种类似证券、房产一样的投资产品进行买卖，并诞生了基金投资、权益份额投资等投资形式。

1990年代后期近代书画价格上涨明显，出现了少数投资客集合各自的资金联合起来购进多件作品然后在拍卖中卖出获利的行为。21世纪初随着中国人财富的增长和对地产、证券各类理财方式的关注，部分银行、信托公司、资产管理公司也开始尝试推出新型的理财产品或者投资产品，将艺术品作为标的进行投资。

2007年左右，全球金融市场和艺术市场同步达到高峰，艺术品投资基金也因为国际风潮的影响在中国艺术界变成了热门话题。其中最具标志性的是2007年6月中国民生银行推出了首个银行艺术品理财产品——"非凡理财·艺术品投资计划1号"。该基金投资门槛50万元，投资期限为2年，面向私人高端客户限量发售，所募集资金按照一定比例投资于中国现代书画和中国当代艺术品。运作期间恰逢世界金融危机，但仍然实现了12.75%的年化收益率。但有知情人士称，民生的这只基金所募资金仅有3成投资于艺术品，7成投资的仍然是证券市场，所以从严格意义上说，还不是真正的艺术品基金。继民生银行后，各路企业都开始尝试开发这一市场。

当时的艺术品基金分为两大类：

一类是有限合伙型，多个投资者作为有限合伙人投入资金；艺术品基金公司作为一般合伙人负责管理。2011年湖南电广传媒旗下的北京中艺达晨艺术品投资管理有限公司管理的雅汇基金规模为3.06亿元，是规模最大的有限合伙制基金，也是期限最长的一只基金，为6+2年。有限合伙的一种变形模式是"专户理财"，即单个富有人士将一部分资金委托管理公司进行艺术投资。

另一类为信托型，是通过信托公司发行，由艺术品基金公司作为投资顾问进行管理。由于信托能够通过现有金融机构渠道大规模发行，自2009年6月"国投信托·盛世宝藏1号保利艺术品投资集合资金信托计划"推出后，这一模式已经成为艺术品基金的主流。据统计，2011年底有近30家公开披露的艺术品基金公司，发行成立了超过70只艺术品基金，基金初始规模总计57.7亿元，其中有45只为信托型，信托型成为艺术品基金的主流模式。信托型艺术投资基金又可以分为融资型、投资型两类：融资型信托的基本模式是以信托资金收购投资顾问指定的艺术品，到期后由投资顾问以约定的溢价回购（如年利10%），实质运作中有部分项目成为拥有一定藏品的地产等企业曲线获得过桥贷款的融资模式；投资型的是通过信托公司募集到资金以后委托专业投资顾问、投资管理公司进行投资获得收益。为了取信客户，部分投资型信托基金借鉴了证券类信托结构化设计的做法，将信托分为优先级和劣后级，投资管理公司跟投资金作为劣后级首先对冲风险。投资型基金一般每年收取2%左右的管理费，另外每年还会有2%—3%左右的运营费用。

艺术品市场规模不大，与股票、债券等相比流动性弱，这实际上增加了基金获得盈利的难度。到2012年以后艺术市场一直处于调整之中，多数艺术品投资基金都以亏损告终，这一市场此后极为冷清。

如果说艺术基金是模仿国外的投资模式，并在短期内经历了一番起落的话，那文交所以及相关的"份额权益交易"则是中国本土的艺术品金融化的创新尝试，并在2010年到2011年短短两年间出现了"过山车"式的起伏。

在政府大力鼓励文化产业发展和产业创新、金融创新的政策背景下，2010年深圳文化产权交易所、上海文化产权交易所、成都文化产权交易所先后推出了包括数件、十数件艺术作品的"艺术品资产包"，将这些资产包的"所有权份额"分为数千份面向特定投资人发售，投资人可以在文交所的网络交易平台上购买一份或者多份并频繁进行买卖。

2011年1月，天津文交所发售了第一批艺术品份额产品，津派画家白庚延的两幅作品《黄河咆哮》《燕塞秋》，分别价值600万元和500万元，被拆分为600万和500万份额，发售价1元/份，最小申购金额为人民币1000元，采用T+0的标准化交易模式。1月26日，这两只份额均以1.20元开盘，短短29个交易日股价飙升至17.16元/份和17.07元/份，最高市值曾经高达1.03亿元和8535万元。这在全国一时轰动，引来各地投资者纷纷加入，但也招致部分媒体和拍卖界人士的质疑。

之后全国各地出现文交所热，各省市有十多家新文交所挂牌成立，着眼点都是进行份额化交易。包括文交所、贵金属交易所在内的各类交易所开始的各种类证券的权证交易引起金融监管机构的担忧，2011年11月国务院发布《关于清理整顿各类交易场所切实防范金融风险的决定》（简称"38号文件"），文交所"艺术品份额化"交易模式也是清理整顿的对象，各个文交所的此项业务陷于停顿。

此后文交所开始探索新的发展方向，一类是在香港、澳门等地开设文交所继续进行类似的艺术品份额化交易，还是试图吸引内地客户前去参与；另一类是研究特版画、邮票、生肖金银币、纪念币、第一二三套纸币、纪念章等具有复数形式——从数千到数万份不等——的收藏品推向市场。它们既可以作为复数集合在文交所平台上交易，也可以随时提取实物，从而规避相关问题。这在2013年一度是投资市场的一大热点，不过之后也变得冷清。

这种将高价的收藏品、艺术品分割成廉价的"权益份额"交易的方式模拟的是股票交易市场的形式，但是这种"权益份额"与股票有巨大的差别：股票对应的是具体公司的产权，公司本身进行生产、贸易和提供产品和服务，有实际的利润来源，股票持有者拥有获得分红的机会。而文交所交易的不论是艺术品还是贵金属纪念币自身都无法生产利润（临时借展可能有微薄的借展费收入），因此这类"权益份额"持有者能否盈利完全依赖这一投资标的在文交所交易系统中的价格起伏。

第二十四章
收藏家：新的身份，新的趋势

随着2000年后中国社会财富的增长和阶层的分化，"收藏家"作为一种新的文化身份在中国的社会文化中登场，他们代表了一种新的生活方式，他们巨大的财富、选择的理由和展示的规模都成为媒体关注和宣扬的对象。这一时期的"收藏家"与之前的"收藏家"概念有巨大的差别，2000年之前的"收藏家"大多仅为文化界人士所知，而2000年以后大众媒体的广泛报道、富豪阶层的介入、公众对投资理财的关注都赋予了"收藏家"更多的象征意义："收藏家"扮演者横跨财经和文化多个界别的成功人士的社会角色，尤其是许多企业家、金融投资人开始强调自己的"收藏家"角色，强调"收藏"的文化意义，并雄心勃勃地尝试开设博物馆、美术馆等，这成了他们定义自我身份、进行社交和社会活动的新的身份符号。

同时，许多收藏家和媒体也乐于叙述收藏带给收藏者的投资收益，这或许是1990年代至今中国收藏文化的一大特点：当代文化生态中的所谓"收藏行为"大多带着强烈的投资心理，大部分收藏者或投资者都希望自己能够很快从中获得投资收益。当然，也有一些收藏家、企业试图从更长远的角度进行收藏乃至建立博物馆、美术馆，和社会进行更密切的互动。

一 民营博物馆的重现和发展

民营博物馆是由个人、民营企业出资，利用民间收藏的文物依法设立并向公众开放的非营利性社会服务机构。晚清民国时期，在华外国人、近代爱国人士等创办运营了多家博物馆，包括震旦博物院、北疆博物院以及实业家张謇于1905年创建的南通博物苑等综合类博物馆。但1949年后的30年，新中国施行计划经济和国有化的管理体制，教会大学博物馆、企业博物馆都纷纷收为公有或者合并到国立博物馆中，民间博物馆不复存在。

改革开放后民营博物馆才作为"新生事物"再次出现在内地，20世纪80年代大众收藏热兴起后，上海等地出现了最早以家庭为空间的小型收藏馆，主要目的是与同好、公众分享信息和交流藏品。1981年3月22日开幕的上海陈氏算具陈列馆揭开了民间小型收藏馆发展的序幕，1980年代后期上海已经有了16所较正规的民间收藏馆，这些收藏馆多是收藏家住所，特点是展示空间小、展品数量少，多侧重某一专项收藏，如以算盘、钥匙、钟表、邮票、像章等民间大众收藏、偏门杂项收藏为主，与综合性的、大型的国有博物馆有明显区别。当时政府和公众舆论对于开设民营博物馆还没有较为明确、公开的正面认识，许多人担心民营博物馆的收藏行为会刺激盗掘地下文物、盗窃馆藏文物和非法交易等。

1990年代情况有了改变。首先是各地开始默许探索成立各种名目的民营博物馆。1990年原内蒙古博物馆馆长文浩与夫人荷云为保存、传承地方风土民情，利用个人积蓄在呼和浩特西郊小东营村自己的宅基地上创建了敕勒川民俗博物馆，展出场地300多平方米，展出400余件他们收集来的当地少数民族使用的农具、书本、账册、车辆等实用工具和刺绣、窗花等民间工艺品。1991年，上海文管会批准了"四海壶具博物馆"，1992年12月正式开放。

在此过程中政府和民众都"摸着石头过河"，民间自营的收藏馆、博物馆出现以后，政府主管部门常常是先观望一段时间，在总结经验的基础上再出台相关的政策法规进行管理。如在上海等地出现民间收藏馆之后，文化资源雄厚、收藏家众多的北京市文物局于1993年制定了《北京市博物馆登记暂行办法》，提出社会团体、个人可以申办博物馆，但在一段时间内未给予实质性的审核和批准。

1996年，北京市文物局在一段时间内宣布批准筹建四家民办博物馆——路东之创立的北京古陶文明博物馆、马未都等创立的观复古典艺术博物馆、画家何扬和吴茜夫妇的现代绘画馆、遗箴堂碑帖拓片博物馆，在全国引起巨大反响，由此掀起了私立博物馆建设的第一个高潮。1990年代中后期，北京、广东、上海、重庆、四川、浙江、辽宁、吉林等省市陆续建立了数十所私立博物馆。

这一时期民营博物馆的创立者主要是两类人群：一类为个人收藏家创立的博物馆，一般规模较小、影响力也较小；一类是中小型企业创立的博物馆。很快他们就发现运营维护博物馆需要持续投入资金、人力，而参观门票等收入无法平衡支出，因此不久后一些博物馆就因缺乏运营费用关闭或者仅能勉强维持，并没有在收藏、展示、教育、研究方面出现令人瞩目的成功案例。

1990年代末到21世纪初，一些大型企业开始参与创办博物馆，往往具有较大的场馆和较多藏品，具有相当的社会影响，如大型央企保利集团1998年成立了保利艺术博物馆，以收藏青铜器、石刻造像著称。尤其是1990年代末兴起的民营房地产业和相关企业家迅速积累了大量财富，因此在设立博物馆方面多有尝试，如香港富华国际集团董事长陈丽华1999年创立紫檀博物馆。

2002年新修订的《中华人民共和国文物保护法》肯定了"民间收藏文物"行为。2006年文化部发布《博物馆管理办法》，宣示"国家扶持和发展博物馆事业，鼓励个人、法人和其他组织设立博物馆"，一些地方政府或文物行政主管部门，相继配套出台了促进民办博物馆发展的政策性文件，结合本地实际分别从技术、人才、资金、税收、土地等方面给予支持，此后民营博物馆步入又一轮快速发展期。

21世纪以来中国兴起城市改造和新城建设热、地产发展热，各类公私博物馆也成为各省市的建设重点。在此之前每年新增的博物馆不过数十家，而此后中国以每年数百家的速度建设着新博物馆。据国家文物局统计，2002年中国博物馆的数量为1511家，之后几年每年增加几十个，到2007年逐渐增多，这一年新增105个，2008年增加171个，2009年增加了359家——这一年国务院将发展文化产业列为重要的战略发展目标，"十二五"计划中文化成为支柱型产业。

之后几年中国每年都新增加数百座博物馆，2012年创造了407家的最高增加纪录。多数时候民办博物馆的增长率都超过公立博物馆，但因为基数较小，总数还远无法和公立博物馆抗衡。截至2014年底，全国在文物行政部门报送备案的博物馆总数4510家，其中非国有博物馆982家，占比达21.8%。相比政府在中央、省、市、县设立的多层次的公立综合性博物馆体系，民办博物馆仍然非常弱小。

尽管民办博物馆发展迅速，但因为不像公立博物馆那样有可持续的公共财政拨款，也没有明确的捐赠免税优惠等，许多民办博物馆只能靠创立者的资金支持，资金筹措的渠道相对单一，一旦创立人经济状况不佳就会影响博物馆的运营和生存，因此许多都面临"开馆容易维持难"的困境。另外，在硬件设施和藏品管理上也不尽如人意。政府的监管也在形成新的影响，据上海收藏欣赏联谊会统计，在上海仅家庭博物馆就达120余家，而在上海民政部门登记注册为民办非企业单位的民办博物馆总共只有15家。究其原因，很多民办博物馆均无法达到《博物馆管理办法》中有关成立非国有博物馆的软硬件要求——具备固定馆址、必要资金经费、一定数量和成系统的藏品、专业技术和管理人员、符合国家规定的安全和消防设施、能够独立承担民事责任等6个条件，使得大多数个人创立的民办博物馆无力注册。与之形成对比的是一些大型民办博物馆由于创办人本身经营其他产业，有足够的资金投入维持大型展馆，同时，也因规模较大成为地方政府注重的文化项目之一，能够得到政府的支持。

二　民营美术馆的发展

与博物馆类似的是，以收藏、展览、研究、传播绘画、书法艺术为主的民营美术馆也是1980年代才在内地出现的"新事物"。因为书画艺术市场和收藏在1990年代的兴起，民营美术馆也在1990年代开始发展并在21世纪形成热潮。

1980年代中期著名艺术家黄胄决意创办一所展示自己创作、收藏的艺术馆，1986年在海内外各界热心赞助下开工筹建，1991年落成开放，成为中国第一座民办公助的大型艺术馆。但是展馆后来运营中经常遭遇预算不足的困扰，这也是很多民营美术馆要面对的问题。建设社会主义市场经济的大潮中，1993年国有企业武汉长印（集团）股份有限公司投资成立长江艺术家美术馆，在深圳投资举办了第二届当代中国山水画展，首开企业投资文化艺术领域之先河，后因经营变动关闭。

炎黄艺术馆的建立还具有很强的体制内运行色彩。21世纪初中国房地产市场的快速发展制造了一批富豪，其中部分有艺术背景或者爱好艺术的企业家尝试设立民营美术馆，1998年成都豪斯物业公司董事长陈家刚开设成都上河美术馆（2001年因经营方资金断裂而关闭），天津泰达大地资产管理有限公司设立了天津泰达美术馆（曾经歇业一段时间）。沈阳东宇集团设立东宇美术馆（2000年关闭），但出现不久就因为投资方资金紧张等问题而波折不断。在此阶段成立并生存下来的主要美术馆是今典集团董事长张宝全2002年发起设立的今日美术馆，它以空间运营、临时展览为主要生存模式，也获得了一定社会赞助，得以长期坚持下来并树立了一定品牌。

2005年到2008年之间，随着中国经济的发展和文化产业的发展，出现了一轮美术馆建设热。这一轮美术馆热的主力仍然是房地产企业，它们或者把美术馆当作配建公共建筑的一部分，从而既满足规划需求、政府形象工程，又能在运营中实现企业新的利益——品牌以及收藏作品等；或者作为和政府进行土地优惠的谈判条件，获得文化产业用地或者在正常规划标准之上实现更高的容积率；或者作为企业品牌形象建设的一部分，也可以获得具有投资价值的收藏品。

国有地产企业华侨城集团1997年出资设立和运营何香凝美术馆——这是中国第一个以个人名字命名的国家级美术馆，主要由华侨城集团提供资金支持。2005年创立侧重当代艺术展览和收藏的OCAT当代艺术中心，2012年正式升格为布局全国的当代艺术馆群，馆群总部设在深圳，包括OCAT深圳馆、华·美术馆、OCAT上海馆、OCAT西安馆、OCAT研究中心（北京馆）等，致力于国内和国际当代艺术和理论的实践和研究。华侨城的多数展馆毗邻他们规模庞大的地产项目，是配置的公共建筑的一部分。在上海，证大集团 2005 年开馆的证大现代艺术馆也侧重举办当代艺术展览，并于 2013 年转移到新开幕的证大喜玛拉雅中心。

2007 年，最引人注目的美术馆是比利时富豪收藏家尤伦斯夫妇创建的 UCCA 当代艺术中心在北京 798 艺术区开幕，它最早带来了国际美术馆的管理和运营模式，举办的展览也为国内外关注。但是尤伦斯创办的艺术中心后来也面临财政压力，因此一方面尤伦斯夫妇不断减少对北京的艺术中心的资助，并通过裁员和降低薪酬等手段减少运营成本；另一方面艺术中心采用理事赞助、艺术商店售货、慈善拍卖、出售门票等多种方式筹集运营资金。年老的尤伦斯无意继续支持这一艺术中心，2017 年底将它转手给一批中国投资者。新的投资者试图将这一中心划分为公益和商业两个系统独立运行，前者继续之前的艺术中心展览模式，后者则试图在艺术教育、艺术衍生品售卖等领域进行商业运作。

民生银行在 2007 年一度雄心勃勃地参与运营和创办了一系列美术机构，2007 年出资和管理运营炎黄艺术馆，2010 年在上海创立民生现代美术馆，2014 年开设 21 世纪民生美术馆，2015 年设立北京民生现代美术馆（主要从事现当代艺术收藏和展览）。他们之前宏大的计划是将美术馆运营和民生银行给高净值富豪提供的财富管理计划结合起来，试图在美术馆及相关的平台上进行一系列艺术品投资和运营的相关运作，但是因为艺术市场不振以及内部人事变动等问题，他们名下的美术馆也在调整策略，未来的发展动向还有待观察。

2009 年以后，从中央到地方鼓励文化产业发展，美术馆建设也作为文化产业发展和城市改造的重点项目。一方面很多省市新建公立美术馆，甚至北京的宋庄镇也修建了宋庄美术馆，另一方面则是上海、北京、南京等一二线城市出现了企业家、收藏家开设的侧重当代艺术展览和收藏的民营美术馆，相比上一波美术馆热中地产商独大的情形，开设场馆的企业家、收藏家背景更为多元化。

这一波热潮中各种"美术馆"数量大增，除了部分公立美术馆和较有实力的民营美术馆可以长期运营和举办展览外，一二三四线城市出现了很多中小型"美术馆"，多数都是以展览中心、画廊形式运营。而很多美

2009年北京尤伦斯当代艺术中心举办的"中坚：新世纪中国艺术的八个关键形象"群展现场

2016年红砖美术馆举办的"塔提亚娜·图薇：不在场者的光亮"展览作品

馆的修建也是地产企业获得政府优惠资源的方式，部分企业用修建美术馆名义获得文化产业用地。

上海是这一波美术馆热的中心，刘益谦的龙美术馆浦东馆、震旦集团的震旦博物馆、地产开发商戴志康的喜玛拉雅美术馆在2013年开张，明圆当代美术馆、龙美术馆西岸馆、余德耀美术馆于2014年开馆，后两者都落户上海徐汇区政府积极推动的"西岸文化走廊"。"西岸文化走廊"还将陆续推出西岸美术馆、龙华航空文化中心、油罐艺术中心以及与法国蓬皮杜当代艺术中心合作的临时展馆等。从打造艺术品产业链的角度出发，徐汇滨江的关港地区正积极探索打造"西岸艺术品保税港"。可见在政府眼中，引进开设美术馆、艺术中心等兼有城市文化建设和文化产业发展的双重目的，而进驻的美术馆也可获得一定优惠和补助。其他比较引人瞩目的美术馆包括，2013年四方当代美术馆在南京开馆，2014年红砖美术馆在北京一号地开馆，2014年木木美术馆在北京798艺术区开幕，2017年松美术馆、宝龙美术馆分别在北京、上海开馆。

北京、上海、广州、杭州等中国主要城市出现的众多民营美术馆打破了公立美术馆一家独大的情况，在收藏、展览、活动等方面彼此竞争，带动更多观众入场并引起社会关注。目前相对活跃的美术馆，多数还是地产、金融等大型企业创立的美术馆，资金相对更有保证。

这一波建设热仍然处于继续发展中，未来的前景并不十分明朗：按照有关法律法规，民营美术馆只有经过文化局、民政局两个部门的审批，获得非营利牌照，才能得到政府的支持和资金扶持。如调研显示，北京市各种名义的美术馆数量有上百家，但截至2017年获得非营利牌照的仅有13家。在没有捐赠减免税收等支持制度的背景下，不管是否获得非营利牌照，民营美术馆的生存都主要依靠创办人出资支持，这将导致美术馆与企业的经营状况紧密相关，一旦企业遭遇危机，美术馆也将无法幸免。当然，各个美术馆也尝试各种运营探索。一部分美术馆试图靠赞助、出租场地、周边衍生品销售、门票收入等支持场馆运营，也有一部分企业完全将美术馆当作文化产业投资的商业项目对待，试图依托美术馆向艺术品投资、艺术品交易等上下游发展。

三　企业收藏的探索

当代不少金融、科技、时尚产业的企业进入收藏领域，德意志银行、三星集团、普拉达基金会等都是如此，他们将收藏当作一种投资行为和塑造品牌形象的手段。在中国，1990年代以后也出现了企业收藏的探索，这无疑也强化了当代收藏文化中的投资倾向。不过相对股票、股票型基金、基础设施债权、不动产、股权投资等市场来说，艺术品投资仍然是相对小众、另类的选择，艺术品市场仍然规模太小，艺术品作为投资品有非标准化、信息透明性低、流通较慢的特点，很难成为最主流的投资渠道。

中国的企业收藏大致分为以下几种形态：

第一类是企业家从兴趣出发的爱好性收藏行为，常常和企业的运营状况、企业家的兴趣紧密相关。很多私营企业的老板使用公司资金或者私人资金购买藏品，并以公司名义展示，实际上的产权不太清晰。

第二类是按照老板的兴趣或一定规划持续收藏某些类别、主题的藏品，目的是建立自己的博物馆或美术馆，并持续赞助各类艺术活动。对企业来说，这些艺术品可以用来装饰自己的办公楼和企业博物馆，也可以用于年度的公关推广，用来显示企业的文化气质和公益服务。成立美术馆是企业收藏的最终归宿吗？这些博物馆、艺术馆实际上严重依赖企业的经营状况。台湾在1990年代曾出现的众多企业美术馆，后来不少在金融危机以后因为企业本身困难重重，只好关门告终，藏品也被拍卖或者出售。

第三类是公司收藏和自己的金融版图尤其是财富管理业务有某种结合。对巨型金融企业来说，艺术银行业务始终只是小业务，但是这对于部分贵宾级客户来说是显示自身的全面性和高端性的业务，在经济景气时期无疑可以起到活跃气氛、吸引重量级客户的作用。

1996年创立的泰康人寿保险公司是目前中国最重要的企业收藏机构之一。这和它的董事长陈东升有直接关系，陈东升也是嘉德拍卖的创始人，是中国艺术拍卖市场兴起的见证人和参与者。1992年邓小平南巡后，兴起经济建设热，很多人从政府或研究机构下海从商，陈东升在报纸上看到佳士得、苏富比拍卖艺术品的信息，敏锐地意识到中国也有这样的市场需求，就辞去体制内职务，四处找投资方创立了中国第一家股份制拍卖行嘉德，同时申请创办人寿保险公司，一直坚持到1996年获得批准成立泰康人寿，它成为《保险法》颁布后诞生的第一批专业寿险公司。

陈东升在嘉德的经历自然延伸出他对艺术收藏的兴趣，不过当2003年他决定泰康进行公司收藏的时候，在公司高层并没有获得多大认同，好在当时的股东、董事、公司高管对陈有充分的信任，也认为公司是应该有点儿赚钱之外的社会价值的东西。泰康人寿在2003年成立非营利性艺术机构顶层空间，最早是在泰康办公楼最顶层的多功能空间，支持了一系列创新的艺术项目，如"洪浩＋颜磊"合作的名为《泰康计划》的作品，是把凡高名画《阿尔勒医院病房》复制品和他们各自购买的数万元意外伤害巨额保险单组合起来，构成一个富有讽刺性的装置作品。

这或许是中国民营公司的常态，主要领军者的远见和权威往往具有决定性作用。中国最早进行企业收藏的企业——沈阳东宇、成都上河都是企业家本人爱好文化艺术甚至是有艺术背景，这才进行了艺术尝试。对中小型私人企业来说，"公司收藏"和老板"个人收藏"的界限非常模糊，有的企业主设立的所谓博物馆其实还是企业主个人的，也随着企业主的财富变迁而散失。

泰康刚开始收藏艺术品时相对比较随意，主要基于陈东升的个人意志。让公司股东和管理人员对此事接纳的重要原因是2003年以后中国艺术市场出现了全球瞩目的暴涨，他们的收藏因此变得价值不菲，这让陈东升的决策得到了更多的认同。2003—2010年他们累计用于艺术收藏的资金超过亿元，已经有数百件当代艺术藏品以及少量的古代、近代艺术品。包括唐昕在内的专家团队把艺术收藏主要定位为1942年以后的中国现当代艺术，后来又延伸到1930年，挖掘整理并收藏了老摄影家吴印咸等人的一系列摄影作品。

泰康空间于2009年迁移到草场地艺术区，有了一个500平米空间，在北京来说这家艺术机构的面积说不上大，也并非最知名，可是许多年轻

泰康顶层空间2004年12月举办的"芬·马六明——马六明作品十年回顾展"现场照片

艺术家从这里跨出了他们职业生涯的关键步伐。低调的策展人唐昕主持这一空间，她被一位著名画廊主称为"艺术圈最轻松的人"——在2008年金融危机以后，北京大大小小的画廊经历了急剧的市场收缩，少数几家以支持年轻艺术家的实验著称的画廊不得不压缩这方面的开支，而唐昕仍然有条不紊地继续她们为年轻艺术家举办的"51平方"系列展览计划，这在一片萧索中显得特立独行。

2011年泰康在中国美术馆举办了第一次收藏展"图像·历史·存在：泰康人寿保险股份有限公司成立十五周年艺术品收藏展"，从1940年代的革命美术作品到陈逸飞的《黄河颂》、肖鲁的《对话》、蔡国强的《天空中的人、鹰与眼睛》，再到年轻艺术家们最近几年的创作，都有呈现。2015年泰康又举办了企业收藏的第二次公开展览"聚变：1930年代以来的中国现当代艺术"，作为陈东升捐资修建的武汉大学万林艺术博物馆的开馆首展。两次展览都以专业的学术体系和鲜明的公益形象受到社会各界的赞誉。泰康公开展示这些具有艺术史意义的收藏具有某种标志意义，因为它是第一个愿意公开以展览形式披露自己的企业收藏的重要企业。泰康方面规划未来将修建自己的美术馆，希望能做成中国的 MoMA 或者古根海姆。

四　全球化时代的收藏

1980 年代日本富豪对印象派、后期印象派艺术作品的追捧曾经让其重要作品的市场价格暴涨到 5000 万美元以上。当 21 世纪之初中国取代日本成为世界第二大经济体，中国游客和商人出现在世界各地，中国成为国际上增长最快的奢侈品消费国的时候，国际艺术市场人士就在猜测中国的收藏家是否会步日本的后尘，对西方艺术产生收藏的兴趣，并展示他们巨大的购买力。

这些猜测在 2013 年以后被证实：

2013 年 11 月 4 日，佳士得纽约拍卖夜场上，王健林的大连万达集团斥资 2816 万美元的价格买下毕加索代表作《两个小孩》，以 274.1 万美元买下了毕加索 1965 年的画作《戴帽女子》。

2014 年 11 月 4 日，在纽约苏富比，华谊兄弟电影公司董事长王中军以约 3.77 亿元人民币（5500 万美元落槌，加上佣金拍价合计为 6176.5 万美元）拍下了备受瞩目的梵·高油画《雏菊与罂粟花》。

2015 年 5 月 5 日，同样在纽约苏富比，王中军以约 1.85 亿人民币（2990 万美元，含佣金）拍下了毕加索于 1948 年创作的油画《盘发髻女子坐像》。万达集团又以 2040 万美元拍下莫奈作品《睡莲与玫瑰》。年底出现了更大的新闻事件：11 月 9 日晚佳士得拍卖行在纽约洛克菲勒中心举办的"画家与缪斯晚间特拍"中，阿梅代奥·莫迪利亚尼（Amedeo Modigliani）名作《侧卧的裸女》（Nu Couché）以 1.2 亿美元估价起拍，最终以 1.74 亿美元落槌，约合人民币 10.84 亿元，创造了莫迪利亚尼作品拍卖新纪录。这件《侧卧的裸女》落入了上海著名的投资人和收藏家刘益谦之手。这一事件在上海乃至全国引起轰动，之后他们在自己创立的上海龙美术馆展示了这件重要作品。这进一步证实了中国收藏家的购买实力和他们对西方艺术不断增加的兴趣：他们中的佼佼者开始和欧美的顶级收藏家竞争购买印象派、后期印象派、现代派和当代艺术作品。

事实上，中国收藏家不仅仅出现在纽约、伦敦、香港的国际拍卖会上购买顶级艺术品，也在巴塞尔、迈阿密、香港等地的艺术博览会上与其他地区的收藏家竞争新潮的当代艺术作品。中国富豪不仅仅购买价格数千万、上亿美元的艺术品、房地产，还介入一系列海外收购项目。王健林控股的大连万达集团2012年以31亿美元收购美国第二大电影院线AMC，2013年投资3.2亿英镑并购英国圣汐游艇公司，投资近7亿英镑在伦敦核心区建设超五星级万达酒店，2014年收购瑞士盈方体育传媒集团、澳大利亚HOYTS院线等，2015年出资4500万欧元收购西甲马德里竞技足球俱乐部20%的股份。安邦保险、复星集团、海航集团、平安集团等中国的保险公司、投资公司纷纷在美国、欧洲进行一系列大手笔收购，这都引起全球媒体的广泛关注。

收藏海外艺术家的作品是资本和投资全球化的一环。中国的顶级富豪和企业尝试在全球进行资产配置，这一方面是因为中国的确产生了一批具有资金实力的企业和个人，他们有实际的投资需求；另一方面，也和中国的经济形式密切相关。在2013年后汇率较高而通货膨胀持续的背景下，一些嗅觉敏锐的富豪和民营企业试图进行更多的海外并购、投资，但是2017年这类行为受到政府的限制，开始严格管控企业和个人对外投资的金额、方向等，这也影响到了中国收藏家购藏海外作品的热度。

另一中外共振的现象是收藏家日益重视收藏的投资性和投资行为效率。1990年代以来高端艺术品收藏家越来越重视艺术的投资属性，这已是全球趋势。当代的许多收藏家把艺术品看成和房地产、股票、债券一样的投资品，尤其是从金融业发家的富豪更是如此。艺术市场本身也有了越来越多与金融市场的互动，比如1980年代后期纽约花旗银行等开始接受以艺术品作为抵押贷款，苏富比、佳士得等拍卖行也开始向买家、卖家提供贷款、抵押、约定回报等方面的金融服务，在中国的一些拍卖行也有类似的金融业务。

1980年代以来资本在地区、全球的流动让许多金融、资源、地产、科技巨头倚靠全球化的投资越来越富有，他们把购买艺术品视为在全球配置资产和投资的方式，诸如文莱苏丹、阿根廷水泥生产巨头、澳大利亚地产富豪、俄罗斯的矿产大亨都开始参与纽约、伦敦的拍卖会，富豪将收藏作为一种投资、社交和身份炫耀行为。尤其是 1990 年以后随着金融市场的全球化，1990 年出现在拍卖会、画廊中的金融投资背景的收藏家越来越多，如 ARTnews 杂志评选的 "2017 全球顶级藏家榜 TOP 200" 中，200 位上榜的藏家来自 33 个国家和地区，39.5% 的藏家来自金融业，占比最高，紧随其后的就是房地产业以及时尚行业，分别占比 17% 和 9.5%。

史蒂文·科恩（Steven Cohen，1956 年—）就是这类金融业出身的新型收藏家的典型代表。他 1978 年从宾夕法尼亚大学沃顿商学院毕业后在华尔街的金融公司从事期权套利交易，1992 年募资成立 SAC 资本顾问公司，从事对冲基金等金融投资，2008 年最高峰时公司管理的资产曾达 160 亿美元，个人的资产约在 20 亿美元左右。他的艺术品收藏生涯开始于 2000 年，早期主要收藏印象派的作品，不过很快又转向了现当代艺术。迄今为止他在艺术品上的投资已经超过 6 亿美元。2005 年他花费 800 万美元从萨奇画廊买下英国当代艺术家达明·赫斯特（Damien Hirst）的装置作品《生者对死者无动于衷》，在巨大的透明玻璃柜中用甲醛溶液浸泡着一条鲨鱼标本。2006 年，科恩花 6350 万美元从动画电影公司 "梦工场" 的共同创始人大卫·格芬手里买下美国现代绘画大师威廉·德·库宁的名画《警察公报》（Police Gazette），从佳士得拍得毕加索的名作《小憩》（Le Repos），成交价 3474 万美元。2007 年，他更是以 1.375 亿美元买下了威廉·德·库宁的油画《女人三号》，又以 8000 万美元从私人收藏家手中购得安迪·沃霍尔的《玛丽莲·梦露》。2009 年，苏富比纽约总部曾举行科恩的收藏展，展出爱德华·蒙克的《圣母像》等 20 件重要藏品，估价约 4.5 亿美元。

史蒂文·科恩这样的新兴收藏家是在 1990 年代金融资本全球化时代出现的，在纽约、伦敦、莫斯科、香港、上海、北京等地都可以找到类似的人物，他们有如下的特点：

第一，新兴收藏家更加重视艺术品的投资价值。20 世纪 90 年代以来，金融资本势力大行于世的影响是全球性的，除了金融行业出身的富豪，其他从房地产、资源、创意产业而来的部分新兴富豪也有类似的金融投资思维，新兴的注重投资效益的收藏家越来越多，在很大程度上把艺术品当作一种资产配置的投资品。这导致资本的流动性影响到艺术市场的走向，尤其是对当代艺术界影响甚大。在此风潮下，艺术市场与金融投资市场的关联度逐年提高。

第二，新兴收藏家更加习惯通过大型拍卖行、艺术博览会选购藏品。他们喜欢用重金在拍卖会、博览会这样的公开市场购买高价艺术品，这对他们来说是更为高效的行为，而不像传统收藏家那样与画廊主、艺术家长期交往互动。

第三，新兴收藏家多喜欢现当代艺术，并参与艺术社交、艺术生意，使之成为彰显社会身份的手段。顶级富豪们会在自己的豪宅陈列作品，举办各种聚会，或者捐赠作品给博物馆，这是他们彰显品位的一种手段。部分富豪也参与艺术市场的生意，如英国广告企业主查尔萨·萨齐开设了萨齐画廊，科恩也是马瑞恩博斯克画廊（Marianne Boesky）的投资人之一。刘益谦也曾是传是、匡时两家拍卖公司的投资人之一。

随着高端艺术品价格的高涨，顶级艺术市场越来越成为顶级富豪的游戏。关于艺术市场的所有中长期预测和推论，首先要看的不是艺术史或者艺术评论，而是金融市场的波动、富豪数量的演变及其文化趣味的走向。全球化也正在对中国艺术市场和收藏风气带来重大的影响，其中最值得关注的包括以下几个方面：

一，中国富豪的构成和变化趋势。中国的富人普遍要比欧美富翁年轻，因为自上世纪80年代中国市场经济活跃以来，才出现了所谓的富裕阶层。第一波出现的是个体户、"官倒"和企业家，到1990年代末又冒出加工制造业富豪，2000年以后最受瞩目的是房地产、矿产资源行业、互联网公司和金融产业的富豪。对中国绝大多数人来说，都没有继承得来的"老钱"，现在掌控局面的人多是自己创业、还在继续积累的人，他们中的大多数人并无持久的兴趣收藏艺术品。即使从投资角度来讲，靠实业、股票和房地产可获得更大、更丰厚的利润，而艺术品市场太小，而且直接变现的能力差，所以多数富豪并不太在乎这一市场。尽管如此，相对艺术产业数千亿的规模，极少数富豪2000年以后进入艺术收藏领域还是改变了整个艺术市场的格局，并且现在有越来越多的新富豪、富二代介入艺术收藏和投资，这会对艺术市场和收藏有决定性的影响。

二，收藏趣味的变化。目前各种传统国画、书法展览的观众比较老化，而时尚的当代艺术、设计展览中多数观众都是年轻人，这种文化上的不同趣味大概会对未来的艺术市场产生不小的影响。2000年以后的新富人群多有留学或多次出国的经验，他们的收藏趣味无疑会受到国内外时尚媒体的影响，会逐渐偏向现当代艺术方向。

三，中国收藏家是否会更多地购买欧美现当代艺术作品？已经有北京、上海的极少数富豪如此做了，欧美的画廊、艺术博览会、拍卖行都试图进一步开发这一块市场。就平均价格来说，中国当代艺术家作品的价格普遍要比欧美同年龄段艺术家的高，因此对购买海外艺术品而言价格已经不是一个障碍。

四，艺术家的创作会受到的影响？随着全球化的进一步发展，人们会发现一二线大城市的收藏风潮会变得更加同质化，这将进一步压缩传统的地方性艺术风格、地方名家的市场，各种艺术风格、趣味的竞争将更为激烈；艺术家会发现他不仅仅面对本城、本国的竞争者，而是在和全球的同类型艺术家竞争。

对收藏家来说这是个有更多选择的时代，可以更方便地获得全球各地艺术家的信息，可以快速飞抵主要城市参观当地的拍卖预展、博览会和画廊展览并购买作品，可以在社交媒体上寻找志同道合的朋友、粉丝。但是他们仍然会面对过往的收藏家都要经历的老问题：在这么多选择之中，我为什么要决定收藏这一件作品？是什么使得它与众不同，如此打动我心？

后　记

　　2003年以后中国艺术品收藏市场出现了让全国和世界都惊讶的现象：拍卖会接连出现数千万、上亿的"天价拍卖纪录"，中央电视台、《新京报》这样的大众媒体纷纷报道拍卖会上的激烈争夺，人们都在议论某某藏品如何在短短几年或几个月内升值几倍几十倍的新闻。我也亲身见证了当代艺术从2000年左右冷清的半地下展示状态到2008年漫天飞舞的剧烈变化，著名艺术家们成为了时尚杂志的封面人物，他们的作品变成了国内外收藏家追逐的热门对象，快速占据了拍卖图录的封面。

　　2008年因到印度、西班牙和国内各地旅行，我时常出没机场书店消磨时间，注意到国内书店的显眼位置摆放着众多收藏指南类的图书，无不以最鲜明的文字和最亮丽的图片向大众强调书画、瓷器、宝石、古董、红木家具等的昂贵价格，用各种夸张的词汇形容它们具有的投资价值。相比这些快餐性的图书，我宁愿购买一本收藏史方面的严肃著作阅读。令人惊讶的是，那时中国竟然还没有哪怕一部艺术收藏史方面的严肃著作。或许，在火热的"收藏经济"中忙碌的人们还没有时间和兴趣从历史和大文化的角度回顾收藏之所以为收藏的原因。

　　从那时起我开始留心这方面的文献、研究和报道，也在为FT金融时报中文网、雅昌艺术网、新京报、21世纪经济报道、投资与理财等报刊网站撰写专栏、评论中提及收藏史和收藏文化的议题，还曾在何香凝美术馆、北京大学、复旦大学等地举办的讲座或学术论坛上和各界人士交流这方面的观点，积累了许多专题文章。逐渐的，我决定写一本全面的"收藏文化通史"方向的书，从古代到当前，从中国的"内部视角"和国际的"全球视角"回顾收藏这一行为在中国的历史：它在关键时段的演变，它如何被其他因素影响、如何影响我们今天的人，以及在未来可能的变化。

　　可以说，这是一本积累了十年才写完的书，它融合了对历史的回顾、分析以及对当代艺术市场、收藏行为的亲身观察，我希望能反映出"收藏"这一文化行为和经济行为的丰富性和复杂性，尝试在更为宏观的视野中，以艺术史、经济史、社会演化史和中外交流史的交叉视野呈现、分析、探讨收藏这种历史文化现象及其生成机制。关于中国人收藏的观念与历程或许能总结出几个最为重要的特征：

从宗教性、实用性、炫耀性的积藏发展到"文化收藏"，是和文明发展同步的，尤其与熟练掌握知识文字并拥有政治经济资源的人群的"群体意识"和"自我意识"的文化建构有关。比如，书画收藏的兴起是在魏晋南北朝时代，在政治宣教的文化之外，文人形成相对独立的文化审美领域，他们开始点评诗歌、书法、绘画作品的高下，世家大族、皇帝高官、各界名流开始把书法作为一种"文化形式因素"给予欣赏和收藏，王羲之、王献之等世族子弟直接参与创作。这不仅仅是个别艺术家的兴趣所在，也发展成为士人、文人群体共享和传播的"文化共识"。随着教育、出版和科举文化在后世的发展，书画的收藏和欣赏也有了更广阔的地域和人群依托。

收藏品随着"文化等级体制"的观念演变而在不同时代各有侧重。比如绘画，如今在各个博物馆、美术馆都占据显要的位置，但是在古代中国，记载文字的图书收藏长期在收藏文化中占据首要的位置，图书典籍的收藏历史格外悠久，逐渐从经史扩展到诸子百家各种杂书，书法、碑帖的收藏也与之有紧密关联。书法、绘画作为艺术收藏品类在南北朝才逐渐确立，绘画到明代才成为收藏家最为重视的收藏品类之一，这和当时的文化风气和居住形态的改变有关，官僚、文人、商人的中堂、书房开始普遍使用绘画作为主要的文化装饰品。

收藏与权力系统、经济资源的分布密切相关。在古代中国，集大权于一身的皇帝拥有最大的政治权力和经济财富，常常也是最大的收藏家。在权力中心首都，依附皇权的皇亲贵戚、高官显宦乃至太监也可以迅速积累大量财富和收藏，这不仅仅因为他们有自己的薪俸和田产收入，还和权力派生的送礼、行贿有密切关系。不幸的是，皇帝拥有的大量收藏在每次改朝换代的混乱时刻常常遭遇劫难，皇家收藏时断时续，聚聚散散，许多珍贵文物艺术品毁于战乱、火灾，与之形成对比的是，欧洲自罗马帝国解体以后形成封建制国家，教会、国王和贵族之间相互制衡，权力更替时冲突规模较小、烈度较低，继承制度相对稳定和连续，对文物艺术品的保护、传承相对更有利。

收藏与区域经济和市场体系发展程度密切相关。隋唐以来江南地区经济发达，民间财富有显著的增长，富豪大户也开始进行文化收藏。尤其是南宋以来江浙地区成为中国最为富庶之地，民间收藏大为发展，出现了可与皇家藏品数量相抗衡的民间收藏家。清末以后上海兴起，形成了北京、上海两个最为主要的收藏中心和文物艺术品交易中心。

收藏品类随着主流文化观念的变化而不断扩张。宋代诸如青铜器、碑帖拓片等"金石"成为文人关注的收藏品，明清的时候古今瓷器、竹木雕刻成为收藏品，到近代随着欧美博物馆理念的引进，收藏的品类更是大为扩张。更重要是，也重构了整个收藏文化的观念体系：近现代的"文物"和"文化遗产"观念、国家保护甚至拥有一切出土文物艺术品的理念、一系列法律和管制措施都在这一时期诞生，也出现了公共收藏和私人收藏的体制和区分。事实上，古人和今人对于什么是收藏、什么藏品可以用于展示可能有着巨大的认知差别。

就收藏波及群体和人数而言，皇室收藏有唐太宗至唐玄宗时期、宋徽宗时期和清乾隆皇帝时期三次高峰；民间书画收藏的三次高峰出现在明代中晚期、清末民国时期和1990年代至今；金石收藏的高峰是宋代、清代，主要限于对此感兴趣的文人士大夫范围；而图书从汉代开始就是历朝历代皇室、朝廷、民间都格外重视的收藏品，由于印刷技术、识字率、科举制度、市场等因素的影响，宋代、明代、清代的图书收藏最为繁荣；民国时期和2000年至今可以说是上述各类收藏品两次空前的大流散、大交换时期，收藏品在新老藏家、中外藏家、公私机构之间流动和聚合。

不论是古代还是现代，绝大多数的"收藏家"都仅仅是短暂地拥有自己的藏品，要么是在身前就转手，或者故去不久就分散流失，只有极少数家族可以将家传藏品保留三五代。当然，近代以来也有少数收藏家自己成立了基金会、博物馆永久保存自己的收藏，或者将藏品捐赠给博物馆，这可以让他们的系列收藏以某种秩序或者趣味得到较为完整的呈现，也方便了公众的参观和学者的研究。

上述观点仅是我个人的概观，相信阅读这本书的每个人对何为收藏、如何收藏都有自己的体会。收藏行为虽然有着强烈的社会交互属性，可有时候让个人冲动投入的恰好是某个偶然的印象、举动或者友朋的一两句话而已，容纳了这些激情、走神、沉迷的瞬间才让收藏更加迷人。就如同写作这本书一样，最初的缘起不过是机场书店的那一瞥。

撰写本书的过程中，我深深地感到"层垒的历史"之效应，从先秦到 21 世纪初，时代越晚，相关的文献记载越多，从明代开始尤其如此，我不得不花费大量时间阅读和筛选可供参考的前人和当代学者、记者、收藏家撰写的专著、研究文章、回忆文章、采访录、新闻报道等，其中要特别感谢北京、上海、广州各地文博主管机构和专家编纂的《北京志·文物卷·文物志》（一轮志书）、《上海文物博物馆志》、《广州市文物志》，提供了对晚清至当代各地文玩市场的概况及管理制度的清晰描述，这些是我写作相关部分内容的主要参考。另外，陈重远先生的《文物话春秋》，万君超先生撰著、编辑的《近世艺林掌故》《名家谈收藏》，黄朋先生关于明清时期江南收藏家群体的研究文章是我写作明、清、民国收藏家案例和收藏概况的重要参考，他们的文章重建了充满人情气味的历史场景，种种细节让阅读充满了乐趣。

本书中的部分内容当初能够成文发表，要感谢 FT 金融时报中文网编辑薛莉女士、雅昌艺术网杨晓萌女士、《投资与理财》杂志编辑尚晓娟女士等宽容我按照自己的意愿撰写一系列关于收藏史和收藏文化的专栏文字。感谢商务印书馆刘玥妍女士和她的团队给予的专业意见和认真细致的编辑，是她们的努力让这一切有了美好的呈现。感谢范迪安、冯唐、赵旭、王小山、黄章晋诸位先生对本书的推荐，感谢刘玮、朱小钧等朋友对于本书出版的鼓励和支持。

本书使用了北京故宫博物院、中国美术馆、上海博物馆、沈阳辽宁省博物馆、新加坡国家博物馆等国内外重要博物馆、美术馆收藏的古代和近代平面绘画和摄影等公共版权作品作为插图,尤其得益于纽约大都会博物馆的"Public Domain"和台北"故宫博物院"的"Open Data"政策,让许多珍贵立体作品的精美图片得以呈现在中文图书中,在此一并致谢。

  最后,感谢我的家人,你们的理解、支持和帮助让我有精力和时间得以完成本书,是你们让我明白了:为一个宏大的目的不停书写,和为生活中那些值得分享的美好时刻而暂时驻笔,都是值得的。

周文翰

图书在版编目(CIP)数据

中国艺术收藏史/周文翰著.—北京：商务印书馆，2019

ISBN 978-7-100-17107-6

Ⅰ.①中⋯ Ⅱ.①周⋯ Ⅲ.①艺术品－收藏－历史－中国 Ⅳ.①G262

中国版本图书馆 CIP 数据核字（2019）第 034750 号

权利保留，侵权必究。

中国艺术收藏史

周文翰 著

商务印书馆出版
（北京王府井大街36号 邮政编码 100710）
商务印书馆发行
北京新华印刷有限公司印刷
ISBN 978-7-100-17107-6

| 2019年8月第1版 | 开本 710×1000 1/16 |
| 2019年8月北京第1次印刷 | 印张 28 ¼ |

定价：168.00元